国家社科基金
GUOJIA SHEKE JIJIN HOUQI ZIZHU XIANGMU
后期资助项目

"一带一路"
共同化发展愿景研究

姜安印　刘　博　著

兰州大学出版社
LANZHOU UNIVERSITY PRESS

图书在版编目（CIP）数据

"一带一路"共同化发展愿景研究 / 姜安印，刘博
著. -- 兰州：兰州大学出版社，2024. 8. -- ISBN 978-
7-311-06711-3

Ⅰ. F125

中国国家版本馆 CIP 数据核字第 2024JQ6990 号

责任编辑　梁建萍
封面设计　汪如祥

书　　名	"一带一路"共同化发展愿景研究	
作　　者	姜安印　刘　博　著	
出版发行	兰州大学出版社　（地址:兰州市天水南路222号　730000）	
电　　话	0931-8912613(总编办公室)　0931-8617156(营销中心)	
网　　址	http://press.lzu.edu.cn	
电子信箱	press@lzu.edu.cn	
印　　刷	兰州人民印刷厂	
开　　本	710 mm×1020 mm　1/16	
印　　张	26.5	
字　　数	439千	
版　　次	2024年8月第1版	
印　　次	2024年8月第1次印刷	
书　　号	ISBN 978-7-311-06711-3	
定　　价	98.00元	

（图书若有破损、缺页、掉页,可随时与本社联系）

国家社科基金后期资助项目
出版说明

  后期资助项目是国家社科基金设立的一类重要项目，旨在鼓励广大社科研究者潜心治学，支持基础研究多出优秀成果。它是经过严格评审，从接近完成的科研成果中遴选立项的。为扩大后期资助项目的影响，更好地推动学术发展，促进成果转化，全国哲学社会科学工作办公室按照"统一设计、统一标识、统一版式、形成系列"的总体要求，组织出版国家社科基金后期资助项目成果。

全国哲学社会科学工作办公室

前　言

　　自 2013 年共建"一带一路"倡议提出以来，秉持"共商共建共享"原则的"一带一路"实践，在助力推动全球化进程和促进各个国家实现共同发展方面发挥了重要作用。2023 年共建"一带一路"迎来 10 周年。从共建"一带一路"倡议提出的 10 年实践历程看，共建"一带一路"一直是全球化进程中十分积极又非常新鲜的重要新生事物。一方面，共建"一带一路"倡议在当前逆全球化思潮此起彼伏和全球发展合作治理越发失序的背景下，力图为如何推动全球化和怎样推动全球化提供思考和行动方案，过去 10 年共建"一带一路"实践力证了这种思考和行动方案在全球化进程中的积极作用。另一方面，共建"一带一路"从倡议到实践，在过去 10 年里不断探索创新，完成从愿景到行动、从理念到实践的双重转变，实现了由"大写意"到"工笔画"过渡，转入高质量共建的重要阶段。过去 10 年的实践，促成了共建"一带一路"作为全球范围内分享发展机遇、加强全面合作和提供发展治理的重要平台。

　　党的二十大报告将构建人类命运共同体上升为中国式现代化的本质要求之一，明确了"促进世界和平发展，推动构建人类命运共同体"的历史任务，提出了推动共建"一带一路"高质量发展，促进高水平对外开放的要求。从推动"一带一路"建设和构建人类命运共同体二者的关系看，"一带一路"是构建人类命运共同体的实践平台，二者类似于"道"与"路"的关系，人类命运共同体是"道"，构建人类命运共同体就是"大道之行"，"一带一路"建设是"路"，实践平台就是要"蹚出"一条全球共同发展的新路，通过实践平台的"立功""立德""立言"等"行动结构"的动态调整和不断优化，将"共商共建共享"等的新发展理念通过实践结果"再生"出来，这个过程同时也是共同化发展愿景的展示、成型过程。

　　基于对"一带一路"实践平台的这种功能性理解，本书对共同化发展愿景的研究也从"论道"与"蹚路"两个层次展开。其中，理论与愿景篇类似于"论道"，实践探索篇、实践构建篇和实践经验篇这三篇属于"蹚路"。本书的布局结构和行文逻辑就是依照这样的思路展开的。其中，理论与愿景篇主要阐释了"一带一路"共同化发展的寓意。这一部分主要由本书的第一章、第二章和第三章构成。第一章从共建"一带一路"倡议的提出到进展，对共建"一带一路"过去10年的发展进行系统的梳理。第二章对"一带一路"共同化发展愿景的逻辑进行总结和全方位的梳理。第三章对"一带一路"共同化发展愿景的寓意进行集中阐释。

针对作为"蹚路"的实践过程展开式的层次性和实践过程的丰富性，以及实践不断升华的特征，将共同化发展愿景的生成过程分为三个不同层次来解读。

第一层次为共同化发展愿景的实践探索过程的探讨，本书将其归结为实践探索篇，由第四章，第五章和第六章组成。主要从共建"一带一路"实践中合作需求旺盛、基础较好、优势明显，以及合作进展相对顺利、合作成效比较突出的交通基础设施、能源合作、农业合作领域，探讨了如何秉持"共商共建共享"的理念推动相关合作，实现共同化发展愿景的现实问题。

第二层次为共同化发展愿景的实践构建过程的探讨，本书将其归纳为实践构建篇。由第七章、第八章、第九章组成。主要从高质量共建"一带一路"共同化发展的新内涵中，提炼了当前正在尝试推动、以后有望成为共同化发展的重要载体的绿色、减贫和健康的内容，探讨了如何秉持共同化发展理念打造"绿色之路""减贫之路"和"健康之路"的问题。

第三层次为共同化发展愿景实践经验形成过程的探讨，本书将其归纳为实践经验篇，是对实践过程中凝结的共同化发展经验和发展知识的总结。由第十章、第十一章、第十二章组成。主要从共建"一带一路"实践中几个比较富有成效、饱含经验、影响力较大的合作项目方面，总结凝练了如何秉持共同化发展的理念和逻辑推动"一带一路"相关合作取得显著成绩的原因，以及对进一步推进"一带一路"高质量发展走实走深的经验启示。

目　录

第一篇：理论与愿景篇

第二篇：实践探索篇

第三篇：实践构建篇

第一篇：理论与愿景篇

如何看待"一带一路"共同化发展理论是对自由贸易理论、一体化发展理论及已有的全球化理论的"多重"超越，以及超越后的共同化发展愿景的大致轮廓是什么，是本篇要回答的主要问题。

本篇在总结"一带一路"倡议的10年实践的基础上，将全球发展看成是物质基础、生产关系和上层建筑这三个变量组成的有机体不断演化的成长过程，并以这样的视角来看待发展理论的不足，审视全球化理论导致的全球发展赤字，解读"一带一路"倡议的"硬联通""软联通""人心相同"的特殊含义。在此基础上，阐释了"一带一路"共同化发展的实践寓意，分析了"一带一路"共同化发展愿景的实现机制，着重分析论述了"一带一路"共同化发展与推动"一带一路"倡议、推动"一带一路"高质量发展之间的关系。

第一章 绪 论

1.1 共建"一带一路"倡议的提出

2013年9月，国家主席习近平出访中亚国家，在哈萨克斯坦纳扎尔巴耶夫大学发表了题为《共同建设"丝绸之路经济带"》的演讲，并在该演讲中首次提出共建丝绸之路经济带倡议，倡导通过加强"五通"，以点带线，从线到片，形成区域大合作，从而为沿线各国人民谋福祉。同年10月，习近平主席出访东南亚国家，在印度尼西亚国会上发表了题为《共同建设二十一世纪"海上丝绸之路"》的演讲，首次提出共建"21世纪海上丝绸之路"的倡议。至此，共建"一带一路"倡议作为中国在全球化进入新时期的一种发展合作倡议，在国际社会被正式提出，也随即进入大众视野。随之共建"一带一路"倡议引起全世界的广泛关注，得到相关国家和地区的积极响应。

由于这是一种具有顶层设计性质的发展倡议，共建"一带一路"倡议一经提出，如何推动共建"一带一路"倡议从合作倡议向合作实践转变成为一项重大课题。为此，自共建"一带一路"倡议被提出，如何使倡议迅速转换为实践机制就成为推动"一带一路"建设最为关键的任务。在此背景下，共建"一带一路"倡议被提出以后，顶层设计、国家推动以及相关省区市行动三个方面构成"一带一路"从倡议向实践转换的重要内容。

在顶层设计方面，自2013年底共建"一带一路"倡议被提出以后，在2014年11月召开的中央财经领导小组会议上，习近平主席指出，"一带一路"是"一个包容性的巨大发展平台"，"要集中力量办好这件大事"，"要抓住关键的标志性工程，力争尽早开花结果"[①]。在2014年12月召开的中央经济工作会议上，进一步把实施"一带一路"列为"优化经济发展空间格局"的重点工作之一，着力于推动共建"一带一路"倡议转换为实践行动。2015年2月召开的推进"一带一路"建设工作会议

---

① 《习近平：加快推进丝绸之路经济带和21世纪海上丝绸之路建设》，新华网，http://www.xinhuanet.com/politics/2014-11/06/c_1113146840.htm。

强调，"一带一路"建设是一项宏大系统工程，要突出重点、远近结合，有力有序有效推进，确保"一带一路"建设工作开好局、起好步。同年3月28日，国家发改委、外交部、商务部联合发布《推动共建丝绸之路经济带和21世纪海上丝绸之路的愿景与行动》，提出"'一带一路'建设是一项系统工程，要坚持"共商共建共享"原则，积极推进共建国家发展战略的相互对接。""为推进实施'一带一路'重大倡议，让古丝绸之路焕发新的生机活力，以新的形式使亚欧非各国联系更加紧密，互利合作迈向新的历史高度。"

从国家推动层面，为了使共建"一带一路"倡议落地生根：首先，国家领导人借助不同的场合就如何推动"一带一路"进行外交互动。其中从2014年到2018年间，习近平主席先后在亚洲博鳌论坛、上海合作组织成员国元首理事会、亚太经合组织工商领导人峰会开幕式、亚非领导人会议、联合国发展峰会、二十国集团领导人峰会、世界经济论坛年会、"一带一路"国际合作高峰论坛等多边平台上，阐述了共建"一带一路"倡议的原则、愿景、内涵以及中国推动"一带一路"建设的价值取向。其次，在中俄（俄罗斯）、中法（法国）、中哈（哈萨克斯坦）、中马（马来西亚）等双边领导人会晤场合，中国与"一带一路"共建国家就如何实现共建"一带一路"倡议与共建国家发展规划对接上开展外交互动，双方达成一系列共识，并在共识之下签署了一部分协议，为双边携手推动"一带一路"建设提供重要顶层指引。与此同时，为保证共建"一带一路"倡议在国内全方位开展，"一带一路"被写入"十三五""十四五"国家发展规划。在2017年中国共产党第十九次全国代表大会上，推进"一带一路"建设等内容被写入党章。共建"一带一路"也作为十九大、二十大报告中推动形成全面开放新格局、贯彻新发展理念、建设现代化经济体系重要举措。

从全国省区市层面，各地围绕着落实《推动共建丝绸之路经济带和21世纪海上丝绸之路的愿景与行动》确立的"一带一路"的顶层设计方案，确立并强化各省区市在"一带一路"建设中的定位，各省区市也充分结合自身发展特点，积极融入"一带一路"建设大局，在政策沟通、设施联通、贸易畅通、资金融通、民心相通等重点领域科学谋划，主动出击，进一步加大对外开放布局（图1-1）。特别是根据《推动共建丝绸之路经济带和21世纪海上丝绸之路的愿景与行动》，各个省区市明确了其在"一带一路"建设中的定位。例如早期包括新疆、重庆、云南、黑龙江等的16省区市分别结合《推动共建丝绸之路经济带和21世纪海上丝

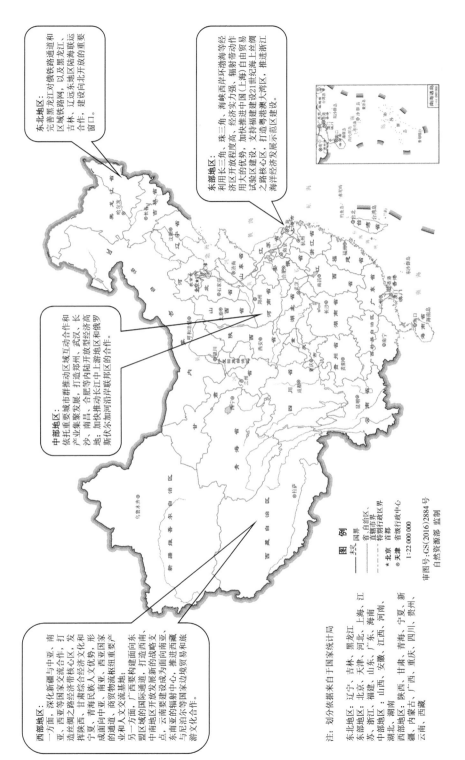

东北地区：
完善黑龙江对俄铁路通道和区域铁路网，以及黑龙江、吉林、辽近东地区陆海联运合作，建设向北开放的重要窗口。

东部地区：
利用长三角、珠三角、海峡西岸环渤海等经济区开放程度高、经济实力强、辐射带动作用大的优势，加快推进中国（上海）自由贸易试验区建设，支持福建建设21世纪海上丝绸之路核心区，打造粤港澳大湾区，推进浙江海洋经济发展示范区建设。

中部地区：
依托重要城市群推动区域互动合作和产业集聚发展，打造郑州、武汉、南昌、合肥等内陆开放型经济高地，加快推动长江中上游地区和俄罗斯伏尔加河沿岸联邦区的合作。

西部地区：
一方面，深化新疆与中亚、南亚、西亚等国家交流合作，打造丝绸之路经济带核心区，发挥陕西、甘肃综合经济文化和宁夏、青海民族人文优势，形成面向中亚、南亚、西亚国家的通道、商贸物流枢纽重要产业和人文交流基地。
另一方面，广西要构建面向东盟区域的国际通道，打造西南、中南地区开放发展新的战略支点，云南要建设成为面向南亚、东南亚等国家的辐射中心，推进西藏与尼泊尔等国家边境贸易和旅游文化合作。

注：划分依据来自于国家统计局

东北地区：辽宁、吉林、黑龙江
东部地区：北京、天津、河北、上海、江苏、浙江、福建、山东、广东、海南
中部地区：山西、安徽、江西、河南、湖北、湖南
西部地区：陕西、甘肃、青海、宁夏、新疆、内蒙古、广西、重庆、四川、贵州、云南、西藏

图例
—— 国界
—— 未定国界
—— 省自治区、
直辖市界
—— 特别行政区界
★ 北京 首都
◎ 天津 省级行政中心
1 : 22 000 000

审图号：GS(2016)2884号
自然资源部 监制

图1-1 中国各区域融入"一带一路"建设基本情况概览
（资料来源：民银智库研究）

绸之路的愿景与行动》和地区实际情况，就地区在"一带一路"建设中的定位问题和实施策略问题进行规划。又例如随着"一带一路"建设的全方位展开，包括北京、河北、天津等的其他省区市也相继就如何抓住"一带一路"建设机遇拓展新发展格局制定了各自的规划纲要和实施策略。至此，共建"一带一路"倡议，尤其是共建"一带一路"倡议所创造的对外开放机遇成为全国各个省区市扩大地区经济外向型发展的重要依托和重要抓手。落实共建"一带一路"倡议的行动在全国层面全方位展开，参与、融入共建"一带一路"也成为各个省区市促进区域经济外向型发展的重要支撑。

正是从顶层设计、国家推动以及各省区市积极行动层面不断建构、优化以及推动"一带一路"的内涵、原则和愿景、实施方式等，共建"一带一路"倡议迅速从倡议到转换为实践，并在实践过程中被不断建构、完善和丰富。

1.2 共建"一带一路"倡议取得的重大进展

总的来看，从2013年共建"一带一路"倡议被提出，到2023年"一带一路"行动已经渗透到中国乃至全球经济发展的方方面面。共建"一带一路"无论作为一种全球发展的倡议还是作为一种全球发展的合作机制已经走过了10年的历程。在过去10年时间里，共建"一带一路"成就显著。根据国家发改委数据显示，截至2023年10月，共建"一带一路"大家庭成员达到180多个，我国累计同150个国家和32个国际组织签署200多份共建"一带一路"合作文件。共建"一带一路"倡议已然在全球范围内折射出强大的全球吸引力和策动力，形成了具有范围广、纵横深的"一带一路"合作框架。在这一合作框架下，随着共建"一带一路"行动的拓展，"一带一路"倡议的内涵进一步得以丰富。2019年中国同30个合作伙伴共同发起成立"一带一路"能源合作伙伴关系。2021年中国同31个合作伙伴共同发起"一带一路"疫苗合作伙伴关系倡议，与31个合作伙伴发起"一带一路"绿色发展伙伴关系倡议。

从共建"一带一路"倡议取得的重要标志性成就来看，通过过去10年与共建"一带一路"国家的共同努力，"一带一路"建设主要从如下几个方面取得重要进展：

一是，"一带一路"倡议的全球影响力有明显提升。其体现在，第一，"一带一路"倡议在全球政治经济中的影响力得到提升，尤其是在全球经济发展中的影响力提升。当前近180个成员国和组织中，80%以上的国家是发展中国家。发展中国家积极参与"一带一路"建设的行动，从另一个层面反映出"一带一路"倡议深得发展中国家的认同和接受。第二，自"一带一路"倡议提出以来，累计举办了三届"一带一路"国际合作高峰论坛，其中2017年召开的第一届"一带一路"国际合作高峰论坛，有29位外国元首和政府首脑及联合国秘书长、红十字国际委员会主席等3位重要国际组织负责人出席。2019年召开的第二届"一带一路"国际合作高峰论坛，共有40个国家和国际组织的领导人出席圆桌峰会。从参与国家和覆盖地区看，共建"一带一路"倡议的影响范围逐渐扩大。"一带一路"国际合作高峰论坛已成为各参与国家和国际组织深化交往、增进互信、密切往来的重要平台。2023年第三届"一带一路"国际合作论坛在北京召开，多个国家和国际组织负责人受邀参会。第三，从共建"一带一路"倡议在全球政治经济中的影响力看，2016年11月，联合国大会首次在决议中写入"一带一路"倡议。"一带一路"倡议作为中国提供的发展理念和方案在最具普遍性、代表性和权威性的国际性组织联合国得以确认。2017年9月，第71届联合国大会又通过决议，将"一带一路"倡议中的"共商共建共享"原则纳入全球经济治理理念，要求"各方本着'共商共建共享'原则改善全球经济治理，加强联合国作用"。第四，在"一带一路"框架下形成了具有全球影响力的实体机构，如2014年成立的丝路基金、2016年成立的亚洲基础设施投资银行等一些实体性机构，在全球范围内尤其是促进发展中国家基础设施建设方面正在发挥着重要作用，并通过一段时期的稳定运行形成了广泛的影响力。

二是，"一带一路""五通"取得显著进展。"政策沟通、设施联通、贸易畅通、资金融通、民心相通"作为推动"一带一路"倡议向"一带一路"合作实践转变的重要内容和实践抓手，"六廊六路多国多港"的总体架构成为大力推动"一带一路"发展合作的重要支撑。过去10年来，中国同共建"一带一路"国家围绕着"五通"取得显著进展，其体现为：

第一，政策沟通在多边和双边均取得显著进展。首先中国与"一带一路"共建国家的"双边对接"有明显进展。如借助双边协议以及相关外交共识，"一带一路"倡议与欧盟的"欧洲投资计划"、俄罗斯的"欧亚经济联盟"、蒙古国的"草原之路"、哈萨克斯坦的"光明之路"、巴基斯坦的"愿景2025"、印度尼西亚的"全球海洋支点"、越南的"两廊一圈"、柬埔寨的"四角"战略、波兰的"琥珀之路"等实现了对接。同时，"一带一路"倡议与现行的一些具有影响力的多边合作机制也实现了

"多边对接"，如"一带一路"倡议与亚太经合组织、东盟"10+1"、非盟、上合组织、大湄公河次区域（GMS）经济合作、中亚区域经济合作（CAREC）等。又如中国—中东欧合作"16+1"机制逐步步入正轨，并且随着2019年希腊的加入，该机制扩大为"17+1"机制。最后，"一带一路"沿线省区市相互之间通过确定重点合作领域、建立城市友好关系以及搭建政策沟通平台等，积极开展交流互动。在沟通方式上，在"一带一路"框架内已经搭建起形式多样的面向国内外政策沟通和信息交流的"论坛会""博览会""洽谈会"，一些会议平台已经演变为定期的政策协调和信息沟通的交流机制。

第二，设施联通在"硬""软"两个方面均取得显著性突破。自共建"一带一路"倡议提出以来，从公路到铁路，从海运到航空，从油气管线到海陆光缆，我国与共建"一带一路"国家的陆上、海上、天上、网上四位一体的互联互通网络已初具规模。其表现在，中老铁路、中泰铁路、雅万高铁、匈塞铁路等项目扎实推进。瓜达尔港、汉班托塔港、比雷埃夫斯港、哈利法港等项目进展顺利。空中丝绸之路建设加快，中国已与126个国家和地区签署了双边政府间航空运输协定。同时，中俄原油管道、中国—中亚天然气管道、中俄天然气管道东线等能源项目有序推进。在重视硬件设施建设的同时，中国规章制度、合作模式等软联通建设，为全球化"修路架桥"。比如，中欧班列没有新建一寸铁路，而是通过设计定时定点定回程的制度，把相关国家的铁路连成一片，打通了欧亚大陆上的铁路运行机制。在此基础上，"渝新欧""蓉新欧""义新欧""郑新欧""汉新欧""贵西欧"等多列次中欧班列开通运行。据中国国家铁路集团有限公司最新数据显示，截至2023年10月底，经过10年发展，中欧班列已累计开行7.7万列，运送货物731万标准箱，货值超3400亿美元，成为国际经贸合作的重要桥梁[①]。

第三，贸易畅通在"一带一路"框架下取得显著提升。借助"一带一路"合作平台，通过10年来中国与共建国家的贸易互动，中国与共建"一带一路"国家的贸易往来日益紧密，贸易规模持续扩大，贸易的量和质都有显著变化。以几个关键节点数据为例，2014年，中国与共建"一带一路"国家的进出口贸易总额接近7万亿元人民币，占同年中国对外贸易总额的26.0%；到2021年，中国与共建"一带一路"国家货物贸易额为11.6万亿元，创8年来新高，同比增长23.6%，占中国外贸总额的比

---

① 李心萍、卢泽华：《10年累计开行7.7万列，运送货物731万标准箱》，中国政府网，https://www.gov.cn/yaowen/liebiao/202310/content_6907295.htm。

重达29.7%。与此同时，通过过去10年的"一带一路"建设，辐射"一带一路"的自由贸易区网络也在加快建设。中国与26个国家和地区签署了19个自贸协定。其中一半以上的国家分布在"一带一路"沿线。数据显示，目前中国已与13个共建"一带一路"国家签署了7个自贸协定，贸易自由化便利化水平不断提升[①]。在丝绸之路经济带沿线的5个欧亚国家，目前共建设了23个境外贸易合作区。其中俄罗斯18个，格鲁吉亚2个，白俄罗斯、塔吉克斯坦、乌兹别克斯坦各1个。在"一带一路"贸易畅通平台建设方面，2017年《推进"一带一路"贸易畅通合作倡议》发布，其成为推动"一带一路"框架贸易畅通的基本共识性文件。在此基础上，中国从2018年起，分别于2018年、2019年、2020年、2021年举办第一届、第二届、第三届、第四届中国国际进口博览会，为推进"一带一路"贸易畅通合作、促进贸易投资自由化和便利化、实现合作共赢搭建了重要贸易平台。

第四，"一带一路"框架下资金融通正在支撑"一带一路"建设稳步前进。首先，过去10年，中国在"一带一路"框架下形成了一批重要的对外投融资机构、基金以及金融合作机制。2014年丝路基金成立，其成立以来同30多个国家和地区的投资者以及多个国际和区域性组织建立了广泛的合作关系。2020年的相关数据显示，丝路基金已签约以股权投资为主的各类项目47个，承诺投资金额178亿美元，覆盖了"一带一路"沿线多个国家[②]。2015年，中国倡议筹建的亚洲基础设施投资银行成立，成为"一带一路"资金融通的重要平台。截至2020年底，亚投行已成功吸纳103名成员国，批准涉及能源、交通、供水、通信、公共健康、市政等基础设施领域的108个投资项目，投资总额达220.3亿美元，特别是在发展中国家的基础设施建设、能源建设等领域取得重要成果[③]。其次，在金融技术标准、金融基础设施标准以及相关制度方面，中国作为积极力量参与国际金融标准合作的活动日趋活跃。目前，我国已通过"一带一路"框架下的金融合作在金融国际标准的制定中发挥主导作用。例如银联卡芯片技术标准和移动支付标准就是其中的典型代表。这些金融标

① 杜海涛、罗珊珊：《贸易畅通 硕果累累（"一带一路"建设成就）》，人民网，http://politics.people.com.cn/n1/2021/1128/c1001-32293558.html。

② 《成立六年来，丝路基金为"一带一路"贡献了多少钱？》，澎湃新闻，https://www.thepaper.cn/newsDetail_forward_9709906。

③ 奉椿千、周杰俣：《亚投行气候投融资策略、现状及建议》，新浪财经，https://finance.sina.com.cn/esg/investment/2021-07-28/doc-ikqciyzk8057001.shtml。

准和制度准则为"一带一路"产能合作、项目建设等提供重要融资便利。

第五，"一带一路"民心相通有阶段性成效。"一带一路"倡议提出10年来，围绕增进民心相通这一目标，中国与共建国家开展了领域广泛、内容丰富、形式多样的人文交流与合作。从一些显示性指标看，随着我国与180多个国家和国际组织签署合作协议，民心相通工作在地方层面和人文领域也取得重要进展。2019年，我国31个省区市与60余个共建"一带一路"国家共建1000余对友好城市，全球154个国家（地区）建立了548所孔子学院和1193个孔子课堂，英国设立专家理事会，第一个宣布支持250亿英镑"一带一路"亚洲项目，瑞士政府设立"一带一路"咨询协调办公室[①]。其次，截至2023年，"丝绸之路"沿线民间组织合作网络已拥有超过80个国家的近400家成员组织，并开展超过200项活动和项目。其中，"丝路电视国际合作共同体"发展51个国家103家媒体机构成员，大批中国优秀电视节目被译制成近20种语言播出。丝绸之路（敦煌）国际文化博览会、新疆丝绸之路文化创意产业博览会、海外中国文化中心等连续举办系列活动。最后，一些围绕着改善共建"一带一路"相关地区民生状况的基础设施、能源合作项目、产业园区项目等多点展开，吸引了大量共建国家的民众参与建设"一带一路"，其有力增进了彼此了解和理念认同。

三是，"一带一路"六大经济走廊建设已经取得一定成效。2017年5月，习近平主席在"一带一路"国际合作高峰论坛开幕式演讲时指出，"我们已经确立了'一带一路'建设六大经济走廊框架，要扎扎实实向前推进"[②]。六大经济走廊建设作为共建"一带一路"倡议的主要走向和重要框架，通过过去10年的"一带一路"建设，基于"五通"的六大经济走廊建设推动成效明显。

中巴经济走廊：自共建"一带一路"倡议提出后，中巴经济走廊建设顺利推进。目前，中巴在"一带一路"框架下，以"五通"为主要内容不断夯实合作基础，推进重点领域和一系列重大项目取得诸多新进展。目前形成了以瓜达尔港、能源、交通基础设施、产业园区合作作为重点的"1+4"的合作布局。截至2023年，10年的中巴经济走廊建设为巴基斯坦带来接近300亿美元直接投资，创造了大量的就业岗位。在重点领域和

① 王亚军:《民心相通为"一带一路"固本强基》,中国共产党新闻网,http://theory.people.com.cn/n1/2019/0416/c40531-31032103.html。

② 《习近平对推动"一带一路"建设提出五点意见》,新华网,http://politics.people.com.cn/n1/2017/0514/c1001-29273706.html。

重要合作项目进展上，中巴海尔—鲁巴经济区建成并完成扩建扩容。喀喇昆仑公路二期、瓜达尔港、卡西姆港燃煤电站、恰希玛核电、卡拉奇核电等一批重要项目先后建成运营。中巴博爱医疗急救中心、瓜达尔海水淡化厂、法曲尔中学、瓜达尔职业技术学校等一系列民生项目落地，在用水、医疗、教育和就业技能培训等各个方面切实造福当地百姓。

中蒙俄经济走廊：中蒙俄经济走廊建设使中国与俄、蒙两国的双边贸易额创历史新高，2021年，中俄货物贸易额达1468.7亿美元，同比增长35.9%[①]，中蒙货物贸易额达91.2亿美元，同比增长35.3%[②]。中蒙俄经济走廊在基础设施互联互通建设方面，形成了以铁路、公路和边境口岸为主体的跨国基础设施联通网络。2016年12月，中蒙俄三国签署《关于沿亚洲公路网国际道路运输政府间协定》，并于2018年9月正式生效。2019年7月，中蒙俄国际道路运输正式启动。中蒙俄智库合作中心（联盟）于2015年9月成立，截至2023年7月，已经举办7届"中蒙俄智库国际论坛"。

新亚欧大陆桥经济走廊：新亚欧大陆桥经济走廊作为"一带一路"实施的六大经济走廊之一，相比其他经济走廊建设，容易推动，也存在诸多抓手，在"一带一路"建设中具有引领和示范效应。过去10年来，新亚欧大陆桥经济走廊建设政策沟通日益深入，设施联通成效明显。中国在亚欧多个国家的公路、桥梁、隧道、管道、港口等项目先后启动、稳步推动，一些项目顺利完工。其中西欧—中国西部国际公路境内段建成通车，哈、俄境内段建设正在推动。中欧国际班列持续增长。"渝新欧""郑新欧""汉新欧""蓉新欧"等全国各省区市中欧国际货运班列组成联盟对接。截至2023年，霍尔果斯铁路口岸累计接发进出境中欧（中亚）班列突破3万列。2020年至2022年两年多时间，班列开行数量是之前6年间班列开行数量总和的近两倍[③]。与此同时，依托新亚欧大陆桥成型的空中丝绸之路、网上丝绸之路正在形成。

中国—中亚—西亚经济走廊：在过去10年中国—中亚—西亚经济走廊建设中，中国与中亚国家交通基础设施互联互通水平显著提升。2014

---

① 于宏建、隋鑫：《中国连续12年稳居俄罗斯第一大贸易伙伴国——中俄经贸合作成果丰硕》，中国政府网，https://www.gov.cn/xinwen/2022-02/09/content_5672647.htm。

② 《2021年中国—蒙古经贸合作简况》，中华人民共和国商务部，http://file.mofcom.gov.cn/article/tongjiziliao/sjtj/yzzggb/202203/20220303287303.shtml。

③ 罗成：《打造向西开放新高地 霍尔果斯铁路口岸6年接发进出境中欧（中亚）班列19526列》，央广网，https://xj.cnr.cn/xjfw_1/xjyw/20220320/t20220320_525771390.shtml。

年，中、俄、哈、乌、吉、塔六国代表共同签署《上海合作组织成员国政府间国家道路运输便利化协定》[①]。2018年，中—吉—乌国际公路货运正式运行。从能源设施互联互通看，中哈石油管道运行顺利。截至2022年4月6日，中哈石油管道累计向中国输送原油1.56亿吨，突破1.5亿吨大关[②]。能源动脉建设已有显著成效。中国—中亚天然气管道网逐步成型，管道分为4条线路，目前，A、B、C 3线已经通气投产，D线正在铺设中。预计修建完成后，每年从中亚国家输送到国内的天然气，约占中国同期消费总量的20%以上[③]。与此同时，中国—中亚—西亚经济走廊上区域性的国际运输也取得明显进展。数据显示，截至目前，经霍尔果斯通行的中欧（中亚）班列线路已有28条，辐射18个国家的45个城市[④]。"一带一路"框架下中塔、中吉、中乌重大项目合作也在有序进行，例如安格连火电厂于2016年8月并网发电；杜尚别2号热电厂一期、二期工程分别于2014年、2016年竣工投产运行。

孟中印缅经济走廊：过去10年以来，孟中印缅经济走廊建设的总体进展情况良好。首先，基础设施互联互通进展稳步推进。2019年木姐—曼德勒铁路作为中缅经济走廊建设的重要互联互通项目取得突破性进展。中缅油气管道项目顺利开通。截至2020年，中缅油气管道项目累计向中国输送原油3 000万吨，天然气约265亿立方米，并向缅甸分输天然气46亿立方米，有效推动了管道沿线经济发展，改善了当地民生[⑤]。在长达两年多的艰难谈判后，中缅于2018年11月签署了皎漂港项目框架性协议，皎漂深水港建设迈出坚实步伐[⑥]。其次，产业项目合作有实质性进展。中印古吉拉特邦特变电工电力产业园、马哈拉施特拉邦汽车产业园项目，中缅皎漂特区工业园、亚太水沟谷经济特区以及瑞丽—木姐跨境经济合

① 《〈上海合作组织成员国政府间国际道路运输便利化协定〉正式签署 上合组织六国将逐步形成国际道路运输网络》，中国道路运输网，http://www.chinarta.com/html/2014-9/201491782447.htm。

② 《口岸强州 踔厉奋发 | 中哈原油管道累计向中国输油突破1.5亿吨》，阿拉山口市政府网，http://www.alsk.gov.cn/info/1012/46776.htm。

③ 《观察 | 中国—中亚—西亚经济走廊为何重要？》，腾讯新闻，https://new.qq.com/rain/a/20230128A04KZL00。

④ 《霍尔果斯口岸通行中欧（中亚）班列总量超3.5万列 国际物流"黄金通道"价值凸显》，央视网，https://news.cctv.com/2024/04/06/ARTIpkpKcxnRsj4ZHDbKJH9T240406.shtml。

⑤ 王悦舟：《中缅油气管道累计向我国输送原油3000万吨》，央视网，https://m.news.cctv.com/2020/05/25/ARTIaooeSkZVmGM1lCfLfNqv200525.shtml。

⑥ 李东尧：《停滞3年，中缅皎漂港项目框架协议终于签了》，观察者网，https://www.guancha.cn/economy/2018_11_09_478938.shtml。

作区，中孟吉大港中国经济工业园等一批产业园区项目建设有序开展。最后，随着孟中印缅经济走廊建设的全面推进，中印、中缅、中孟双边贸易稳步增长。

中国—中南半岛经济走廊：中国—中南半岛经济走廊是"一带一路"建设的重要方向，经过过去8年的建设，中国—中南半岛经济走廊在基础设施建设等方面取得积极进展。中印雅万高铁、中老铁路、第二条中越国际铁路、中泰铁路一期、中缅铁路等合作项目也换挡提速，全面推进。2017年贯穿中国、泰国和老挝的昆曼公路小磨高速公路正式通车试运营①。2019年3月中越芒街口岸北仑河公路二桥建成通车。在产业园区和产业项目合作方面，老挝南空3号水电站项目、老挝南公1水电站项目、东盟能源合作行动计划确定的8个电网互联跨境电力传输项目、泰国2.2 MW太阳能屋顶项目、缅甸敏巫光伏电站项目一期50 MW项目等又有突破性进展或者稳步推进。中国—中南半岛经济走廊境外产业园区蓬勃发展，促进当地经济发展。老挝万象赛色塔综合开发区、越南龙江工业园、柬埔寨西哈努克港经济特区、泰国泰中罗勇工业园、中缅边境经济合作区、中老磨憨—磨丁经济合作区、中国龙邦—越南茶岭跨境经济合作区、中国东兴—越南芒街跨境经济合作区、中国凭祥—宁明贸易加工区等跨境经济合作区发展形势良好，区域蓬勃发展，促进当地经济发展。

四是，在共建"一带一路"框架下，"一带一路"建设分别从基础设施、能源、农业等具体的具有合作潜力的领域取得显著进展。从基础设施建设合作方面看：包括雅万高铁、蒙内铁路、瓜达尔港、汉班托塔港二期、亚吉铁路、中俄原油管道复线等在内的一批重大项目取得早期收获。中泰铁路、匈塞铁路、中老铁路和中巴经济走廊交通基础设施建设等项目，中国—中亚天然气管线D线、巴基斯坦卡洛特水电站、德黑兰—马什哈德高铁、老挝铁路、肯尼亚蒙内铁路、卡拉奇—拉合尔高速公路等一批重要的基础设施建设稳步推进，对当地经济社会发展产生了重要的积极影响。从能源领域合作取得的成果看：一方面中哈原油管道、中缅石油管道、中国—中亚天然气管道A/B/C/D线的建成投产与建设推进，使"一带一路"框架下能源合作基本架构呈现，其显著地推动中国与相关国家地区经济发展。另一方面，包括能源产业项目、新能源项目和能源电力项目等在内的一些具有示范引领性的项目在共建国家开展。

---

① 王艳龙：《昆曼公路中国境内段全程实现高速化》，中国新闻网，https://www.chinanews.com.cn/cj/2017/09-28/8342542.shtml。

如中蒙锡伯敖包煤电输一体化项目、中塔格拉夫那亚水电站技改工程项目、中伊（伊朗）吉兰省变电站项目、中巴默拉直流输电和卡洛特水电站项目、中塞科斯托拉茨电站项目、中沙 Sudair 光伏电站项目、中缅皎漂 135 MW 燃气联合循环电站项目、中老南涧水电站项目等一批项目的建设和投产运营为相关国家带来廉价的清洁能源，为其经济发展提供强大能源动力，在"一带一路"框架下形成了良好的示范引领效应。第三，农业合作项目多点开花。截至 2021 年底，中国已与"一带一路"86 个共建国家签署了农业合作协议，与其中一半以上共建国家建立了稳定的工作机制。数据显示，8 年来，中国在共建国家投资农业项目 820 多个，投资存量超过 170 亿美元。其中，2020 年与共建国家农产品贸易总额为957.9 亿美元[①]。中国在塔吉克斯坦投资建设的棉业示范项目、中国—苏丹农业合作开发区等一批境外农业合作产业园区稳步推进，在当地产生较好的经济社会影响。

总体来看，经过过去 10 年的"一带一路"建设，共建"一带一路"倡议以顶层设计为总体指引，以"五通"建设为切入点，以"六廊六路多国多港"为主要总体架构，聚焦于基础设施、能源、农业等领域的合作潜力，以重点领域合作为实践抓手，取得了丰硕成果和显著进展，已经初步完成总体布局和机制规范等方面的夯基筑台、立梁架柱，基本实现了从顶层设计的"大写意"向精耕细作的"工笔画"的转变。

1.3 从共建"一带一路"倡议到高质量共建"一带一路"的转变

随着"一带一路"在各个领域取得积极进展，加之共建"一带一路"的背景和现实特征发生转变，共建"一带一路"的内容和内涵不断得以丰富，其使共建"一带一路"倡议正在经历从共建"一带一路"倡议落实到高质量共建"一带一路"阶段转变。这一转变对共建"一带一路"倡议提出了更高的要求。为了把握这种要求，需要从时间特征和事实特征对"一带一路"阶段转变的性质进行把握。

1.3.1 时间阶段特征

总体来看，从共建"一带一路"倡议提出到当前共建"一带一路"

---

① 高云才：《8 年来,中国投资一带一路农业项目 820 多个》,中国政府网,https://www.gov.cn/xinwen/2021-11/25/content_5653270.htm。

倡议进入高质量阶段，从时间维度上，共建"一带一路"经历了"两阶段三过程"：

第一过程（2014—2015年）：共建"一带一路"倡议成为共识并酝酿动员时期。在这一阶段，共建"一带一路"倡议主要完成了顶层设计的开篇谋局，其中不乏一些重要项目的推动。2014年通过了《丝绸之路经济带和21世纪海上丝绸之路建设战略规划》，2015年对外发布了《推动共建丝绸之路经济带和21世纪海上丝绸之路的愿景与行动》，有关地方和部门也出台了配套规划。共建"一带一路"在国际上引起较大反响，联合国等国际组织也以积极的态度参与"一带一路"建设。截至2016年，已经有100多个国家和国际组织参与其中，中国同"一带一路"30多个国家签署了共建"一带一路"合作协议、同20多个国家开展国际产能合作①。以亚投行、丝路基金为代表的金融合作不断深入，一批有影响力的标志性项目逐步落地。

第二过程（2016—2018年）：共建"一带一路"进入全面实践化阶段。在这一阶段，共建"一带一路"完成了总体布局，绘就了一幅"大写意"，正在向落地生根、持久发展的阶段迈进。2016年，习近平总书记在第一次推动"一带一路"工作座谈会上发表重要讲话，强调要"总结经验、坚定信心、扎实推进，聚焦政策沟通、设施联通、贸易畅通、资金融通、民心相通，聚焦构建互利合作网络、新型合作模式、多元合作平台，以钉钉子精神抓下去，一步一步把'一带一路'建设推向前进，让'一带一路'建设造福沿线各国人民"②。在顶层设计的指引下，"一带一路"建设全方位转入实践落实阶段。以2017年首届"一带一路"国际合作高峰论坛279项成果为例，截至2018年，有265项已经完成或转为常态工作，剩下的14项正在督办推进，落实率达95%。截至2018年，中国同共建103个国家和国际组织签署118份"一带一路"方面的合作协议。截至同年6月，中国同共建国家货物贸易累计超过5万亿美元，年均增长1.1%。中国已经成为25个共建国家最大的贸易伙伴。对外直接投资超过700亿美元，年均增长7.2%，在共建国家中新签对外承包工程合同额超过5000亿美元，年均增长19.2%。2017年，来自共建国家留学生达

---

① 邹雅婷：《"一带一路"：国家战略的重大创新》，新华网，http://www.xinhuanet.com/world/2016-09/07/c_129272136.htm。

② 张晓松、安蓓：《习近平在推进"一带一路"建设工作座谈会上发表重要讲话 张高丽主持》，中国政府网，https://www.gov.cn/guowuyuan/2016-08/17/content_5100177.htm。

30多万人，赴共建国家留学的人数6万多人①。

第三过程（2019年至今）：共建"一带一路"进入高质量建设的阶段。2018年，习近平总书记在出席推进"一带一路"建设工作5周年座谈会并发表重要讲话时指出，在过去5年共建"一带一路"基础上，"我们要百尺竿头、更进一步，在保持健康良性发展势头的基础上，推动共建'一带一路'向高质量发展转变，这是下一阶段推进共建'一带一路'工作的基本要求"②。在这一要求的指引下，"一带一路"转入高质量建设阶段。这一阶段明显的特征是，高质量共建"一带一路"成为推动"一带一路"建设的总体要求，其核心要旨反映在习近平总书记在不同场合下关于如何推动"一带一路"高质量发展的重要论述之中。在2019年第二届"一带一路"高峰论坛上，习近平主席强调，"期待同各方一道，完善合作理念，着力高质量共建'一带一路'。要把共商共建共享原则落到实处"③，提出要"本着开放、绿色、廉洁理念，追求高标准、惠民生、可持续目标"，推动"一带一路"建设向高质量共建"一带一路"转变。在2021年博鳌亚洲论坛年会开幕式上习近平主席发表主旨演讲，提到"将同各方继续高质量共建'一带一路'，践行共商共建共享原则，弘扬开放、绿色、廉洁理念，努力实现高标准、惠民生、可持续目标"④。2021年在第三次"一带一路"建设座谈会上，习近平总书记强调，要"完整、准确、全面贯彻新发展理念，以高标准、可持续、惠民生为目标，巩固互联互通合作基础，拓展国际合作新空间，扎牢风险防控网络，努力实现更高合作水平、更高投入效益、更高供给质量、更高发展韧性，推动共建'一带一路'高质量发展不断取得新成效"⑤。事实上，从习近平总书记在不同场合对推动共建"一带一路"的系列阐述可以看出，共建"一带一路"从2018年后发生质的转变，共建"一带一路"从2018年

---

① 《一带一路5年成绩单：投资289亿美元　创造24万就业》，观察者网，https://www.guancha.cn/politics/2018_08_28_469906.shtml。

② 赵超、安蓓：《习近平：推动共建"一带一路"走深走实造福人民》，人民网，http://politics.people.com.cn/n1/2018/0827/c1024-30254173.html。

③ 《习近平在第二届"一带一路"国际合作高峰论坛开幕式上的主旨演讲（全文）》，求是网，http://www.qstheory.cn/yaowen/2019-04/26/c_1124420296.htm。

④ 《演讲全文！习近平在博鳌亚洲论坛2021年年会开幕式上的视频主旨演讲》，央广网，https://news.cnr.cn/native/gd/20210420/t20210420_525466324.shtml。

⑤ 《习近平在第三次"一带一路"建设座谈会上强调　以高标准可持续惠民生为目标　继续推动共建"一带一路"高质量发展 韩正主持》，求是网，http://www.qstheory.cn/yaowen/2021-11/19/c_1128081519.htm。

后进入高质量建设阶段。

1.3.2 事实特征阶段

共建"一带一路"发生时间节点的阶段性转变，核心原因在于共建"一带一路"事实特征发生变化，除了从顶层治理层面要求共建"一带一路"转向高质量发展阶段的事实原因外，共建"一带一路"向高质量阶段转变主要由以下几方面客观原因构成：

共建"一带一路"的背景特征发生转换。背景特征发生转换的主要体现在于，世界正在发生百年未有之大变局，"一带一路"作为大变局中的重要变量，只有把握这一变局的重要特征，才能高质量推动共建"一带一路"走深走实，取得预期效果。从具体大变局的特征看，第一，随着"一带一路"建设的推进，"一带一路"建设所处的国际环境发生深刻变化，全球经济增长疲软，气候问题、逆全球化问题等越发突出，并且相互交织在一起，成为推动"一带一路"建设不得不面临的重要问题。第二，中美贸易关系由于美国主动挑起摩擦和主导"脱钩"发生显著变化。2017年美国无视国际秩序，借口中国不公平贸易行为以及中美贸易严重失衡等理由，对从中国进口的产品加征关税。以此为开始，2018年到2019年的两年时间里，美国对从中国进口产品发起关税战。在中美贸易摩擦的同时，美国伙同一些西方国家对中国科技企业进行制裁打压，积极主导西方国家与中国的产业链"脱钩"。中美经贸关系的变化构成推动"一带一路"建设的重要影响变量。第三，新冠疫情全球大流行对全球经济产生深刻影响。2019年末和2020年初全球范围内暴发新冠疫情，各国政府为避免新冠疫情的传播，纷纷采取严格管控措施，全球经济按下"暂停键"。全国范围内的居家隔离、停工停产等严格管制措施，使全球经贸联系减弱，全球供应链、产业链阻隔，全球消费市场疲软，全球经济面临受新冠疫情冲击的大衰退可能。与此同时，随着新冠疫情全球大流行，兼顾防控疫情和推动生产生活回归正常成为未来全球经济的重要抓手。新冠疫情全球大流行给推动"一带一路"建设带来各种消极影响。

共建"一带一路"的内涵和内容不断丰富。共建"一带一路"的内涵和内容得以丰富表现在：当共建"一带一路"从"大写意"转向"工笔画"时，由于推动共建"一带一路"朝向高质量发展，共建"一带一路"的合作领域和合作内容得以拓展和升华。其具体体现在：第一，绿色"一带一路"丰富了共建"一带一路"内涵。在2018年9月举办的中非合作论坛北京峰会上，习近平主席强调要"将'一带一路'建成绿色之路"①。以此为开始，从顶层设计方面，生态环境保护和绿色发展成为共建"一带一路"的重要底色。2022年国家发展改革委等部门《关于推进共建"一带一路"绿色发展的意见》指出，推进共建"一带一路"绿色发展，是践行绿色发展理念的内在要求，是积极应对气候变化、维护全球生态安全的重大举措，也是推进共建"一带一路"高质量发展、构建人与自然生命共同体的重要载体②。其进一步对"一带一路"各个领域朝着有利于绿色发展的合作提出了要求。第二，"健康丝路"的提出拓展了共建"一带一路"的内涵。2017年8月，30多个国家卫生部长和相关国际组织领导人齐聚北京，达成《"一带一路"卫生合作暨"健康丝路"北京公报》，明确指出卫生领域的交流与合作是"一带一路"倡议的重要组成部分，描绘了更为清晰、详细的共建"健康丝路"的路线图③。随着新冠疫情全球大暴发，新冠疫情不仅对共建"一带一路"国家生命健康构成威胁，也对"一带一路"建设中正在开展的项目以及将要开展的项目形成影响。在此背景下，"健康丝路"的建设对共建"一带一路"提出更广泛的要求。第三，高质量共建"一带一路"的本质重新聚合了"一带一路"建设的内涵。其体现在：一方面，随着"一带一路"发展合作有阶段性进展后，形成了基本合作框架，"一带一路"建设面临需要精耕细作、不断夯实的现实要求，也即从大领域向小领域逐渐渗透并形成各种合作机制的要求。而另一方面，从顶层设计方面，2021年博鳌亚洲论坛年会开幕式上习近平主席提出，要致力于"建设更紧密的卫生合作伙伴关系，更紧密的互联互通伙伴关系，更紧密的绿色发展伙伴关系，更紧密的开放包容伙伴关系，为人类走向共同繁荣作出积极贡献"④。"一带一路"各类伙伴关系的构建与相关机制的形成对共建"一带一路"提出了新的要求。

共建"一带一路"的全球性优势逐步凸显。共建"一带一路"的全球性优势得以凸显主要体现为：在全球经济增长疲软以及各种全球性问

---

① 《习近平在2018年中非合作论坛北京峰会开幕式上的主旨讲话（全文）》，国际在线，https://news.cri.cn/20180903/ec9fcd29-ccf6-c6a5-45b4-c27bb4d7dda1.html。

② 《国家发展改革委等部门关于推进共建"一带一路"绿色发展的意见》，中国政府网，https://www.gov.cn/zhengce/zhengceku/2022-03/29/content_5682210.htm。

③ 孙敬鑫、王丹：《"健康丝绸之路"建设宜"蹄疾步稳"》，中国一带一路网，https://www.yidaiyilu.gov.cn/p/125638.html。

④ 《习近平在博鳌亚洲论坛2021年年会开幕式上发表主旨演讲》，求是网，http://www.qstheory.cn/yaowen/2021-04/20/c_1127350932.htm。

题叠加冲击全球经济发展时，"一带一路"作为一种发展倡议和在倡议中不断形成的新型机制，已经在当前全球经济增长中展现出一种新的活力。其具体体现在：第一，"一带一路"正在为全球化提供一种公共产品。这一公共产品在当前全球化治理不足的现实情景中具有诸多优势，以一种普遍有利于促进发展中国家的全球化发展方案赢得大多数国家的积极响应和参与。第二，"一带一路"正在为变革全球化提供一种有效的手段。西方发达国家主导的全球化模式，发展与公平一直是其被诟病的地方。共建"一带一路"倡议以"共商共建共享"为原则，以发展合作为重心，其相比西方发达国家俱乐部式的只是有利于部分国家发展的全球化治理模式，发展特色突出，公平优势明显，对当前全球化进行有效变革，得到大多数发展中国家的积极支持。第三，"一带一路"正在引领全球化发展的新模式。在"一带一路"框架下，创新发展模式，搭建合作平台，创造发展机会，成为"一带一路"发展合作的鲜明主题。在过去10年的"一带一路"建设中，在帮助共建国家实现发展方式转变，搭建各类合作平台以及创造各种发展机会方面，"一带一路"亮点纷呈，成果累累。其对比当前西方国家在内部决裂、在外部对各种发展议题治理方案供给不足等缺陷，"一带一路"正在搭建有利于促进发展中国家发展的全新平台，提供新型全球化治理的有效方案，其框架内形成的"一带一路"新型合作机制正在成为推动地区发展、变革治理秩序以及探索新的发展模式和路径的有效支撑。

共建"一带一路"的积极因素逐渐增多。作为推动共建"一带一路"首倡国和关键性参与国，中国层面的相关因素的变化对高质量推动"一带一路"发展形成重要内在推动力。其体现在：第一，党的十九大报告明确提出"发展转段"，即中国经济已由高速增长阶段转向高质量发展阶段。中国经济的高质量发展的本质内涵从推动共建"一带一路"角度也就是要转向推动"一带一路"呈现高质量发展。第二，2020年在中央财经委员会第七次会议上，习近平总书记强调要构建以国内大循环为主体、国内国际双循环相互促进的新发展格局①。构建国内国际双循环相互促进的新发展格局本身要求要着力于推动共建"一带一路"发生重心转变，也即从全方位推动共建"一带一路"向高质量共建"一带一路"转变。第三，从国内经济看，"一带一路"与长江经济带、京津冀经济区等作为国内经济发展的重大战略，其目前已经成为中国经济走向世界的重要战

---

① 习近平：《国家中长期经济社会发展战略若干重大问题》，求是网，http://www.qstheory.cn/dukan/qs/2020−10/31/c_1126680390.htm。

略平台和战略依托。推动共建"一带一路"朝向高质量发展是打造新时期新阶段中国对外开放格局的重要战略抓手，也是构建外向型经济的重要战略途径。第四，从当前全球格局看中国经济，面对以美国为首的西方国家的封锁、打压和制裁，以及其联合盟国长期主导的类似TPP、印太经济框架等应对中国战略围堵，对中国"走出去"战略形成了负面影响。中国要在当前全球化背景下坚定不移推动改革开放，就必须要经营好"一带一路"建设，这就内在地要求推动"一带一路"朝向高质量发展。

总的而言，从2013年共建"一带一路"提出，到当前推动共建"一带一路"进入高质量发展的关键阶段，在背景、内涵、成效和中国因素不断发生变化的情形下，共建"一带一路"正在发生显著性的阶段性变化。阶段性变化造成的影响是一方面使"一带一路"建设的内容和聚焦点发生变化，另一方面也折射出共建"一带一路"倡议作为一种顶层设计在落实方面具有建构性性质。

1.4 当前国内外对共建"一带一路"倡议的评价

事实上，无论是早期致力于推动共建"一带一路"形成开篇布局和总体框架，还是着力于推动共建"一带一路"朝向高质量发展，一个核心的问题在于如何认识"一带一路"，其进一步转换为从顶层设计的愿景出发如何理解"一带一路"，以及当前随着"一带一路"付诸实践国际社会如何认识"一带一路"。正确把握二者的内涵和二者之间的差距，将成为推动共建"一带一路"朝着高质量发展的重要遵循。而前一个层面的内涵主要反映在共建"一带一路"倡议提出后国内学者对"一带一路"倡议内涵、价值以及如何推动等的研究认知方面；后一个层面的内涵主要反映在国外学者以及国外舆论对共建"一带一路"倡议的认知与评价方面。因此，梳理和分析当前对共建"一带一路"研究和认知显得尤为重要，其将为更好推动共建"一带一路"提供理论和现实支撑。

从目前来看，对共建"一带一路"的研究和认知具有以下两个显著特点：一是对"一带一路"的阐释、认知以及价值的挖掘主要体现国内研究层面，因此从顶层设计的愿景出发理解"一带一路"需要对国内过去10年的研究进行梳理。二是对"一带一路"国外认知主要反映在国外舆论报道和相关研究之中，为此要较为客观把握共建"一带一路"建设的国际反响和认知，需要对国外相关舆论报道和研究进行梳理。为此，本文对"一带一路"的相关研究按照这两个层面首先进行梳理。

1.4.1 国内对共建"一带一路"倡议的研究进展

国内对共建"一带一路"倡议的研究大体包括如下三方面的内容，即共建"一带一路"的价值、内涵以及如何推动共建"一带一路"三个方面。具体来看：

一是，关于共建"一带一路"倡议价值的讨论。在这一层面，关于共建"一带一路"倡议的价值又分为国际和国内两个层面。

第一是从对国家或者国际的意义来看，主要包括对共建"一带一路"倡议提出的必要性和意义的探讨。如张玉杰的研究（2014）较早指出"一带一路"是中国建设大棋局中的棋眼。夏先良（2015）认为，"一带一路"将助力中国重返世界经济中心。王跃生（2016）指出，共建"一带一路"倡议，既是世界经济"双循环"结构中的关键环节，也是世界经济全面复苏的新引擎。张耀军（2017）指出，共建"一带一路"倡议是构建人类命运共同体的重要抓手。谢超林（2017）认为共建"一带一路"倡议有助于提升中国的国家话语权。胡德坤（2017）认为，习近平主席倡导的共建"一带一路"构想将对世界历史整体发展具有积极的促进作用。

在此基础上，对共建"一带一路"倡议价值的研究在具体意义上有一定拓展。学者金应忠（2015）认为共建"一带一路"倡议不仅是中国在新时期提出的重要国家发展倡议，也是欧亚非三大洲各国的共同发展倡议。章利新（2015）则认为共建"一带一路"倡议将为共建国家创造发展新机遇。李海辉（2015）的研究指出，共建"一带一路"倡议是与虚拟互联网相对的世界"物流互联网计划"，其实践意义体现在"一带一路"将连接参与各国的运输体系，提高物流效率，降低物流成本，构建物流互联网，打造真正的"地球村"。李丹（2015）指出，中国及其提出的共建"一带一路"倡议具有引领和推动全球经贸格局重构的能力，将对全球经贸格局进行重构。王文（2015）的研究指出，共建"一带一路"倡议对完善全球治理体系尤其是人民币国际化治理具有重要意义。李文（2015）的研究则指出，共建"一带一路"倡议的落实可以使多元化、多样化的各个国家和地区相互交织在一起，相互依存，可以实现利益共享，扩大共同安全，推进合作安全，促进发展安全，增进可持续安全。在诸多的探讨中，孙志远（2015）指出共建"一带一路"的价值至少体现在经济、安全、人文三个大的方面。艾平（2015）则认为"一带一路"倡议是典型的新外交，落实"一带一路"倡议将是推进公共外交的重要机遇。毛艳华（2015）则从全球治理的角度指出，"一带一路"倡议是中国积极参与21世纪全球治理和区域治理的顶层设计，对于构建开放型经济新体制、形成全方位对外开放新格局有着重要意义。

进一步，较为系统的价值探讨体现在：陈文玲（2015）指出，共建"一带一路"重大合作倡议，具有重大现实意义和深远历史意义，其具体体现在，是我国首次提出具有全球视野的对外和平发展倡议，对于我国构建更高层次的开放型经济新体制，形成全方位开放新格局具有重大和深远的意义。而张蕴岭（2015）的研究指出，"一带一路"拓宽中国经济发展格局，其具体体现为：第一，中国倡导和推进"一带一路"建设，可以破除人们对中国的战略疑虑；第二，共建"一带一路"倡议为世界经济发展打造新的发展空间，创建新的发展引擎；第三，可以破解全球性大项目等的融资约束。李光辉（2015）的研究则从中国角度提出共建"一带一路"倡议的价值至少体现在：第一，有助于推动中国经济与世界经济的融合；第二，有助于促进中国区域经济协调平衡发展；第三，有益于开启中国经济新常态发展的引擎；第四，有益于全面构建中国开放型经济新体制。卢南泉（2015）认为共建"一带一路"倡议提出的意义至少体现在：第一，有助于提升我国竞争力和扩大影响力；第二，成为中国乃至区域经济合作的重要平台；三是确保我国经济稳定增长，实现新一轮对外开放格局。在上述研究基础上，任思奇（2017）从文明交流这一较高的也比较抽象的角度指出，共建"一带一路"表明当代中华文明的对外交往是经济交往与文化交往、全球化与本土化、传承与创新三个方面的辩证统一。

第二是从对国内发展的层面来看，主要讨论共建"一带一路"倡议的提出和落实对国内区域经济发展带来的影响。如张原天（2017）较为系统地指出，共建"一带一路"倡议将促进我国与共建国家协调发展，推动资源的调配整合，经济合作与市场的融合；同时，使我国的内陆地区变为开放的前沿阵地，最大程度地减少地理位置因素的限制，促进东西两大区域的协调发展，形成对外开放的新格局。对于这一系统性论断，其他学者也有相对具体且类似的研究结论。如安树伟（2015）认为共建"一带一路"倡议将对我国区域经济发展的影响及格局重塑，其有利于形成中、西带动中部，进而形成海陆统筹、东西互济、面向全球的开放新格局。马小南（2016）认为共建"一带一路"倡议将影响区域经济的发展新格局。吴江（2017）指出，共建"一带一路"倡议的有效实施，能够促进沿线地区与周边国家合作。许飞（2016）也认为，共建"一带一路"倡议的提出不仅能够有效推动区域经济的协调发展，也能使更多亟待发展的区域更快融入区域经济一体化之中，促成区域经济全方位融合发展和格局重构，为我国区域经济发展注入强劲动力。林战（2015）指出，各个地方通过积极参与共建"一带一路"，有助于实现地方经济发展，并最终在全国层面呈现全国一盘棋的格局。刘忠（2015）认为各个地方可以借助"一带一路"来推动地方经济转型升级。

关于共建"一带一路"倡议价值的研究，有以下特点：一是从研究形式上看，其主要由舆论报道和文献研究构成，且前者居多；二是从研究时间上看，其主要集中2014年和2015年，且2015年的研究文献居多；三是从研究内容上看，存在一个由浅到深，由单一到全面的过程。总体上看，关于共建"一带一路"价值的研究，从整体上揭示了共建"一带一路"作为一个重要的发展合作倡议，具有丰富的内涵，其内涵的实现将对全球经济格局、全球经济治理、中国构建对外经济格局以及中国经济发展的重要意义。

二是，关于共建"一带一路"倡议实践内涵的讨论。关于共建"一带一路"倡议实践内涵的讨论，目前的研究主要将共建"一带一路"倡议置于全球发展背景下挖掘。其中早期的研究为后面的内涵挖掘奠定了研究基础。早期的研究者陈耀（2015）指出，"一带一路"的核心内涵在于：古今传承，内外开放，海陆统筹，东西互济，虚实结合和中外共赢，为此，应该科学规划，布局重点，积极稳步推进。黄红山（2015）认为，共建"一带一路"倡议，既立足于实现中华民族伟大复兴的中国梦，又契合沿线各国人民求和平、谋发展、促繁荣的美好梦想；既具有深厚的历史渊源和人文基础，又顺应和平、发展、合作、共赢的时代潮流，因此是一条优势互补、平等协商、共建共赢、惠及多方的和平之路、合作之路、共赢之路。盛毅等（2015）也指出，共建"一带一路"倡议的内涵即秉承了以团结互信、平等互利、包容互鉴、合作共赢为核心的古丝绸之路精神，也顺应了求和平、谋发展、促合作、图共赢的时代潮流，因此，是一个包容性、开放性的愿景构想。而程国强（2015）的研究更加抽象地指出，共建"一带一路"的内涵是"开放、包容、互利和共赢"。在此共识下，肖金成（2015）进一步认为"一带一路"的内涵体现在其是开放、合作、发展、和平之路。而王义桅（2016）认为，共建"一带一路"倡议跳出超越中国特色、超越历史文化、超越近代、赶超西方的逻辑，致力于打造全球化3.0版本——包容性全球化，重塑历史话语权，有望在21世纪复兴"团结互信、平等互利、包容互鉴、合作共赢"的丝路精神，打造政治互信、经济融合、文化包容的利益共同体、责任共同体和命运共同体。

在此基础上，在早期关于共建"一带一路"倡议内涵基础的认知上，学者们逐渐从具体方面来探析共建"一带一路"的内涵。例如，胡鞍钢（2015）提出，共建"一带一路"倡议在本质上将有望重塑中国经济地理，以及重塑世界经济地理。刘卫东（2015）指出，共建"一带一路"倡议是中国为推动经济全球化深入发展而提出的国际区域经济合作新模式。其具有丝路文化特别含有的"和平合作、开放包容、互学互鉴、互利共赢"的内涵。王宛（2015）就认为，共建"一带一路"倡议是中国统筹国内、国际两个大局做出的重大决策，是由内而外、内外结合塑造中国经济可持续发展的重要途径。涂永红等（2015）认为，共建"一带一路"倡议将是中国向世界提供的最大的合作共赢的公共物品之一。在更加具体层面的实践内涵讨论方面，朱雄关（2015）认为，共建"一带一路"倡议将为拓宽中国与"一带一路"有关国家能源合作的方法路径，不断增强国家的能源安全保障创造重要契机。黄小勇（2015）也认为共建"一带一路"倡议的落实将有望推动形成亚洲共同能源安全发展新局面。黄卫平（2015）的研究指出，共建"一带一路"倡议将为刚刚起步的人民币"走出去"进程提供一个发展良机，其有助于人民币"走出去"从周边化逐步发展到区域化，并最终形成国际化。孙现朴（2016）认为，共建"一带一路"倡议将有助于展现中国"亲、诚、惠、容"的周边外交新理念。郭万超（2016）认为，共建"一带一路"倡议符合时代要求，将开启中国和平型、文化型、共赢型、开放型崛起新模式。

在这一时期，也即从2015年至2017年，伴随着绿色"一带一路"建设思路的完善，关于共建"一带一路"倡议的绿色内涵研究被凸显出来。绿色"一带一路"成为研究共建"一带一路"问题中重要的一支脉络。陈天林（2017）的研究较早地指出了绿色"一带一路"建设的愿景目标、建设路径和中国的优势与契机，其指出：绿色"一带一路"是高瞻远瞩的愿景构思；政策、设施、贸易、融资、民心等领域是五条重要路径；中国具备筑梦绿色丝绸之路的资金、工业化、设施建设、能源需求的四大优势。张继栋等（2018）指出，中国正在秉持绿色发展理念，在"一带一路"框架下开展环境保护、污染防治、生态修复、循环经济等领域合作，不断推进绿色基础设施建设、绿色产能和装备制造合作、绿色金融以及绿色贸易体系建设等，正在用行动打造一条传播生态文明理念、推动生态文明实践、共享生态文明成果的绿色丝绸之路。

总体来看，关于共建"一带一路"倡议内涵的研究，主要有以下几方面特征：第一，从时间维度上看，关于共建"一带一路"倡议内涵的挖掘主要集中在"一带一路"提出后的2015年、2016年。第二，从研究内容上看，关于共建"一带一路"倡议内涵的挖掘主要集中在对共建"一带一路"倡议提出的必要性和价值上有清晰的认知后，从共建"一带一路"倡议在实践中所体现出的优越性出发，挖掘共建"一带一路"倡议在引领人类文明发展、全球经济发展、经贸合作以及具体领域的丰富内涵。第三，从研究层次上看，呈现出一种从总体挖掘向具体性挖掘的转变，但总体上呈现的是对共建"一带一路"倡议整体内涵的挖掘。事实上，关于共建"一带一路"内涵的挖掘，反映的是共建"一带一路"引领的全球性发展合作倡议，其丰富的内涵及落实在当前全球化情景中的优越性，也在某种程度上凸显了共建"一带一路"平台将成为推动人类命运共同体构建、人类发展合作、全球经济合作以及全球各个国家在各个领域合作的重要平台。

三是，关于如何推动"一带一路"建设的讨论。关于如何推动"一带一路"建设的讨论主要反映的是在共建"一带一路"倡议提出后，如何根据倡议所倡导的内容富有成效地推动"一带一路"建设。这一层面的研究，由于共建"一带一路"事实特征和时间特征的变化，被分为两个阶段，具体来看：

早期阶段（2013—2018年）：关于如何推动"一带一路"建设的研究。这一层面的研究主要体现在根据共建"一带一路"倡议的具体内容而探讨如何推动共建"一带一路"问题，例如有学者（孙力，2016；徐坡岭，2016；李自国，2016）提出将"五通"作为突破点和抓手推动"一带一路"建设。也有学者从六大经济走廊建设的角度研究如何推动共建"一带一路"问题，例如刘金鑫等（2016）从孟中印缅经济走廊，廖元和等（2016）从新欧亚大陆桥，刘威（2016）、何茂春（2016）、米军（2018）等从中蒙俄经济走廊，李建军等（2017）从中巴经济走廊，刘作奎（2017）从欧亚经济走廊，刘鑫等（2018）从中国—中南半岛经济走廊建设的角度，探讨了如何推动"一带一路"建设的问题。同时，大多数学者从具体合作领域探讨了如何推动共建"一带一路"的问题。例如较早地，在共建"一带一路"倡议提出不久，潜旭明（2014）就指出能源合作将成为推动"一带一路"建设的重要支点。朱雄关（2017）[57] 等学者在此基础上进一步探讨了对策策略。范祚军（2016）指出，国家基础设施互联互通有望成为推动"一带一路"建设重要切入点。而随着共建"一带一路"进展加快，更多地研究从共建"一带一路"框架下加强多边和双边合作的角度对推动"一带一路"建设的路径问题予以探讨。从区域层面，有学者从东北亚（安虎森，2017）、东盟（吴崇伯，2016）、澜沧江—湄公河（颜欣，2017）、中欧（游楠，2017）、中东欧（罗琼，2017）、中东（赵雅婧，2016）等区域和次区域方面讨论了如何推动"一带一路"建设。从国别层面，类似如何推动"一带一路"框架下中俄（王巍，2016）、中埃（仝菲，2016）、中蒙（萨础日娜，2016）、中土（王秋红，2017）、中哈（王志民，2017）、中印（谢向伟，2018）、中伊（陆瑾，2016）等的双边合作问题也成为学术界关注和探讨的重要问题。在具体合作领域上，如推动"一带一路"框架下粮食合作（孙致陆，2016）、贸易合作（王芊霖 等，2017）、产业合作（张述存，2018）、能源合作（林建勇，2017）、旅游合作（邹统钎，2016）、人民币国际化（周天芸，2017）、产能合作（郭朝先，2016；郭建鸾，2017）、农业合作（许振宝，2016）等具体合作问题也成为学者探讨的问题。

　　事实上，不难发现，早期关于如何推动"一带一路"的研究，是在明晰共建"一带一路"的愿景内涵以及主要内容基础上，在具体领域和时间层面就如何推动"一带一路"建设的探讨。总体来看，这一时期的研究，有以下几个特点：第一，文献研究从各个层面揭示了中国与"一带一路"共建国家开展合作的背景、机遇、挑战以及推动路径，对如何推动"一带一路"建设提供了理论支撑。第二，文献研究存在一个由"主要"向"全面"延展、从"抽象"到"具体"转变的过程。具体体现为早期关于共建"一带一路"的研究，主要聚焦于能源、产业、贸易等领域如何合作建设，随后逐渐拓展到粮食、教育、旅游等领域的合作建设。同时也体现为早期主要讨论如自贸区、跨区域合作等相对宏观和抽象的领域建设，而随后逐渐聚焦于具体贸易、产业等合作的领域。

　　高质量阶段（2018年至今）：关于如何推动"一带一路"建设研究。随着党的十九大、二十大的召开，以习近平同志为核心的党中央基于当前和未来中国经济发展形势和特征，高屋建瓴地提出了"三新一高"（即立足新发展阶段、贯彻新发展理念、构建新发展格局，推进高质量发展）作为中国经济发展的主要特征、主要旋律和主要目标。在此背景下，在前期"一带一路"建设的基础上，"一带一路"也面临如何从早期推动"一带一路"建设到推动高质量共建"一带一路"主基调的转变。特别是在2018年习近平总书记在出席"一带一路"建设5周年座谈会上提出：

"我们要百尺竿头、更进一步，在保持健康良性发展势头的基础上，推动共建'一带一路'向高质量发展转变，这是下一阶段推进共建'一带一路'工作的基本要求。"由此，围绕如何高质量推动"一带一路"建设成为涉及"一带一路"的研究主题。

在对关于如何高质量推动"一带一路"研究问题上，围绕这两个问题自然形成两条研究线索：其一是关于什么是高质量的"一带一路"研究，其二是关于如何推动"一带一路"高质量的建设的研究。

在关于什么是高质量的"一带一路"研究这条线索上，胡必亮（2020）较为系统地解构和阐述了高质量共建"一带一路"的内涵，其认为高质量共建"一带一路"的意义在于能使发展导向→创造机遇→合作共赢这样的"一带一路"良性循环发展持续下去。裴长洪（2021）认为高质量共建"一带一路"就是要在已有"一带一路"合作的基础上，将周边地区作为合作重心，打造自主的区域合作产业链和供应链，优化提升标准等。在对高质量"一带一路"内涵的把握上，卢伟等（2021）从总体、项目、规则、货币、文化等方面合作检视了"一带一路"建设，分析了其中存在的一些问题和遇到的一些挑战，认为高质量共建"一带一路"就要给"一带一路"提质增效，推动重点合作迈向中高端。郑雪平等（2020）的研究则倾向于表明，高质量的"一带一路"内涵在于破除已有"一带一路"建设中存在的问题和提高建设效益。王凯（2019）的研究指出，高质量的共建"一带一路"需要把握四个方面的重心，一是以基础建设为"骨骼"，二是以多元化融资为"血脉"，三是以区域价值链为支撑，四是以机制建设为保障，以此来支撑高质量共建"一带一路"。李向阳（2020）则认为机制化是高质量共建"一带一路"的必然要求。刘乐（2021）认为民生建设及其成效已经成为衡量"一带一路"高质量发展的主要维度。而在观念和原则上，张春（2020）认为高质量共建"一带一路"前提是必须构建高质量的发展观，而高质量的发展观应涵盖共生发展观、增益发展观和制度化发展观。李进峰（2019）强调，推进"一带一路"建设向高质量转变需要把握四个重点原则：一是基于"三共"原则的多边主义，二是开放、绿色、廉洁的理念得以坚持和强化，三是努力实现高标准、惠民生、可持续的目标，四是践行以人为本的发展思想。

在如何推动高质量共建"一带一路"问题这一线索上，梅冠群（2020）认为在"一带一路"从"大写意"进入"工笔画"阶段，民心相通也要实现高质量发展，提出要发挥民间和社会的力量助力共建高质量

"一带一路"。郭朝先（2020）强调新基建在高质量共建"一带一路"中的重要性，围绕强化新基建提出加强顶层设计、技术和人才合作等的共建"一带一路"的对策。在此基础上，其与刘芳的研究（2020）进一步立足产能合作，提出：应进一步完善顶层设计，优化产能合作政策环境；开拓新商业模式，创新投融资机制；鼓励企业"抱团出海"，提升园区发展质量；进一步加强与国际组织合作，完善第三方合作机制；实施本土化策略，推进跨文化管理等推动高质量共建"一带一路"的措施。陈健（2021）则认为，可以通过在"数字丝路""绿色丝路""健康丝路"合作促使"一带一路"高质量发展合作走深走实。李进峰（2020）的研究指出，境外合作区发展能否实现向高质量发展转变，是高质量共建"一带一路"的基础。姜安印（2022）在把握高质量共建"一带一路"的特征和内涵的基础上，认为推动高质量共建"一带一路"，要特别关注共建国家在不同时期面临的疫情防控、恢复生产生活秩序、减贫合作和实现发展权四个方面的现实利益，在合作时要注重持续性、包容性和系统性，基于此从短期、中长期和远期探讨高质量共建"一带一路"可能的实现路径。

事实上，自2018年高质量共建"一带一路"这一实践命题提出后，关于高质量共建"一带一路"的研究，同关于"一带一路"的研究一样，也是一个不断建构性认识的过程。不难发现，对于高质量共建"一带一路"研究：第一，在于对"一带一路"的内涵予以拓展，例如"健康丝路""绿色丝路"等一些新内涵再度被凸显和重视；第二，在于从搭建框架向精耕细作、提质增效、务实合作的要求被突出并予以重视；第三，是高质量共建"一带一路"与新冠疫情全球大流行、乌克兰危机等相互交织，外部因素冲击也成为高质量共建"一带一路"的重要关注。

总体而言，无论是早期关于"一带一路"的研究，还是关于高质量共建"一带一路"的研究，旨在对"一带一路"的价值内涵和推进路径进行把握。而可以论断的是，对"一带一路"价值内涵的把握是探索如何推动"一带一路"路径的前提。当前的文献研究已经为价值内涵的把握提供了一个基于人类命运共同体构建的认知框架。然而，纵观文献研究，有必要指出的是，对"一带一路"价值内涵的挖掘和把握，尽管存在一些共识，但目前无论是从国际关系学、政治学还是经济学等，都暂时没有形成一个统一的认知框架，也即对"一带一路"价值内涵的挖掘没有从学科内形成一个统一的框架。尽管有学者（白永秀 等，2017）提出"一带一路"可以成为一种经济学科发展方向，核心在于揭示"一带一路"共建国家之间新型国际分工合作关系的发展规律。其似乎为挖掘和把握"一带一路"价值内涵提供了一个方向，也对从某一学科内尤其是经济学学科内形成一个大而统一的对"一带一路"价值内涵的科学认知具有启示意义。

1.4.2　国外媒体智库等对共建"一带一路"倡议的认知

尽管共建"一带一路"在实践中取得重要进展，并在顶层设计方面正在着力于实现从"一带一路"框架向高质量共建"一带一路"转变。但是，要推动"一带一路"实现从倡议愿景到实践机制的转变，需要在国内国外形成统一的科学的认知。在国内方面，由于顶层设计的引领以及通过对"一带一路"价值内涵的研究，使共建"一带一路"倡议的内涵不断转向统一和全面。然而在国外方面，尽管得到"一带一路"共建国家的积极响应和普遍参与，但是对"一带一路"存在两种不同的声音，其反映出对"一带一路"倡议有两种截然不同的认知。较为关键的是，这些不同的声音不仅分布在共建国家之中，也分布于没有参与"一带一路"倡议的重要的国家之中。这些不同的声音背后反映出的不同认知，是高质量推动"一带一路"建设必须关注的重要方面。为此，本书将国内外智库、媒体对共建"一带一路"倡议的反映、认知等予以整理。

纵观国内外官方、媒体以及智库对"一带一路"的评价和认知态度，总体上可以分为三类，第一类是积极的评价与认知，第二类是相对中立且质疑的评价与认知，第三类是消极的评价与认知。具体来看：

一是积极的评价。积极的评价主要来自欧洲、东盟、中东和中亚等地区。具体来看：

欧洲：以英国的《卫报》《泰晤士报》《每日邮报》和《经济学人》，法国的《费加罗报》和《世界报》，德国的《明镜》周刊和《南德意志报》等主流媒体为例，自共建"一带一路"倡议提出以后，欧洲总体上持较为正面、欢迎的态度。较之其他"一带一路"共建国家，经济更发达的西欧国家对"一带一路"似乎有所保留。如芬兰报纸《赫尔辛基新闻》2017年5月20日刊文说："中国的'新丝绸之路'给邻国带来数百亿投资，同时也引起了对中国经济和政治力量的担忧。"其用词是"新丝绸之路"，而非"一带一路"，在承认中国投入很大资金用于邻国建设的同时，把表达重点放在了对中国国力强盛的担忧上[①]。欧洲媒体关于"一

---

① 李骥志:《从北欧新闻实践看媒体在"一带一路"建设中的作用》,《理论观察》2017年第6期,第96—99页。

带一路"倡议性质的叙事突出经济和政治两种维度。经济维度的叙事把"一带一路"描述为有关中国及共建国家的经贸和投资计划，而政治维度的叙事倾向于把"一带一路"解读为有目的性的地缘政治战略。具体来看，英国媒体从经济发展角度认可"一带一路"倡议对英国的积极影响，将"一带一路"倡议解读为一个共同发展的经济政策。这一点尤其在脱欧后更加明显。而且关于"一带一路"倡议的正面报道也高于法国和德国媒体。2017年1月，"东风号"满载货物从中国义乌开到伦敦得到英国媒体的积极报道。《卫报》发表读者来信称"比海运快，比空运便宜……不仅英国，而且铁路沿线的整个欧洲和中亚都可以从新丝绸之路中获益……一个成功的新丝绸之路将为东西方的经济和贸易关系打开新纪元"，中国的新丝绸之路值得被称赞，这说明一个国家可以同其他国家携手取得经济进步，而这样的行动不需要枪支和弹药。但从政治或军事角度审视"一带一路"倡议，英国媒体的大部分报道则以"拒绝磋商"的方式呈现出质疑、忧虑和不安等负面心理。而法国媒体报道在三国中较为负面，把"一带一路"倡议描述为中国为了稳固第二大经济体地位并进一步施加全球影响的全球扩张政策，质疑"一带一路"倡议背后的意图。德国媒体则强调"一带一路"是中国为扩张对世界经济影响的计划，例如《明镜》周刊的报道题为"一个崛起的中国正在改变世界"、"一带一路"是"一个带有国际视野的中国方案"。有报道甚至直接得出结论：推行"一带一路"表明中国已经足够强大来显示自己的力量了。这显示出他们对"一带一路"倡议的焦虑，担心德国在区域和世界中的角色会因此受到影响。

总体来看，欧洲媒体对"一带一路"的认知存在一些相似之处，如都认识到了"一带一路"蕴含着许多利益和机会，但也质疑"一带一路"倡议背后的意图，担忧此倡议对国家本身及世界格局带来的影响。同时它们对"一带一路"倡议和中国在当前国际体系中所扮演的角色存在着不同的看法。对"一带一路"倡议的解读和对国际秩序中中国身份叙事的共同点源于它们同是欧洲国家的立场，但不同叙事也源于它们与中国双边关系的发展和它们在欧洲自身身份的定位。

东盟：以印尼的《雅加达邮报》、越南的《人民报》、菲律宾的《马尼拉公报》、泰国的《曼谷邮报》、柬埔寨的《柬华日报》和老挝的巴特寮通讯社等作为主要的研究对象来分析东盟对于"一带一路"倡议的报道及评价。东盟主流媒体的大多数相关报道较为客观和积极，认同加入倡议以来双方合作给本国带来的福利，看好并支持"一带一路"建设的进一步发展。

当然，值得注意的是部分东盟国家作为中国的周边国家，对中国发展的不安和疑虑仍然存在，且受到美国等国家舆论的影响，对"一带一路"倡议背后的动机也有所质疑，担忧陷入所谓债务陷阱等问题。如新加坡媒体在报道中既描述过"新加坡支持中国推动的'一带一路'倡议，并将秉持一贯的原则，继续支持中国的和平发展以及它在本地区具有建设性的参与"，也表示过"新加坡需要谨慎地了解中国的意图和愿景"。同时，东盟国家内部的政权更迭同样会影响该国的外交政策，如菲律宾《马尼拉公报》在阿基诺三世政府时期涉及"一带一路"倡议报道较少，大多集中在"高政治领域"内，态度也相对负面；而在杜特尔特政府时期报道数量有所增加并趋于稳定，报道内容丰富，包含"一带一路"倡议的具体措施和执行落地等。此外，有学者发现，美国、俄罗斯等国家的表态以及中国与这些国家之间的关系同样是一些东盟国家的关注点，如有学者分析了2013年至2018年越南媒体的相关报道，发现其中涉及中美关系的占比12.1%，涉及中俄关系的占比8.7%。可以发现，东盟国家对"一带一路"倡议呈现出参与与审视并存的态度。

中亚国家：以哈萨克斯坦国际通讯社、吉尔吉斯斯坦24小时通讯社、土库曼斯坦国家通讯社、塔吉克斯坦霍瓦尔通讯社、乌兹别克斯坦国家通讯社等中亚主流媒体的报道为例可以发现：

第一，"一带一路"倡议提出以来，中亚主流媒体对中国的关注度有所提升，且不同国家在报道数量和报道领域上有一定差异。如有学者研究发现，哈萨克斯坦媒体侧重于经济类报道；塔吉克斯坦和吉尔吉斯斯坦媒体的政治类报道占比最多；乌兹别克斯坦媒体更加侧重于文化类报道；而土库曼斯坦媒体则侧重经济类报道。

第二，大部分报道对双边经济合作的报道客观积极，但也存在一些消极报道。大部分报道都认可"一带一路"倡议，认为"一带一路"的经济合作为双方带来共赢。特别是在新冠疫情后，中亚国家对与我国进一步深化双边合作态度积极。如：哈萨克斯坦总统托卡耶夫（哈萨克斯坦国际通讯社，2020年2月12日）表示，创建欧亚大陆的"自由贸易愿景"一直是哈国的目标，"一带一路"倡议与哈国提出的"光明之路"计划正将这一愿景变为现实。哈总统托卡耶夫还指出（《今日哈萨克斯坦》，2020年6月3日），"一带一路"倡议在中亚开展的项目中许多是在亚洲基础设施投资银行和丝绸之路基金的帮助下实施的。但也存在一些负面报道，如：《哈萨克斯坦快报》（2020年6月17日）指出，美国对俄罗斯和中国的新制裁将对哈萨克斯坦产生较大影响，不仅会影响对外出口，也会对欧亚一体化构想、"一带一路"倡议项目实施构成影响。

第三，关注双边经济合作的具体落实效果和未来发展方向。如吉尔吉斯斯坦明确指出，中国是吉国的主要贸易伙伴之一，呼吁维护两国经贸合作。之后又在报道中指出吉国将与周边国家，特别是中国进行谈判并建立联合平台，合作遏制冠状病毒传播并维持本地区经济活动。

非洲：以较具代表性的南非《公民报》、尼日利亚《太阳报》、埃及《埃及独立报》和阿尔及利亚《独立青年报》等主流媒体的报道为例。总体来说，媒体对于"一带一路"的正面报道占据大多数，消极的和中立的报道相对较少。从相关报道主题来看，中非合作的基础设施建设领域是非洲媒体经常报道的主题。如南非《公民报》提出，中国的"一带一路"倡议是于2013年提出的一项投资战略，计划在基础设施建设领域进行大力投资，从而将非洲、亚洲、中东和欧洲地区通过海洋和陆地联系起来。从报道内容来看，主要包括对"一带一路"倡议的多角度分析、"一带一路"建设情况以及本国应如何参与到"一带一路"中去等方面内容。尼日利亚《太阳报》认为，中国的"一带一路"已经成为全球的最重要的公共产品之一，其实质是促进全球的包容性发展，构建人类命运共同体。也提出专家学者建议尼日利亚成立高级别的专家咨询委员会和部门，对尼日利亚如何充分参与"一带一路"建设提供政策咨询和支持，从而提升国家整体实力。但同时也存在一些负面报道，其内容主要涉及质疑"一带一路"背后的动机等。且这些负面报道大多受到西方媒体的影响，有些直接转述西方媒体的评论。面对这类报道，也有许多非洲媒体给予了反击。如尼日利亚《太阳报》就指出，中国的"一带一路"建设遭到了不少批评，但是非洲国家和中国的关系是互惠互利的，这和欧洲的殖民主义有着根本的不同。这说明随着"一带一路"建设的推进，有越来越多的非洲国家和各界人士深刻体会到了该倡议的内涵和美好愿景。

二是相对中立且质疑的评价与认知。主要以俄罗斯、日本以及印度为例。

俄罗斯：以较有代表性的俄通社—塔斯社、俄罗斯卫星通讯社和《俄罗斯报》等主流媒体为例。总体来说，俄罗斯媒体关于"一带一路"倡议报道以积极正面为主，其报道框架呈现出了中俄两国在"一带一路"倡议下的积极友好合作关系，对两国当前的合作现状以及未来的发展前景均作出积极的报道和预测；在报道内容上关注广泛，认同并支持"一带一路"以及该倡议下的中俄多领域合作，认为其将会在政治、经济和人文等各个方面为俄罗斯带来发展。如《俄罗斯报》一篇名为《新路线》的报道中明确指出该倡议在区域建设与合作方面将为俄罗斯带来显著的利益，俄罗斯应加快基础设施建设与传输通信相结合的步伐，创造一个高效率的海关和国际物流集群的方式。连接"一带一路"政策，以区域发展和开放的政策刺激创造新的"欧亚大陆桥"①。但需要注意的是，俄罗斯国内部分人士对"一带一路"倡议背后的意图仍有所疑虑。如，2016年1月18日一篇题为《中国将借助"一带一路"构建以自己为中心的新经济秩序》的报道这样表述："中国正在开始改变世界的经济和政治空间，宣告自己作为多极世界中一个新的中心地位"②。而2017年7月18日塔斯社一篇报道的作者对中国是否借着经济合作的名义试图实现政治诉求发出明显的质疑。甚至在报道与"一带一路"倡议密切相关、为促进区域建设和经济一体化进程而成立的亚投行时，将其描述成"具有显著政治色彩"的机构③。

日本：以日本放送协会（NHK）网站、《朝日新闻》、《读卖新闻》、《产经新闻》等日本主流媒体为例。一方面，观察日本媒体报道"一带一路"倡议的总体趋势，可以发现，"一带一路"倡议提出以来，日本媒体对其关注的深度、广度呈现逐渐上升趋势，特别是2018年10月首届"中日第三方市场合作论坛"召开，日本媒体对"一带一路"与中日合作的关注再度提高。近几年来，受"中美贸易摩擦"和"新冠疫情"等话题影响，日本媒体对"一带一路"报道量有所下降。另一方面，日本主流媒体关于"一带一路"报道内容存在以下特点：

对"一带一路"倡议发展情况及中日合作利益的关注度不断提高。如，2019年10月开始，日本NHK《掌握时事新闻》节目开设了由日本NHK著名评论员加藤青延讲解"一带一路"的专题节目。节目对中欧班列由2011年的17班迅速增加到2017年的3673班以及2018年的6300班等丝路经济带的发展进行了详细解说，并通过案例分析指出，日本利用中欧班列后，陆运效率大幅提升，强调了"一带一路"对日本贸易发展的

① Янь Си, Ли Цзинцзин. Новые ориентиры, Десять ключевых положений Доклада о работе правительства премьера Госсовета КНР Ли Кэцяна. *РИА Новости*, 2017-06-25.

② С помощью проекта. "Пояса и пути" Китай выстраивает вокруг себя новый экономическийпорядок, *Ведомости*, 2016-1-18.

③ Китай по итогам года вдвое увеличил инвестиции в портовую отрасль, *ИТАР-ТАСС*, 2017-7-18.

重要意义。值得关注的是，近年来日本主要媒体对"一带一路"倡议与中日第三方市场合作的积极评价与期待之声强过部分误解与曲解。

在中美之间谋求所谓的利益平衡点。基于国家利益和国际关系等因素的考量，日本相关报道常常以中美为背景展开论述。正如《朝日新闻》2018年9月一篇报道中所言：日本被裹挟在美国和中国之间，如何与双方保持合适距离令人头疼。

对"一带一路"倡议的态度比较复杂。正如前文所言，中日关系受到包括历史在内的多方因素影响一直存在芥蒂，如何应对"一带一路"倡议在日本各界一直存在争议，自然也存在一定数量的消极报道。如2018年，《读卖新闻》围绕中国改革开放40年发布了系列报道，其中《"一带一路"瞄准"极地强国"》一文称，中国正在通过"一带一路"倡议提高在该地区的存在感，认为中国这一举措对北极地区的安全造成了威胁。

印度：以印度历史较悠久、覆盖面较广的《印度斯坦时报》《印度时报》和《经济时报》等主流媒体为研究对象来分析印度对"一带一路"倡议的舆论评价，总体来说呈现以下特点：第一，对"一带一路"的关注度较高，报道量呈增长态势。第二，报道角度多元多样，政治经济角度解读成为主流，且受西方媒体影响较大。有学者通过统计分析发现：2018年，印度主流媒体的"一带一路"倡议相关报道主题多元、议题复杂多样。从报道主题看，大致包括政治、经济、文化、教育、科技、军事、其他等七大类，报道主题方面，政治类报道占比最高约47%，经济类报道其次约32%。同时，从报道引用信源的统计数据看，虽然"一带一路"倡议由中国主导发起，但中国媒体、中国学者并不是印度主流媒体"一带一路"报道中的主要信息来源，除一些直接来自中国政府的发布外，更多以西方主流媒体为信源。印度主流媒体在对"一带一路"倡议进行报道时，普遍对中国方面的信源缺乏信任，中国各界对于"一带一路"倡议的解读实际上并未有效传播并影响印度，尤其是中国媒体"一带一路"倡议对外报道的框架和基调并未影响印度舆论场，而西方主流媒体的影响却相对较强。第三，报道倾向呈单极化态势，消极解读较多。受到政府影响，许多报道在话语中极力渲染"中国威胁论"，对于"一带一路"倡议的塑造呈现歪曲和误解的现象①。

三是消极的评价与认知。其主要见诸美国及其盟友的舆论宣传报道，

---

① 毛伟：《"一带一路"倡议在海外舆论场的话语建构与报道框架——以印度主流媒体为例》，澎湃政务，https://m.thepaper.cn/baijiahao_4354822。

如澳大利亚。

美国:《纽约时报》《华盛顿邮报》《华尔街日报》《今日美国》、福克斯新闻网和布赖特巴特新闻网等美国主流媒体关于"一带一路"的新闻报道可以发现:一方面,从报道框架来看,"一带一路"报道框架偏向负面、消极,传递出对"一带一路"忧虑、警惕、防范的心理;而从报道基调看,绝大多数报道都是消极、悲观的,倾向于大肆突出诸如"一带一路"建设制造"债务风险""扩张意图""霸权主义"及"新殖民主义"等"中国威胁论",渲染美国、德国、法国、印度、马来西亚等地区和国家对倡议持疑虑、担忧的态度。另一方面,美国主流媒体报道时偏向性明显,其善于运用一定的语言策略(如词汇分类、及物性、情态、新闻来源、转述模式等)来宣扬其意识形态,却曲解和丑化"一带一路"倡议的主要内涵。

不难发现,美国主流媒体关于"一带一路"倡议的评价虽然在一定程度上会随着世界和本国形势的变化发生相应的转变,但受政治立场和意识形态偏见等因素影响,其报道并不客观公正,存在极深的误解与偏见,甚至故意丑化"一带一路"倡议的形象,夸大消极影响。

澳大利亚:《澳大利亚人报》《悉尼先驱晨报》《时代报》和澳大利亚电视台等主流媒体近年来关于"一带一路"的报道可以发现:一方面,澳大利亚对"一带一路"的态度存在着从有意忽视和抗拒到小步子洽谈再到选择性参与的转变(澳大利亚疑虑"一带一路"倡议的原因探析);另一方面,澳大利亚主流媒体关于"一带一路"倡议的政治报道和经济报道存在明显差异(澳大利亚主流媒体中的"一带一路"),前者对"一带一路"倡议的形象塑造较为主观和负面,如《澳大利亚人报》一则报道的导语这样写道,"中国在太平洋和澳大利亚的北部地区提出了挑战",而后者则以事实陈述较多,如《时代报》写道:习近平的这项倡议将由中国政府投资近1万亿美元,用于打造联通北京和北欧的交通网络。这种差异说明澳大利亚政府对中国和平发展的理念仍然存在根深蒂固的疑虑和误解。因此,可以说澳大利亚主流媒体对于"一带一路"倡议的报道存在一定的负面倾向,反映出报道中的意识形态偏见和政治立场偏见,以及澳大利亚媒体对"一带一路"的误解。

就目前而言,共建"一带一路"倡议在沿线及域外国家引起了广泛关注,且有许多国家对"一带一路"倡议的认知由最初至现在发生了明显变化。总体来看,国际社会对"一带一路"倡议评价较为积极,舆论环境有利于"一带一路"建设的持续推进。但也需要正视的是,国际舆论对"一带一路"倡议仍存在一定程度的误读和曲解。而已有文献研究多层次、多成果特性与当前国外媒体和舆论对"一带一路"建设层次不一的理解对比,说明国内理论研究仍需要对"一带一路"的理论内涵、愿景框架和建设问题等进行系统性完善。

第二章 "一带一路"共同化发展愿景的逻辑体系构建

本章导语：经过10年的实践，共建"一带一路"从倡议转为行动、由规划转入实施、从构想转为实践，并在实践中进入高质量共建的新阶段。"一带一路"建设10年实践昭示，共建"一带一路"倡议的进展程度和合作领域都超预期地向前推进着。这一新型合作共赢实践模式所取得的成就说明中国在全球化发展新格局中的重要性不断提高，中国的国际感召力在不断增强，对全球经济发展和治理体系完善的引领性在逐步上升。

站在已有成就的基础上展望未来，如何推动高质量共建"一带一路"不断深入、升级、升华，仍是一个随着其建设内容和内涵的拓展而不断实践的过程，需要我们对共建"一带一路"倡议有总体的、深刻的、科学的新认知，对共同化发展愿景有坚定的理念，并在今后的实践过程中，让这些新认知、新理念更加走进发展，深入人心。

从中国和平崛起的发展空间的拓展看，在世界"大动变"的时代背景下，需要重新思考这一时代背景对全球化进程的影响，需要重新思考"大国对抗"对中国和平崛起进程的影响，更需要重新思考在大国崛起过程中中华优秀传统文化的当代价值，特别是要重新思考这些当代价值在解决全球治理赤字上的"中国智慧"作用，重新解读中国的现代化道路对于后发的、仍要坚持独立自主发展道路的国家的启发和借鉴意义，重点挖掘中国长期、高速发展的历程中形成的发展知识在解决全球发展"不充分、不平衡"中的借鉴意义，重新定位中国在全球化时代的战略方位，突出中国和平崛起的世界意义，探究其中的发展寓意，用"一带一路"共同化发展新叙事，以及"共赢"机制的动人故事来消解"脱钩"话语权，突破"封锁"势力的压制，让"历史终结论""规则优先论""文明冲突论"在共同化发展叙事中相形见绌，为中国和平崛起开拓出更加广阔的发展空间，这要求我们首先要将共同化发展愿景的逻辑体系清晰起来。

2.1 历史逻辑

2.1.1 全球化的历史进程与成就

全球化历程延续至今，已极为深刻地改变了人类社会的发展轨迹。以1492年哥伦布发现美洲新大陆为肇始，500多年以来，日益增加的很大一部分人生活在一个统一的世界经济体系中。随着物质的丰富和技术的进步，全人类各部分的交往越来越频繁、越来越密切，全球化作为一种经济社会现象呈现在人们眼前。自此世界越发地成为一个整体，人类社会开始由分散成长踏上整体发展的一体化进程。如果哥伦布发现新大陆这一标志性事件视为全球化的逻辑起点，则全球化浪潮发展演变至今已历500余年。世界知名的媒体专栏作家、普利策新闻奖获得者托马斯·弗里德曼在其所著的《世界是平的：21世纪简史》一书中，既形象又直观地划定为全球化1.0版本、全球化2.0版本以及全球化3.0版本。从纵向的时间维度来看，人类全球化已依次走过了一战爆发之前的早期全球化、二战结束之后的中期全球化以及冷战结束以来的晚期全球化三大阶段。而从横向的内容经度来看，人类全球化则大体表现为商品的全球化、资本的全球化以及信息的全球化三个阶段。

在人类整体处于全球化发展进程以来，特别是二战以后近70年的时间，全球化一路高歌，释放了诸多红利。全球化见证了西方国家的逐渐崛起，也经历了英国"日不落"的衰落和美国逐步引领近现代科技和产业文明的崛起，在此过程中成就了一批具有活力的全球化主体。从1945年到2020年的75年时间，是人类历史上最和平的一段时期。在这一段时期的全球化进程中，东亚包括亚洲四小龙以及中国大陆从原来全世界最贫困的地方变成全世界经济发展最好的地方。亚洲四条小龙包括中国台湾、中国香港和韩国、新加坡，在60年代就变成了新兴工业化经济体，到现在都已经成为高收入经济体。中国大陆从1978年底开始改革开放以后，取得了连续41年平均每年9.4%的高增长[①]。在此期间，一些着力于推动全球化发展合作的治理平台相继成立，例如欧盟、北美自由贸易区等，其为进一步深入推动全球化提供了支撑。从当前全球化的总体结果看，全球化带来了完善的供应链体系、完备的产业链体系，大大缩短了

---

① 《林毅夫：二战后形成的全球治理为什么失败》，网易财经，https://www.163.com/money/article/FNU2JTOF00259D61.html。

企业在经营过程中的原材料、产品等的运转时间，降低了运营成本，减少了时间浪费，提高了企业效益。尤其是信息快捷、渠道畅通，让发达国家企业实现了效益的最大化。对发展中国家来说，全球化为国家和企业带来了新的利益、新的空间、新的目标，也增强了国家和企业的经济活力和生命力。

2.1.2　一体化发展的贡献与不足

从人类新近一段时期的全球化进程伊始，由于一些国家在全球化分工和生产中脱颖而出，由此引发了先发国家基于其能力和发展经验的全球化治理。

2.1.2.1　全球贸易与经济增长的现代化

厘清全球化发展中先发国家也即当前几个西方发达国家的全球治理，首先要厘清西方发达国家为什么能够实现全球治理。从过去西方发达国家经历的发展路径看，西方发达国家之所以凭借其能力和发展经验治理全球发展，离不开其较早地并且主动地参与全球贸易这一原因。自全球化伊始，在重商主义的推动下，立足于要素禀赋的比较优势推动全球性的分工和交易，为全球经济增长提供了动力。这体现为，在机器化大生产和全球化分工背景下，一方面，全球各个国家及其人民对工业产品的需求得以拓展，而另一方面，正是世界市场和全球化分工的结果使全球工业化大生产的成本变得很低。于是，基于后发国家的初级产品供应和先发国家工业品供应、先发国家对初级产品的需求和后发国家对工业产品的需求的国际贸易便得以大拓展。这种拓展极大地调动了全球各个国家参与全球化大生产的动力，也为进一步全球化大生产提供便利。过去一段时期，全球贸易使全球增长的"量"和"质"发生了飞跃性的变化。从15世纪一直延续到21世纪，全球贸易繁荣与全球经济增长紧密关联。正是在此背景下，全球化大生产和全球贸易成为支撑一些发达国家率先从中获利其最终使这种全球性贸易与全球增长紧密关联起来。

由全球贸易繁荣引致全球增长的"量"和"质"变化的过程中，先发国家利用其优势率先成功获得经济起飞。在此过程中，西方发达国家通过其在全球化过程中不断实现的积累，一方面成功探索出一条走向现代化的路径，也即从农业向工业过渡最后实现工业现代化发展的路径，为其他后发国家如何实现起飞提供了一条可以借鉴的道路；另一方面成功地在如何治理全球经济发展方面提供了理念和方案。而无论是西方发达国家提供的借鉴道路还是其提供的理念和方案，都展示了西方国家通过在全球生产大分工的市场化过程和全球贸易治理两条殊途同归的思路，也即通过一体化发展和一体化治理为全球经济增长提供支持。在此背景下，包括联合国、世界银行、国际货币基金组织、世界贸易组织、欧盟的一系列促进一体化发展和增强一体化治理的组织和合作平台形成，为全球经济增长提供诸多思路和发展方案。

2.1.2.2　一体化发展的不足

自二战以来尤其是20世纪70、80年代以来，由西方国家主导的一体化发展理念和一体化治理尽管在促进全球经济增长方面取得了积极成效，但长期以来由西方国家主导并且按照其意志操纵的一体化发展理念和一体化治理方案在全球经济实践中逐渐暴露出其众多不足。这种不足体现在两个方面：一是单纯靠西方国家自身在全球化中获得的成功模式和成功经验不足以为全球不同类型、不同特征的各个国家提供方案。二是按照西方国家自身理解的一体化发展和一体化治理的实践也不可能为全球其他国家提供发展方案。也因此，在西方国家给其他国家提供的在全球化中实现经济增长的药方中，不乏诸多失败的案例。例如由西方国家主导的应对拉丁美洲国家经济社会发展的药方，除了没有使拉丁美洲国家获取积极的经济增长绩效，反而陷入大衰退之中，一些国家至今也未从衰退中缓过来；又例如西方国家给苏联的继承体俄罗斯开出的药方，不仅没有激活俄罗斯经济的增长动力，其给俄罗斯造成的经济衰退在至今仍蒙受阴影。与此同时，当前在西方国家主导的一体化发展和一体化治理的实践中，全球贫富差距拉大，全球贫困现象在个别区域并未得到实质性改观，使一体化发展和一体化治理在全球众多发展中国家中遭受质疑。

事实上，由西方发达国家主导的一体化发展和一体化治理的实践，在2008年全球金融危机后逐渐出现倒退的现象。例如世贸组织谈判停滞不前、英国脱欧，以及俄乌冲突后北约国家在能源问题上立场的差异化越发明显等，都表明关于一体化治理和一体化发展在西方发达国家内部已经出现或深或浅的裂痕。而进一步面对当前全球在能源问题、气候问题、打击恐怖主义问题、难民问题、外太空利用问题等方面的全球治理需要时，西方发达国家主导的一体化治理和一体化实践已经显得捉襟见肘。

2.1.3　先发国家的做法

其实，当前的全球化面临的问题逐渐增多，复杂性也越发增强，这就需要当前面对全球治理各个国家应该加强合作，合力应对诸多全球化问题。但是，当前主导全球化治理的西方发达国家也即从全球化进程中实现先发的国家的表现令全球其他国家失望。这些先发国家秉持其在工业化早期过程中通过殖民和掠夺占据发展先机的思维，在全球化进程遇到困难时，置人类整体利益或者全球更大范围内国家的利益于不顾，过分强调自我发展优先的战略，刻意在其与后发国家之间制造发展鸿沟。例如，其通过战争行为对一些发展中国家的战略资源进行掠夺，类似伊拉克、阿富汗、叙利亚、利比亚等的地区冲突和战争的矛盾总离不开发达国家的身影。又例如，以美国为首的西方发达国家秉持冷战思维动辄利用制裁、封锁的手段对一些国家进行经济打压和政治围攻，当前俄乌冲突中的俄罗斯就是典型的一个例子，此外委内瑞拉、伊朗等也长期面对以美国为首的西方国家的经济封锁和政治围攻。特别是，为了刻意保持西方发达国家与一些发展中国家的发展距离，以美国为首的西方国家给出的全球化治理方案往往是构筑贸易壁垒和进行技术封锁。特朗普上台以后的美国对中国发起的贸易战以及科技封锁可见一斑。总体而言，当前以美国为首的西方国家在面对全球化进程中的困难与挑战时，这些先发国家一方面既难以提出解决方案，另一方面又在全球化发展乱局中以自我发展利益为先，挤压全球化发展的成果，使全球化进程停滞不前，为全球经济增长和贸易繁荣造成诸多障碍。

2.1.4 全球普遍繁荣需要共同化发展

总结当前全球化发展逐步放缓，全球经济增长和贸易繁荣的根本原因在于，当前对西方发达国家提供的全球化道路长期形成具有崇拜感的认知。也即认为谁能按照当前西方国家走过的路子实现经济发展质的变化，必然能够走在全球发展的前列。事实上，新中国成立后特别是改革开放以来中国通过长期的实践探索逐渐形成了一条有异于西方发达国家走过的现代化的路子，逐渐使整个国际社会对西方国家长期秉持的一体化发展理念和一体化发展治理有所反思。

2.1.4.1 现代化道路多样

中国的发展历程和成就成功地表明，通往现代化的道路不止西方国家走过的那一条。习近平总书记 2020 年 10 月 29 日在党的十九届五中全会第二次全体会议上的讲话中指出："世界上既不存在定于一尊的现代化模式，也不存在放之四海而皆准的现代化标准。"其深刻指出当前推动全球化发展的重要方向，也即实现以人民福祉为核心、形式多样的现代化道路。从这一维度看，由西方发达国家主导的全球化治理实践，也即秉持一体化发展理念和一体化治理的实践，将西方国家经历的现代化认为是通向全球化发展的唯一道路，其在意识形态方面刻意追求形式、条件、标准等的一致性，实施上却存在认知限囿，在实践上扼杀了全球共同发展、全球普遍繁荣的重要支撑。站在当前全球经济发展的前沿看，通向全球化的路径绝非当前由西方发达国家实践的这一条，现代化道路事实上应该是多样，其才是支撑全球化发展和全球普遍繁荣的根本事实。

2.1.4.2 全球化途径分叉

人类通向现代化道路的多样性，注定了当前全球化走向的多样性和复杂性。从全球发展治理的层面看，在全球化进程中，各个国家对全球化的诉求体现出各种差异。欠发达国家渴望摆脱饥饿和贫困，大多数发展中国家寄希望于积极参与全球分工获取全球化大生产和全球市场支撑下的发展红利，新型国家正在努力实现经济增长模式和动力的转型与转化，全球性大国例如中美在全球技术最前沿追逐谁能抢先实现技术进步并成为形成相应产业支撑点进行激烈竞争。从全球化发展的环境看，气候问题、能源问题、贫困问题等一些外围环境正在从客观环境方面提升人类加强合作的必要性。在此背景下，由西方发达国家提供的一体化发展理念和一体化治理实践显然不能满足全球化发展的现实需要。而总结各个国家发展需求和全球化发展的外围背景，共同发展、共同治理和共同繁荣的全球化发展思维和治理思维正在成为凝聚发展合作合力的重要理念，也将为全球化共同发展治理提供理念来源。

2.2 现实逻辑

2.2.1 西方主导的全球化面临全面困境

发展到今天的全球化，面临多重困境，概括起来，主要有如下几个方面。

2.2.1.1 全球经济增长乏力

当前由西方国家引领的全球化经济正在呈现增长乏力的危机。如果将全球经济增长看作衡量全球化发展的重要指标的话，全球经济增长乏力和失能将是全球化发展受阻的基本表现。2008年全球金融危机以来，全球经济增长疲软，恢复乏力。其表现为，主导全球化进程和提供全球治理方案的西方国家的经济增长停滞，使其对全球经济增长提供的动力严重不足。以2011—2021年全球经济增长形势来看，近10年全球经济增长整体呈现下降的趋势[①]（见图2-1）。特别是受新冠疫情影响，全球经济呈现负增长，亟待恢复。在此背景下逆全球化思潮、民粹思潮盛行，全球经济产业链、供应链"脱钩"的叫嚣和炒作等现象左右着全球化发展秩序，以致于全球化发展越发地演变为有益于少数集体发展而不利于全体国家发展的特征。由此全球化发展格局越发呈现出极少数几个发达国家成为第一发展集团，一批发展中国家成为第二发展集团，而约三四十个不发达国家成为欠发达集团的全球化格局。这种全球化格局中，以发展竞争的思维主导全球化发展进程的实践，使内在增长动力不足的西方发达国家既不能为全球化发展提供动力，也不能为当前全球化过程中出现的各种发展问题的解决提供方案，或者增设新的增长动能，因此难以消除全球经济增长动力不足的问题。

图2-1　全球经济与新兴市场国家经济增长图

（数据来源：世界银行数据库）

2.2.1.2　全球治理领域的共识越来越难以达成

在全球增长乏力的背景下，全球化正遭受例如贫困问题、粮食问题、难民问题、气候问题等多种发展难题交织的影响。而这些问题典型的特征是具有共同属性，就是需要在全球范围内通过合作解决。但是，主导全球化秩序的西方国家提供的治理方案，一方面坚持自我利益优先的顺序，罔顾大多数发展中国家和欠发达国家的发展利益，另一方面在应对

[①] 《宁南山：最近十二年（2010—2021年）全球主要经济体的发展变化趋势》，今日头条，https://www. toutiao. com/article/7043786380086133279/?% 20channel&source= % 20search_tab&wid=1664279814226。

全球化问题提供的治理方案和政策越发呈现"内顾"的特征，依然试图通过零和博弈的思维为这些有共同属性的发展问题提供治理路径。其表现为：一方面，在全球化多元发展的客观趋势下，西方发达经济体主导的国际公共产品供给的传统全球治理模式，忽略了最不发达经济体和其他发展中国家的发展诉求，导致全球化发展治理体系呈现逐渐缺失的趋势，其引致的一个重要难题就是治理虚化和伊斯特利悲剧难以消除的问题并存。而另一方面，从特朗普胜选后的美国优先战略、英国的公投脱欧成功、意大利宪法公投失败，到德国选择党、奥地利自由党、意大利五星运动、法国国民阵线崛起，再到西方社会精英越来越脱离民众、政治角逐逐渐上升为忽略民众关切的精英博弈以及全球民粹主义、贸易保护主体的卷土重来，主导全球化进程的西方国家主体的内部极端化、右翼化等危机逐渐暴露，对抗思维、零和博弈、冷战思维死灰复燃，大有燎原之势。这从根本上反映出在当前全球化进程中如果继续坚持发展竞争的思维，将会使全球化进程中诸多发展问题的解决方案提供上陷入力不从心、捉襟见肘的困局，而依托西方国家引领全球共同发展的目标正在变得遥远而不切现实。同时，从全球化推动的实践效果来看，无论是贫困问题、粮食问题、难民问题还是气候问题等，目前西方国家主导的以发展竞争为内核的全球化治理方案，不仅不能助推全球范围内这些发展问题的解决，而且反映出以旧有思维为全球化发展提供方案不足引起部分集体对全球化的不满，以至于逆全球化思潮迭起，贸易保护主义盛行，民粹主义散点爆发，全球化进程中各种问题频发。

2.2.1.3 西方主导的全球化治理的"治理赤字"在不断增大

在面对诸多新兴发展诉求以及全球化发展困境，由西方国家主导的全球化治理实践逐渐呈现收缩的趋势。其一，体现为西方国家主导的全球化治理难以为全球化进程中涌现出的新的发展问题提供有效对策。典型地表现为如难民问题、气候问题等一些发展问题。这两个特殊的问题具体体现为，叙利亚战争爆发以来，全球难民数量激增，以欧盟为例的西方国家在接受难民方案上的意见不统一。多哈回合谈判历时11年迟滞受挫，2008年的金融危机后，气候谈判等国际多边舞台进一步成为发达国家利用所谓的规则和规范，牵制、控制、抑制发展中国家增长过快并从中渔利的工具。其从本质上反映当前由西方国家主导的全球化进程在应对新的全球化发展问题上利益面收缩的趋势，即其只为部分少数国家以及部分国家谋取发展利益的狭隘趋势。其二，体现为西方主导的全球化治理体系既解决不了增长乏力的"顽疾"，又适应不了全球性事件的

"冲击"，反而是在全球发展最需要合作的时候，人为制造发展割裂，制造人类面向共同发展、共同协商解决发展问题的堵点，并导致全球治理体系的倒退。其典型地体现为西方国家对中国这一最大的发展中经济体打压、封锁、制裁，反映出西方主导的全球化治理并非包容性全球化的特点，以及将贸易工具武器化的倾向。

共建"一带一路"倡议的价值体现在，在当前西方国家主导的全球化发展治理逐渐失效和无效背景下，试图重新探索全球发展问题中合作共赢模式和共同体治理体系。这一倡议是促进世界经济复苏、实现稳定增长的迫切需要，也是在现有全球化治理体系不断完善过程中一种全新的、独特的理念创新和路径创新，充分凝练了当前全球化发展进程中众多发展中国家对和平发展愿望的整体诉求，以合作共赢的思维表达了对全球化发展过程中发展治理问题的重要关切和重新思考。

2.2.1.4 全球贸易战趋势愈演愈烈

世纪之交的前后近10年自由贸易盛行，全球贸易增长率比全球GDP增长率几近高出一倍。2008年美国金融危机席卷全球，终结了自由贸易的黄金时代。在之后的10年，全球贸易增长率与全球GDP增长率几近持平甚至略低。自由贸易对经济增长的助推作用大幅度削减使得部分西方国家开始实行贸易保护政策。后来又受世界经济走势持续下落、地缘政治复杂化以及经济不确定性等因素影响，部分国家的贸易保护程度持续加深以至发展为贸易战。近年来贸易战更是持续升级，主要表现在以下几个方面：

一是贸易保护手段持续升级。最初，提升关税、进口限额等被贸易保护主义者广泛采用，但是这种做法极易受到世界贸易组织的限制并且常常引起贸易伙伴的反制，因此该手段逐渐升级为具有灵活性、针对性、隐蔽性以及歧视性的非关税壁垒。反倾销、反补贴调查是非关税壁垒中的常用手段，从图2-2中可以看到，2010年以来，全球反倾销案件数量虽有所波动，但总体呈增长态势，更是在2020年达到顶峰，突破300件。此外，发达国家凭借自身在各领域的技术优势，还制定了绿色壁垒、蓝色壁垒、技术性贸易壁垒等新型非关税壁垒，通过抬高行业标准，以更加"合理化"的手段推行贸易保护政策。当下现代技术突飞猛进，加之信息技术的发展，科学技术成为各国国际竞争力的重要体现以及经济发展的主要驱动力。基于此，部分西方国家实行技术封锁，以更加明目张胆的措施推行贸易保护，巩固切身的利益。如美国于2018年出台《出口控制法案》，明确限制外国接触其敏感技术。2022年8月拜登又签署了

《芯片和科学法案》，明确以构筑"小院高墙"的方式实施技术封锁，组建技术联盟，对中国技术发展进行围堵。

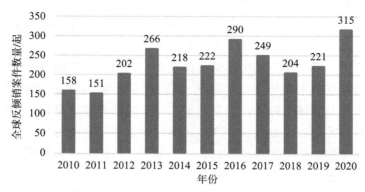

图2-2　2010—2020年全球反倾销案件发起数

（数据来源：根据联合国商品贸易统计数据库数据整理）

　　二是贸易战转向新兴技术产业围剿。起初，贸易保护领域主要涉及商品贸易，以保护本国幼稚产业为主。随着大数据、云计算、人工智能等信息技术的发展以及国际环境的深刻变革，贸易保护领域逐渐向知识产权、新兴技术产业转移。知识作为高端生产要素，随着其重要性的凸显，部分发达国家对于知识产权的保护也更加强烈，主要通过征收专利使用费或侵权调查等方式限制知识的流出。例如2017年美国发起有关技术贸易的"301"调查，调查结果指控了中国在技术方面的五项"不公平"行径，后对中国实行关税报复并将征税范围扩大至航空、航天、信息和通信技术等高技术行业。紧接着"337"调查也将重点集中于半导体电子器件、医疗、专业设备等高附加值领域。据统计，2012年我国技术引进规模达到2 798亿元，而2019年技术引进规模仅为2 455亿元[①]。这充分反映了部分发达国家对于高技术产业的贸易保护已经走向显性化。此外，对于高科技产业的保护还体现投资领域。部分西方国家出于重要企业被外资收购的担心，加大监管审查力度，随意干涉外商投资监管政策，美国、欧盟、加拿大、印度等就分别通过制定相关法规以加强外国企业在特定行业投资和收购的限制（蔡昉，2020）。

　　2.2.1.5　民粹主义思潮兴起

　　在社会发展的各个时期各个阶段，民粹主义都会或多或少出现，从

---

① 《中国科技统计年鉴》2003年、2020年，中国知网，https://cnki.nbsti.net/CSYDMirror/trade/Yearbook/Single/N2005120915?z=Z018。

历史上看，这种思潮总是处于一种周期性的往复之中。新一轮的民粹主义集中爆发，可以看成是全球化弊端在不同国家的决策者和大众心理上的脆弱性表现。

一是标榜"美国优先"的特朗普当选美国总统、英国脱欧、法国极右翼政党国民联盟领导人玛丽娜·勒庞支持率的显著上升以及瑞典大选、意大利大选等都展现了民粹主义在欧美国家的崛起。《提布罗威权民粹主义指数》有关欧洲民粹现状的报告中显示：2019年几乎所有欧洲国家的民粹主义政党支持率都有所上升。在欧洲，由民粹主义政党单独执政或参加执政联盟的国家数量不断增多（戴长征，2020）。近年来的全球化发展为世界带来红利的同时也产生了一些问题，而正是这些问题成为本次民粹主义成长的土壤。因此，此次民粹主义与逆全球化有同样的利益诉求，它与逆全球化相互支持，相伴共生。

二是全球化扩大了国内贫富差距，加剧了阶级矛盾。据相关研究表明，美欧前1%高收入群体收入占全体居民收入的比重从20世纪70年代的8.5%和7.5%持续上升到2018年的19.8%和10.4%[①]。贫富差距历来是产生民粹主义的重要因素之一，而本次贫富差距扩大的原因主要在于全球化。从资源配置的角度来说，全球化能够使参与国充分发挥自身的比较优势，从而提高整个世界经济运行的效率。事实也确实如此，大多数国家都享受到了全球化带来的红利，但是这种全球化的发展成果并不能"公平"地分配给国家中每一个阶层。相反，以美国为例，其在参与全球化过程中的大部分成果都落入了少部分精英阶层手中，而随着美国制造业的转移，国内工薪阶层不得不面临巨大的就业及生存压力，因此精英阶层与工薪阶层在利益问题上产生对立。此外，近年来科学技术飞快发展，自动化、人工智能领域逐渐成熟并替代了许多传统岗位，进一步加剧了工薪阶层的就业问题，激化了国内的阶级矛盾，唤起了民粹主义思潮。这种由技术进步带来的结构性失业也被一些统治者冠以全球化之名，增加了民粹主义的逆全球化特征。

三是全球化加速文化和人口流动，引起了欧美国家的"文化反冲"。全球化的推进为人口的跨境流动创造了有利条件。由于大部分欧美国家具有健全的社会保障系统以及高质量的生活环境，因此常常吸引大量外来人口的迁入。随着这些外来人口的涌入以及自身较高的生育率，其在当地社会、政治、经济生活中的话语权不断上升，从而使原本处于支配地

---

① 刘元春：《读懂共同富裕》，中信出版社，2022，第32页。

位的本地传统民族感到极大的威胁，激发了他们"本族—外族"的对立化基因，这导致了"文化反冲"的发展并加速了民粹主义的兴起。"自我"认同与"他者"敌视的互构，衍生出了民粹主义（张龙林 等，2022）。

2.2.1.6　国际贸易体系的分化

在逆全球化的氛围里，国际贸易体系的分化主要体现在以下两个方面：

一是世界贸易组织面临边缘化困境。世贸组织作为多边贸易的核心机制，自其成立以来，对世界贸易的发展做出了重大贡献。然而2015年多哈回合谈判中止、2020年争端解决上诉机构陷入彻底停摆，世贸组织效力进一步弱化。主要原因体现在两个方面：一是美国的支持下降。作为世贸组织建立的主导者，2018年特朗普扬言如果世贸组织再不修改其旧规则就要退出该组织。在实际行动中美国也确实联合其他国家另起炉灶。二是世贸组织内部制度难以与时俱进。随着大数据时代的来临，贸易也在发生着深刻的变革，而世贸组织的规则、议程、谈判模式等大多是于20世纪末期制定，难以高效运行。总之，目前以世贸组织为代表的全球贸易体系无法适应国际经济、政治的快速变化，因而无法及时有效地解决相关的全球性问题，多边主义因此面临诸多挑战（陈淑梅 等，2022）。

二是国际贸易体系呈区域性特征。随着逆全球化的现象的出现，世贸组织难以为继同时也滋养了以美国为主导的，具有明显排他性、针对性和政治性的区域经贸组织。例如2020年美国总统特朗普签署新"美国—墨西哥—加拿大协定"旨在促进协定内部自由的市场及公平的贸易。2022年美国总统拜登启动"印太经济框架"（IPEF），14个初始成员国分别是美、澳、印、日、韩、新、斐以及7个东盟国家，而其出发点是服务于美国的根本利益，并非着眼于本地区疫后经济复苏和发展繁荣等。可见这些区域性组织实是以多边主义之名行单边霸权之实。此外，以美国为首的部分国家还构筑起贸易体系的"小院高墙"，形成了"3+4+5+7+14"的布局（即美英澳三方"核轴心"、美日印澳"四方机制"、"五眼联盟"、七国集团、"亚太经济框架"14国），以组建俱乐部式、小圈子式国家联盟，对中国实施精准打击。

2.2.2　中国实践经验的世界意义

2.2.2.1　全球发展困局需要新智慧

2022年4月，联合国亚太地区经济社会委员会、亚洲开发银行、联合国开发计划署联合发布报告指出，新冠疫情导致全球发展进程30年来首次出现倒退。这一事实说明全球发展面临着严重的多重威胁，发展进程正在遭受严重冲击，南北差距正在扩大、发展断层正在增加、增长复苏更加乏力、技术鸿沟不断扩大等问题更加突出。更加令人担忧的是，同形势的严峻性相伴随的是全球合作进入低谷期，全球冲突进入上升期，全球性问题到了集中爆发期。

面对全球发展困局，当前最严重的问题不在问题本身，而是对认识和处理问题的认知模式上的传统束缚。当人类需要一场自我革命才足以应对全球性发展困局时，基于西方传统认知模式形成的全球发展理念，是自由主义价值理念引领的，以先发国家发展实践为依循，以资本扩张为手段，辅以各类形式的发展援助工具的发展框架。而对于通过共同化发展来化解全球发展困境而言，这种发展愿景"霸道有余而王道不足"，其在发展道路的归一性、发展方式上的唯一性、发展援助上的条件性，无不显示着西方主导的发展愿景的规则优先性、等级秩序性、干预内政性，以及在发展知识供给只有垄断性和覆盖性，缺乏分享性等特点。这一发展愿景难以适应多元、多样、多态的世界的共同化发展需要。

全球治理是发展治理而不是资本扩张秩序的护航式治理，发展治理要协同生产力的进步、社会结构的变迁与现行规则之间的适应性调整上的关系，并在发展的实践中不断完善其治理体系。中国提出的"一带一路"实践和发起的"全球发展倡议"，不仅是针对自身国际发展合作的延续，也是中国应对全球发展困境的中国方案，是人类命运共同体理念在共同化发展中的生动体现。

2.2.2.2　"一带一路"实践对全球共同化发展启示

中国基于自身发展理念和发展经验而倡导的"一带一路"国际合作共赢发展模式，极大提升了共建国家的基础设施建设速度，创新了能源产业合作机制；围绕着合作共赢模式设立的一批专业性组织，如亚洲基础设施投资银行、金砖国家新开发银行、上合组织开发银行等多边发展银行，以及各类开发性基金如全球发展和南南合作基金、中国—联合国和平与发展基金等，都对合作共赢模式的具体行动给予了有力支持，并在自身的业务流程上体现着合作共赢的新理念；中国成立的南南合作与发展学院、全球发展促进中心、国际发展知识中心等多个发展知识研究和交流平台，为中国发展经验的互学互鉴，以及合作共赢模式在发展知识层面和共赢价值领域的扩散，提供了广阔的再生平台；以"一带一路"国际合作高峰论坛、全球发展高层对话会、中非合作论坛、中拉论坛、中国—东盟合作机制，初步形成了"一带一路"共同化发展愿景下的理念引领—实践行动—知识生成—价值传播的愿景实现体系①。

"一带一路"实践仍在不断深化和继续向高质量迈进，但已有的实践成就已给实现全球共同化发展愿景提供了诸多启示。

启示一：平台型合作机制是实现开放与包容功能最大化的有效工具

作为构建人类命运共同体的最大实践平台，"一带一路"实践的平台性质新型合作机制具有特殊的创新性，这种平台型合作机制超越了单边、多边机制的区分，是一种全方位开放的合作机制，在"共商共建共享"的原则下，可以一事一议，一国一议。既可以依托于政府间的战略合作意愿和规划扩展合作领域，也不脱离市场机制在建设中的基础性作用的发挥；既可以不拘泥于合作方式的统一，又可以让不同文化背景和发展水平的国家参与其中，这样的平台是一个发展伙伴对接平台，可容纳任何人、任何形式、任何内容的合作，实现了实践平台开放性、包容性最大化。

启示二：聚焦发展瓶颈领域优先性和发展过程的次序性是实现快速发展的有效途径

中国高速、持续发展的奇迹中有大量值得总结的经验，其中可以作为"典型化事实"的经验，就是一个国家要实现经济发展的持续性，发展瓶颈领域的优先发展、发展过程的次序性是必须坚持的原则。这也是生产力与生产关系规律在全球发展中的体现。"一带一路"的"五通"中将基础设施的互联互通作为"第一通"，就是中国发展经验对全球发展互鉴性的集中体现。当然，发展过程的瓶颈不只表现在生产力与生产关系之间，在生产方式与经济基础之间，在经济基础与上层建筑之间都可能出现瓶颈约束现象，需要结合实际的发展过程来判定和解决。

发展过程的依次推进既是马克思唯物史观的社会变迁理论的要求，也是人的全面发展的递增推进性规律的要求。围绕人的发展及其能力建设，将发展的主体性确立为人的全面发展，将发展的主线确定为人的能力成长，从而使发展过程真正的内生化，以区别于以人权为出发的自由

① 李因才：《重塑全球发展框架的中国倡议》，上海社会科学院，https://www.sass.org.cn/2022/0916/c1201a469177/page.htm。

主义发展观。既立足发展瓶颈和基本需求，又致力于发展能力与人的全面发展，这是一个马克思主义者的初心和使命，是中国共产党为中国人民谋幸福的归宿点，也是为人类谋福祉的归宿，在全球发展治理中这一使命自然地延伸到合作共赢机制的构建上来了。

启示三：锲而不舍地推进合作共赢机制生成和再生

在西方的合作语境中，要么是基于自由退出的双赢情景，要么是没有退出机制时的有赢有输情景，不可能出现合作共赢的情景。"一带一路"的实践过程，就是要让这一机制在实践中生成并在实践中再生，并最终完成人类认知上的一场自我革命。

目前的"一带一路"的实践，已经为完成这一使命，提供了如下四个方面的奋进方向：一是对平台化机制的继续完善；二是通过政府间的战略互通，实现共同化发展空间创造；三是在具体建设领域，大力推进第三方或多方合作模式，吸引更多的投资机构参与建设，特别是吸引发达国家的金融机构和国际投资机构来共同开发；四是秉持正确的义利观，以大国应有的使命和担当，鼓励后发国家，特别是周边的后发国家搭中国经济发展的"顺风车"，利用中国经济的规模优势为其他国家提供发展机会，以中国经济的产业技术优势帮助其他国家快速发展，以中国经济发展知识的互学互鉴，来帮助其他国家走出发展困境。

启示四：全联通的全球发展新格局愿景

在"一带一路"共同化发展愿景中，中国追求的全球发展新格局是"硬联通+软联通+心相通"全联通格局，即从发展的瓶颈领域基础设施开始，将基础设施联通作为重要方向，利用中国在传统基础设施、数字基础设施、太空基础设施建设等领域强大的产业配套能力和相应的产业技术优势，通过共赢机制，实现"一带一路"基础设施建设领域的陆、海、天、网四位一体的互联互通；利用中国在贸易规模、产业技术知识领域的相对优势，通过战略互动、政策联通、规则对接、标准修订，达到交易的临近性和规则世界的软联通；利用"一带一路"和全球发展倡议等合作共赢平台，通过加大社会公共事业领域的多元合作，形成多元互动的发展人文交流大格局，让共赢理念不断深入人心，使人心相同成为实现"一带一路"共同化发展愿景的重要基础。

2.3 理论逻辑

随着大航海时代的开启，全球化时代也接踵而至，经济学为适应时代的要求，提出了大量倡导自由贸易的思想、理论和学说，但随着全球化矛盾的加深，困境的延时，我们会发现这些自由贸易理论自身就存在着值得进一步探讨的问题，更为重要的是新全球化时代在呼唤新的思想和理论。面对时代的呼唤，经济学需要交出新时代的新答卷。

2.3.1 已有全球发展理论及其局限性

2.3.1.1 比较优势原理及其局限性

李嘉图的比较优势理论除了将斯密的绝对优势变为一个特例外，为经济学解释贸易、产业选择、增长源泉等现象提供了统一的分析范式。当国家间进行贸易往来的基础并不是生产力水平的高低，而是取决于各国的机会成本的高低时，机会成本这一经济学基本分析工具的引入使得李嘉图的比较优势原理更具有一般性了，也使得机会成本成为各种比较优势理论的统一范式。

以后的增长理论、贸易理论、发展理论，都是比较优势理论的展开式而已。但学说史上的另一现象是，虽然比较优势始终贯穿于主流经济学中的"体用"之中，但对其的批判声音仍是此起彼伏。

第一类的批判是这一理论进路对经济学初心遗忘的批判。经济学是为探讨财富增长的源泉而生的一门学科，但比较优势在将生产成本主观化为机会成本的同时，也就将"创造财富的源泉"问题外生化了，斯密的劳动生产率的提高是通过分工的深化和交易的拓展而"内生"地决定的，在李嘉图这里就被外生给定了。当然，这不仅仅是内生与外生比较利益差别的问题这样简单，从李斯特对国民经济学的讨论到两个剑桥之争，其实质都是对经济学研究趋向的争论。正如杨小凯指出的那样，亚当·斯密更关注结构拓扑性质的变化，而李嘉图关注的却是资源配置非拓扑性质的变化，斯密更关心动态经济增长的动态效率问题，李嘉图更关心静态资源配置效率[①]。

第二类的批判来自比较优势原理和完全竞争的市场理论不能处理经济增长中的"核心变量"即技术创新问题。《易》曰："神以知来，知以藏往"，创新行为及其结果最大的特征是未知性，就是在出现之前是无法预知的，这就使以配置效率为目的分析范式难以建立起创新自身的"生产函数"，只能退而求其次，将创新活动转化为一个投入——产出关系来研究。但即使这样，由于技术要素自身的特征，即生成环节的私人性和

① 林毅夫、付才辉：《比较优势与竞争优势：新结构经济学的视角》，《经济研究》2022年第5期，第23-33页。

使用过程的外溢性和规模效益，创新过程仍难以用完全竞争市场的理论模型来处理。

第三类的批判是指比较优势在国际贸易中并不保证双赢，而是完全有可能有赢有输，这与主流经济学的优化思维不一致。在一个封闭的、固化的"两两模型"中（两个主体，两种产品），再加上交易的自由化（可退出性，由分工的深化来保证），比较优势原理下的自由贸易将是一个双赢的结局，但在现实的贸易中，这些假设条件都难以满足。

学者余永定就曾表示：站在中国的立场，萨缪尔森模型的政策含义在于，若中国继续按照现行的经济发展方式，专注于全球产业链劳动密集型的生产环节，即使生产效率再高，以美国为代表的发达国家也将单方面受益。2004年，萨缪尔森用一个简明的中美两国单一要素和两商品模型，证明了当中国出现技术进步时，贸易对双方福利水平的影响，指出自由贸易和全球化有时可以把技术进步转变成双方的收益，但是有时一国生产率的提高却只带来该国自身收益的增长，并通过减少两国间本来可能存在的贸易收益而伤害另一国家。具体来说，如果中国在原本出口部门（具有比较优势）实现技术进步和生产率提高，继续发挥已有劳动密集型产业的优势，则不会对美国的利益造成威胁，甚至会提升全球化贸易中美国的收益；但如果中国在美国具有比较优势的部门取得技术进步，提高劳动生产率，导致美国对中国在相应产品上的比较优势消失，那么美国将很有可能遭受所谓净福利损失。该文被美国保守主义者引申和简化为"中美贸易有损于美国利益"的"萨缪尔森之忧"，为美国实施贸易保护主义提供了理论依据。

萨缪尔森对比较优势理论的修正说明了一个全球化时代的新问题，即自由贸易是有输有赢的。在萨缪尔森的模型中，如果中国在自身有比较优势的产业上取得技术进步，如在相对低端的劳动密集型产业方面，那对美国是有利的；而如果中国在美国具有比较优势的产业上，特别是在相对高端的产业上取得进步，那美国就会受到损害。也就是说，如果中国在赶超美国的过程中，在美国擅长的高端产业领域获得技术优势，那么会有损于美国的福利。而且赶超者的经济规模越大，美国损失就越大，出现非双赢的状态。因此中国必须在技术和产业结构上攀升，使高端技术领域的产品具有国际竞争力。

另外，比较优势论强调自由贸易带来的福利总量改善，但忽略了福利在不同人群、团体乃至国度间的不均分配问题，造成不同群体从贸易中的获得感并不相同，引发国内政治分化、变化，从而动摇了对全球化的支持。

当然，最为关键的在于产业技术升级和自主技术创新方面，在一些具有战略性的产业领域，萨缪尔森对比较优势理论的修正更是显得尤为重要，特别是对关乎国家安全、未来方向甚至是国家间意识形态对立的领域来说，比如数字经济的技术前沿控制。随着中国开始在一些高新科技领域展现出国际竞争力，触碰到他国利益的时候，必然会形成一个利益冲突空间。依据萨缪尔森对比较优势理论的修正，发达国家也必然会对这些领域进行一定的技术限制和贸易保护。极端情况下，核心技术会由贸易保护工具转变为贸易战的武器。

2.3.1.2　追赶理论中的误区

虽然从逻辑演绎上讲，比较优势仅仅能解决的是一个基于机会成本的要素配置效率优化问题，但在一个开放环境中，当国家间存在技术差异（技术落差）和知识互补时，这种纯配置效率的利润空间仍是巨大的，也就是说在这样的情境下，自由贸易是可以极大提升全人类财富创造能力，为贸易各方创造出巨大发展空间，并促进各参与方产业技术得到相应提升的。但是后发经济体中的部分实践者，囿于特定发展环境和特殊的贸易情景，只是看到了比较优势原理的不完全性，而并没有对"财富增长的源泉"进行深入分析，于是，围绕后发的追赶型经济如何赶超，出现了另一方向上的理论误区。典型的就是基于初级产品贸易条件持续恶化论基础上的进口替代学说。

全球化时代，或者工业化的某些特定阶段，初级产品的价格存在需求弹性不足的问题，这是一个不争的事实。于是，一些以初级产品贸易为主的国家在全球化中表现平平的现象被一些经济学家理论化，将其看成是贸易条件恶化或初级产品价格持续下降所导致的。

按照供求理论，发展中国家出口的初级产品相对于发达国家出口的制成品价格应不断上升。因为初级产品依赖自然资源，资源供给是有限的，而且有报酬递减的趋势，所以其价格应上升。而制成品因规模效益和技术改进而成本下降，价格应下降。实际的趋势却是恰恰相反，初级产品价格下跌迅速，除石油等少数几种初级产品价格有反弹外，大部分初级产品价格仍呈现下跌趋势。而发展中国家生产力的发展迅速扩大了初级产品的供给，只能在买方市场上相互竞争，给发达国家提供更廉价的原料，并导致发展中国家的贸易条件越发恶化。

初级产品贸易条件恶化的情景，也许只是一个特定阶段的现象。虽然学术界对初级产品的贸易条件（纯价格现象方面）是否有持续下降仍有不同看法，但不可否认恶化情景被情绪化后的理论思考结果，正是这一学说让人们思考在静态的贸易模型中，当国际贸易的复杂程度要远远大于一般的"交易自愿"假定时，贸易的"双赢假定"的非现实性问题。这一论调也同时否定了自由贸易对所有国家利好的结论。它认为在初级产品贸易条件持续恶化的贸易格局只对出口制成品的中心国家有利，对出口初级产品的外围国家是不利的。因此，它在政策主张贸易保护，反对自由贸易。进而认为，这类国家的根本出路就是要通过进口替代的工业化道路，让自己的产业结构向发达经济体的产业结构趋同，才能摆脱这种被动局面。二战后的1950年代至1960年代后发国家特别是拉丁美洲国家普遍采用内向型发展战略，可见这一学说对当时人们的发展观念上的影响力，同时也说明当时人们在后发国家的工业化理论和发展知识的欠缺。

应该看到，普雷维什-辛格的发展中国家贸易条件长期恶化论，是对自由贸易双赢论的一次系统反驳，在固化的静态条件下，在某些国家将会发生有贸易无发展的现象，并且，这种论调还会得到大量经验事实的支持。但就自由贸易的内在逻辑自洽性而言，这样的论调是不成立的。首先，贸易条件的持续恶化论长期看并不成立，当然更为主要的是立足于这一理论基础上的工业化战略，因其严重脱离了比较优势原理，注定是失败的。比较优势原理之于后发国家的产业选择，可以从"不可行集"和"可行集"两个集合的关系来清晰其行为选择的关系，对于不能选择领域集合而言，违背比较优势是注定要失败的，但对于可选择领域集合而言，严格遵从比较优势原理也不见得会成功，所以说，凡是成功赶超的国家都适度地违背了比较优势原理。

所以，贸易与发展关系中的一个核心问题是，就贸易的长期效率来说，问题不在贸易条件，而在于贸易能力是否可以随着贸易过程不断成长。

2.3.1.3 自由主义的误区

自由主义同全球化是同步推进的，全球化时代的自由主义可以从三个层面来讨论：一是同市场原教旨主义相联系的自由主义思潮，二是同资本主义制度的扩散相关的自由主义思潮，三是同全球文明的最终归宿相关的自由主义思潮，即历史终结论。

新自由主义在全球化的进程中之所以能大行其道，主要缘由就是以往的全球化进程本身就是由西方主导，而新自由主义的各种思潮都产生于西方，并且符合西方主流的价值观取向，契合西方资本全球扩张的需要，迎合发达国家全球价值链的全球扩张的需求。

历史地看，1930年的"大萧条"和二战后的民族国家独立运动，以及社会主义事业的蓬勃发展，对自由主义的全球扩散进行了有效的抑制，而随着大萧条的持续，凯恩斯主义大行其道，也对自由主义的部分观点给予冲击。但随着1970年西方经济的滞胀现象的不断加重，新自由主义思潮又开始盛行起来，特别是随着苏联解体和东欧剧变，自由主义的意识形态失去竞争对手，新自由主义借势得到极大的扩张，曾一度"历史的终结"盛行于世。世界主流的论调都乐观地一致认为自由主义制度是世界必然且最终的未来。

在自由主义看来，全球化中的自由主义思潮与现代化道路之间，存在一个铁三角关系，即民主化、市场化、个人主义意识形态之间存在着相互增强的内在机制，任何民族和国家，一旦启动这种互动关系，从此就会迈上富强民主的康庄大道。

随着中国经济的持续的增长，一种有别于西方自由主义思潮的现代化新形态——中国式现代化正在不断成长壮大。中国式现代化道路的形成对自由主义思潮的一次重大超越，也从一个侧面说明了在新全球化时代，自由主义思潮的局限性。

纵观全球化、现代化和自由主义之间的相互关系和演变历程，自由主义的理论误区可简约地从三个方面来论述：

第一，自由市场自由主义的误区。主流经济学基于个人主义方法论，为满足逻辑演绎的需要而创造了经济人假定，并在此基础上演绎出的理性选择分析范式，将个人行为的选择性与要素在流动性条件下的配置问题相结合，通过主观的机会成本与外在客观的价格信号之间的互动关系，即边际调整过程，构建了一个完整的行为选择分析范式，这一范式内在要求价格信号是唯一的市场调节者，任何对价格信号的干预都会导致市场的扭曲和资源的误配。但这些逻辑结论都是以完全理性和完全竞争为假定前提的，是一种理想状态。现实的人"是一切社会关系的总和"，因此，现实的人既有理性的方面，也有亲社会性方面，还有情绪化和非理性方面。况且，任何经济现象总是嵌入社会关系之间的，这样，在解释世界的层面上这样的范式是可以行得通的，但在改造世界的情景中，现实世界的制度环境不可能满足理论的假定。因此，现实中为保证市场机制的有效运作，需要政府在其具体运行的基础设施建设和行为外部性治理上有所作为。

第二，自由贸易自由主义的误区。在开放条件下，经济学中有货币自由流动、汇率稳定和货币政策的有效性这三者不能同时满足的原理，这个原理也可以看成为是一个在复杂性世界里人的行为能力的有限性问题。逻辑上的人的行为能力的有限性问题，在实践的具体经济运行中，人的行为能力又可以转化为是随情景和环境的互动关系而成长的。

零交易费用世界不需要行为能力只需要行为动机，从要素的流动成本降低与资源的跨地域优化配置逻辑关系上推断，零关税、零补贴、零壁垒是最有利于自由贸易的制度安排。但现实中，无论是发达经济体还是后发经济体，保护政策的存在仍是个普遍现象。这是因为贸易与发展、贸易与竞争力成长之间的关系，远比纯粹的自由贸易逻辑关系要复杂。解释世界需要的"参照系"干扰了人们对改造世界的现实基础的认知。

以盛行于20世纪90年代"华盛顿共识"为例来看，1990年世界银行、国际货币基金组织在很多发展中国家和转型国家，推行符合自由贸易思想的私有化、自由化和市场化为核心的系列改革政策，这些政策因其前期的绩效也被以"休克疗法"的方式引入俄罗斯、东欧等转型经济体中，但实际结果证明了"华盛顿共识"存在严重认知误区，拉美国家很快陷入了债务危机，俄罗斯等转轨国家的经济发展水平持续了长期的低迷。核心的误区在于这种理论忘记了任何有运行能力的经济体制，其有效的运行能力是在与行为主体之间的互动关系中成长起来的，行为能力只能来自实践，而不能从逻辑结论中得出。

第三，自由制度自由主义的局限。在福山的《历史终结与最后的人》中，人类社会的发展史将是一部"以自由民主制度为方向的人类普遍史"。即历史将终结于自由民主制，这样看来现代化过程就是一个国家同质化的过程，文明的多样性终究要被文明的一律性替代。

虽然福山承认他的大历史观受到马克思的影响，但在马克思那里，"历史不过是追求着自己的目的的人的活动而已"。而人的能动性，能动性的对象化都是丰富的、具体的。因此，马克思的历史是从文明的多样性开始的，多样化生存是马克思对社会具体形态的一个基本观点，这可以从其对"卡夫丁峡谷"的讨论中看出。

全球化同现代性在过去的历史中是持续扩张、相互增强的，人们将全球化中的现代化过程与现代化过程中的全球化进程等同起来了，而一如现代化具有多样性一样，在全球化的过程中同样也存在着复杂的多元、多样问题。所以说，人类社会的演进和发展规律，总体的趋向上有其规定性；但在具体的形态上，普遍性中又存在着特殊性和差异性，各国因历史条件和客观因素的差异，不同的民族和国家的发展道路将不尽相同。

这种差异性的方面将构成人类文明的多样性，而世界文明的这种多样性就是人类社会进步的不竭动力。

中国现代化过程中形成的文明新形态，就是在全球化时代走出的有自身特点的现代化道路，是对文明多样性的有力佐证，这种文明新形态完成了传统的创造性转化和创新性发展，并在开放包容中充分利用发展知识 实现了长期经济高速增长，始终坚持以人民为中心，将人的发展能力提升置于发展的核心地位，并在现代化进程中始终坚持了正确的政治方向，确保了社会快速转型中的秩序长期稳定性。

2.3.1.4 一体化实践的启示

欧盟是人类历史上首个以追求和平与发展为宗旨的国家间联盟，这种以一体化为导向实现联盟内共同发展的实践过程，充满着人类理性的光芒，这场人类寻求共同发展的伟大实践，经历了从愿景、实施、到矛盾、怀疑、个别退出的过程，在创造了辉煌的同时也面临着难以超越的困境，这个一体化实践对于我们思考共同化发展不无启示。

当内部发展的不平衡是一个现实的约束时，经济一体化的"利"与"害"将随着时间的推移而转变。以货币一体化的欧元为例，单一货币的贸易便利化好处是显而易见的，现实中确实也促进了欧洲内部贸易增长和要素流动的速度。但是，在货币单一化状态下，当国家间劳动力生产率（同一产业或产品）差距较大时，劳动力成本较高的地区（南欧）就会出现产业衰退（产业竞争力下降时缺少了通过货币贬值来提升产业力的手段），并进而演变为主权债务危机。

从欧盟对主权债务的处理过程看，联盟内主权国家在货币一体化后的债务监管与处理问题，既有公共债务的合理区间的测度困难，也有主权国家间相对债务水平如何监督的困难，这些问题让传统的道德风险似乎更加难以防范了。或者说，经济一体化与政治一体化的不对称性，会放大国家间主权债务上的道德风险。在跨国别的共同体内，如何处理好国家的自主性（包括责任的自主性）与危机时（特别是经济危机时）的相互救助机制之间的平衡关系，仍是一个需要继续探讨的问题。

在欧盟的一体化进程中，共同的文化认同是基础，这一点往往被联盟的现实主义上的权利观念和建构主义的规则观念所遮蔽，如果说一体化是国家相互间的各种认同关系的话，那么，认同关系的基础就是文化认同。正是基于欧洲相同的文化认同基础，共同化发展才走上了"一体化"这种形式，也正是其内在的文化基因，为一体化开启了机会、创造了可能，同时也带来了成长中的烦恼，更决定着其未来的走向。

当以相同的文化认同为基础的欧盟的一体化出现困境时，在未来的全球化进程中，更多的情景是在缺少文化认同的国家间，如何实现共同化发展，欧盟的实践对其有何启示？

我们说，基于人类命运共同体理念的共同化发展，是要超越文化认同，以人类共同价值为基础，构建利益共同体、责任共同体，最终形成命运共同体。所以说，欧洲一体化是不可复制的，但是它是可以超越的，欧洲一体化是以国家利益作为联系纽带的，而人类命运共同体则是以人类的永续发展为考量，欧洲一体化发展的全过程，都是欧洲各国出于各国利益，相互协调和妥协的结果，因此在其发展过程中，必然存在利益分配不均或是难以达成一致而产生的分歧，甚至是分裂。而人类命运共同体则是从人类长远出发，充分认识到全人类命运的共同性，以发展知识的互补性为纽带，形成共享发展成果，共担责任和行为后果的共同化机制。因此可以通过全球范围内在发展领域的通力合作，减少发展中的协同成本，从根本上解决当前威胁全人类生存和发展的全球性问题。如果说欧洲一体化发展困境来自主权的让渡和利益分配问题，那么，人类命运共同体理念秉承"天下一家"思维，以尊重各国主权为出发点，以发展领域展开共享发展经验，共担国际责任，实现国际合作，可以说，共同化发展是对一体化发展的一种超越，或者说，一体化发展是共同化发展的一个特定情景而已。

2.3.2　一种新替代：全球共同化发展新理念

中国倡导的"一带一路"建设，从开始就秉承"共商共建共享"原则，经过10年的不断创新实践，其实践行动中所内含的共同化发展理念日益得到显现。

2.3.2.1　超越一体化发展思维

"一带一路"共同化发展理念是对由西方发达经济体主导的自由一体化的反思的基础上提出的一种新的发展理念。其区别于新自由主义一味强调通过市场化、私有化和自由化为内容的一体化发展模式实现共同现代化的过程，核心内涵在于发展性和包容性。具体来讲，"一带一路"共同化发展理念对全球化大发展的本质有与一体化发展理论不同的叙事观点。其大体基于这样一个事实，即全球大发展应该是一个全球范围各个国家主体有实质意义的发展状态的过程。这一观点对全球化大发展的看法并不悖于一体化发展理念对全球化大发展的看法，而是将一体化发展理念中的全球共同实现现代化这一目的包含于全球范围内各个国家主体实现有实质意义的发展状态过程之中。与此同时，这种全球范围内各个国家主体有实质发展的过程又引申出三个层面积极意义：第一，承认全球范围内各个国家实现有实质意义的发展状态过程的原则、路径，其实是一种对必须走一体化治理路径的模式的排除。第二，与一体化发展治理中的共同实现现代化目的不同，其更加强调各个国家实现全球化大发展的状态，也即共同化发展更加强调各个国家基于自身特点的更有意义的发展状态。第三，这种发展状态必须使全体国家主体都有积极意义，为此，各个国家需要基于全球价值链、产业链和供应链等客观规律，通过"共商共建共享"实现这一状态。

不同国家成功的发展绩效下的经验和知识就成为支撑发展中国家形成新的发展理念的理论支点。西方文明以自由主义为圭臬，尤其是在市场原教旨主义那里，知识的分散化成为其反对政府在经济发展中的功能性作用的理论基石，但这一知识理念并没有囊括发展中知识的所有特点与属性。在基于发展知识属性的多元特征，即分离性、发散性和集合性、装置化、组织化等特点共存。这些特点在知识的扩散中具有特别的发展寓意，这些寓意构成了共同化发展的理论基石。

2.3.2.2 发展知识的集成性特征

"一带一路"共同化发展理念是对发展知识的集成创新。共建"一带一路"倡议顺应了世界经济格局调整的趋势，承纳了人类全面发展和共同治理转变之双重需要，为应对更高更加开放的合作层次提供了重要的学理思路。当前，世界新经济格局的形成对已有理念和规则已经产生变革之需，特别是中国提出"一带一路"倡议的实践证明，已在物质层面为实现共同化发展提供了转变的契机。

共同化发展是对由西方发达经济体主导的自由一体化的反思的基础上提出的一种新的发展理念，发展合作的思维替代过去发展竞争的思维，因此公平性和包容性成为其核心要义，其突出了重要创新性。这体现在：区别于俱乐部思维、规则优先和设定准入条件的全球化参与方式，以"共商"为始端的全球化参与方式，保证了不同国家开放、平等地参与秩序；区别于以实施差别化贸易，"共商共建共享"的秩序构建思维保证了参与主体地位的对等性。在包容性方面，抛去西方传统"民主政治""自由经济"等理念，兼容不同国家的发展模式和尊重不同国家的发展道路，在追求公平市场竞争环境时考虑了不同发展阶段的国家的需求。

2.3.2.3 国际发展新格局的形成

"一带一路"共同化发展理念正在为全球化提供全新思路。随着国际发展格局的变化，新生力量的不断兴起，从一个全新的层面探究人类实现更高水平合作的愿景，已经成为新全球化时代面临的一个重要问题。这表现为：首先，在全球价值链与产业链不断融合背景下，如何定位和构建新型的国与国之间的关系问题变得突出。共同化发展理念在生产力格局上为形成新的国际互动模式提供了理念支撑，特别是"一带一路"倡议的落实，正在形成集最大经济体、最大油气产区、最不发达经济体在产能、技术创新等方面的互动格局，为建立新型国际政治经济关系提供了一种现实参照。其次，在面对全球经济疲软复苏的形势下，如何探寻引领全球经济持续增长和加快推进全球化经济一体化新动能和新引擎显得极为迫切。事实上，借助"一带一路"倡议的落实，全球具有最大市场、最多人口、最丰沛资源禀赋的国家及其所拥有的资源、技术和市场得以整合，促进了发展要素的互动，实现了新的发展，在发达经济体—新兴经济体—发展落后经济体之间形成一种中介功能，形成"三个世界"共同化发展的新格局，为世界经济摆脱低迷创造一个新发展空间。事实也证明，基于共同化发展的"一带一路"倡议正在成为全球化发展的新引擎和新动能。最后，在全球贫困治理方面，探索如何让最不发达经济体融入新一轮全球发展，保证其获得全球发展红利的机制最为迫切。构建人类命运共同体和"一带一路"建设的深入推进，为欠发达国家融入全球价值链提供了便利，从根本上保证了最不发达经济体融入全球新一轮经济增长的机遇，使其成为最不发达国家摆脱贫穷和破解"贫困恶性循环"的新平台和新路径。

2.3.2.4　两种发展理念的比较及治理分野

由于是一种新的发展理念的提出，因此要对共同化发展理念深刻地阐释，就需要将其置于一定的参照系中予以对比刻画，而一体化发展理念正好符合这一参照系的特征。与此同时，从当前全球化进程以及"一带一路"建设的实践看，突破一体化发展理论的限囿，构建共同化发展理念显得尤为必要。

随着"一带一路"的实践过程的深入，共同化发展与一体化发展已经呈现出明显的区别。随着中国在全球化进程中逐渐崛起乃至于逐渐影响或者初步能引导全球化共同发展，其推动和引领全球发展合作的实践力量逐渐受到全球其他国家重视。这一重视背后反映的是对已有主导全球化发展力量的关注点转移，也反映出了对当前主导全球化发展力量尤其是西方国家为全球化问题贡献的理念和治理思维关注点的转移，本质上体现着一种关注重心的分野，即从崇拜西方国家过去两三百年取得的发展成效，以及信仰其在全球化发展中坚持的理念以及所作的行为，转向关注中国在过去半个世纪短期内取得的发展成效，以及中国在参与全球化发展中所秉持的理念以及实践行为。因此，这种分野表象是随着全球经济格局发生变化尤其是中国经济力量在全球经济格局中的占比和影响力所致。

全球大多数国家尤其是发展中国家对中国过去一段时期在全球化实践中所秉持理念和实践做法的逐渐尊重、重视以及欢迎，是对中国这一经济力量所取得经济成就原因的逐渐关注，是对遵循全球共同发展这一发展价值下中国秉持什么样的全球化态度和行为的关注，是对全球共同发展理念和实践行为的价值认同。这种认同是中国构建共赢机制的行为和认知基础。

随着中国在全球经济格局中地位的提升和影响力的逐渐扩散，中国在全球化进程中逐渐由积极参与到逐渐引领和推进全球化进程身份和作用的转变，中国所秉持的推动和引领全球化进程的理念已经成为一个焦点问题时，中国的全球化发展愿景与西方的全球化发展愿景之间的分野也得到了显现。

这种发展愿景的分野，核心地反映的是全球发展观的分野。纵观西方国家全球化治理思维和治理理念，虽然其秉持倡导一体发展构想，但其在实践中通过一体化发展理念和实践对共同发展这一构想没有得到较好的实践。其原因在于西方发达国家在过去两三百年的经济崛起过程中，其实践思维主要靠取得一定的经济优势后对其他主体经济发展能力的忽视，因此，其经济发展的思维尤其是对待全球化发展这一问题时的首要思维是优势思维，也即优先思维。由于其忽略了全球化大发展中的共同性问题，因此在当前一段时期，应对全球化发展问题时，常常违背全球性问题需要全球通力合作这一内核性问题，以自我发展优先的思维应对全球化，甚至反对全球化，对全球化造成事实性影响。这些原因的本质，是其长期在发展过程中没有秉持有益于更多主体的实质性发展所致。

反观中国对待全球化的态度，其反映的是顺应全球化发展之趋势的有道、有为、有效的实践行为。这些共同化发展实践特色性，突出在如下几个方面：

一是"一带一路"的共同发展意愿导向的合作共赢与市场自由贸易导向的竞争合作之间的区别在于，共同化发展对于更高、更全面开放的意愿表达往往以合作倡议为主，义利观突出，尊重和重视不同国别权利，消除了国际合作中霸权和欺凌等不利于平等合作的行为方式。

二是项目带动式的合作层次的不断深化与规则驱动式的合作秩序的扩展不同，区别于先定规则后甄选合作伙伴再差别化合作的区域一体化的固有做法，共同化发展更能力促一种平等共商、项目示范带动、循序渐进的合作广度和深度，完善了规则导向和秩序导向的以资本寡头牵引合作方向的弊端。

三是单边发起双边互动的合作过程与区域性网络化互动的合作过程的殊别，相别于区域一体化进程的双边安排，共同化发展更倾向于构筑一种整合全球资源产业布局和生产力，在机制设计和构建之初就着力于消除合作的摩擦和矛盾。

四是双边为主的非机制化合作模式与以多边机制为基础的合作模式的差异。相比于双边合作排斥性、贸易壁垒的易构性、针对性，共同化发展理念下的多边机制合作模式的塑构，充分考虑和顾及第三国（方）方面的利益，特别是发展中国家和最不发达经济体在发展问题上的参与意愿和被尊重的诉求，使整个合作能深刻反映"共商共建共享"合作特征。

五是以准入条件为前提的封闭集团化特点和以整体合作框架的开放性特点的区别。相较于等级性的、俱乐部形式的区域一体化推进思维，无门槛、无歧视对待的开放合作态度，反映了共同化发展增进合作、推动开放合作的根本意愿。

六是优先于地缘政治功能的战略选择与优先于地缘经济功能的合作战略选择的分流，无论是在乌克兰问题、叙利亚问题上，还是南中国海的地缘政治角逐中，都是域外国家和域内国家基于地缘政治战略，选择政治结盟对抗的战略意图十分突出。北约、美国主导的环太平洋军事演习机制等对俄罗斯和中国的围追堵截，将俄罗斯踢出 G8、将中国排除在TPP 之外等行为足以说明在地缘政治战略和地缘经济战略上优先性问题。而共同化发展抛弃这一固有思维，从挖掘经济合作的潜力出发，将地缘经济互补性作为合作的重要依据，从战略的选择上与一体化理论显著性地趋异和分流。

七是合作成果的重资产属性与合作成果的轻资产属性差异。在西方世界的崛起中，物质主义曾是其抱守的至要原则。重物质主义的合作姿态极易加重利益侵蚀权利、破坏自然、吞噬生命等一系列非理智行为，而忘记合作的根本初衷在于共同发展、和谐发展。共同化发展中合作成果的轻资产性就是对物质主义的反思和离异。

2.4 实践逻辑

2.4.1 实践唯物论对共同化发展的启示

2.4.1.1 马克思哲学的实践品质及其指导性

对于神学而言，世界就是造物主的一件产品；对于建构主义而言，世界就是可以任意推演的沙盘；对于实践主义而言，发展知识就是实践与真理之间的确定性关系。因此，从改造世界的视角看，马克思主义无疑是最具鲜明实践品质的哲学。经济学，特别是中国经济对实践行为属性中的经济学寓意至今仍缺少深度挖掘，这是非常遗憾的一件事情。

正如马克思在《关于费尔巴哈批判提纲》中指出："全部社会生活在本质上是实践的"。"人应该在实践中证明自己思维的真理性，即思维的现实性和力量"。马克思主义哲学中的这些实践品质，对经济学，特别是对改造世界的经济学具有十分强烈的指导性：

首先，只有在实践理性中，才能容得下一个创造性的主体。无论是主流的增长理论，还是内生增长理论，都不能处理创造性行为，但人类社会财富的增长，社会的发展，都同人类行为的创造性属性密不可分。实践活动的创造性是内生于实践行为的属性之中，实践就是围绕着既定目标的试错、纠错过程，这个过程在向目标趋近的同时，也就完成了实践是检验真理的标准的流程。

其次，只有在实践理性中，主体自身的发展过程才可以得到显现。主流经济学中的"经济人"，是一个如凡勃仑嘲笑的"欲念小球"一般的玩具，过去、现在、将来都是一样的，没有丝毫的发展寓意在其中。虽然后来的人力资本理论对人的发展问题进行了大量的研究，并证明人力资本对经济增长和发展具有不可替代的作用。但从逻辑上讲，对于一个近乎"完美"的经济人，无论人力资本的增量多大，都将是"锦上添花"，对于几乎"全能"的经济人的行为能力而言，都是无济于事的、多余的，因为这里只需要行为的动机。

最后，马克思的实践哲学认为，没有实践作为人与自然的中间媒介，就不能认识世界，更谈不上改造世界。而无论是认识世界还是改造世界，马克思实践哲学都将实践主体确认为人民大众，正如马克思所强调的那样，所谓历史就是从事历史活动的人所创造的历史，同时也是有其推动发展的历史。"历史不过是追求着自己的目的的人的活动而已"。实践主体的大众化和人民中心论，给发展经济学从传统的双赢模式向共赢模式转变提供了学理上、逻辑上的支撑，为我们探讨共同化发展机制指出了努力方向。

2.4.1.2　实践过程与发展过程的同一性

马克思的实践哲学本身就是对主体性活动的突出。从这个意义上讲，历史就是人的能动性展开的一幅生动的画面。对于发展过程来说，人的能动性就是人的能力不断成长的过程。因此，实践过程和发展过程在人的全面发展上找到了契合点。

第一，如果说实践过程可以看成是主体与客体相联系的纽带，那么，这个纽带的行为特征就是人的能动性方面。正如哲学家所言，自我不是目标，自我就是出发点，但如何回到出发点并不是件容易的事情。马克思实践哲学对能动性的重视，让主体立刻回归"现实人"的行列，而不是以抽象的"经济人"的视角来讨论实践过程，一个现实的人在其自身所创造的历史过程中必将也是一个可以发展的人。

第二，只有在实践过程中，发展过程的结构性属性、阶段性特征，以及人的能力成长问题的重要性才会得到显现，只有在实践理性中，发展过程的主线才能转化为发展能力的成长问题。主流经济学基于资源流动性与行为最大化动机相结合形成的所谓资源配置问题，以及新结构经济学基于要素禀赋结构决定论的产业技术结构升级问题等，都是发展实践过程中的发展能力问题的某一个方面。主流经济学总是存在一个不好的传统，爱在假定的主体行为能力上进行理论推演和模型构建。不是预先假定，就是模型暗含，或者以行为动机替换行为能力，而不去直接面对行为能力的成长环境来构建理论体系，这对发展过程的研究是有内在不足的，而基于实践哲学的发展能力理论为共同化发展研究提供了一个新的理论路径。

伴随着中国的改革开放进程应运而生的马克思主义中国化，可以说正是真理大讨论开启了中国的改革开放之风气。

2.4.2　实践平台的再生功能与共同化发展理念的生成

2.4.2.1　实践平台的再生功能

借助于博弈论分析，我们对实践平台的再生功能性原理做些一般性分析。

如果从个人行为选择机制的视角看一种新理念的形成过程，除了在主流经济学中平常讨论的激励机制外，更深层次的机制是"共识"生成机制。

关于共识机制的生成问题，可以在行为均衡的一般意义上借助博弈论分析路径展开（虽然用均衡处理变迁问题有其内在的不自洽性，但将变迁看成为从一个均衡到另一个均衡的跃迁过程时，可以借用其形式上的逻辑一致性来处理变迁问题）。用博弈语言来表示，这一过程可以看成为一个行为均衡中的认知模式从一种均衡到另一种均衡的转换。这种转换是在一个信念、预期、信号（信息量）的三位一体的互动中生成的，最终跃迁的信念，也就是新理念的形成。

信念在行为选择中是个难以处理的变量，因为他不能直接地被观察到，但借助于博弈分析可以通过演绎推理的方式得到显示，即在那些均衡的行为策略中，一定存在着有关行为策略的共同知识，不然，不同个体之间的行为协调就无从谈起，更不要说均衡了。我们可以将共同知识中的基础性知识部分称其为行为选择的"信念"。信念在变迁中有漫变、渐变或长期不变等诸多特点，这无疑增添了对其变迁分析的难度。这里我们将其简约为：在一次博弈中信念是社会规则（已经生成），在长期变迁中信念是行为均衡的结晶（变迁中的结果），这样，从生成视角看，信念即是长期行为均衡的"结晶"，但信念一经生成就是行为内生激励，决定着偏好和行为的评价标准，而被信念激励的行为可以视为信念的再生。这样一来，信念的再生（跃迁）现象可以从两种性质不同的行为模式中具体观察到。比如合作行为中的双赢模式、有赢有输模式、共赢模式等，都可以在其中找到不同理念的支撑。

如果这样的思路是成立的，就会对我们讨论一种新理念的形成能提供支援，我们的问题就将集中于利用博弈论讨论行为均衡中的信念跃迁问题。

从生成的视角看，信念的跃迁必须以预期形成中的内在机制为背景，而预期的形成是以行为选择环境和情景中某一期望值出现频次决定的，在一个选择不断重复的情景中，当某一期望值的出现频次达到一个阈值水平时，行为选择对这类选择情景的预期值的预期就会被锁定，一个新的相对稳定的预期就会形成；选择情景与行为选择之间的互动是个能动性过程，而能动性是通过感性对象化过程来进行，这里，行为选择的情景的"信号"就是一个关键变量。如何提高期望形成中的某一可欲的期望值频次的阈值水平，这其实是个信号配置问题。一种新理念生成中的"信号"及其配置，是行动过程的总体性概括，也就是用什么样的具体实践行动来体现出新的理念，并在不断的实践过程中实现观念的转变。在一般的博弈分析中，公共信号仅仅作为行为协调机制而存在，在信念的生成中，公共信号就是不同情景的特征表现，并以类似于信号的功能同预期发生关系，并在改变预期的过程中实现了新理念的生成。

2.4.2.2 新理念在感性与对象化的互动过程中生成

当我们将实践过程等同于新理念生成过程时（这是由愿景所决定的），实践过程就是个感性的对象化过程，虽然在马克思的本意中，感性的对象化是主体与客体互动的过程，但在具体的分析中可以将"感性的"与"对象化"进一步细分，其中，"感性的"主要指主体的感知方面，"对象化"主要指能动性的物质方面，以及对主体而言是外化的方面。具体到"一带一路"的实践过程，对象化包括两个方面的内容：其一是指"一带一路"建设过程中的项目自身在合作方式上、项目的长期效益上所体现的有别于过去合作机制的新理念的地方；其二，是指在"一带一路"共建中产生、形成和不断壮大的各种类型的合作组织中内涵的新理念，以及这些组织的具体行为过程对新理念的体现、推广和发扬光大。

在新理念生成过程（以具体的实践过程为基础），"感性的"方面的内容包括三个不同的层面，其一是信号，其二是预期，其三是理念（包括新理念的形成）。这里的信号并非像价格信号那样的直观信号，而是对新合作项目、合作组织与原来合作项目、合作组织之间的差异性的感知；而预期的改变是新理念生成的中介环节，当我们把信号以合作剩余来替代后（实践过程在这里被看成是重复博弈），差异性的感知就会在不断的博弈中趋同，即相同感知的合作剩余出现频次在上升，人们会对新合作方式的合作剩余形成新的预期，并随着合作领域的不断深化中得到进一步增强；当新预期同新的合作剩余之间建立了稳定的关系后，我们就如同看到新预期同新的合作方式之间形成了一种"情景依赖的关系"，此刻，可以说一种新的合作理念已经形成了。

2.4.2.3 组织形态创新对新理念再生的特殊贡献

组织这一要素，在新理念的形成中具有不可替代的功用，这也是由其特殊性决定的。组织既有制度装置的功能（不同制度安排的组合），但更为重要的是它本身就是一个行动者。组织具备的这种行为能力属性，使其在新理念从倡导、推行、扩散、定性等诸多环节上都具有不可替代的作用。我们以上海合作组织的新模式为例（仅限于经济合作领域），说明组织在新理念生成中的重要性。

上海合作组织经过20年的发展和不断完善，已经形成了新型区域合作模式的典范，其中的区域经济合作也具有自身特点。虽然上海合作组织的成立早于"一带一路"倡议的提出,但《上合组织宪章》提倡的反对通过集团化、意识形态化和对抗性思维解决国际和地区问题,以及"共同推动构建相互尊重、公平正义、合作共赢的新型国际关系和人类命运共同体"等"上海精神",符合成员国共同发展愿景,契合"一带一路"倡议的"共赢"新理念。正如《上海合作组织撒马尔罕宣言》所言,"上合组织在发展过程中积累的巨大经贸和投资合作潜力将促进本组织经贸合作。扩大和深化上合组织成员国在金融、投资、工业、交通、能源、农业等领域合作,制定并实施联合规划和项目,有利于上合组织地区经济社会可持续发展"。我们相信,上海合作组织将在人类共同发展的宏大格局中推进自身发展,但我们同时也看到,上海合作组织在其组织内部创新出了更有效、更包容的合作共赢组织新形态,这些组织形态和运作方式,成为借助组织形态的创新的中介作用,实现新合作理念生成的有力佐证。具体而言,包括如下三个方面的内容:

第一,达成共识,形成协议,制订行动计划,推进落实的实践行动。上合组织在国家间、国家间的地方政府间、行业范围、产业领域、产业园区等诸多方面都进行合作组织形态的创新,这些创新内容包括:《上合组织成员国科技园区库和创新集群构想》《上合组织成员国地方合作发展纲要》《上合组织成员国关于〈数字化和信息通信技术领域合作构想〉行动计划》《上合组织成员国发展互联互通和建立高效交通走廊构想》《上合组织成员国促进实业界工业合作纲要》《上合组织成员国能源领域合作构想》《上合组织成员国可再生能源领域合作纲要》《上合组织成员国政府间国际道路运输便利化协定》《上合组织成员国铁路部门协作构想》《上合组织绿色之带纲要》《上合组织成员国元首理事会关于粮食安全的声明》《上合组织成员国授权机构智慧农业和农业创新合作构想》。如此丰富的组织形态创新,满足了不同合作内容的要求,既有利于合作进程的推进,也对"共赢"新理念的再生提供了组织支撑。

第二,形成工作机制,推进具体合作项目和合作内容的实践行动。在具体合作内容的推进中,上合组织以"共商共建共享"为原则,建立各种类型的工作机制,比如:在深化合作领域,建立创新创业、减贫、传统医学特别工作组的决议;在经济贸易领域,建立在上合组织经贸部长会议和专家工作组框架内推进具体合作内容的工作机制;在新理念的再生过程中,经验交流与传播将起到事半功倍的效果,上合组织在这方面开展了大量富有成效的行动,如举行上合组织成员国经济智库联盟会议和上合组织经济论坛、上合组织成员国地方领导人论坛,举行国际减贫论坛成果，通过互学互鉴加速新理念的传播；挖掘科技园区的合作潜力，扩大电子商务领域合作，加快服务贸易合作，不断拓展合作领域的行动。

第三，中国积极主动的实践性引导行动。作为新理念的倡导者，中国在合作内容、合作机制上的率先垂范行动是最好的和最有效的理念再生途径，这一方面的行动实践内容主要包括：中国鼓励有关国家利用青岛的中国—上合组织地方经贸合作示范区平台，开展经贸深度合作，深化地方合作；中国鼓励建设"乌兹别克斯坦—上合组织"工业园区，以中国产业园区的经验互鉴实现知识的共享；中国支持利用中国杨凌上合组织农业技术交流培训示范基地开展现代农业技术交流和培训，将中国农业产业的技术体系与成员国的农业产业要素禀赋对接，深化合作方式。

2.5 新叙事的逻辑

"一带一路"作为构建人类命运共同体的实践平台，正在不断显现出发展寓意上的全球价值，随着这一伟大实践的不断深入，其发展寓意上的世界意义将会得到更加突出的表现，除了在具体的实践行动上要坚持更加开放包容的态度外，我们还要有贯通古今、融通中西的毅力和能力，将这一具有世界意义的伟大实践通过国际化的表述，提升其全球化的传播力，让共同化发展、共同体治理的故事深入心，深得人心。

2.5.1 讲好"成长性"在共同化发展中的故事

2.5.1.1 成长性是马克思现代化理论显著的时代特征

在《资本论》第一版序言中，马克思对后发国家的现代化道路论述中，特别突出了现代化道路中的成长性问题，并从成长的必然性（自然规律）、成长阶段的不可逾越性、成长烦恼的可减性三个方面进行了论述：一个社会即使探索到了本身的运动的自然规律，它还是不能跳过也不能用法令取消自然的发展阶段，但是它能缩短和减轻"分娩的痛苦"。对于马克思的这段著名论述，通常是从必然性与阶段性的一般关系上来理解和解读，这当然是可以接受的一种解读。但这样的理解是建立在对成长性的初步认识上的解读，或者说这仅仅是从"认识与实践"的一般关系上的理解。当然没有从"发展的成长性"方面来理解和解读，这是受研究范式束缚所致。

规律作为因果机制的另一种说法，是任何科学必须面对的问题，但在牛顿力学范式的影响下，因果机制同必然性、还原论成为同一的东西，不但现实世界的偶然性现象中的因果关系被忘却，特别是"改造世界"时成长性中的因果机制也被必然性所替代。当主流理论中的各类模型将条件变化、变量控制、因果机制整合和集成在统一的形式之中时，世界似乎是一个决定论的世界，马克思的实践唯物论强调的"能动性""能动的方面"全部成为"被动的因素"。现代化进程作为一个"改造世界"的实践过程，是一个"感性对象"与"认知主体"互动成长的过程，这种成长性的最大特点内涵就在"发展阶段的不可逾越性"和"减轻分娩的痛苦"之间。

2.5.1.2 中国发展实践对成长性的新发现

成长性中蕴含着的"涌现"现象，是同还原论相悖的，从实际出发，坚持自己特色等理念，强调的就是现代化道路的多样化生存，正如习近平总书记经常强调的那样，"万物并育而不相害，道并行而不悖"。成长性以及成长性自身要求的多样化生存状态，将因果机制在从属、决定关系的基础上，拓展到依存、联动关系之中，这样，世界的秩序、发展过程的图式就将是一幅"成长"的景象。

中国的现代化道路成长过程，是在"实事求是"思想路线和与时俱进的精神鼓舞下，创出的一条道路。是将必然性规律同阶段性目标相结合，把阶段性目标性同具体实际相结合，通过实践过程破解了必然性与目标性之间的内在紧张关系，走出了具有自身特色的发展道路。其中，邓小平理论中的"社会主义初级阶段论""一切从实际出发""闯出一条血路"是对能动性、实践性、成长性的最好阐释。

虽然中国奇迹的形成过程可以简约为改革开放过程，但究其长期、持续、高速增长的内在机理，特别是同其他转轨国家的比较研究中，就会得出一个基本结论，即注重于行为主体的能力成长，无论是从乡镇企业发展与转型、价格双轨制改革、特区建设等改革开放"情景剧"回顾中，还是从产业园区的产业能力培育"微生境"构造中，都可以明显地感受和认知到，包括个人、企业、政府在内的不同市场主体是在能力成长中不断实现各自的转型升级的。特别需要强调的是，这一能力成长主题的持续性是在"行为能力成长—发展知识扩散—市场秩序完善"的三位一体互动中进行并不断前行的，这就给中国的社会主义市场经济体制的形成和完善也赋予了成长性特征，即后发经济体中的经济体制本身就是一个成长性问题。

基于中国发展实践中的新发现，也就是经济发展是一个产业成长与体制成长的双重成长过程，而其内在机理就是市场主体的行为能力的成长。可以对全球共同化发展愿景做以下畅想：

在一个能力成长的共同化发展征程上，全球不同的国家形态、不同历史记忆的民族、不同发展水平的经济体，其现代化进程将演变成为一场共同化发展愿景中的发展能力成长竞赛，所有想走自主发展道路的民族国家，只要结合自己的具体实际，始终围绕发展能力的成长来进行软硬基础设施建设、产业培育和相应的制度建设和完善，就能够在共同化发展的叙事结构中找到适合自身特点的发展方式、增长途径，并最终走出一条具有自身特点的发展道路。进而从自身的实际出发，借鉴发达国家的发展经验，走符合自身特色的现代化道路，就能"减轻分娩的痛苦"。

2.5.2 讲好"发展知识"在共同化发展中的故事

2.5.2.1 一个人类发展知识结构不断升级的发展过程

对于现代化进程的认知和解读，是随着这一进程的不断深入而深化的，如果从现代经济发展的视角来看，可以将其抽象为一个人类发展知识结构不断升级的发展过程。

马克思的"三种依赖"学说，第一次完整地说明主体与环境之间的共同成长关系。经济学科围绕着财富的源泉和增长的动力机制，对现代化进程中的经济体系的成长过程形成了不同的观点，亚当·斯密的分工深化与交易扩展就包含着深刻的知识的生成与有效配置的基本原理，主流经济学虽然将增长与发展过程要素化了，但在技术进步、人力资本、发展阶段、制度变迁等理论中，存在着丰富的发展知识的内容（广义上讲所有的发展理论和学说都是发展知识的构成部分）。

由于知识这一概念的广延性特征，在将其同"发展""变迁"相联系而形成"发展知识"这一概念时，要充分考虑知识自身的这一特征，要统筹考虑知识在认知论层面上的"知"与"不知"，知识在主体性属性上和客观属性的不同，知识在个人分立性与群体集成性上的交互性等，并根据发展实践的行动逻辑，视发展过程为知识的生成、扩散、再生的过程，这样，基于发展知识的、发展过程中的实践性以及实践行动的逻辑才会得到初步的说明。于是乎，发展的事件过程就是将发展知识（客观性方面）看成为"感性对象"，并在发展的实践中通过"主体的能动过程"，将这些知识转换为自身发展能力，形成自身特点的发展知识的一个知识再生过程。在这样的视角下，发展过程就被知识化了。

2.5.2.2 发展知识的类型

所谓发展知识是指被过去的发展实践证明的、行之有效的发展模式、发展经验、发展方式的总和。因为发展知识涉及发展过程中的众多变化特征的认知，如趋势、整体、局部、环节等，所以发展知识就是对这些领域的发展规律、内在联系、行动方案的总结和凝练；作为具有经验总结属性的发展知识，首要是其累积性特征，其次是集成性，这两大特征都是从知识的客观性方面来说的，对于真正的发展过程而言，发展是主体自身参与的过程，而主体的认知（感知、理性、知性）的形成总是具有情境依赖、场景依存和环境适应等特征，所以，可以根据不同知识的类型及其结构，对发展知识进行进一步的分析。从人类发展实践的过程看，发展知识可以大致分为如下类型：

第一类：装置类知识，是指内含在设备之中的知识，对操作者而言，不需要知晓知识的全部结构上的细节，只要知道整体知识结构中片段，就可以全面地利用整个知识结构了。这类知识大大降低的知识扩散的成本。第二类：模块化知识，是指产业垂直分工体系中，形成的功能上互补而生产空间上又相互独立的产业知识体系。当产业要素流动性得到很好保障时，模块化知识的空间分布一般不受地域空间的限制，但当产业要素的流动性得不到保障时，模块化知识的空间脆弱性就会凸显出来，地域化的产业链生态对模块化知识的正常运行就成了前提条件。第三类：组合型知识，是指针对特定的产业、行业或具体的工程等，形成的一种集成化知识体系，如旱作农业技术体系、高铁技术体系等。这类产业技术知识一般整合了不同学科的知识，产业集群内产业知识的互补性，可以看作为另一种知识的组合方式。第四类：匹配性知识，特指同体制环境相融洽而再生的制度性知识，如日本的终生雇佣制就是这类知识的典型。第五类：原创性知识，这类知识一般指科学发现与技术诀窍。第六类：价值认同知识（状态性质的知识），即对终极目标的信念以及对现实世界的是非观念方面的知识。

2.5.2.3 发展知识互补性及共同化发展中的扩散体系

不同类型的发展知识，生成的方式不同、学习成本不同，扩散速度不同。当今全球发展实践中，不同类型的知识无论是在空间的分布上，还是在特定地域的集成上，都已经具有显著的"知识结构化"特征。这种知识的结构化和空间分布特征，既是发展不平衡的根源，但同时也为通过共同化发展解决发展中问题提供了可能性空间。

从发展知识的结构化视角看发展过程，可以给我们有如下几点新启示：一是如张维迎（2022）的知识的"软硬"结构之分，将会显示出价格机制与产权制度在不同类型的知识定价上的优势，让我们对市场机制有更充分的理解。二是增长类知识的易扩散性质与体制类知识在扩散中的慢成长性（体制类知识在知识的理念层面有时具有快速扩散特点，但在制度耦合的知识方面具有慢成长性）对我们理解转型经济的特征，以及转型经济中的增长与结构升级方面的特殊性有很好的拓宽视野的作用。三是知识的共享属性对共同化发展的启示。虽然知识在其生成环节具有个体行为属性，社会的激励机制设计也应充分体现这种知识生成的内在特征。并且，在数字经济时代，数字技术类的知识自身在应用过程中的网络外部性、规模经济优势和先占渠道优势等，让知识的垄断性得到了进一步强化。但是，就知识的使用过程看，总体上知识在使用过程中具有的共享性属性仍没有改变。如果将知识在使用过程的这一属性同发展过程结合起来，就会看到，全球价值链所包括的产品内分工体系其实也可以看成为是基于市场逻辑的全球知识共享体系，只不过市逻辑下的知识共享体系是不完全共享，在机理上是通过替代性原理确立起来的，即通过全球产业知识体系中不同知识模块之间的成本最小化的替代来形成的。为了追求成本最小化，这一体系会将部分群体抛在体系之外，并形成一部分不能共享全球化成果的群体，使其成为逆全球化的主力军。

发展到今天的全球化，其国家之间产业技术领域竞争状态是，虽然在技术前沿国家和技术赶超国家间随着技术差距的缩小有日益白热化的趋势，但不可否认的是，在不同产业技术层级间的国家，其发展知识互补性中的外溢效益潜力巨大。

中国是全球产业门类最齐全的国家，是世界第二大经济体和第二大贸易国，其产业技术知识的完整性完全可以突破基于替代性原则形成的世界经济"中心—外围"的水平型国际产业分工体系，打造一个基于发展知识互补性原则的世界经济共同化发展新体系，并在发达经济体、新兴经济体、欠发达经济体之间形成基于发展知识的垂直分工体系，将所有的国家都纳入发展的行列之中，习近平总书记在二十国集团领导人第十六次峰会上提出："普惠包容，共同发展。应该坚持以人民为中心，提升全球发展的公平性、有效性、包容性，努力不让任何一个国家掉队。"中国深刻认识到各国相互依存、命运与共的紧密关系，一直坚守和平、发展、公平、正义、民主、自由的全人类共同价值，致力于各国共同化发展。

2.5.3 讲好"共生共赢"在共同体治理中的故事

2.5.3.1 "共生"理念中的中国智慧

面对全球化进程中累积的疑难问题，传统的思维方式很难在个人、群体、国家、全球的诸多利益关系间找到均衡点，在一个利益多元、价值多样的时代，发展水平迥异的世界里，继续按照纷争的逻辑，是难以找到出路的，需要一种"和合"智慧，而中国传统文化就是一种以倡导融合力和亲和力为特征的文化。

人类命运共同体理念是"两个结合"的结晶和典范，蕴含了大量的中国智慧，其中，核心之一就是"共生"思维，另一个是"共赢"思维。

"共生"智慧是中国文化中区别于西方主客二分、绝对二元的一个重要方面。中国传统文化从"天人合一"的共生关系到"和而不同"的共生互动；从"修身养性"的共生策略到"知行合一"的共生实践，无不彰显出共生思想的智慧光芒。

人类命运共同体建设中所谓的共生关系，主要指人与自然的共生，不同利益主体间的共生，不同文化形态间的共生，不同发展阶段的国家间的共生，是人类社会"利益共同体，责任共同体，命运共同体"的三位一体，是人与自然、人与人从对抗冲突关系到和谐永续关系确立的一种人类生存与发展智慧。

中国倡导的命运共同体建设包括四个层级：一是全球层次的"大多边型"人类命运共同体；二是区域层次的"小多边型"地区命运共同体；三是两国间的"双边型"命运共同体；四是特别发展领域"功能型"命运共同体（如海洋、健康、网络、安全等）。

基于中国传统文化的创造性转化的人类命运共同体理念，向世界昭示了我们对世界的未来的愿景是持久和平、普遍安全、共同繁荣、清洁美丽，这同时也是马克思主义中国化和时代化中的"世界历史道路的新探索"的最新成果。这一理念体现着全人类的共同价值，具有最广泛的认同度和亲和力，需要我们通过新叙事的方式来传播好这一新理念。

从近代西方文明主导全球化的历程看，丛林法则的观念总是挥之不去，以实力论规则的思维定式成为霸权者处理国际关系的准则，与此同时，基于西方传统思维方式的"国强必争，国强必霸"的观念在一些政客那里仍深入人心。人类命运共同体理念突破了这种二元对立的思维，期望用一种和合共生的对立思维，树立互利共赢的国际交往之道，达到共同繁荣的目的。

通过"一带一路"的实践过程，我们要不断地证明、显示和强调："一带一路"的愿景既根植于历史，又面向未来，既源自中国，又造福世界。无论是古代丝绸之路的贸易繁荣愿景，还是今天的"一带一路"倡议发展愿景，都同人类命运共同体理念高度契合。

2.5.3.2 "共赢机制"中的中国智慧

"人类生活在同一地球，地球只有一个。"面对如此生存情景，人类既可以从纷争的视角看其发展过程，也可以从和谐永续的视角看其发展过程。但全球化进程的不断深入，全球发展赤字的持续增大，发展鸿沟的继续加深，一些非传统领域的安全问题非通过合作协商解决就会无解，特别是气候变化难题：既涉及全人类的生存与发展，也与不同的发展层次和水平的发展权相关；既同发达国家的碳排放历史相关，也同发展中国家的减排责任相关。当全球化已经到了"无一人能独善其身，无一国能独当一面"的状态时，零和博弈的思维已经不能应对这样的局势，人类需要新智慧才能走出新困境。如何从"双赢"或"有赢有输"的竞争与合作世界走向"共赢"世界，是对人类生存与发展智慧的最大考验。当人类的生存、发展、安全等领域面临巨大考验时，人类对其生存环境的认知需要一场认知变革，这需要传统文明中已有资源的支撑，中华文明中的义利观，可以为回答这一时代之问提供智慧源泉。

中国传统文化中的义利观可以为共同体建设中"共赢机制"的形成提供支持。首先，从最一般的"义"与"利"的关系上讲，义利观就是一种以"义"统"利"的原则，这一层次的关系一般发生在价值层和信念层，如同亚当·斯密的《道德情操论》与《国富论》的关系，前者是论人类行为的合宜性问题，后者是在讨论行为的效率性源泉问题，显然，行为的适宜性对行为的效率性具有优先权；其次，在情景化的行为选择场景下，义利观将以义利相兼的方式应对价值判断与利益选择的二元对立问题；最后，义利观在空间扩展上不追求"秩序的扩展"，而是通过天下情怀实现"和谐万邦"的愿景。义利观的这种"关系理性"理念，对人类发展中不同困境中复杂关系的协调具有整体、协同的功能。

义利观也是对西方文明中的个体主义和利己主义信念的必要修正和有益补充。中华文明中的义利观是一种"广谱性行为关系"确认，涵盖了价值优先、情景依赖和利益诱导的全领域，可以超越西方文明中以纯粹的"竞争与合作"思维构建的行为关系，这样的行为关系仅仅在个人利益与行为价值相一致时是成立的，且适合于对经济现象中的流动性方面进行处理，当人类生存与发展中困境大部分是以存量的形态存在时，且无论是个体还是国家，其行为的外部性都在增强时，"新世界史"的问题需要新理念，义利观可以实现国际社会和谐共处、共同发展的利益观和价值观，但需要结合国际合作机制的创新，完善自身理论内涵，将传统的合作机制从"竞合"导向"和合"，并通过"共同才能永续，合作才能共赢"的"一带一路"实践，形成能够适用于国际社会的话语体系，讲好中国智慧中的"共赢"故事。

第三章 "一带一路"共同化发展愿景的
总体阐释

本章导语：无论是共建"一带一路"倡议提出之时描绘的愿景，还是过去10年共建"一带一路"实践取得的积极成就，均在表明，共建"一带一路"将成为并正在成为全球化和中国发展进程中的积极的新生事物。党的二十大报告指出，经过一段时期的建设，共建"一带一路"正在成为当今世界规模最大的国际合作平台和最受欢迎的国际公共产品和国际合作平台。其意味着，这种积极的新生事物正在全球化和中国发展中革新并创新不同于已有发展的理念、模式和路径的新实践。而在这种新实践中，孕育着一种事关如何实现发展和如何开展发展治理的新愿景。新愿景既关乎如何推动全球化进程，也关乎中国如何实现现代化，更关乎如何通过发展理念的落实和治理逻辑的创新推动上述两个目的的实现。基于此，本章的目的在于阐释"一带一路"共同化发展愿景的基本内容和重要内涵，试图为把握"一带一路"共同化发展的时代内涵和凝练高质量推动"一带一路"建设的实践抓手提供最基本的依托。

3.1 "一带一路"共同化发展愿景的具体阐释

事实上，不难发现，围绕构建"一带一路"人类命运共同体和实现共建"一带一路"国家共同发展的目标，以"共商共建共享"原则支撑的共建"一带一路"倡议从起初就实现了三个层次的共同关联：一是将中国倡导的共同发展的理念与推动全球化普遍发展紧密关联，二是将中国实现中国式现代化的进程与共建国家的实现现代化的进程普遍相连，三是通过"一带一路"将中国与后发国家和发达国家进行重置性关联，这种重置性关联的特性就体现在中国作为最大发展中国家在联系后发国家和发达国家中将发挥突出的且不同于以往的作用。在这三方面的关联中，人类命运共同体是一个宏大的而且远期的追求，推动全球化朝着公平且合理的方向和实现共建国家共同发展成为现实而生动的目的，而在共建"一带一路"框架下围绕"共商共建共享"原则而积极构建各个方面的合作则成为重要抓手。回顾共建"一带一路"10年的实践，围绕着人类命运共同体、共同发展和"共商共建共享"已成为共建"一带一路"

的重要特征。细究这些特征，不难发现，"共同"一词已成为共建"一带一路"最深刻的内涵。因此"共同"一词是共建"一带一路"倡议愿景的实践体现，也是"一带一路"发展愿景最具代表性的标签。

聚焦于实现"一带一路"人类命运共同体和共建各国的共同发展，无疑是具有长期性和动态性，为此推动"一带一路"发展愿景实现的过程就是一个如何依托"一带一路"实现"共同化"发展的过程。共建"一带一路"倡议从某种程度上看就是实现"一带一路"共同"化"发展的过程。这种从共同的目的到共同参与"共商共建共享"的实践的过程实际上就是一个"化"的过程。之所以称之为"化"，一方面是由事物本身的建构性和发展性决定，而另一方面，是由事物从愿景到目的的长期的必然性决定。由此看来，这一"化"既包含如何秉持共同发展的理念和原则，把倡议愿景不断落实好的寓意，也包括如何落实共建"一带一路"倡议是一个具有时间上长期性的事件过程的寓意。总体来看，这个"化"的过程从宏观层面和实践层面有如下两层特殊的寓意。

3.1.1 "一带一路"共同化发展愿景的宏观寓意阐释

从宏观角度看，这一"化"的过程体现为如下两方面内涵：

一是在借助"一带一路"推动全球化发展进程中使全球化回归正确航道，实现全球范围内有意义且共同的发展。由于这一纠正全球化发展轨道的过程具有长期性，同时秉承着共同发展的属性特征，其也可以称为共同化发展。回顾二次世界大战以来的全球化，在2008年金融危机后出现了停滞不前、危机重重和逆全球化迹象此起彼伏的问题，全球化越发收缩于服务少数几个国家尤其是少数几个西方国家进程之中。而与此同时，一方面，全球化面临的例如全球变暖、气候问题、难民问题等的需要共同性应对问题逐渐增多。而另一方面，提供全球化治理的西方国家提供的全球化发展方案逐渐倾向于保证少部分人的利益，其在应对全球化问题上捉襟见肘。全球化在当前正面临踌躇不前的困境。正是在此背景下，共建"一带一路"倡议作为2008年金融危机后全球化进程中的积极的新生事物，以推动全球共同发展为实践目标，围绕"共商共建共享"的原则通过加强合作对全球化发展理念、方式和路径进行有效变革，消除着推动全球化进程中公共产品提供不足的困境，为全球化发展提供着一种新思路、新动能和新方案，也即共同"化"发展的思路、共同"化"发展的新动能和共同"化"发展的新方案。

首先，共建"一带一路"为全球化提供了新的"化"的思路。总的来看，距目前越来越近的全球化，事实上已经背离全球化初衷，即推动全球范围内各个国家的发展。如果抛去"一带一路"这样的积极的且新生的事物，全球化或许已经极度走偏并呈现畸形的发展趋势。当前的全球化已成呈现优先式的、少数性的和两极分化式的发展形态。这种形态如不进行调整，必然走向少数化的全球化。实际上，全球范围内各个国家都对此有所认识，但要么缺乏能力和活力，要么难以提供一种有效的变革方案并付诸实践，因为对当前全球化呈现一种既想有所变革又因为缺少平台加以变革的状态。共建"一带一路"正是全球化进行新近时期通过倡议形式对走偏的、畸形化的全球化进行的一种修补和调整。这种修补和调整为全球化开启了一种新的思路，也即全球化进程不能落下任何一个国家，不能任由两极分化现象愈发严重，不能使自我优先和只有发达国家的模式继续存在，要以人类命运共同体的构建和普遍的共同的发展为目标导向，对当前全球化的认知以及有心改之而无力改之的现状进行调整，并使全球化重新回归至有益于全球范围内的普遍发展全球化实践中来。因而，共建"一带一路"在创新全球化发展思路的基础上，蕴含着力促全球化必须回归至共同发展这一实践主题的发展愿景。

其次，共建"一带一路"为全球化提供了新的"化"的动能。总结和反思当前全球化发展的各类问题，其原因在于全球增长动能不足引起的全球化发展停滞不前。而出现这一问题的根本原因，在于在全球化发展进程中，发达国家和发展中国家各自为政，竞合关系定位不清，以至于难以通过全球性合作来增强全球发展的动能。实际上，近期以来发达国家一直聚焦于如何同部分发展中国家在一些领域的竞争与对抗，而忽略了后发国家在基础设施、贫困问题和环境治理问题上等潜在的合作，因而忽略了如何通过合作而培育全球范围内发展动能。共建"一带一路"倡议通过倡导发展合作，紧扣大多数发展中国家的发展诉求，秉持"共商共建共享"原则，通过加强国家之间的相互合作，分享中国经济增长的机遇，为全球经济提供了新的增长动能。过去10年来，在共建"一带一路"框架下，一批批合作项目、产业园区和能源项目、交通基础设施建设工程投入建设并运行，为全球经济增长培育了新动能，为全球性民生问题和改善贫困问题的解决注入新的活力。由此来看，共建"一带一路"蕴含着通过共同参与—共商共建共享—共同发展为全球经济增长培育动能的内涵，由于这一内涵的呈现是一个长期过程、建构性过程，因此，其必然经历一个共同"化"的过程。

最后，共建"一带一路"为全球化提供了新的"化"的方案。如何使全球范围内所有国家摆脱落后的发展状况是全球化诞生以来长期面临的重要现实问题。针对此问题，西方国家基于比较优势分工和产业内分工的市场化原理，并根据其在全球化进程中形成的实力，为全球化提供了一种方案。这种方案从比较优势出发，构建了适当规则下充分竞争的全球化方案。但明显不足的是，基于适当规则下充分竞争的全球化方案：一是本身就存在例如垄断（垄断资本主义）的缺憾，容易滋生"大鱼吃小鱼"的逻辑思维，其从逻辑本身不利于普遍受益的全球化的实现。二是适当的规则涉及谁来治理。谁提供公共产品的问题，提供当前全球化方案本身需要一套治理理念和逻辑。明显的是，西方国家制定了规则，这些规则本身蕴含着对实现"什么样"的全球化发展的价值趋向和实践导向。而实践恰恰证明，基于规则的全球化当前显然不利于全球范围内共同发展目标的实现。三是在全球化进程中，一些发展议题并不适用于解决全球化发展中的一些问题，例如全球变暖、减少碳排放、环境污染问题等等，秉持充分竞争的全球化逻辑并不能完全解决这类问题。共建"一带一路"正在从愿景方面和实践方面为全球化提供新的"化"的方案。一方面，共建"一带一路"倡议及其实践秉持的共同参与原则，承认比较优势和产业分工等的全球化进程中的基本原则，认可竞争与效率之间的关系，坚持按照比较优势和价值链、产业链优势参与国际分工的基本原理来肯定当前全球化中有效的部分。另一方面，以"共商共建共享"的原则和促进共同发展的实践目标，对气候问题、环境问题等一些需要共同应对的全球性问题进行方式变革模式创新，使一些全球化发展中的新议题、新领域都能统筹在全球化发展的语境中来。

二是借助"一带一路"倡议的落实为中国实现东西部区域共同发展、共同富裕提供平台支撑。中国作为共建"一带一路"倡议的发起国，共建"一带一路"倡议落实的好不好，一定程度上要看中国经济增长的动力和活力足不足。而从中国经济增长的动力和活力层面看，使地区经济发展融入"一带一路"，以此缩小区域差距和扩大高水平开放是重要的抓手和面向高质量发展有所作为的地方。从国内角度看，东西部发展不均衡问题是中国经济实现高质量发展必须解决的问题。而东西部发展不均衡核心原因，在于东西部对外开放水平的差异上。相比于中东部地区，西部地区资源、要素、基础设施等在过去一段时期内有很大的改善。从当前来看，西部地区实现跨越式追赶，其关键在于提升西部地区的对外开放水平，通过巩固提升向东开放，扩大拓展向西开放，构建高水平对外开放格局来提升西部地区资源、要素等的价值，为西部地区高质量发展和缩小东西部差距提供制度性保障和平台支撑。从国际角度看，当前随着全球增长疲软和中美贸易摩擦愈演愈烈，中国的外资外贸尤其是东部沿海地区和一线地区面临重大的挑战和压力。共建"一带一路"倡议的实施和落实，无疑使共建国家和地区对我国市场中的重要性不断上升，促进了外需市场的多元化，一定程度上稳定着中国面临的国际环境，给中国利用外资外贸带来更多确定性，逐渐激活我国外贸市场的新动力。但需要承认的是，无论是依托"一带一路"扩大中西地区的对外开放格局，还是依托"一带一路"拓展中东部地区的外需市场，都秉持着全国一盘棋和共同发展、共同富裕的基本理念通过一定的时期来完成，也是一个"化"过程。由此综合来看，共建"一带一路"一定程度上蕴含着促使国内经济共同发展（区域、省域等层次）的愿景内涵。

3.1.2 "一带一路"共同化发展愿景的实践寓意阐释

从实践层面看，"一带一路"共同化发展愿景的"化"的内涵体现在：

一是通过愿景引领、实践落实和不断总结、完善以及提高，使共建"一带一路"按照确实能够有益于实现共同发展的道路不断取得新成就。其实就是依托"一带一路"秉持的共同发展的目的形成共同"化"发展的道路。事实上，在当前全球化进程中，不断落实"一带一路"愿景、理念和目标存在诸多挑战，许多突发风险和挑战的出现注定了共建"一带一路"倡议落实的长期性，这就为事实上形成"化"提供了一个必要条件。过去10年共建"一带一路"取得的累累硕果在一定程度上证明了秉持共同化的原则在推动全球经济发展和中国经济高质量发展中的有效性，但同时要看到，当前全球政治经济环境和大国博弈对实现"一带一路"共同发展形成的消极影响，这意味着要证明共建"一带一路"确实是一条有益于实现共同"化"发展的道路存在艰巨性。为此，如何进一步改变认知形成共同"化"发展的共识，如何进一步完善和提高共同"化"发展的实践，如何秉持共同"化"发展的理念和治理逻辑推动共建"一带一路"高质量发展，就成为力证"一带一路"共同化发展道路有效性的重要方面，也成为"一带一路"共同化发展愿景的重要组成部分。

当前总体来看，共建"一带一路"在取得显著成就的同时仍然面临如下三个问题。一是共建"一带一路"仍然面临被西方国家的污名化和一些国家的猜疑、抵制，其在一定程度上说明"一带一路"共同化之"化"还未在更大范围内形成共识，仍需结合"一带一路"愿景和"一带一路"实践成就对共建"一带一路"蕴含的共同化发展理念和实践治理进行阐释。二是在共建"一带一路"框架下，一些领域的合作面和合作深度仍需拓展，一些合作问题和困难仍需突破，其无疑说明尽管共建"一带一路"进行了10年之久，"一带一路"共同化发展依然是一个新生且相对弱小的事物，一些合作需要夯实，一些合作仍需要加强。三是立足于共建"一带一路"10周年，如何拓展绿色"一带一路"、创新"一带一路"、减贫"一带一路"以及健康"一带一路"等的共建"一带一路"的新使命、新形态和新内容，丰富"一带一路"共同化发展的新内涵，正在成为当前推动共建"一带一路"高质量发展面临的重大现实问题。事实上，这三个问题的本质核心仍然牵涉"一带一路"共同发展"化"的问题。如若真正实现"一带一路"共同化发展，必然能够有效解决上述三个问题。因此，在推动实现共建"一带一路"的愿景上，就是要通过落实理念、创新实践和布局未来，在共建"一带一路"实践进程中形成一条共同化发展的有效道路。

二是通过共建"一带一路"倡议的实施，借助共建"一带一路"作为人类命运共同体实践平台的属性，形成构建人类命运共同体建设的新实践和新形态。自人类命运共同体提出以来，如何实现人类命运共同体的构建，是一个重大的实践问题。过去10年来，共建"一带一路"一直作为构建人类命运共同体的重要实践平台，在落实人类命运共同体构建和治理方面一直走在前列。无论是共建"一带一路"框架下的伙伴合作关系，还是中国与周边国家建立的双边或者多边人类命运共同体，都代表着人类命运共同体构建的新进展、新形态。持续推动共建"一带一路"向前发展，事实上就是持续不断推动"一带一路"人类命运共同体建设不断向高级化阶段发展，其事实上也就是人类命运共同体不断构建之"化"的过程，不断革新和发展之"化"的过程。

而在推动构建"一带一路"人类命运共同体方面，核心的就是要形成共同化发展理念和共同化治理。自共建"一带一路"倡议提出后，共建"一带一路"作为构建人类命运共同体实践平台，在实践中超越文化认同，以人类命运共同体价值消除隔阂，以人类共同现代化为引领加强共建国家合作，凝聚中国、东南亚、中亚、中东、中东欧、非洲和欧洲等重要经济体参与，为人类共同发展先行先试，部分地形成了推动人类发展的整体能够认同的观念。10年来，人类命运共同体理念随着共建"一带一路"倡议的推进得到国际社会的广泛认同和支持，正在从理念转化为行动，从愿景转变为现实。在当前全球化进程中，只有在共建"一带一路"过程中形成并发展壮大人类命运共同体实践和意识,才能在更大范围培育并形成人类命运共同体意识,才能推动人类命运共同体的实现。而当下,重要的就是通过推动"一带一路"建设首先形成"一带一路"命运共同体建设形态的不断升级,而完成这个过程,就需要秉持共同化发展的理念和共同体治理的逻辑推动"一带一路"共同化发展。从这一个角度看,"一带一路"共同化发展的愿景就是不断在共建"一带一路"实践中形成实现人类命运共同体形态的升级和迭代。

在这一过程中,最关键也最为核心的就是形成共同化发展的理念。从理念和机制上看,共同化发展既能包容当前全球化发展中遇到的所有问题和已有理论,同时在一些发展议题上能够创新发展思维。也正因为如此,以构建人类命运共同体为出发点的"一带一路"共同化发展能够凝聚和团结全球范围内各个国家的共识和行动。当前从共建"一带一路"面临的问题看,西方国家对共建"一带一路"形成的污名化和一些国家的存疑,核心原因还在于未能将共同化发展的理念在全球更大范围内形成共识。这一方面与西方国家长期以来对中国形成的敌对成见有关,但更大程度上还与我们未能将共同化发展理念和共同体治理逻辑清晰展示给其有关。因此,推动共建"一带一路"的核心使命也就是要聚焦从人类命运共同体出发阐释共同化发展理念与共同体治理逻辑寓意,这两个方面将构成"一带一路"共同化发展愿景重要的现实特征和要求。

3.2 "一带一路"共同化发展与共建"一带一路"

对比共建"一带一路"提出之时的发展愿景,同时总结回顾共建"一带一路"过去10年的特征,不难发现,共建"一带一路"愿景的提出为"一带一路"共同化发展提供了现实要求,无论是着眼于构建人类命运共同体,还是"五通""六路"等促进各个国家实现共同发展愿景的提出,更或是秉持"共商共建共享"的原则,都为推动"一带一路"共同化发展提供一个内核和轮廓。而过去10年的共建"一带一路"实践及其显著成果,均在将"一带一路"所勾勒的愿景构想和理念原则进行实践创新,为共同化发展理念的践行和共同体治理的逻辑落实提供重要且成功的实践论据,丰富"一带一路"共同化发展的现实内涵。这也意味着,按照"一带一路"共同化发展的理念、模式、方案,必然能够推动"一带一路"共同化发展之愿景的形成。

3.2.1 "一带一路"共同化发展实践要求

应该认识到，要实现"一带一路"共同化发展愿景，就要持续不断地推动共建"一带一路"不断发展。过去10年来，共建"一带一路"初步实现了共同化发展要素的集成。一方面，共建"一带一路"已经吸引国际社会和各个国家的广泛参与，约有150多个国家和组织先后签署"一带一路"文件，共建"一带一路"共同参与共同建设的共同"化"的前提要求得以满足。另一方面，共建"一带一路"10年来的成就，例如基础设施互联互通、产业园区建设、一些重要工程和重点项目的推进，已经初步秉持"共商共建共享"的原则使已有成就在促进共建国家经济社会发展方面实现了一定进步，为实现共同发展提供了重要范例。

而持续不断推动共建"一带一路"发展，必须把握"一带一路"共同化发展的三个实践要求：

一是深刻认识"一带一路"共同化发展的"知"的问题。当前共建"一带一路"及其蕴含共同化发展是一个新生而且相对弱小的事物，从实现共同化发展的终极目的上看，需要拓展共同化的"知"的问题。就其本质看，"一带一路"共同化发展无疑具有吸引力。相比于已有发展理念和发展模式，共同化发展理念以及"一带一路"实践存在一定的优越性。从全球化的实践看，世界各个国家均对朝向现代性的发展抱有兴趣，共同化发展是实现共同现代化的基本过程，"一带一路"建设是这一基本过程的现实展现。据此，依托推动"一带一路"建设扩大共同化发展的认知是不可逾越的实践要求。而进一步细化这个"知"的过程，就是要把当前全球各个国家包括"一带一路"共建国家对发展的认知转变到共同化发展的认识上来，形成统一的认同，进而形成统一的行动。

当前无论是全球发展理念和发展治理主要由西方国家提供。因此，全球范围内关于发展的认知大多深受西方国家治理逻辑所影响。而西方国家关于全球化的理念虽然从本质上或者出发点上旨在促进全球共同实现现代化，但其实践逻辑和现实效果并不是这样。而且新近一段时期，西方国家所展现的发展理念越发凸显出竞争性特征，这种竞争性特征主要以自我优先的发展价值取向为准。按照这一价值追求，全球经济发展越发收缩于部分全球化或者个别集团主导的自我发展的全球化。而这一实践逻辑和价值追求显然不能得到全球范围内大多数国家的认同。因此，全球范围内关于发展理念的价值认同和实践表现呈现分异的状态。

共建"一带一路"倡议的提出及其过去10年的实践，也就是在这一状态背景下，一方面从理念上集成并彰显了对全球共同实现现代化的价值追求，另一方面从实践层面借助合作共赢的实践逻辑反映了旨在革新、修补并且部分替代自由优先的、全面竞争性的价值性。在全球范围内至少是"一带一路"范围内使共建"一带一路"的核心使命、价值和实践逻辑被各个国家所共知。而面向未来推动共建"一带一路"发展，就需要持续不断推动"一带一路"建设，将凝结在共建"一带一路"中的核心使命、价值和实践逻辑集聚成共同化发展的理念和治理逻辑，并通过学理阐释和实践展示为更大范围的国家和主体所知。一方面，以人类命运共同体构建重新使人类对全球发展的目的回归于有益于各个国家的普遍发展上来。另一方面，以"一带一路"实践彰显这一新的发展理念和模式的现实性与优越性。

二是着力于注重证明"一带一路"共同化发展的"行"的问题。共建"一带一路"作为构建人类命运共同体的实践式平台，共同化发展是否有效，共同化发展是否能够达到其目的，重点在于能否把"一带一路"建设好，其正是"一带一路"共同化发展"行"的问题之核心。事实上，在共建"一带一路"倡议提出伊始，围绕落实"一带一路"人类命运共同体和"共商共建共享""互利共赢"等的理念原则，借助于"五通""六廊"的一些项目的规划，初步证明了"一带一路"共同化发展"行"的问题。从目的上看，共建"一带一路"倡议参与国家越来越多，覆盖范围越来越广，共建"一带一路"倡议为各个国家通过战略对接实现经济发展创设了各种机遇，在推动各个国家实现共同发展方面搭建了重要平台。从行动上看，共建"一带一路"秉持互利共赢的合作理念，不因各个国家大小而设置合作壁垒，以平等互惠的原则，为各个国家参与"一带一路"建设提供公正、透明的进入渠道。从过去10年共建"一带一路"的结果上看，共建"一带一路"通过一些项目、工程和合作的推进，在推动共建国家经济增长、带动全球经济复苏和加快全球化进程方面成果累累，效果突出。综合来看，通过"一带一路"的建设，"一带一路"共同化"行"的问题初步得以实践检验，共建"一带一路"确实可以成为推动共建国家和地区共同发展的重要实践机制。

从实现"一带一路"共同化发展的有效方式来看，其核心和关键在于共建"一带一路""行"的问题，也就是要持续不断推动"一带一路"建设的实践问题。应该看到，首先，共建"一带一路"的全球背景一直发生变化，当前正值世界百年未有之大变局，逆全球化思潮和运动一波又一波袭来，各种民粹主义思潮此起彼伏，其深刻影响共建"一带一路"

愿景形成共识、付诸实践和达成目的。因此，不断推动"一带一路"实践，必须深刻将全球形势的变化与"一带一路"实践特征相互联系，在全球化实践情景中，以全球共同发展理念凝聚全球发展共识，以此寻求推动"一带一路"建设的思路和有效路径。其次，要不断丰富共建"一带一路"内涵与层次。"一带一路"共同化发展的寓意丰富，内涵多样，在实践中其实现形式必然多样，从基础设施互联互通，到产业合作项目，再到人文交流和全球发展议题的参与设计方面，共建"一带一路"都应承纳。因此，从合作的深度和广度来看，推动共建"一带一路"的实践，就应该在夯实"硬"合作和加强"软"合作，在巩固"有形"合作和拓展"无形"合作方面寻求方向。最后，要不断拓展共建"一带一路"新形态。随着全球化进程中各种问题频现，为加强团结和共同应对全球化发展中的一些现实问题，一些倡议先后被提出，如全球发展倡议、全球安全倡议、全球文明倡议等等。同时，就"一带一路"自身而言，"健康丝路""减贫之路""创新之路""绿色之路"等先后提出，共建"一带一路"作为一种重要的实践式平台，围绕在共建"一带一路"框架下落实这些倡议和愿景理念，必然要与时俱进地拓展共建"一带一路"愿景实现的新形态。

三是要培育并树立"一带一路"共同化发展的"成"的道路自信和理论自信。无论是从共建"一带一路"倡议提出伊始所勾勒的愿景、秉持的理念和原则看，还是从过去10年共建"一带一路"取得的显著成就看，共建"一带一路"必然走向成功，"一带一路"共同化发展理念和治理逻辑必然趋于成熟，并成为推动全球发展治理的重要理论和实践模式。这是推动共建"一带一路"必须坚持的自信。从微观层面看，共建"一带一路"确实并不断为微观主体拓展发展空间搭建了机遇。从中观层面看，共建"一带一路"已然并持续不断为构建和壮大全球性产业链、价值链搭建了机遇。而从宏观层面看，后发国家和相关地区融入"一带一路"正在并不断为其发展注入活力。只要摒弃猜疑、敌对的认知对抗的思维，各类主体只要能够融入"一带一路"建设，必然能够为繁荣地区经济和增强经济活力提供能量。这是共建"一带一路"过去10年实践初步展现出来的道路自信和理论自信的重要特征。

从共建"一带一路"自身属性看，共建"一带一路"具有显著的包容性发展的特征。从后发经济体角度看，参与"一带一路"建设是其公平参与国际分工合作的重要平台。参与共建"一带一路"既能使其按照比较优势参与全球化进程，也能使其参与全球化发展进程的利益得以保障，使其迅速在实现其自身现代化进程。从发达经济体角度看，参与共建"一带一路"是拓展全球市场和布局产业链、供应链的重要手段。参与共建"一带一路"是其持续不断获得技术和产业领先的重要机遇和平台。而从整个全球化进程看，共建"一带一路"作为全球化进程中重要的且具有积极意义的倡议，正在修补和完善全球发展秩序。这种对全球发展秩序的修正主要体现在：一是重新勾勒了全球化发展愿景，开启了全球化新叙事。二是重新将全球化实践聚焦于普惠式的共同发展，并通过"一带一路"实践证明了这种发展理念和模式是成立的。三是通过共同化发展理念的实践和共同化发展治理的实践，引领了当前全球化发展问题的诸多议题，使共建"一带一路"蕴含的发展理念得到实践认同，大多数国家积极认同并参与"一带一路"建设就是认同的实践体现。总体来看，共建"一带一路"对全球化发展的修正反映了共建"一带一路"必然引领全球化发展回归实现全球共同发展的本质和人类命运共同的愿景，蕴含在其中的共同化发展模式必然能"成"。

3.2.2 推动共建"一带一路"高质量发展

3.2.2.1 早期推动"一带一路"建设是共同化发展理念集成、实践和再创新的过程

自共建"一带一路"倡议提出以来，共建"一带一路"实践不断深化，共同化发展理念不断趋势成熟，共同化发展治理不断深入。也正是在此过程中，共建"一带一路"不断走深走实。过去10年来，共建"一带一路"秉持公平参与、互利共赢的理念，在交通基础设施合作、能源合作、农业合作等方面不断拓展合作，在绿色、减贫、创新等领域不断加强合作。实践证明，共建"一带一路"正在成为共同化发展理念的实践创新过程，也是共同化治理的探索过程。具体来看：

首先，在共建"一带一路"倡议提出后，共建"一带一路"迅速吸引沿线多个国家和组织参与，六条经济走廊先后建设，中国东盟、中国中亚等的合作稳步扩大，中国与共建国家秉持"共商共建共享"的原则先后推动一批重要工程和重点项目，这种通过倡议进一步付诸实践的加强合作和分享机遇的做法，率先展示了"一带一路"秉持的理念的与当前全球合作治理秉持的理念的不同。而过去10年来中国和共建国家在"一带一路"发展合作中取得的成就也表明，共建"一带一路"所秉持的理念具有实践性，而在实践中这种理念及其实践项目体现出比已有理念和实践项目更具优越性。不断推动"一带一路"建设的过程，就是在共

建"一带一路"愿景引领下，落实共同化发展理念的过程。而事实上，早期共建"一带一路"立梁架柱的过程，就是共同化发展理念"小试牛刀"的过程。

应该认识到的是，过去10年来共建"一带一路"通过两个层面的阐释使共同化发展理念得到广泛宣传。一是理念层面。自共建"一带一路"倡议提出后，中国领导人通过各种国际场合对"一带一路"的理念进行阐释，宣示中国推动"一带一路"旨在分享中国发展机遇，加强国家合作，为全球发展治理提供公平正义、包容性的并且行之有效的公共产品。共建"一带一路"写入联合国决议就是在理念层面宣传"一带一路"得到广泛认可的重要事实。二是在实践层面。从2013年至2023年的10年间，共建"一带一路"始终秉持"共商共建共享"的原则，坚持互联共赢共同发展的理念，推动了一批项目和工程。这些项目和工程在推动过程中，既保证了沿线各国的充分参与，也保证各个国家都能实现有益于改善经济面貌的发展，充分展示了实践的科学性、公平性和互惠性。在这两方面的阐释过程中，"一带一路"促进共同发展的本质目的被得到认可，推动"一带一路"建设的积极性得以调动，落实共同化发展理念和共同治理的实践基础不断扩大。

其次，在共建"一带一路"提出后，中国与共建国家先后在能源、基础设施、农业、金融等领域秉持互利共赢的原则，拓展与共建国家形式多样、内容多重的合作，创新性地实践共同化发展理念。一方面，中国与共建国家秉持比较优势的原则，基于商品和生产要素互补的原则，在能源、农业以及基础设施、粮食、教育、科技等领域开展一系列合作。例如，在基础设施建设合作中，中国立足于沿线部分国家在基础设施建设缓慢、发展迟滞、有一定发展需求的现状，利用其在资金、产能和技术等方面的优势，与共建国家开展基础设施合作。雅万高铁、中老铁路等一批基础设施建设项目高效创新并丰富了共同化发展的形式，也从实践效果上确实使相关各方均都受益。在能源合作方面，无论是中国中亚A/B/C/D线的建设，还是中俄天然气东线的建成，均都是通过发展战略对接，建设过程多方公平参与，最后使参与各方均都受益。中国与共建国家的能源命运共同体内涵也进一步丰富。而另一方面，随着共建"一带一路"实践的不断深入，以"绿色丝路""健康丝路""减贫之路""创新之路"为新形态的"一带一路"内涵不断被拓展，围绕加强"一带一路"框架下绿色合作、健康合作、减贫合作、创新合作正在成为共同化治理的新探索。共同化发展理念和治理理念的实践在这些领域不断被创新，不断被实践，最后通过实践后的理念再生，丰富共同化发展的内涵。另外，随着2019年新冠疫情全球大流行，新冠疫情作为全球一种非系统性冲击对全球经济增长、"一带一路"建设带来一定冲击。就"一带一路"建设而言，新冠疫情全球大流行一方面使一些既定项目、工程一度停滞，一方面使"一带一路"健康共同体治理迫在眉睫。在此背景下，围绕应对非系统风险和健康治理的共同化发展实践就此展开，以共同发展为引领形成了推动"一带一路"健康治理的新实践和形式创新。

最后，从"一带一路"与全球化的关系来看，过去10年全球大变局加速演进，中国通过"一带一路"建设增加了全球经济发展的稳定性，为全球发展提供了重要方案。全球150多个国家和40多个国际组织参与"一带一路"建设，从事实上造就了共建"一带一路"与全球化相互交融的属性。当前的全球化目前呈现的是西方主导的全球化和中国倡导的全球化两种形态，而共建"一带一路"正是中国倡导的全球化的重要实践平台。在这一平台中，气候问题、多边贸易问题、能源问题等议题不断扩展，共建"一带一路"正在成为推动全球治理的重要平台。而秉持共同化发展理念下推动的共建"一带一路"实践，正在并必然地为全球化提供了共同化发展治理的逻辑。细究共同化发展治理理念的属性，除了在修补当前全球治理不足的情形，也对依托全球化推动全球化形成了独有的看法，也即：一是全球化是时代趋势，顺应全球化是推动全球治理的必然选择。二是推动全球化是同各个国家推动实现各自现代化密切相关的，这种实现现代化的模式并不是西方国家所倡导的唯一的、统一的现代化，而是形式多样的现代化。三是当前推动全球化的重中之重就是要摒弃偏见、消除敌对，通过加强合作增强发展动能，共同合作应对全球性事务。从过去10年"一带一路"实践总的来看，是中国通过"一带一路"倡导的全球化治理理念也即共同化治理理念不断完善、不断探索和实践的过程。

3.2.2.2 高质量共建"一带一路"阶段是推动"一带一路"共同化发展的新形式和高级形态

总结"一带一路"的建设实践及其研究历程，其最显著的特色就是实践和认知的建构性完善。在研究和认知方面，从共建"一带一路"倡议到"一带一路"建设，再到高质量共建"一带一路"，简单从措辞变化和关注聚焦看，说明我们对"一带一路"建设内涵的认知在随着实践过程不断深化。在实践环境和思维方面，"一带一路"建设作为习近平总书记统筹世界百年未有之大变局和中华民族伟大复兴"大局"的思想结晶，为世界大变局和应对全球发展治理不断赋予"一带一路"新的价值和新的内涵。因此，推动"一带一路"共同化发展，必须秉承"一带一路"建构性这一特色。这就要求，要不断在"一带一路"建设的复杂环境中，准确把握"一带一路"建设的内涵，把握共同化发展内涵下"一带一路"建设重要核心逻辑和相关因素变量，推动"一带一路"发展。

当前，随着共建"一带一路"实践的不断深入，共建"一带一路"逐渐从重要领域向各个领域细化，基本形成全方位覆盖，细末化拓展的合作趋势，共建"一带一路"全方位合作的格局初步形成。2018年在北京召开的第二次"一带一路"建设座谈会上，习近平总书记指出，要推动"一带一路"向高质量阶段转变。其预示着推动共建"一带一路"高质量发展正在成为重要实践努力。由于推动"一带一路"高质量发展是持续推动"一带一路"建设的新内涵和新要求，因此，推动"一带一路"高质量建设也成为践行"一带一路"共同化发展和共同体治理的新阶段和高级形态。

高质量共建"一带一路"是"一带一路"共同化发展的新形式和高级形态，其基本含义是，在共建"一带一路"持续推动一段时间以来，共建"一带一路"愿景和当初的规划不断实现，"一带一路"起初构想的理念和愿景不断被实践，共同化发展愿景不断在实践中实现并不断拓展。并在实践中使共同化发展的理念再生。随着共建"一带一路"转入新的阶段，要在新的阶段推动共同化发展理念标准实践，高起点建设。其进一步要求要：第一，夯实已有合作成效。例如需要在已有合作基础上，充分释放中国与共建国家在经贸、产能、能源、交通等传统领域的合作潜力，重点加强与共建国家在能源、基础设施、农业等领域的合作，一方面要围绕比较优势和合作机遇拓展传统合作领域的深度，另一方面，拓展"一带一路"合作的范围，即由传统的、节点型国家向有合作潜力和合作空间的各个国家拓展。第二，拓展合作领域。随着"绿色丝路""健康丝路"等一系列共建"一带一路"新形态的出现，打造金融、农业、减贫、绿色低碳、医疗卫生、数字创新等新增长点，重点推动围绕绿色合作、减贫合作、科技合作、健康合作的"一带一路"发展合作已然成为共同化发展的重要组成部分。相较早期而言，中国与共建国家在"一带一路"框架下围绕这些领域的合作相对薄弱，而加强这些领域的合作将成为推动共建"一带一路"高质量发展的重要内容。第三，以全新标准和全新理念，结合过去10年共建"一带一路"实践经验，持续推动"一带一路"深入合作。当前推动共建"一带一路"高质量发展目的明确，也即推动"一带一路"建设朝向"高标准、惠民生、可持续"发展。实现新的目标既需要按照新时期、新征程"一带一路"建设愿景和目标推动，也需要通过凝练过去10年来在一些项目和成果中凝结的发展经验和知识推动新的合作。

而达到推动共建"一带一路"高质量发展的要求必须要更加坚定地秉持共同化发展理念和共同体治理。这是因为，当前推动共建"一带一路"的内外部特征发生变化。

从共建"一带一路"外部特征看，一是全球发展动力和绩效表现堪忧，"一带一路"建设面临的全球环境仍然不容乐观。"一带一路"虽然在提供全球发展动力和改善发展绩效方面取得了显著影响，但从其普遍的影响力、广泛的覆盖面以及持续的作用力方面，仍然深处世界百年未有之大变局变革之中，其引领力有待进一步凸显。推动共建"一带一路"建设仍需秉持共同化发展和共同体治理一以贯之。二是全球化进入一个双"化"并重的阶段。当前全球化进入一个由西方主导的全球化和由中国倡导的全球化阶段。对比之下，西方的主导的全球化一方面全面收缩，同时面临难以为一些全球性发展议题提供被广泛接纳的方案的困境，而中国倡导的全球化，以"一带一路"为主要实践平台，在经过过去10年的建设，已经成为广受欢迎的全球治理公共产品和国际合作平台。推动共建"一带一路"已然成为一种推动全球化发展治理的重要平台，而从治理的实践和治理逻辑上看，就是要秉持共同化发展理念和共同化治理逻辑为全球发展提供方案。三是中美对抗进入一个新的阶段。在新的阶段，中美全方位竞争和对抗展开。就美国而言，以美国为首的西方国家试图在全球范围内"拉帮结派"，对中国政治、经济、技术、产业等领域全方位围追堵截。在此背景下，中国对外开放受到严重影响。共建"一带一路"正在成为中国消除美国因素对中国对外开放形成影响，并拓展新一轮开放的重要实践，在这一过程，中国必须秉持共同化发展理念和共同体治理，才能推动中国与共建国家更大范围、更高水平的合作。

而从共建"一带一路"内部特征看，"一带一路"建设正面临关键节点的重要变化，调动各方参与和实现共同发展。首先，按照"一带一路"倡议伊始提出的"五通"建设，即政策沟通、设施联通、贸易畅通、资金融通、民心相通。政策沟通落实要优于设施联通、贸易畅通和资金融通、民心相通则是相对困难的。从政府战略对接到项目实施，政府意志和要素流动具有现实依托，相对容易实现。而民心相通需要共同的认知，共同化发展理念能够统御文化的交融、思想的碰撞、文明的互鉴，目前无论是基础还是现实依托都比较薄弱。这从侧面说明"一带一路"建设进入一个从易到难的阶段，需要秉持共同化发展理念从逐步实践向全面实践阶段转变。其次，从合作的具体方面来看，基础设施、能源、贸易等合作实现的成果多，而金融、科技以及文化交流达成的合作较少。值得关注的是，单从项目性质和项目投资收益率来看，当前的合作主要是采掘、加工、建筑等一些短期投入且产出高的项目，而相对系统的项目较少，这表明"一带一路"建设面临由粗放到精细转变的特征。最后，从合作主体看，目前政府和国有企业牵头的项目比较多，而民营企业尽管参与一些项目，但影响力和成效微弱。这在一定程度上反映了共同参与和共同发展的水平较低。因此，激发市场活力，调动各方共同参与，发挥产业聚集的影响和效应，是"一带一路"建设亟须完成的重要转变。

据此，总体来看，在推动"一带一路"高质量发展的阶段，越发要凝练共同化发展的理念体系，越发形成大一统的"一带一路"共同化发展的逻辑，推动共建"一带一路"中践行共同化发展的合作理念和全球化治理逻辑。

3.3 推动共建"一带一路"高质量发展的实践抓手

党的二十大报告明确指出，要推动共建"一带一路"高质量发展。结合"一带一路"共同化发展愿景和共建"一带一路"的进展特征，推动共建"一带一路"关键是要秉持共同化发展理念和治理逻辑，以下述三方面内容为实践抓手，做好"一带一路"共同化发展合作治理。

3.3.1 夯实"一带一路"合作基础，
深化"一带一路"合作层次

回顾过去一段时期共建"一带一路"的实践，中国已与沿线国家在落实共建"一带一路"倡议的实践中的"蹚出"一条如何实现共同发展的共同"化"道路。这条道路包括如何将理念转变为行动，如何在行动中践行并渗透理念，如何实现共同发展的相关机制的构建，等等。其具体体现在中国与共建国家在共建"一带一路"框架下基础设施、能源、农业等的合作实践中。中国与"一带一路"共建国家在现实种的合作潜力巨大，合作领域也多样，具有优势合作传统的基础非常厚实。过去10年来，中国立足于一些互补优势非常突出的领域，秉持有助于促进共同发展的愿景，坚持"共商共建共享"的原则，与共建国家积极拓展在基础设施建设、能源、农业等领域的合作，合作基础不断夯实，合作水平不断提升。

秉持共同化发展推动共建"一带一路"高质量发展，其核心就是要释放中国与共建国家在传统合作领域的互补优势和合作潜力，夯实基本传统领域的合作，使其成为落实共同化发展理念的重要实践过程。纵观当前"一带一路"合作实践，尽管中国与共建国家在基础设施、能源、农业等领域合作进展顺利，但对标"高标准、惠民生、可持续"的高质量推动"一带一路"目标，合作层次低，合作基础不牢固，诸如粮食、产能、教育、新能源、金融等的具有合作潜能的合作领域仍需进一步完善拓展，其仍进一步可以成为落实"一带一路"合作的重要领域和重要实践依托。因此，在高质量共建"一带一路"阶段，要围绕传统领域的合作优势和潜力，继续加强夯实传统领域合作，构建多方面多领域多层次的"一带一路"合作，将其作为落实共同化发展理念和共同体治理模式创新的重要领域。

3.3.2 引领"一带一路"合作新形态，拓展"一带一路"合作领域

随着共建"一带一路"转入高质量发展阶段，"绿色之路""健康之路""减贫之路""创新之路"等共建"一带一路"的新内涵不断丰富，如何围绕这些新的内涵引领新的共建"一带一路"新形态，拓展"一带一路"新的合作，成为推动共建"一带一路"高质量发展的重要内容。新的内涵的实践阶段，也是共同化发展理念的通过理念创新、理论要素集成和实践、实践反馈理论的关键核心。因此，在高质量共建"一带一路"阶段，引领合作新形态，拓展"一带一路"合作领域，成为检验共同化发展理念和共同体治理实践重要的内容。

当前，在绿色发展领域，无论是围绕绿色金融的合作，还是围绕绿色能源的合作，基本上搭建了关于构建"一带一路"绿色之路的框架。但绿色之路的发展内涵丰富，其既是理念的革新，也是发展模式的变革，更是实践的创新。绿色是共建"一带一路"的底色，也是"一带一路"共同化发展的底色。在高质量阶段秉持绿色发展理念和践行绿色实践，其本质上就是共同化发展理念的基本要求。因此，也进一步要求围绕绿色要拓展更大范围绿色合作，例如生态环境修复、生态保护、生态治理等。在减贫领域，中国在共建"一带一路"框架下开展了发展援助，也与个别国家开展了减贫合作，反映出中国乃至共建"一带一路"倡议冀

以促进全球普遍发展的追求。但是共建"一带一路"沿线发展中国家居多，普遍现象普遍，贫困状况差异明显，促进减贫合作、打造"减贫之路"，是推动共建"一带一路"高质量发展的重要方面，也是共同化发展治理在"一带一路"共同化发展中的实践要求。在健康领域，新冠疫情全球大流行揭露了全球共同卫生治理的不足，凸显共建"一带一路"框架下各个国家医疗卫生基础设施水平的低下。共建"一带一路"愿景的达成，离不开共建国家人民的生命健康。打造"健康之路"正是对这一人类健康共同价值认识的实践表现。在高质量共建"一带一路"阶段，卫生健康领域无论是基础设施，还是技术科技交流，仍需要进一步拓展合作。在创新领域，随着产业链、供应链长期内可能在全球范围内进行挑战，以产业链、供应链为支撑的创新链随之可能发生变动。在共建"一带一路"框架下，中国与共建国家构建创新链的必要性在快速提升，其也符合高标准建设"一带一路"的需要。因此，在高质量共建"一带一路"阶段，围绕科技和教育人文等的合作交流也需要进一步拓展。

3.3.3　加强经验总结和实践创新，发挥"一带一路"国际治理公共产品属性

过去10年随着共建"一带一路"取得不断的成就，凝结在共建"一带一路"建设中经验和智慧也凸显出来，其本质也是推动"一带一路"共同化发展的实践经验。这些实践经验将成为未来推动"一带一路"发展合作和"一带一路"共同化发展的经验参考和发展知识。随着共建"一带一路"转入高质量共建阶段，可以肯定的是，共建"一带一路"将会进一步扩大合作范围。这就意味着过去10年共建"一带一路"经验可以为今后的合作提供支撑。这就需要对过去10年推动共建"一带一路"建设经验进行总结凝练，支撑新的共同化发展理念在新的实践中的创新，为推动"一带一路"共同化发展治理提供重要公共物品。

事实上，无论是在发展战略的对接上，还是在多边双边机制的构建上，过去10年，中国与共建国家在传统合作领域方面成果累累，经验丰富。其体现在中国与共建国家在传统领域合作，诸如基础设施互联互通、能源合作、产业园区建设以及一些重大项目和工程的建设运营中。也体现在推动"一带一路"卫生治理、金融合作以及绿色、减贫合作方面。而随着共建转入新的阶段，一方面，传统领域需要持续夯实巩固，另一方面，新的领域需要扩大拓展。相较前一阶段，目前无论是传统领域和新的领域，合作开展的困难性和挑战性都比前一阶段有所增加，因此，

更加需要一定的经验作为推动合作的智慧。进一步，从共建"一带一路"10周年开启新的起点看，推动共建"一带一路"高质量发展，确实需要坚持一种理论或者逻辑。目前"一带一路"共同化发展理念、"一带一路"共同化发展实践以及"一带一路"共同化发展的经验正在重新集成为一种共同化发展和共同体治理的新逻辑。从这一新逻辑的构成上看，对过去10年推动"一带一路"共同化发展中的经验的总结就显得尤为必要。

第二篇：实践探索篇

人类的共同化发展，必须以物质生产力的发展为前提，人类命运共同体首先要建立在全世界互联互通的基础上，基础设施的落后便是制约发展中国家持续发展的主要瓶颈。本篇将影响共同化发展的"有效需求"，并将带有共同化发展理念的合作机制的构建，看作是对"有效供给"，而整合供求关系本身就是对实现共同化发展愿景具体方式的一种探索。

本篇选取了共建"一带一路"合作框架下基础设施建设、能源合作以及农业合作三大领域，探索分析了过去10年中国和"一带一路"共建国家立足于相关合作基础，就如何推动构建"一带一路"基础设施建设合作、能源合作和农业合作问题进行探讨，既对过去10年的相关进展、成就进行梳理总结，也对未来如何更好秉持共同化发展理念构建更高质量的合作愿景和路径进行展望。

第四章　共同化发展愿景下"一带一路"基础设施合作研究

本章导语：无论从现代化进程看，还是从全球化进程看，要素流动性的不断增强是二者共同的特征，这说明发展过程中的要素流动性瓶颈对发展过程的影响具有很强的短板效应，这一点已经被中国发展经验所证明，并将在"一带一路"建设中得以互学互鉴。习近平总书记提出构建丝绸之路经济带要创新合作模式，加强"五通"时，设施联通具有先导性的作用。设施联通主要包括以公路、铁路、空运、水运等的交通设施联通，以光缆、卫星等搭建起来的通信设施联通，以石油、天然气、电力等搭建起来的能源设施联通。其不仅对共建"一带一路"国家有着重要的经济贡献，而且也为政策沟通、贸易畅通、资金融通、民心相通提供着强有力的基础性支撑[1]。2015年3月，国家发改委、外交部与商务部联合发布的《推动共建丝绸之路经济带与21世纪海上丝绸之路的愿景与行动》中明确指出，基础设施互联互通是"一带一路"建设的优先领域[2]。

近年来，"一带一路"倡议的提出和实践稳步推进并取得了积极进展，带给共建国家诸多大型工程和基础设施建设，深受世界各国、组织的好评与支持。作为"一带一路"建设的优先领域，基础设施互联互通随着国际分工的加深而不断深化，"一带一路"共建国家要实现经济长期的持续健康发展，基础设施建设将是重要的前提保障。2019年4月，习近平总书记在第二届"一带一路"国际合作高峰论坛上再次指出：共建"一带一路"，关键是互联互通，而基础设施建设正是互联互通的基石[3]。加快基础设施互联互通建设，从短期来看有利于总需求，中长期可以提高供给能力，对于促进国家与区域经济保持快速发展起着关键作用，是经济社会发展的先决条件和物质基础。

---

① 吕红星:《设施联通"联"起各国发展梦想》，搜狐，https://www.sohu.com/a/135992135_115495。

② 赵超、安蓓:《经国务院授权 三部委联合发布推动共建"一带一路"的愿景与行动》，中国政府网，https://www.gov.cn/xinwen/2015-03/28/content_2839723.htm。

③ 关灵子:《共建"一带一路"，关键是互联互通》，央广网，https://news.cnr.cn/dj/sz/20230519/t20230519_526256087.shtml。

10年来，乘着共建"一带一路"合作的春风，共建国家发展战略、贸易投资水平呈现出高质量的互联互通格局，为沿线各国人民带来实实在在的福祉[①]。通过基础设施领域的合作建设，中国协同沿线各国寻找到促进区域经济发展的新动能，实现了可持续和共享式的快速增长，为地区经济治理贡献了重要支撑。当前，在全球经济下行压力不断增大的情况下，共建国家在外部面对疲软的全球经济背景，在内缺少内生性增长动力，基础设施互联互通建设无疑将成为未来提振共建国家和地区经济发展的重要机遇和支撑点。

4.1 "一带一路"基础设施合作的现实基础

4.1.1 基础设施建设水平差异大是合作的前提

由于历史、制度、地理等方面的原因，"一带一路"共建国家经济发展水平差异较大，导致了基础设施建设水平的不平衡性。尤其是在交通领域，公路、铁路、港口等基础设施分布不均，使得互联互通交通网络难以构建，长期以来极大地制约了区域和洲际合作的升级。

4.1.1.1 基础设施建设总水平不平衡

根据瑞士洛桑国际管理发展学院（IMD）最新发布的2021年全球基础设施排名显示，共建"一带一路"国家的基础设施排名普遍靠后。在排名前二十的国家中，只有中国入围，位列第18位。除中国以外，其他"一带一路"国家中以色列排名最高，位列21位。共建"一带一路"国家排名主要集中在30位以后。《2017—2018年全球竞争力报告》公布的基础设施全球竞争力指数同样显示，在全球排名进入前50的国家中，仅有19个共建"一带一路"国家，约占13.9%[②]。中国对外工程承包商协会编制的《"一带一路"国家基础设施发展指数（2021）》报告中也指出，近几年"一带一路"共建国家在基础设施建设发展指数方面有所下降，而且基建发展水平在区域内和区域间均呈现出极大的不平衡性（见图4-1）。

东南亚、独联体国家的基础设施发展水平相对较好，中东欧和西亚北非地区发展相对较弱。在各区域内部，不同国家基础设施建设水平也

---

① 刘融、蔡子畅、李亚楠等，《共建"一带一路"为区域合作添动力》，中国一带一路网，https://www.yidaiyilu.gov.cn/p/277520.html。

② 《2017—2018年全球竞争力报告》，世界经济论坛，https://cn.weforum.org/publications/the-global-competitiveness-report-2017-2018。

不同，除少部分国家外，大多数国家依然面临基础设施发展水平低的困境（见表4-1、表4-2）。

图4-1　2013—2021年"一带一路"国家基础设施发展指数

表4-1　2021年全球基础设施排名TOP20

国家	基建排名	国家	基建排名	国家	基建排名
中国	18	俄罗斯	38	印度	49
以色列	21	希腊	39	克罗地亚	50
阿联酋	28	卡塔尔	40	乌克兰	51
爱沙尼亚	30	塞浦路斯	41	巴西	52
捷克	31	波兰	42	哥伦比亚	53
马来西亚	32	泰国	43	保加利亚	54
斯洛文尼亚	33	土耳其	44	约旦	55
立陶宛	34	斯洛伐克	46	印度尼西亚	57
沙特阿拉伯	36	哈萨克斯坦	47	菲律宾	58
匈牙利	37	罗马尼亚	48	蒙古	62

［数据来源：瑞士洛桑国际管理发展学院（IMD）］

表4-2　2021年"一带一路"各区域基建发展总指数

区域	指数	排名	区域	指数	排名
东南亚	125	1	中亚	110	4
独联体和蒙古	115	2	南亚	110	5
西亚北非	110	3	中东欧	107	6

（数据来源：中国对外承包工程商会、中国信保国家风险数据库）

4.1.1.2 交通基础设施建设水平差距大

在铁路方面，欧洲地区相对来说铁路网里程最多、覆盖密度和质量最高，虽然主要集中在西欧、北欧和西南欧诸国，但是中东欧地区也具有一定规模。亚洲铁路网质量差异较大，互联互通性较差，中国铁路网相对发达，而东南亚和中亚铁路网密度较低。非洲铁路网平均密度为 35.5 km/10 000 km²[1]，居世界各大洲之末，铁路主要集中在南部非洲地区，北非地区存在着路网连通性差、技术标准低、年久失修等问题，铁路长度、货运量、客运量均处于劣势。2010 年以来，"一带一路"沿线绝大多数区域铁路总里程的增长与当地人口增长和经济增长的需要相去甚远。在公路方面，东南亚和西亚北非的公路质量较好，南亚、中亚、中东欧、独联体和蒙古地区的公路质量较差，总体发展水平不甚理想。西亚北非和东南亚地区的公路发展极不平衡，如新加坡的公路设施非常完备，但缅甸多地至今仍未实现公路覆盖，便利性相对较差。在航运方面，西亚北非是除中国外航空运输基础设施最发达的地区，其中阿联酋航空的客运量和货运量均为地区之首。其次是东南亚，新加坡、泰国和马来西亚是区域内重要的航空枢纽，而缅甸、柬埔寨等国的航空基础设施较为匮乏。在海运方面，作为"21 世纪海上丝绸之路"重要节点区域，东南亚、南亚、西亚北非国家港口发展参差不齐，例如，新加坡共有 200 多条航线连接全球 600 多个港口，集装箱吞吐量世界第二[2]，泰国和马来西亚也有多个国际港口码头，阿联酋迪拜港和卡塔尔多哈港凭借良好的海运条件成为中东地区最大的自由贸易港，相比之下，缅甸、柬埔寨、孟加拉等国的港口发展十分落后（见表4-3）。

表4-3 "一带一路"主要区域铁路网络主要建设情况

地区	总里程/万公里	占比/%	复线情况			电气化情况		
			里程/万公里	复线率/%	占比/%	里程/万公里	电气化率/%	占比/%
亚洲	22.59	21.37	5.34	23.63	25.37	8.03	35.55	29.55
欧洲	34.95	33.06	13.84	39.61	65.75	17.91	51.25	65.92
非洲	7.05	6.67	0.13	1.79	0.62	1.09	15.53	4.01

（数据来源:《对外承包工程发展报告 2019—2020》）

---

[1] 《中非产能合作步入快车道》，新华丝路，https://www.imsilkroad.com/news/p/377869.html。

[2] 《新加坡基础设施建设有关情况》，中华人民共和国商务部，http://sg.mofcom.gov.cn/article/gclw/201812/20181202821125.shtml。

4.1.2 基础设施建设供需互补是合作的基础

4.1.2.1 基础设施建设投融资供需互补

目前，共建"一带一路"国家基础设施建设投资需求缺口大，而中国基础设施建设投融资有保障。基础设施，特别是大型基础设施，投入成本高，建设周期长，技术要求高，成本回收缓慢，资金投入高风险，所有这些因素都抑制了私人投资进入这些领域。长期以来，基础设施投资严重依赖政府预算支持，但相对贫穷的发展中国家和不发达国家在基础设施投资方面资金支持压力较大，制约了经济增长，压制了人民生活水平的提高。2008年国际金融危机爆发后，国际金融市场和金融机构业务全面萎缩，多数国家甚至部分发达国家基础设施中长期投资都开始出现缺口。"一带一路"沿线大多数发展中国家普遍的刚性财政约束难以满足基础设施建设庞大的资金需求，大多数国家因此陷入"经济发展落后—基建投资不足—基础设施薄弱—经济发展落后"的恶性循环。例如，在东南亚地区，根据印尼政府2020—2024年中期发展规划，期间将重点实施41个国家战略项目，总金额达4200亿美元，其中大部分都是基础设施项目，例如：新首都建设（约310亿美元）、10大优先旅游点建设（约100亿美元）、巴淡—宾丹区域开发（约45亿美元）、跨苏门答腊亚齐—楠榜高速公路（约200亿美元）、27 000 MW电站及相关输变电项目（约740亿美元）、18座多功能水库（约60亿美元）、100万套城市公寓（约260亿美元）、6大都市圈公共交通系统（约79亿美元）等，尤其是新首都建设除政府预算项目外，还需建设大量生产、生活和服务类项目[1]。而在上述大量资金需求中，印尼中央政府、地方政府和国有企业计划合计提供1 250亿美元，约占总额30%，存在近3 000亿美元的缺口。在西亚北非地区，沙特阿拉伯、阿联酋、伊朗等国家已着手新建区域铁路，并对既有铁路线进行升级改造。伊朗政府对铁路进行大改造，伊朗铁路公司（RAI）已经选出了价值250亿美元的铁路项目以及"刺激计划"，来吸引国内外投资[2]；阿联酋已启动总投资约110亿美元、全长1 200多公里的联邦铁路规划项目，并将该铁路纳入海湾国家铁路网[3]；沙特阿拉伯计划到2040年投入973亿美元，分三

---

① 《印度尼西亚基础设施行业展望及建议》，中国混凝土与水泥制品协会，https://www.ccpa.com.cn/site/content/9520.html。

② 《深度分析：伊朗铁路的未来发展》，搜狐，https://www.sohu.com/a/162823454_629144。

③ 《2022"一带一路"基建指数国别报告——阿拉伯联合酋长国》，搜狐，https://www.sohu.com/a/640284511_121123791。

个阶段新建 9 900 公里的铁路。埃及方面，惠誉预测埃方基建行业在 2020—2028 年将保持年均 8.5% 以上的增长速度，但政府在供给方面略显乏力。根据世界银行报告，未来 20 年，埃方基础设施建设投资需求缺口高达 2 300 亿美元，仅交通项目的融资缺口就高达 1 800 亿美元。

中国在基础设施建设方面具有较强的投融资能力，主要体现在中国的 GDP 总量大和外汇储备充裕等方面。首先，较大的 GDP 总量和中等水平的 GDP 增速为基建投资提供基本保障。中国在改革开放 40 多年间，不仅 GDP 快速增长，同时 GDP 总量已经达到世界第二位。40 多年前，中国 GDP 总量占比世界 1.75%，经济总额增长了超过 80 倍①。根据国家统计局发布的数据，2020 年中国 GDP 总量为 114 万亿元（人民币），比上年增长 2.3%，按年度平均汇率折算约为 14.73 万亿美元，相当于美国的 70%，全球占比为 17.42%②（见图 4-2）。其次，外汇储备充足是基建投资的重要支撑。截至 2021 年末，中国的外汇储备在 32 502 亿美元左右，居世界第一；日本外汇储备 12 000 亿美元左右，居世界第二；瑞士外汇储备 7 000 亿美元左右，居世界第三；后面国家的外汇储备基本不超过 5 000 亿美元③（见图 4-3）。中国巨大的 GDP 规模及其增长率和庞大的外汇储备为"一带一路"基础设施建设投资提供了强劲的资金支持。

图 4-2　中国 GDP 总量及增长率

---

①　《改革开放 40 年：中国 GDP 增加 80 倍，占全球经济比率由 1.75% 升到了 1》，搜狐，https://www.sohu.com/a/250978891_100110525。

②　《2020 年全球 10 大经济体，中美差距缩小，东亚 3 国入围》，搜狐，https://www.sohu.com/a/475077845_120829155。

③　《中华人民共和国 2021 年国民经济和社会发展统计公报》，国家统计局，https://www.stats.gov.cn/sj/zxfb/202302/t20230203_1901393.html。

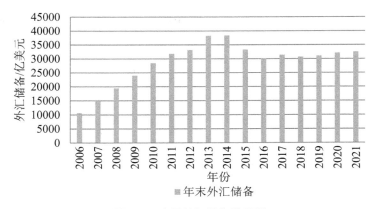

图 4-3　中国外汇储备情况图

（数据来源：国家统计局）

除此之外，中国包括国家开发银行、中国进出口银行等的国家开发性、政策性银行均有强劲的提供基础设施建设外汇贷款支持的能力。同时包括中国建设银行、中国工商银行等大型国有商业银行在内的涉外基础建设商业贷款，中国投资有限公司等国家主权财富基金的相关资金，亚洲基础设施投资银行、丝路基金、金砖国家新开发银行等机构的支持基础设施建设的相关资金在基础设施建设方面具有一定的投融资能力。在丰富多元的金融机构的资金支持下，中国深化与共建"一带一路"国家政府、金融机构等的合作，发挥杠杆作用，撬动各国资金流，使得"一带一路"的基础设施建设有相对稳定的投融资保障。

4.1.2.2　基础设施建设经验供需互补

共建"一带一路"倡议面临的最大现实问题之一就是共建国家基础设施建设经验不足，而中国最近10年在基础设施建设方面积累了丰富经验。丰富的基础设施建设经验主要来自实践的积累，过去10年以来，中国在高铁、高速公路、机场、港口等建设方面取得显著成就。"一带一路"共建国家由于自然条件、地理环境、经济发展水平等的原因，在推动基础设施建设方面相对缓慢，迫切需要一些高效的、现代化的经验。如2019年以色列国家铁路总里程数为1 599公里，仅为中国同期铁路总公里数的2.3%，土耳其为中国的15%[①]；2019年哈萨克斯坦航空运输量，注册承运人全球出港量为70 980，是同期中国的1.4%，孟加拉国是同期中国的1.1%[②]；2019年巴基斯坦的货柜码头吞吐量仅为同期中国的

---

① 世界银行公开数据，https://data.worldbank.org.cn/indicator/IS.RRS.TOTL.KM。

② 世界银行公开数据，https://data.worldbank.org.cn/indicator/IS.AIR.DPRT。

1.4%①。而中国方面：一方面，高铁营业里程居世界第一。2020年末，全国铁路营业里程14.6万公里，位居世界第二位，比上年末增长5.3%（见图4-4）。其中高铁营业里程3.8万公里，占世界高铁营业里程的66%以上，位居世界第一，而排名第二的西班牙仅为3 000多公里②。2022上半年，中国铁路投产新线2043.5公里，其中高铁995.9公里③。另一方面，航运海运设施建设程度世界领先。航运方面，2020年末，颁证民用航空机场241个，比上年末增加3个。年旅客吞吐量达到100万人次以上的通航机场85个，其中年旅客吞吐量达到1 000万人次以上的通航机场27个；年货邮吞吐量达到10 000吨以上的通航机场59个，2019年全球空运货运量居世界第二位，仅次于美国④。海运方面，2019年全球集装箱港口流量居世界第一⑤（见图4-5）。上海国际航运研究中心发布的《2021年全球港口发展报告》中指出，以货物吞吐量为依据，对2021年全球前50大港口进行排名。在前50大港口中，中国独揽28个席位，长三角港口更是表现突出，占据10席⑥。

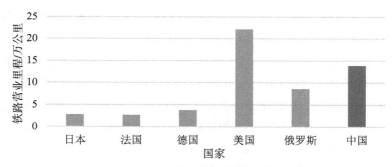

图4-4　全球铁路营业里程排名top6国家

（中国数据为2020年，其他各国数据为2018年）

---

① 世界银行公开数据，https://data.worldbank.org.cn/indicator/IS.SHP.GOOD.TU。

② 《2021—2027年中国铁路运输行业市场经营管理及投资前景预测报告》，智研咨询，https://www.sohu.com/a/442839706_120950077。

③ 《上半年全国铁路投产新线2043.5公里》，中国政府网，https://www.gov.cn/xinwen/2022-07/26/content_5702889.htm。

④ 《2022—2028年中国航空客运市场研究与未来前景预测报告》，中国产业研究报告网，https://www.chinairr.org/report/R05/R0501/202203/11-463521.html。

⑤ 《2019年全球TOP100集装箱港口排名出炉》，搜狐，https://www.sohu.com/a/330862533_175033。

⑥ 《又又又世界第一！全球港口Top50揭榜，长三角占据10席》，搜狐，https://www.sohu.com/a/533352285_121324704。

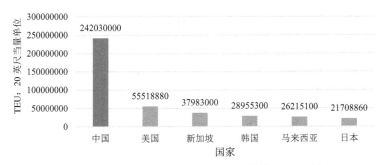

图 4-5　2019 年全球集装箱港口吞吐量排名 top6 国家

（数据来源：交通运输部、世界银行）

4.1.2.3　基础设施建设技术供需互补

共建"一带一路"国家基础设施建设技术优势不足，而中国基础设施建设技术水平世界领先。共建国家普遍存在基础设施建设技术水平低并且发展增速缓慢的问题。多年来，共建国家关于基础设施建设方面的研发投入更是少之又少，而年科研投入普遍低于 GDP 增速，对于新基建领域的发展几乎处于放弃状态。而中国作为世界上唯一拥有联合国产业分类中全部工业门类的国家，拥有强大的制造业系统集成与综合配套能力，加之工程机械产品质优价廉且技术成熟，使得中国在基础设施建设方面具有很大的优势，并逐渐形成了以世界高端技术为基础的全产业链。

一方面，中国交通基建技术已迈入世界前列。在高铁领域，形成了自主知识产权的高速铁路技术平台和技术系统。在动车组技术方面，中国铁路研制了"中华之星""先锋""和谐号"等动车组。拥有时速 350 公里和 250 公里两种速度等级的高速动车组，突破了高速转向架、牵引控制系统、高速制动、车体制造等九大核心技术难题以及掌握了十大配套技术，实现了研发和生产制造的自主，是当今世界上最全面、最系统、最完整的高铁技术体系。在港口领域，中国建工、中国交建等国有企业在港口建设方面的技术均已达到世界先进水平，如离岸深水港建设关键技术、巨型河口航道整治技术、长河段航道系统治理技术等，实施建设了港珠澳大桥、洋山港集装箱码头等系列重大工程，全球最先进的全自动化码头系统等形成了全要素和全生产链的比较优势。另一方面，智能化新基建技术世界领先。在以 5G、人工智能，大数据为基础的新型基础设施建设技术上，中国已取得明显成效。2020 年初，中国已建成 5G 基站超过 81.9 万个，占全球比例约 70%[①]，5G 专利总数位于全球首位，华为

---

① 《刘烈宏主持召开 5G/6G 专题会议》，中华人民共和国工业和信息化部，https://wap.miit.gov.cn/xwdt/gxdt/ldhd/art/2021/art_0fb4677465804d22bbff5a17187f41d4.html。

位于企业申请数量之首①（见图4-6）。在人工智能领域，2019年美国和中国的机构在人工智能领域的论文产出和学者数量较多，占据了AI领域论文量排名前10机构的全部席位②。截至2019年3月，全球活跃人工智能企业达5 386家，其中中国企业数仅次于美国，位列第二③。从城市来看，位于北京的人工智能企业数量以468家之多名列第一，比位于第二的旧金山多出100余家。在专利申请方面，2019年底中国专利申请量为389 571件（个），位居世界第一，占全球总量的74.7%，是排名第二的美国的8.2倍④（见图4-7）。

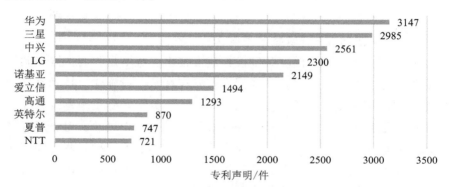

图4-6　2020年初全球5G标准专利声明排行

（数据来源:公开资料整理）

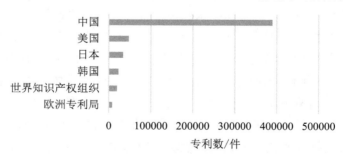

图4-7　全球AI专利申请量Top10国家

（数据来源:《人工智能发展报告2020》）

---

① 刘艳:《中国5G专利申请数量全球第一,华为领跑》,澎湃新闻,https://m.thepaper.cn/kuaibao_detail.jsp?contid=3418252&from=kuaibao。

② 张淼 等:《人工智能发展报告2011—2020》,清华大学,https://www.vzkoo.com/document/2c7a7aa9e9b262df3ea2547eb70fd062.html。

③ 《2019年全球人工智能行业市场现状及发展前景分析 智能服务为主,全面进入商业用途》,前瞻产业研究院,https://bg.qianzhan.com/trends/detail/506/190621-d4068911.html。

④ 《全球人工智能产业数据报告》,中国信息通信研究院,http://www.caict.ac.cn/kxyj/qwfb/qwsj/201905/P020190523542892859794.pdf。

4.1.2.4　基础设施建设原材料供需互补

共建"一带一路"国家与中国在基础设施建设领域内拥有较大的互补性。例如在对水泥方面，越南、泰国、印尼等东南亚各国水泥产能已经出现严重过剩，出口动力继续增强，而中国正在逐渐成为东南亚各国水泥的主要出口目的国。有关数据显示，2020年中国进口水泥熟料总量为3 337万吨，同比增长47%，已连续三年出现快速增长，其中，向越南进口的熟料量达1 980万吨，占总进口量的59%，其次是印尼、泰国分别占总进口量的10%、9.9%。从未来发展来看，东南亚的水泥产能依旧在增加，预计2021年中国水泥进口量仍有继续增长的趋势[1]。在钢铁方面，除俄罗斯、乌克兰、土耳其等国出口外，其它国家使用量大多依赖进口。而中国作为钢铁产量、出口量第一大国，是沿线各国的主要进口目的国。2020年全球粗钢产量为18.78亿吨，中国粗钢产量占全球粗钢产量的份额由2019年的53.3%上升到2020年的56.7%（见图4-8）。其中，亚洲地区全年粗钢产量达到13.75亿吨，中国占全亚洲粗钢产量的76.59%。在钢铁材料出口方面，中国钢铁出口量最大达5 140万吨，占世界出口总量的13.4%。

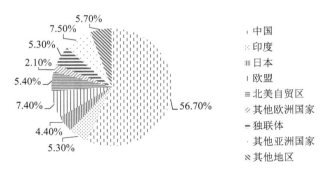

图4-8　2020年世界粗钢产量分布

（数据来源：国家统计局）

4.1.2.5　基础设施建设企业能力供需互补

沿线国家本土基建企业综合能力有待提升，而中国基建企业处于全球基建行业领军地位。根据2020年度美国《工程新闻纪录（ENR）》"全球最大250家国际承包商"榜单数据[2]，在共建"一带一路"国家中，

---

① 陈柏林：《2020年中国水泥行业经济运行及2021年展望》，数字水泥网，https://www.dcement.com/article/202101/169754.html。

② 《2020年度ENR"全球最大250家国际承包商"榜单发布》，中国对外承包工程商会，https://www.chinca.org/CICA/info/20082015461811。

除土耳其以44家上榜企业居第二位之外，其余大多数国家上榜企业不足5家。而中国方面，共有74家中国企业入围"全球最大250家国际承包商"（以2019年业务为排名依据），上榜企业数量继续蝉联各国榜首。2019年实现国际营业额1 200亿美元，同比增长0.9%，占250家上榜企业国际营业总额的25.4%，较上年提升1个百分点。3家中国企业进入榜单前10强，分别是中国交通建设集团有限公司（排名第4位，国际营业额233.04亿美元）、中国电力建设集团有限公司（排名第7位，国际营业额147.16亿美元）、中国建筑股份有限公司（排名第8位，国际营业额141.43亿美元）；共有10家中国企业进入榜单50强（见表4-4），其中交通领域的企业最多。总体来说，中国企业能够充分利用国际国内两个市场、两种资源，加大对海外业务的投入，坚持稳中求进，总结探索转型升级的有益经验，通过创新发展理念、管控模式、业务模式、合作模式等，集成中国资金、中国标准、中国技术、中国装备的综合优势，充分体现了中国企业在全球基建行业的领军地位。

表4-4　2020年度ENR"全球最大50家国际承包商"上榜中国企业名单

名次	企业名称	名次	企业名称
4	中国交通建设集团有限公司	15	中国能源建设股份有限公司
7	中国电力建设集团有限公司	22	中国化学工程集团有限公司
8	中国建筑股份有限公司	25	中国机械工业集团有限公司
12	中国铁建股份有限公司	34	中国石油集团工程股份有限公司
13	中国中铁股份有限公司	41	中国冶金科工集团有限公司

（数据来源：2020年中国对外承包工程发展报告）

4.2　"一带一路"基础设施互联互通取得的成就

正是在上述两方面巨大的互补性下，"一带一路"倡议提出10年以来，新亚欧大陆桥、中蒙俄、中国—中亚—西亚、中国—中南半岛、中巴和孟中印缅六大经济走廊和通道建设取得重要进展，基本构建完成"六廊六路多国多港"的基础设施建设，形成互联互通的网络体系，特别是交通基础设施和能源基础设施网络体系，形成了海、陆、空、天、电网的立体结构，为进一步推进沿线各国深度融合发展，经济共同协同提供了良好的硬件支撑。

4.2.1 六大经济走廊互联互通初步格局形成

新亚欧大陆桥经济走廊建设方面，中国与中东欧国家对外发布了《中国—中东欧国家合作布达佩斯纲要》和《中国—中东欧国家合作索非亚纲要》，中欧互联互通项目合作取得重要进展。中蒙俄经济走廊建设方面，2019年7月中蒙俄三国召开《关于沿亚洲公路网国际道路运输政府间协定》联委会第一次会议，并宣布中蒙俄国际道路运输正式启动。中国—中亚—西亚经济走廊方面，2019年2月召开的中国—沙特投资合作论坛围绕共建"一带一路"倡议与沙特"2030愿景"进行产业对接，签署合作协议总价值超过280亿美元[①]。2019年7月，中国与伊朗签署加强邮政领域合作的谅解备忘录。中国—中南半岛经济走廊建设方面，2019年11月，中国—老挝铁路会汉一号隧道顺利贯通，中泰铁路等项目也稳步推进。中巴经济走廊建设方面，22个早期收获项目多数已经竣工，能源及基础设施等早期收获项目的竣工有效缓解了巴基斯坦电力紧缺的局面。孟中印缅经济走廊建设方面，2019年6月，四国在中国云南召开孟中印缅地区合作论坛第十三次会议，并共同签署了《孟中印缅地区合作论坛第十三次会议联合声明》，共促孟中印缅经济走廊建设取得实质性进展。在这六大经济走廊中，新亚欧大陆桥、中蒙俄、中国—中亚—西亚经济走廊经过亚欧大陆中东部地区，不仅将充满经济活力的东亚经济圈与发达的欧洲经济圈联系在一起，更畅通了连接波斯湾、地中海和波罗的海的合作通道。中国—中南半岛、中巴和孟中印缅经济走廊经过亚洲东部和南部这一全球人口最稠密地区，连接沿线主要城市和人口、产业集聚区。澜沧江—湄公河国际航道和在建的地区铁路、公路、油气网络，将丝绸之路经济带和21世纪海上丝绸之路联系到一起，让经济效应辐射至南亚、东南亚、印度洋、南太平洋等地区。

4.2.2 标志性基础设施互联互通项目取得重大进展

自"一带一路"倡议提出以来，重点铁路项目包括中老铁路、雅万高铁等20多项。中老昆万铁路玉溪—磨憨段于2021年开通运营，该铁路由国内段和老挝段组成，建成通车后，仅需3个多小时昆明可达景洪，至老挝万象，则可有望实现当日通达以及运输直达。截至2022年8月，中老铁路跨境货物突破100万吨，7月份中老铁路全线单月发送旅客145

---

① 《沙特2030愿景和中国"一带一路"倡议对接》，中华人民共和国商务部，http://sa.mofcom.gov.cn/article/i/201902/20190202838095.shtml。

万人次，达到历史最高，日均4.6万人次，更是创下单日发送旅客5.6万人次的新高[①]。2023年10月，雅万高铁正式商业化运营。雅万高铁连接印尼首都雅加达和万隆，全长142公里，最高设计时速350公里。这标志着中国与印尼共建"一带一路"项目取得了显著进展，雅万高铁为当地经济发展注入了新动力。2024年1月24日，印尼雅万高铁开通运营满100天，累计发送旅客145万人次，单日旅客上座率最高达99.6%。

在公路方面，我国加快推动与周边国家公路联通，昆曼公路、昆明—河内—海防高速公路、中巴经济走廊"两大"公路全线通车，中俄黑河公路大桥完工，"双西公路"（中国西部—欧洲西部）建设稳步推进。以共建"一带一路"为合作平台，与19个国家签署了22项双边、多边政府间国际道路运输便利化协定[②]。中蒙俄、中吉乌、中塔乌、中俄（大连—新西伯利亚）、中越实现国际道路直达运输试运行，国际道路运输辐射范围进一步拓展。中国加入并全面实施了《国际公路运输公约》（TIR公约），已有10个国家TIR证持证人通过中国公路口岸开展了超过3 000票运输业务，为推进国际道路运输便利化提供有力支持。2018年，中吉乌国际道路运输实现常态化运行、中越北仑河公路二桥建成通车。2020年，巴基斯坦PKM高速公路项目苏库尔—木尔坦段落成，使得巴基斯坦具有首条智能交通功能的双向6车道高速公路，公路连接经济作物主产区木尔坦和重要交通枢纽城市苏库尔，极大压缩了运输成本；"中巴友谊路"——喀喇昆仑公路二期升级改造项目也于2021年初完工并实现运营。

除了在铁路、公路等基础设施建设方面取得成就外，中国企业还新建设、运营了一批重要机场及港口，为各国打造多元化连通全球的纽带和桥梁，构筑海上和空中互联互通网络。中国与66个国家和地区签署70个双边和区域海运协定，海运服务覆盖沿线所有沿海国家。与27个国家和地区签署船员适任证书认可协议。截至2019年底，中国已与47个沿线国家签署了38个双边和区域海运协定，与128个国家和地区签署了双边政府间航空运输协定[③]。在港口建设方面，中企海外港口投资、建设及运

---

① 《中老铁路多项客货发送量创新高》，中华人民共和国国家发展和改革委员会，https://www.ndrc.gov.cn/xwdt/ztzl/zltl/202208/t20220829_1334156.html。

② 郑青亭：《中国可持续交通发展报告：中国初步形成国际物流主通道网络，将加强构建"一带一路"互联互通网络》，新浪科技，https://finance.sina.com.cn/tech/2021-10-15/doc-iktzscyx9833125.shtml。

③ 《中国可持续交通发展报告》，交通运输科学研究院，https://xxgk.mot.gov.cn/2020/jigou/gjhzs/202112/t20211214_3631113.html。

营成果丰硕，截至2018年底，中国参与了34个国家和地区的42个港口的建设经营①，主要包括巴基斯坦瓜达尔港、阿联酋哈利法港二期集装箱码头建设项目等。2019年以来，港口建设项目持续推进，如缅甸皎漂特别经济区深水港扎实推进，阿联酋阿布扎比码头稳步发展，希腊比雷埃夫斯港年吞吐量突破500万标准箱②等。

在机场建设方面，2014—2019年，中国与共建国家新增国际航线1 239条，占新开通国际航线总量的69.1%③。2018年，中国与俄罗斯、亚美尼亚、印度尼西亚、柬埔寨、马来西亚、埃及等国家扩大了航权安排。2019年，尼泊尔加德满都特里布万国际机场跑道及平滑道改建项目竣工，该项目是尼泊尔目前唯一的国际机场。多哥首都洛美纳辛贝国际机场跑道滑行道及指廊扩建项目完工，机场年旅客吞吐量远期目标由150万人次增加到200万人次，有效提升了多哥航空安全水平和民航运营能力，助推机场成为西非地区重要航空枢纽之一。据不完全统计，截至2019年底，中国投资或承建的境外国际机场已达70余座，其中承建机场44座、收购机场5座、援建机场4座、投资并承建机场7座以及参建机场10座，遍布世界各地，主要集中在非洲、亚洲等发展中国家④。截至2020年底，中国航空公司国际定期航班通航62个国家的153个城市⑤。中国帮助巴基斯坦、尼泊尔、马尔代夫、柬埔寨、赞比亚、津巴布韦、多哥等国实施机场升级扩建项目，提高了机场运营能力和安全性，为跨境人员流动和贸易往来带来更多便利（见表4-5、表4-6）。

---

① 丁乐：《中国要素为全球港口发展提供新路径》，新华社新媒体，https://baijiahao.baidu.com/s?id=1633293002994105882。

② 《中远海运比雷埃夫斯港2019年集装箱吞吐量突破500万TEU》，中华航运网，https://info.chineseshipping.com.cn/cninfo/News/201911/t20191120_1328982.shtml。

③ 梁昊光：《携手打造全球互联互通伙伴关系》，求是网，http://www.qstheory.cn/dukan/hqwg/2019-08/05/c_1124829756.htm。

④ 牟凯：《海外机场"投建营一体化"模式需求分析及对策建议》，民航新型智库，https://att.caacnews.com.cn/zsfw/jcgl/202111/t20211102_60055.html。

⑤ 《2020年民航行业发展统计公报》，中国政府网，https://www.gov.cn/xinwen/2021-06/11/5617003/files/c51af61cc760406e82403d99d898f616.pdf。

表4-5 "一带一路"倡议提出以来各区域重点建设项目概览

项目类型	东南亚	南亚和中亚	西亚和北非	独联体和中东欧
铁路	中老铁路项目、雅万高铁项目、中泰铁路项目（在建）、中马铁路项目（在建）	瓦亚铁路项目、尼泊尔跨境铁路项目（在建）、巴基斯坦1号铁路干线升级改造项目（在建）、中亚高铁项目（在建）、中吉乌铁路项目（在建）	亚吉铁路项目、沙特麦麦高铁项目、蒙内铁路项目、埃及高铁项目（在建）	莫喀高铁项目、莫斯科地铁项目、亚欧高铁项目、中俄同江铁路大桥项目、中蒙铁路项目（在建）
公路	中越北仑河公路二桥项目、腾冲—猴桥高速公路项目、昆曼公路项目、金边—西港高速公路项目（在建）	中吉乌国际公路项目、喀喇昆仑公路改造项目、巴基斯坦PKM项目、苏库尔-木尔坦段		大连—新西伯利亚公路、乌力吉公路口岸建设项目（在建）、格鲁吉亚E60高速公路（在建）
航空	新金边国际机场建设项目（在建）	特里布万国际机场修复项目	科威特国际机场项目、阿尔及尔新机场项目	
港口	中远—新港码头项目、马来西亚黄京港项目、关丹港项目、缅甸皎漂港项目（在建）	汉班托塔港项目、瓜达尔港项目、科伦坡港口城项目（在建）	吉布提港项目、以色列海法新港项目、苏伊士运河码头项目、阿联酋哈利法港二期项目（在建）	比雷埃夫斯港项目

（数据来源：网络资料整理所得）

表4-6 2021年新签订交通基础设施建设项目概览

项目类型	"一带一路"联合国划分区域	其他区域
铁路	苏比克—克拉克铁路项目塞尔维亚贝尔格莱德地铁项目	埃塞油码头铁路连接线项目、坦桑尼亚铁路项目、哈迈铁路修复改造项目、新加坡地铁裕廊区域线项目

项目类型	"一带一路"联合国划分区域	其他区域
公路	柬埔寨公路项目、黑山M2公路升级改造项目、喀麦隆吕—曼金公路项目、老挝13号公路南段升级改造项目	肯尼亚乡村公路595标段、597标段、RWC596、RW598升级项目、科特迪瓦高速公路项目、肯尼亚蒙巴萨机场公路项目
航空	柬埔寨吴哥国际机场行李系统项目	圣多美和普林西比首都机场改扩建项目、秘鲁钦切罗新建国际机场项目、秘鲁库斯科新机场建设项目、埃塞俄比亚宝丽机场东区扩建项目、坦桑尼亚多多马马萨拉托新国际机场建设项目、刚果(金)基桑加尼机场项目
港口	印尼青山工业园区码头泊位项目、马来西亚沙巴实邦加集装箱码头扩建项目、沙特达曼港疏浚项目	贝宁科托努港5号码头项目、巴西桑托斯港LNG码头项目

（数据来源：网络资料整理所得）

4.2.3 能源重大项目合作与基础设施互联互通取得突破

在"一带一路"框架下，我国与共建国家在石油天然气、煤炭、电力、炼油化工等领域的基础设施互联互通方面开展了广泛合作。石油天然气方面，积极与相关国家共同维护跨境油气管网安全运营，促进国家和地区之间的能源资源优化配置。中缅油气管道、中俄原油管道、中国—中亚天然气管道保持稳定运营，中俄天然气管道东线于2019年12月部分实现通气，2024年全线通气①。电力方面，助力相关国家构建清洁、高效、安全的能源网络，在填补当地电力缺口的同时也推动当地清洁能源发展。越南永新电厂为越南电网系统发电量最大的发电厂之一，全年总发电量约为86.5亿度，上网电量占越南总上网电量的3.5%，有力保障了越南电力系统特别是南部各省生产生活用电供应。2021年中国国家电网承建的中巴经济走廊首个电网项目——巴基斯坦默蒂亚里—拉合尔（默拉）正负660千伏直流输电工程启动送电。这是巴基斯坦南电北送的

---

① 《共建"一带一路"倡议：进展、贡献与展望》，新华网，http://www.xinhuanet.com/world/2019-04/22/c_1124400071.htm。

首条直流输电通道，能满足拉合尔及巴基斯坦北部约 1 000 万户家庭用电需求[①]，不仅有力推动巴基斯坦经济社会更快发展，也积极促进了区域间的互联互通。

4.2.4 数字基础设施互联互通正在稳步向前推进

在"一带一路"框架下，中国积极推进与相关国家在信息网络、跨境光缆、通信卫星等方面的合作，"一带一路"共建各国信息基础设施互联互通有重要进展。2019 年，北斗卫星导航系统兼容的卫星导航应用产品已覆盖共建"一带一路"国家，为各国提供先进、精准和全方位的时空信息服务。中缅、中巴、中吉、中俄跨境光缆信息通道建设取得明显进展。中国与国际电信联盟签署《关于加强"一带一路"框架下电信和信息网络领域合作的意向书》，与吉尔吉斯斯坦、塔吉克斯坦、阿富汗签署丝路光缆合作协议，实质性启动了丝路光缆项目。由华为海洋承建的 PEACE 项目 2022 年投入运营，总长 12 000 公里，联接巴基斯坦、吉布提、肯尼亚、埃及等东非及红海沿途各国，并为与地中海各国的互联互通提前做好规划[②]。中国数字信息通信公司华为、小米、中信等积极参与沿线通信基础设施建设。中国先后在共建"一带一路"国家和地区举办 500 多场云计算与大数据技术培训宣讲活动，为埃及、南非、越南等国家培训 10 000 多名信息化人才。"数字丝绸之路"的建设为初步的硬件互联互通奠定基础。

4.2.5 基础设施互联互通的合作机制逐步健全

经过多年的努力，中国与共建"一带一路"国家的交通合作机制更加健全。首先体现在政策对接机制逐步完善。截至 2019 年，中国与共建国家签订的道路运输便利化协定总数已达 18 个，签订的海运协定达 39 个，与沿线 62 个国家签订了双边政府间航空运输协定，与 45 个共建国家实现直航，与沿线 21 个国家签署了邮政合作文件[③]。通过整理 2021 年中国与共建"一带一路"国家新签基础设施合作项目发现，中国基

---

① 刘畅、崔如:《外交部:中方愿同包括巴方在内的各国继续高质量共建"一带一路"》，央视新闻，https://m.news.cctv.com/2021/06/28/ARTIFtPCjNmrX6E3uXTxlcju210628.shtml。

② 《PEACE 海底光缆系统将连接马尔代夫》，新浪财经，https://cj.sina.com.cn/articles/view/5659857576/1515a92a800100vte6。

③ 刘志强、陆娅楠:《"一带一路"交通互联互通稳步推进》，中国政府网，https://www.gov.cn/xinwen/2021-12/03/content_5655542.htm。

建项目的伙伴国在不断地扩大。其次，对话沟通机制正在发挥作用。中国联合相关国家建立了中巴经济走廊交通基础设施联合工作组、中缅经济走廊联委会交通合作工作组等"一带一路"交通合作机制，共同编制了一系列有关区域交通战略和规划的文件，共同谋划区域交通发展，推动与相关国家现有规划的有效衔接。再次，顶层引领在逐步夯实建设内容。中国印发的《"十四五"推进西部陆海新通道高质量建设实施方案》中提出，到2025年实现东中西三条通道持续强化，通道、港口和物流枢纽运营更加高效，对沿线经济和产业发展带动作用明显增强的总体目标。届时，西部陆海新通道这个连接"一带"和"一路"的陆海联动通道将会发挥更大作用，"一带一路"建设将更加通畅。最后，"一带一路"框架下基础设施互联互通的实践机制正在丰富。其具体表现在：

一是合作主体多元化。在"一带一路"建设全面推进的背景下，中国加大力度为非国有企业，特别是中小型民营企业，提供政策支持，鼓励其成为"一带一路"国际合作的主力军，中小民营企业发挥越来越重要的作用。

二是合作领域不断拓展深化。从交通、通讯、能源、管道、口岸等基础设施建设上的"硬件联通"，向通关、检验、认证、融资等运营管理、金融支持服务等制度建设上的"软件联通"逐步发展，合作领域从易到难不断拓展，合作内容则开始向政策沟通、制度对接、执法互助、标准互认与信息服务平台建设等逐步深化。

三是合作形式日益开放多元。这主要包括以中央与地方政府等不同层面的合作主体，以高官和工作层定期会晤、企业和行业协会对口沟通等多元合作机制，以及涵盖重点项目推进、签署部门合作备忘录、在专项领域签署具有一定约束力的次区域或双边协议等开放性内容等方面。

4.2.6　中国对外承包业务稳步攀升

总体来看，中国对外承包工程潜力凸显。沿线国家已成为中国企业对外承包工程合作的重要目的地。2013—2022年，中国在"一带一路"共建国家承包工程新签合同额由715.7亿美元增至1 296.2亿美元，完成营业额由654亿美元增至849.4亿美元。与沿线国家承包工程新签合同额和完成营业额，占中国对外承包工程新签合同总额和完成营业总额比重整体呈现稳步增长趋势，2020年新冠疫情之后，虽略有下滑，但占比仍然超过50%。统计数据表明：2015—2021年，我国在共建"一带一路"国家承包工程营业额累计5 988亿美元，其中2021年达896.8亿美元，占对外承包工程营业额的57.9%①（见图4-9）。

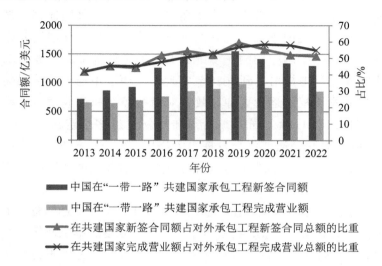

图4-9 中国对"一带一路"沿线区域对外承包工程情况

（数据来源：中国商务部）

分区域来看，东南亚是中国对外承包工程业务的重点合作区域，主要的合作伙伴是马来西亚和印度尼西亚。中国对东南亚对外承包工程完成营业额总额居"一带一路"沿线区域之首，并且呈逐年上升趋势。2013年为213.8亿美元，而2019年为376.8亿美元，实现年均增长9.9%。2013年中国对南亚的对外承包工程完成营业额达129亿美元，2019年达216亿美元，增长接近两倍，是仅次于东南亚的第二大合作区域。中国对巴基斯坦的对外承包工程完成营业额居南亚国家的首位，与俄罗斯合作占区域的一半以上。从中国对独联体和蒙古地区的对外承包工程完成营业额来看，2013年至2016年有所下降，2017年至2019年缓慢上升，2019年总体合作额达到44.5亿美元，其中俄罗斯达到27.6亿美元，占总额的62%。西亚北非地区合作稳中求进，合作伙伴主要是沙特阿拉伯和伊拉克，与塞尔维亚合作增速迅猛。中国对西亚北非对外承包工程完成营业额的总额在2017至2018年有小幅度的下降，但2019年略有回升，达到206亿美元，总体呈现出平稳中上升的趋势。中国对中东欧地区对

---

① 《共建"一带一路" 开创美好未来》,中国经济网, http://views.ce.cn/view/ent/202207/06/t20220706_37835960.shtml。

外承包工程完成营业额总额从2013年的7.6亿美元增加到2019年的11.2亿美元，年均增长达到6.67%，并持续保持增长态势①。其中与塞尔维亚的合作趋势显著（见图4-10）。

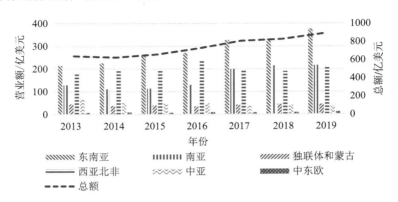

图4-10　2013—2019年中国对"一带一路"沿线各区域对外承包工程完成情况

（数据来源："一带一路"统计数据库整理所得）

　　从行业来看，交通领域对外承包业务发展突出。2019年，交通运输建设领域新签合同额306.4亿美元，占在共建"一带一路"国家新签合同额的19.8%；完成营业额233.3亿美元，占在共建国家完成营业额的23.8%。85%的交通运输建设业务集中在亚洲和非洲市场，在中东欧等市场也有所突破②。随着"一带一路"倡议的深入推进，中国企业不仅在公路铁路业务方面展现出较大优势，同时在境外承揽港口业务、机场建设业务方面也进一步优化。由此可见，交通基础设施建设工程的主体地位日益凸显。

　　① 《中国对外承包工程发展报告》，中国对外承包工程商会，https://www.chinca.org/CICA/DROCEI/TP/20120311031411。

　　② 《中国对外承包工程发展报告 2018-2019》，中国对外承包工程商会，https://www.chinca.org/CICA/info/20120409085711。

4.3 当前"一带一路"基础设施合作面临的机遇与挑战

4.3.1 "一带一路"基础设施合作面临的新机遇

4.3.1.1 经济复苏为基础设施建设合作提供广阔空间

2019年至今，面临新冠疫情冲击，以及全球经济徘徊于低迷周期，"一带一路"合作框架为保持各国供应链稳定、促进全球经济复苏、维持国际合作价值链包容提供了重要平台和渠道。一般来说，基础设施建设是各国政府拉动经济增长、创造就业机会、改善贫困问题的重要抓手。在新冠肺炎疫情冲击下，各国纷纷出台与基建相关的经济刺激计划，加快基建市场回暖，充分发挥基建对经济发展的拉动作用。例如，印度尼西亚政府制订了约430亿美元的国家经济复苏计划，并提出在2021年拨付约38亿美元用以支持基础设施建设、旅游和制造业等[①]。俄罗斯、马来西亚、厄瓜多尔、坦桑尼亚、尼日利亚等国也通过扩大赤字规模、调整税收优惠、增加基础设施建设等方式刺激本国经济发展。综合来看，各国重视基础设施建设对经济发展的拉动作用，相关经济刺激计划将在未来几年内相继落地。随着各国相关计划的实施和推进，基建市场活力将进一步释放，基础设施投资面临巨大的需求和合作空间。

4.3.1.2 新型基础设施建设开拓合作模式

新型基础设施是以新发展理念为引领、以技术创新为驱动，以信息网络为基础的全新基础设施体系，不仅为"一带一路"国家基础设施发展提供了新的业务增长点，也为促进"一带一路"国家基础设施合作模式升级提供了难得契机，形成全新的发展形势。新形势下，跨界合作、跨国合作将日益凸显，成为主流。新型基础设施建设将促进"一带一路"国家合作模式创新和业务模式创新。具体来说，首先，基础设施项目将成为汇聚优势、展示实力的平台；其次，在为项目参与各方带来丰富业务机会的同时，有效促进东道国经济社会的全面发展；最后，参与各方将以项目建设为契机，结成更为紧密的发展同盟，深度参与基础设施项目投资、建设、运营、维护等各阶段工作，在项目建设全周期发挥更大作用。总的来说，随着合作深化与各国迫切发展需求，以及相关技术的成熟，技术赋能的基础设施项目，将为"一带一路"国家发展注入全新

---

① 余度：《疫情延缓一带一路基础设施建设 新形势下呈现新特征》，搜狐，https://www.sohu.com/a/462155571_120325604。

动力，国际基础设施合作的深度和广度有望得到进一步拓展。

4.3.1.3　区域性贸易协定提升合作水平

当前，国际经贸格局与全球治理体系正经历深刻变革，区域性贸易协定作为多边合作体系的补充进入发展的快车道。2020年11月，区域全面经济伙伴关系协定（RCEP）正式签署，其多数成员国也是"21世纪海上丝绸之路"的重要节点国家。此协定与"一带一路"倡议可以相互促进、共同发展，对于构建"一带一路"高质量产业网络，提升基础设施合作水平发挥了重要作用。RCEP等区域性贸易协定的签署，可以预计相关国家外商投资和准入门槛有所降低，基建市场开放度进一步提高，将激发各国在住房、产业园区、交通运输、电力能源等领域的基建需求，合作前景广阔。同时，RCEP实施后将更充分地发挥重要平台作用，不断发挥自身的制度性安排优势，源源不断地释放红利，助力成员国间深化合作、互利共赢，提升区域内产业链、供应链、价值链的稳定性和互联互通，不断扩大"一带一路"的合作社区，使更多国家、机构、组织、企业参与到"一带一路"建设中来，扩大"一带一路"的影响力和成效。

4.3.2　当前推动"一带一路"基础设施合作存在的主要风险

在推动"一带一路"基础设施互联互通过程中面临着纷繁复杂的风险。除政治、金融等广泛存在的系统性风险外，制度风险、技术风险、法律风险等一系列非系统性风险问题广泛存在。各类风险问题相互交织和叠加，使共建"一带一路"基础设施互联互通实践挑战重重。

4.3.2.1　国内国际关系不稳定埋藏政治风险

在共建"一带一路"国家中，欠发达国家居多，这些国家的经济发展程度、政治体制、文化历史、宗教状况等千差万别，同时部分共建国家和地区还是恐怖主义活动频繁、地缘政治冲突和国际力量角逐的敏感地区；各国由于利益诉求的不同而持有不同态度。这对中国资金的投资安全构成较为严峻的挑战，带来了难以估计的风险。如2019年，在耶路撒冷和约旦河西岸犹太人定居点附近，发生了较多的恐怖袭击事件；巴基斯坦贫富差距比较悬殊，加之种族纷争、地方分裂等矛盾，为社会带来众多不稳定因素；亚美尼亚和阿塞拜疆关系受"纳戈尔诺—卡拉巴赫（纳卡）"问题影响，一直处于敌对状态等。更为重要的是，大国在共建"一带一路"地区的地缘竞争将对投资安全构成最大的安全压力，带来最为严重的地缘政治风险。换言之，由于共建"一带一路"国家往往是美国、俄罗斯、印度等大国在地缘政治上密切关注的区域，或有大量重合的区域，其地缘政治风险是结构性、长期性的，不因短期政策调整或关系改善就能够出现变化或根本性改变。如印度长期将斯里兰卡等国视为其在印度洋的后院，中国在印度洋的港口投资被视为是对印度的"包围"。而美国在中东、欧洲，俄罗斯在中亚的地缘政治考虑均使其对中国的"一带一路"倡议怀有深层次的"警惕"之心，这些都对中国的"一带一路"投资风险构成了更大的结构性的政治化的挑战。

4.3.2.2 债务压力及汇率波动引发金融风险

随着全球经济波动，债务压力呈上升趋势。沿线一些国家国内债务水平居高不下之际，利用传统融资模式开展基础设施投资建设，将推高负债水平，采用债务置换模式对存量债务进行展期所带来的风险[①]。"一带一路"国别合作前10名的部分国家政府债务余额占GDP比重较高，如2019年，新加坡政府负债总额占GDP的109%，巴基斯坦为77%，越南和马来西亚分别为57%和56%[②]。国内外主流评级机构对部分"一带一路"国家的主权评级偏低，如标准普尔在近年给予哈萨克斯坦BBB-/A-3主权评级，评级展望负面。联合评级在近期给予土耳其本币BBBi-，外币BBi的评级，评级展望负面。汇率风险也不容小觑。如哈萨克斯坦货币坚戈在2013—2014年期间，处于1美元兑150～200坚戈的水平，而在2019年时，美元兑坚戈贬值到了1美元兑约400坚戈的水平[③]。通货膨胀也会影响汇率水平，而"一带一路"国别合作前10名的国家中，2019年俄罗斯、哈萨克斯坦、越南、巴基斯坦等平均消费价格指数均超过200[④]。蒙古国政府项目采购、融资等一般均采用美元支付，但PPA收款、BT回购款等则以图格里克进行定价，货币错配也对企业经营产生较大汇率风险。

4.3.2.3 本地保护主义加重诱发政策风险

近年来各国均面临经济下行的压力，这使得本地保护主义越加凸显。一方面，政府对承包商资质要求和审查更加严格。马来西亚政府规定项目只能授标给本地公司或本地股份占比超过50%的联合体，国有企业的项目承包商必须确保30%以上合同额授标给本地分包或者供应商进行实施。大多数共建"一带一路"国家有明文规定，企业必须具备相应行业

① 魏琪嘉：《"一带一路"风险分析及应对建议》，《国际金融》2015年第12期，第37—40页。
② 《对外投资合作国别（地区）指南》，中华人民共和国商务部，https://www.yidaiyilu.gov.cn/p/159005.html。
③ 哈萨克斯坦国家银行公开资料。
④ 世界银行，https://www.shihang.org/zh/home。

或类别的资质方可进行投标和施工，或与有资格的当地承包商组成联合体、合资企业等间接方式参与承包工程，在某些特定的行业或项目甚至需要通过当地特定政府部门的资质审批。而政府在审批时会主要看重企业的本地化程度、当地材料和设备在项目中的使用比例等。另一方面，项目合作中的本地劳动力要求上升。例如，沙特要求雇员本地化，现行本地化政策比例是：工程承包、维修、清洁、操作等行业10%；国家投资项目5%；私营投资项目10%，不符合沙特化规定的公司将不能获得政府合同①。乌兹别克斯坦对外国投资方员工与当地员工比例已从1∶4提高到1∶7②，实际操作中甚至要求投资方员工所占比例保持在10%到20%。波黑对欧盟以外国家开放劳务市场持谨慎态度，尤其针对南亚、中东、非洲等外籍劳动力引入，虽然没有明文规定不准外籍劳工进入波黑，但在办理工作签证时会严加限制。这些都在一定程度上，影响了"一带一路"基础设施合作项目的进展。

4.3.2.4　同业竞争压力大导致市场风险

相比于中方企业，来自西方国家的企业大多具有市场经验丰富、设计施工能力强、技术实力雄厚、行业认可度高等优势。而沿线国家基建项目大多采用招标方式进行，对市场新入者而言，在鲜有工程承包业绩、尚未在工程所在国形成品牌效应的情况下，还无法满足投标需要。如在阿塞拜疆，长期以来，其已经形成了一大批传统合作伙伴，因此，中国企业与土耳其、欧洲等阿塞拜疆传统合作伙伴相比，不具备优势竞争力。而一些国家本身拥有实力雄厚的基建企业，所以长期以来均选择本地优秀企业。以色列本地工程企业众多，实力雄厚，在一般工程项目上具有显著的成本优势。埃及当地建筑公司实力也较强，具有优秀的本土施工和设计企业，在国际承包领域具有较强的竞争力，Arab Contractors、Orascom、Petrojet、Hassan Allam Holding 等当地知名建筑承包商进入 ENR 最大国际承包商和设计咨询企业榜单，在中东及北非区域都具有一定的影响力。

4.3.2.5　中国标准认同度低带来技术风险

一方面，中国标准知名度低、存在争议。乌兹别克斯坦的标准沿袭自前苏联，独立后发展较慢，未与国际接轨，当地设计院对俄罗斯标准

---

① 《沙特劳务合作相关规定》，中国对外承包工程商会，https://www.chinca.org/LaborComplaints/info/847。

② 《对外投资合作国别（地区）指南——乌兹别克斯坦（2018年版）》，中国一带一路网，https://www.yidaiyilu.gov.cn/wcm.files/upload/CMSydylgw/201902/201902010431059.pdf。

更加认同，对中国标准比较陌生，认同度不高。欧洲对中国技术和产品普遍不够信任，中方提出的设计概念、设备选型、施工方法等就有可能受到质疑，双方在设计标准上的差异给项目的开发和实施造成困难。同时，技术设计转化难度大，如匈牙利规定，外国工程技术人员的职业资格必须符合当地的技术规范和标准要求，中方人员取得相应的资质需要通过当地的相关考试。另一方面，欧美技术标准认可度更高。巴基斯坦通常使用欧标、美国 ASTM 和 ACI 标准、英国标准 BS，同时巴基斯坦也有本国规范 PS，每个项目都会有一本列出适用规范名称的专用技术规范，这为中国企业项目开展增加了难度。孟加拉国采用的市场标准以英国标准为主，而中国标准在当地需通过更多审核，由此造成中国企业在当地竞争难度大。约旦工程项目基本采用欧美建筑规范和管理模式，项目通常聘请欧美公司进行监理，工艺标准和质量审核严格，这就为中方带来了较大的技术风险。

4.3.3　当前推动"一带一路"基础设施合作存在的挑战

4.3.3.1　新冠疫情流行一度曾对"一带一路"基础设施合作建设形成压力

在新冠疫情全球大流行初期，各国为有效应对新冠疫情全球蔓延，包括共建"一带一路"国家在内的世界各国都采取了断绝货物和人员交流的防护措施，一度曾造成"一带一路"框架下各种项目推进、重要协议的落实受到影响。与此同时，新冠疫情也对沿线国家的经济发展造成不同的冲击。在这两重作用下，"一带一路"基础设施项目建设和项目的落实合作一度进展放缓，挑战不断增大。一方面，在"一带一路"框架下，重大项目的复工复产和能否按期交工成为"一带一路"基础设施互联互通布局的一个重大挑战。另一方面，共建国家的经济绩效将决定其在基础设施方面的投资决策决定，其必然对基础设施互联互通形成趋势性影响。

4.3.3.2　出资比重失衡加重中方财政压力

面对巨大的资金缺口，中国政府相继建立了亚投行、丝路基金，并通过国家开发银行等政策金融机构投资"一带一路"建设。但是，考虑到投资项目本身收益和共建国家的投资环境，中国政府出资比重失衡无疑也将会对我国外汇储备的收益率和存量构成压力。时任中国人民银行副行长殷勇表示，根据亚洲开发银行测算，从 2016 年至 2020 年这五年中，除中国外，亚太地区国家仅在基础设施投资方面的需求缺口就大约有每年5 030亿美元，但资金供给量总额仅为每年1 960亿美元[①]。然而，据联合国贸易和发展会议公布的《世界投资报告2014》统计，全球私人资本流向包括基础设施在内的可持续项目投资的比例仅为0.9%。如此巨大的资金缺口，中国政府不可能唱"独角戏"。当然，面对海外基础设施建设，巨大的资金缺口需要中国与各国政府参与，也需要多层级、多元主体的加入和帮助。

4.3.3.3 投融资模式及主体单一缺乏创新

目前中国对外基础设施建设主要采用的依然是传统的EPC、"EPC+O""EPC+F"等业务模式，这些模式不仅难以满足共建国家市场准入要求，而且也难以为承包商提供充足的资金支持。在投资主体方面，依然以国有企业或者大型股份制企业为主，大多数私人资本考虑到巨大的各类风险望而却步，所以中小型企业以及民营企业占比较少。国际流行的PPP模式在中国企业中也由于缺乏相关人才等限制而使用较少。与此同时，"一带一路"基础设施高质量发展的目标进一步扩大了对于基础设施投资模式创新、业务转型升级的要求。

4.3.3.4 基础设施建设国际标准不断提高

近年来，欧美日韩等国际承包商抢占各大基建市场、本土基建企业迅速崛起使得中国的对外承包空间进一步被压缩。同时，为控制投融资风险、应对气候变化、助力全球可持续发展，越来越多的金融机构将ESG（环境、社会和治理）作为国际基础设施项目立项和实施的重要评估指标，企业的ESG评级以及项目的ESG管理水平也成为国际金融机构或投资者提供融资支持的关键要素之一。针对这一变化，各国政府逐步推出与ESG相关的管理规定，对基础设施项目的投资、建设和运营提出了更高的社会、环境可持续要求。要符合国际通行的ESG管理要求，基础设施项目的承包商和运营商不仅要确保基础设施项目满足业主方的功能需求，而且要在建设和运营过程中充分保护员工、社区民众等利益相关方的合法权益，努力构建与各方和谐融洽的关系，尽可能减少项目对自然与生态环境的负面影响等等。除此之外，东道国政府还要求承包工程企业能够提供项目全产业链的综合服务，包括规划、设计、咨询、运营、维护、管理等领域，实现单一项目建设向综合经济开发的转变，而中方企业在这两方面还存在不足。

---

① 《央行殷勇："一带一路"资金缺口大 需强化开发性金融杠杆作用》，新浪财经，http://finance.sina.com.cn/roll/2017-08-12/doc-ifyixipt1321942.shtml。

4.3.3.5　各国情况不同统筹协调难度大

从国际层面关系来看：首先，基于共建国家的经济发展水平、经济总体布局、发展总目标的不同，其基础设施建设的整体方向存在较大的差异。例如非洲国家因为地广人稀，他们会更加偏向于航空类基础设施方面的建设，而中国铁路技术世界领先，制造业更为发达，所以会更偏向于铁路运输方式发展贸易。其次，近年来各国均面临经济下行的压力，这使得本地保护主义愈加凸显，尤其体现在政府对承包商资质要求和审查方面。如西亚大部分国家规定，企业必须具备相应行业或类别的资质方可进行投标和施工，或与有资格的当地承包商组成联合体、合资企业等间接方式参与承包工程，在某些特定的行业或项目甚至需要通过当地特定政府部门的资质审批等，而中国企业有时难以达到东道国的投资合作要求致使合作失败。从国内层面来看，各省区市都极力宣称自己是"一带一路"建设的"要塞"，希望以此获得中央的高度重视及政策倾斜，所以各部委间、省部间就有可能出现竞争，难以充分发挥国内互补性"抱团出海"的有利格局，给项目的实施徒增障碍。

4.4　"一带一路"基础设施共同化发展的实践构想

4.4.1　"一带一路"基础设施相关文献的回顾与梳理

事实上，想要对"一带一路"基础设施共同化发展的愿景与实践构想进行刻画，最直接也深入的方式是对相关研究文献进行梳理。"一带一路"基础设施合作发展至今已有10年，基于基础设施对共建"一带一路"倡议的支撑作用，诸多学者从多个视角对共建"一带一路"基础设施问题进行了系统研究，也形成了一定的研究积累。截至2023年10月，以"'一带一路'基础设施"为主题进行检索，共有将近10 000篇的研究文献。对这些文献进行梳理和总结，不仅对推动"一带一路"基础设施的进展、问题、挑战与未来路径有系统了解，也将对秉持什么样的基础设施共同化发展愿景提供理论支持。

4.2.1.1　已有研究对于"一带一路"基础设施合作的认知

1. 关于合作必要性的探讨

学者们主要立足于互补的角度分析"一带一路"基础设施建设合作的必要性。通过对共建国家基础设施建设的现状研究发现，各国基础设施互联互通水平呈现出区域不平衡的现状，除少部分国家外，大多数国家依然面临基础设施发展水平低的困境（郭惠君，2017；金凤君等，2018；陈虹等，2020）。在此基础上，学者分析共建国家基础设施建设的供需现状发现，绝大多数国家都属于发展中国家或转型经济体，其基础设施建设不仅总体条件差（张原，2018），资金需求缺口也十分庞大。而中国除拥有丰富的基础设施建设经验、技术、人才以及坚实的资金来源外，国内市场逐渐饱和，富余的产能可供外部需要。因此两者之间能形成良好的互补性（周家义，2018）和互鉴性（姜安印，2015）。这种供需互补主要体现在三个方面：共建国家基础设施建设资金缺口大，而中国基础设施建设投融资有保障（刘明，2019）；共建国家基础设施建设经验不足，而中国基础设施建设经验丰富（王晓芳等，2018）；共建国家基础设施建设技术优势不足，而中国基础设施建设技术水平世界领先（申现杰等，2014）。

2.关于合作意义的探讨

在充分认识到"一带一路"基础设施互联互通的必要性之后，文献就"一带一路"框架下基础设施合作的意义方面进行了探讨。对于"一带一路"基础设施互联互通的意义，文献主要讨论其带来的经济效益及福利效益。短期内可以认为，设施联通能够显著促进所有共建国家甚至全球的经济发展，这种对经济的推动作用大小与各国经济发展水平的高低和基础设施条件水平的高低都是有关的。从共建"一带一路"各国的角度来看，中国在很大程度上能够通过投资沿线国家的基础设施项目达到促进其经济增长的目的。从"一带一路"建设的国内段建设看，基础设施建设也是促进"一带一路"倡议下中国节点城市经济增长的主要路径之一。除此之外，对缩小沿线各国的收入差距、降低失业率水平也能产生影响。具体来看：

第一，"一带一路"基础设施互联互通具有一定的经济效益。马嫛（2011）较早指出，中国与东南亚的基础设施互联互通不仅有利于中国与东南亚地区国家经济发展，也有利于地区的和平、发展与合作。亚洲开发银行经济学家斯蒂芬·格罗夫（2013）指出，亚洲基础设施的互联互通必然会使亚洲经济增长的成果跨越国界在各个国家分享。在此基础上，大量的研究聚焦基础设施互联互通对贸易的影响。研究证明，共建国家交通基础设施条件的改善不仅能够促进双边贸易量的增加，也能显著促进双边贸易的增长，甚至对于与非共建"一带一路"国家的贸易，也能产生正向的溢出效应。其中的机制主要体现为，在实现基础设施互联互通后，不仅能够降低双边贸易成本以提高区域间进出口效率，还可以扩大出口产品的种类及数量，降低出口价格，进而提高双边或者多边的贸易规模和贸易增速。

第二，"一带一路"基础设施互联互通具有一定的社会效益。这方面的研究主要集中在与收入差距、失业率与减贫等相关的研究上。以交通基础设施为例，交通基础设施条件的改善所带来的减少流通阻碍、降低运输成本的影响将会显著促进劳动力等生产要素在不同部间的自由流动和最优配置，从而影响收入不平等问题。在"一带一路"框架下，有学者的研究发现，"一带一路"能够为共建国家创造更多的减贫红利。

3.关于基础设施互联互通成效的探讨

梳理文献可以发现，无论是定性研究文献还是定量研究文献的结论都在揭示，"一带一路"基础设施建设对于共建国家的经济发展有积极作用，但是由于各地区自身发展条件、各类别基础设施特点的不同，这种促进作用存在较大的差距。诸多学者发现，不同区域间、区域内的基础设施投资效率存在显著差距。而存在差异的原因可以概括为三个方面。一是区域或国家的地理位置对于投资效率具有显著的影响；二是一国GDP总量越大，其基础设施互联互通水平改善带来的经济带动作用就越强；三是政治稳定、制度良好的东道国环境也能提高基础设施的投资效率。也有学者发现，不同的基础设施类别也存在不同的影响，尤其是对于贸易方面。梁双陆、张梅（2016）发现交通基础设施在样本期间内对边界效应的弱度比通信基础设施更大，何敏（2020）在梁双陆、张梅二人的研究基础上引入能源基础设施，研究交通、通讯、能源三者对贸易的促进作用，结果依然显示交通基础设施联通的贸易效率更高。而张鹏飞（2018）则指出与通信基础设施相比，交通基础设施建设水平在中低等收入水平国家从高等收入水平国家进口时发挥的作用更显著，当一国交通基础设施发展到一定水平后，通信基础设施的作用会越来越显著。

4.关于推动"一带一路"基础设施互联互通存在问题的探讨

在"一带一路"基础设施互联互通推进的过程中，已有的文献在分析"一带一路"基础设施互联互通方面相对系统地揭示了当前存在的问题。其中最主要的问题归纳起来主要有多重风险因素叠加，复杂关联性与高度随机性。首先，表现为"一带一路"基础设施在建设的过程中面临着政治风险问题。政治风险问题是长期性存在的问题，其主要表现在两个方面：一是国家内部由于政局不稳定而带来的政治安全风险；二是国家间由于地缘政治、历史冲突等问题带来的国家间政治风险。其次，表现为经济金融风险。经济金融风险是显著性的问题。其主要体现为金融危机以后，全球性经济增长疲软和金融产品供给不足给基础设施带来的风险。再次，表现为由于政府腐败程度、工作效率、稳定程度、民主程度的不同带来的制度风险。最后，也表现为由于文化背景的差异性和复杂性所导致的语言、宗教民族、人文环境的不同带来的文化风险。除此以外，各种非系统也相对比较重要的因素也构成能否顺利推动"一带一路"基础设施互联互通的风险。现实中更为复杂的情况是，基础设施投资面临着多种风险共存并相互影响的情况，而这种情况往往存在复杂的关联性和高度的随机性。另外，还存在基础设施投资需求缺口大，传统投融资模式及主体单一，基础设施建设竞争压力加大，业务能力要求不断提高等问题。

4.4.1.2　已有研究对推动"一带一路"基础设施合作的建议

通过对已有关于"一带一路"基础设施互联互通的研究文献进行梳理，可以发现，从共建"一带一路"倡议提出伊始，倡导加强基础设施建设合作，推动互联互通成为研究的重要关注。早期也即"一带一路"倡议提出的前5年（2013—2018年），对于如何推动"一带一路"基础设施互联互通主要聚焦于以下几个方面：

第一，在"一带一路"框架下做好推动基础设施互联互通的沟通协商。在这一层面之下又分为两个层次：其一是加强政治协商和安全合作，重点强调政治协商是开展"一带一路"基础设施合作的重要前提。其二是强调政策对接的重要性，其重点表现为强调各种重大战略与规划的相互对接，偏向于"一带一路"倡议"五通"之政策沟通。例如张建平（2017）在研究中国与中南半岛基础设施互联互通问题时指出，推动基础设施互联互通时要做到政策沟通和规划衔接的靠前性。事实上不难发现，关于做好推动基础设施互联互通的沟通协商，本质问题在于提高"一带一路"框架下中国与共建国家的政治互信，以此来为具体项目合作提供根本保障。

第二，做好推动"一带一路"框架下基础设施互联互通的重点项目。这一层面的建议主要出于共建国家普遍在基础设施建设方面存在需求，而受制于合作项目和合作资金问题，学者们在分析了相关现状特征后，建议从抓好重点项目建设入手。例如魏敏（2019）就研究如何推动"一带一路"框架下中国与中东基础设施互联互通问题时提出要抓好重点领域，如电力工程、水利工程等方面的项目建设。这类的研究建议，重点突出"一带一路"框架下标志性项目的引领性和示范性，以此为契机带动和引领基础设施互联互通在更加广泛的领域开展。

第三，做好"一带一路"框架下基础设施互联互通的融资。张建平（2015）指出，按照习近平主席"互联互通"思想，推动亚太地区基础设施互联互通首先要改善基础设施建设融资环境。袁东（2018）进一步指出，在"一带一路"框架下推动基础设施建设，其本质是一个大规模的资本动员的过程。因此，在这一层面，聚焦于如何规划、运营和利用好融资平台和融资机制成为推动基础设施互联互通建设重要内容。例如，一些学者强调要做好投融资机制的顶层设计，以规划为导向，做好政府间成本分担和收益共享、民间资本及公有资本投资合作、基础设施议价与补偿、合作方争端解决等机制的设计。此外，一些学者也强调要重视PPP模式对相关项目推进支撑性作用。

第四，要加强"一带一路"框架下推动基础设施互联互通的各种风险防范，核心是要借鉴相关经验，推动基础设施建设。为此，国内学者的大多数研究首先聚焦对推动基础设施建设的相关风险揭示，强调在评估风险的同时加强风险控制。例如，除了需要对地区风险有精确掌握之外，还要提升中国企业的涉外法律意识，要针对不同国家、不同项目开展法律研究，通过合理的保险，降低纠纷解决成本，提高索赔意识和能力，减少风险造成的损失。其次，一些学者强调开展相关基础设施建设经验借鉴的重要性。例如，国务院发展中心课题组在《推进"一带一路"公路设施联通研究》一文中指出，"推动'一带一路'公路设施互联互通，需要借鉴全球基础设施建设合作的经验"。国内学者姜安印（2015）认为，在推动"一带一路"基础设施互联互通建设方面，中国在改革开放以后积累的经验和做法，对与共建国家开展合作可以提供借鉴。

4.4.1.3 文献的总结：一个共同化发展认知的切入点

通过梳理当前"一带一路"基础设施互联互通的研究文献，可以发现：第一，基础设施互联互通作为推动共建"一带一路"的先行领域，已经在面对的机遇、互联互通的意义以及存在的问题和面临的风险方面形成相对基本的认知；第二是在如何推动"一带一路"基础设施互联互通方面也形成了几种相对一致的认知。

然而，基础设施互联互通作为推动"一带一路"建设的重大内容，从目前的研究以及文献揭示的实践现状看，至少存在两方面的不足：

一是对推动"一带一路"基础设施的认知呈现一个固有的模式，也即在具有重大现实意义基础上如何解决问题、化解风险以及实施一些推动策略。这种认知模式催生了研究模式，也即从意义—问题—风险—策略的研究模式来研究"一带一路"基础设施互联互通的问题。这种认知模式和研究模式在当前随着推动共建"一带一路"的阶段特征发生变化后显得不适用。其原因是：一方面，随着"一带一路"转入新的建设阶段，已有的基础设施互联互通建设项目取得成就以及其背后的经验已经能为新阶段的基础设施互联互通提供一些经验支撑；而另一方面，从共建"一带一路"倡议提出伊始，秉持一种新的理念推动包括基础设施互联互通在内的"一带一路"发展合作，在其推进一段时期后需要对新的理念进行集成，以此为后面推动"一带一路"基础设施互联互通形成理念支撑，这就需要迫切统一并形成一种新的研究视角。因此，基于意义—问题—风险—策略的研究模式显然不适合于当前研究，其本质也反映需要形成一种新的模式来研究"一带一路"基础设施互联互通的问题。

二是面向高质量推动"一带一路"基础设施互联互通发展，随着"一带一路"建设背景的变化以及全球经济社会一些新因素的加入，必须形成能够适应于面向高质量发展的"一带一路"基础设施互联互通研究的新的思路。这些思路应该建立在机遇、问题、挑战的基础上，而统一这几类问题，还应该建立在机遇、问题、挑战的基础上囊括总结过去经验和契合当前"一带一路"基础设施互联互通的愿景。当前的研究明显存在这种局限。这必然要求对研究"一带一路"基础设施互联互通的思路重新凝练，本质上也要求以一种新的思路或者视角重新看待"一带一路"基础设施互联互通问题。

实际上，要解决研究"一带一路"基础设施互联互通建设的不足，核心就是要实现两重转变：一是研究模式的转变，二是研究思路的转变。而这两重转变的基础，核心是要对"一带一路"基础设施互联互通的本质进行挖掘和刻画，以期能超越当前遇到的现状和问题，以新的视角重新审视"一带一路"基础设施互联互通问题。而秉持"共商共建共享"理念的"一带一路"基础设施互联互通建设实践以及基础设施互联互通作为一种联动发展的软硬件支撑的性质，也即共同化发展的属性为揭示和刻画"一带一路"基础设施互联互通提供了新的启示。

4.4.2 "一带一路"基础设施互联互通中的共同化发展愿景

4.4.2.1 "一带一路"基础设施互联互通是共同化发展理念的重要实践来源

尽管共建"一带一路"实践已有10年，并在基础设施互联互通在关键领域和关键项目上取得显著成绩。但着眼于未来"一带一路"基础设施互联互通高质量发展，当前推动基础设施互联互通过程中仍存在不少问题和挑战，需要逐渐化解。目前推动"一带一路"基础设施互联互通最大的挑战来自认知分歧。这些认知分歧既来源于基础设施跨区域建设的长期属性，也产生于西方国家在中国倡导推动"一带一路"基础设施互联互通的过程中污名化和恶意抹黑的行径，其超越基础设施互联互通的客观挑战，正在以敌对的意识形态的宣传不断扩大中国与共建国家的认知差异，使"一带一路"基础设施互联互通高质量发展面临更加严峻的挑战。

应当看到有利的一面是，在全球化大发展遭遇各种挑战，一体化发展理念难以提供各种方案，一体化治理实践遭遇各种困境时，共建"一带一路"倡议将促进人类共同发展和共同繁荣作为倡议的根本目的，助推全球化大发展和全球治理。"一带一路"基础设施互联互通也即共建"一带一路""五通"之一的"设施联通"成为"一带一路"贡献给全球大发展重要实践方案。也因此，"一带一路"基础设施互联互通成为促进"一带一路"框架下共同发展和共同繁荣的主要内容和硬件支持。当前全球化大发展遭遇的各种挑战，延伸至"一带一路"基础设施互联互通建设的实践层面，使人们对当前"一带一路"基础设施互联互通的认知产生分歧。这种分歧当前主要来源两个方面。一是基础设施全球合作中或者区域合作中的属性，例如必然存在标准化差异、政治风险和资金不足的系统性问题。这些基础设施合作的现实在一定程度上会影响人们对推动基础设施建设互联互通的差异性认知，对其困难性产生先入为主的基本认识。二是来源于当前全球发展形势，包括全球经济增长前景和预期、偶发性的全球性风险对基础设施未来的影响。这两个方面的认知分歧产生的核心原因是没有将其认知根植于一种长远性的认知共识上。

这种长远性的认知就是共同化发展的认知共识。当前，尽管西方发达国家和一些新兴国家在大多数发展中国家中倡导并投入一定的资金推动基础设施建设，并在少数发展中国家取得了相应的经济社会绩效。但由于各个国家内部情况的不同，这些基础设施建设在建设功能、建设标准以及建设目的方面存在各种差异，因此基础设施的互联互通效应也被局限到一定的范围，其对跨区域的要素和商品流动并未产生较大范围的影响。因此，看起来全球范围内帮助后发国家的基础设施建设行动此起彼伏、热火朝天，基础设施建设所能支撑的互联互通收效却很有限。基础设施建设是物质层面支撑经济社会发展的重要方面，然而，由于缺乏系统性规划和长远性构想，当前全球基础设施合作以及由其支撑的各个区域和国家的经济社会发展是不平衡的，所以缺乏通过基础设施互联互通支撑的共同发展和共同繁荣。

"一带一路"基础设施互联互通正是从实践层面对缺乏平衡的、系统性和长期性规划的全球基础设施建设的弥补。与此同时，"一带一路"基础设施互联互通立足于完善设施联通，实现少数新兴国家、大多数发展中国家和一些发达国家的互联互通，从全球层面为促进要素流动和贸易繁荣，进而为全球化大发展和实现最具包容性的共同发展提供理念和治理支撑。总体来看，基础设施互联互通是"一带一路"共同化发展理念的重要实践基础。

第一，"一带一路"基础设施的互联互通是在实物层面对"一带一路"共同化发展的具体支撑。这种基本支撑体现在：一是当前全球发展处于一个挑战频频、问题不断的时期，迫切需要务实的行动来改善当前的全球化进程。在全球，无论是传统基础设施还是新型基础设施都需要得到发展的今天，基础设施是最能凝聚共识、形成相对统一的务实行动的重要领域。而"一带一路"基础设施互联互通是形成这一共识并采取相应务实行动的最大的实践平台。二是，对于大多数国家而言：一方面面对诸如交通基础设施不完善、能源基础设施不健全以及通信基础设施亟须发展的现状；另一方面面对因缺少相应的基础设施，在商品、要素、产业能全球化流动与布局过程中，很难以潜在比较优势参与全球化大分工和全球性生产的过程，而很难随同全球经济增长实现各自增长。从这一角度看，发展中国家和欠发达国家在全球经济增长或者人类实现现代化过程中呈现出的"趋异"，事实上与基础设施建设尤其是基础设施互联互通有很大的关系。基础设施互联互通是实现全球共同发展的支撑。按照此逻辑，"一带一路"基础设施互联互通必然是"一带一路"共同化发展的基本支撑。三是，"一带一路"基础设施互联互通本身建设过程中，也是全球资本、劳动力、技术等要素参与协作生产的过程。共建"一带一路"倡议秉持的"共商共建共享"的原则以及"互利共赢"的模式，实际上为共建"一带一路"国家提供了各种公平参与全球分工协作生产的机会，其保证了大部分发展中国家不仅能从基础设施互联互通建设过程中受益，也最终使其在基础设施互联互通后通过要素的潜在优势获得利益。这样，"一带一路"从物质生产方面保证了促进共同发展的目的。

第二，"一带一路"基础设施互联互通是共同化治理的实践平台。实现全球化基础设施互联互通，需要探索全球化基础设施互联互通的治理。当前西方国家提供的一体化治理模式，在治理全球基础设施方面已经不具有任何优势，而且往往裹挟某种政治利益，不具有包容性，因此就无从谈及共同发展。"一带一路"基础设施互联互通是当前中国为促进全球共同发展提供的公共产品，也是中国在全球基础设施领域的实践治理探索。这种探索一方面没有既定的模式和治理经验可以遵循，一方面又在当前西方国家主导全球治理的背景下难以辐射全球各个国家。因此，在"一带一路"框架下，加强基础设施互联互通建设就是共同化治理的实践探索。在具体的探索路径上，其一，"一带一路"基础设施互联互通着眼于"一带一路"人类命运共同体构想，通过加强"一带一路"框架下的基础设施联通在物质层面为这一人类命运共同体提供支撑。其二，"一带一路"基础设施互联互通立足于中国在国内基础设施联通的丰富经验，以及中国有意于加强全球基础设施互联互通治理的意愿和能力，为沿线众多与中国情况类似的发展中国家提供基础设施建设和互联互通方面的实践探索。这种探索秉持联动发展和协同发展的意愿，是实现共同发展的重要内涵。其三，"一带一路"基础设施互联互通，秉持共同化发展的理念，经过将近9年的建设，已经在一些领域和项目上将共同化发展理念转化为共同化治理理念，而将一些领域和项目上的经验和做法经过进一步的凝练总结，以期指导更大范围的基础设施互联互通项目建设，将是共同化发展理念再次从理念向实践转化的探索。

第三，高质量阶段基础设施互联互通是共同化发展和治理的重要实践阶段。当前，秉持共同发展理念和坚持共同化治理行动，"一带一路"基础设施互联互通已经取得一些积极进展。随着共建"一带一路"转向高质量建设阶段，深入推动基础设施互联互通成为高质量阶段落实共同化发展和共同化治理的必然要求。而应当注意到的是，当前推动"一带一路"基础设施互联互通遇到的困难和挑战主要集中在两个方面：一是认知性困难和挑战，主要体现在如何对推动"一带一路"基础设施互联互通形成一个统一的认知，并在此认知基础上形成积极有效的治理。二是实践性困难和挑战，主要体现在如何避免一些风险，例如政治互信、地缘政治以及如何规避和化解技术标准对接的问题。不难发现，在高质量阶段推动"一带一路"基础设施建设一要解决认知型困难，二要解决实践性困难。解决这两重困难的实践就是要秉持共同化发展的理念和共同化治理的实践，继续深入推动"一带一路"基础设施互联互通建设。秉持共同化发展理念继续深入推动"一带一路"基础设施互联互通要求继续按照共建"一带一路"倡议"共商共建共享"的原则和"互利共赢"的理念推动基础设施建设按照既有布局加快建设；秉持共同化治理的理念推动基础设施互联互通就需要通过进一步扩大基础设施建设的实践，从而在更大范围形成相对统一的认知和相互一致的行动。总体而言，在共建"一带一路"进入高质量发展阶段，推动基础设施互联互通成为共同化发展和共同化治理的重要内容，需要进一步拓展和加快基础设施建设的进度与步伐。

4.5 高质量阶段推动"一带一路" 基础设施合作的思路与路径

在2018年推进"一带一路"建设工作5周年座谈会上，习近平总书记指出共建"一带一路"阶段正在发生阶段转换，高质量发展成为推动共建"一带一路"倡议的强大动力。提出要以基础设施等重大项目为重点，推动"一带一路"建设不断走深走实。2021年，习近平总书记也在第三次"一带一路"建设座谈会上强调，完整、准确、全面贯彻新发展理念，以高标准、可持续、惠民生为目标，巩固互联互通合作基础，拓展国际合作新空间，扎牢风险防控网络，努力实现更高合作水平、更高投入效益、更高供给质量、更高发展韧性，推动共建"一带一路"高质量发展不断取得新成效[①]。习近平总书记在两个不同场合上的讲话为高质量推动"一带一路"基础设施互联互通提供了根本遵循。

4.5.1 推动"一带一路"基础设施合作高质量发展思路

基础设施互联互通是最能直接让共建国家及其人民感受到共同化发展有益的合作领域。因此，以共同化发展理念推动"一带一路"基础设施建设合作高质量发展是未来"一带一路"建设重要方面。当前，随着共建"一带一路"进入高质量阶段，基础设施互联互通建设进入关键期。一方面，已有基础设施互联互通中存在的一些问题和面临的一些风险需要及时化解和应对，例如受新冠疫情影响，"一带一路"框架下一些基础设施建设项目一度停滞，如何保证项目复工复产和正常开展成为未来"一带一路"基础设施互联互通面临的重要问题。另一方面，当前全球经济形势和国际环境向复杂化演化，如何推动一些涉及"一带一路"互联互通的重大项目从协议走向实践，完成基础设施互联互通的重大布局，

---

① 《习近平在第三次"一带一路"建设座谈会上强调　以高标准可持续惠民生为目标　继续推动共建"一带一路"高质量发展》，人民网，http://politics.people.com.cn/n1/2021/1120/c1024-32287280.html。

也是未来"一带一路"基础设施互联互通需要解决的问题。

按照上述两方面需要解决的重大问题，立足于"一带一路"基础设施互联互通的共同化发展愿景，高质量共建"一带一路"推动基础设施互联互通的基本思路主要呈现在以下三个方面：

一是从建设方向上，推动与"一带一路"共建国家基础设施的互联互通。当前，选择周边国家推动基础设施互联互通有两个原因：首先，周边一些国家在早期"一带一路"基础设施建设重大项目布局时没有得到充分的考虑，而类似于巴基斯坦、哈萨克斯坦、乌兹别克斯坦、蒙古、阿富汗、柬埔寨、尼泊尔这些国家基础设施建设相对薄弱，尤其在交通基础设施方面有许多欠账。与此同时，这些国家在许多基础设施建设方面有与中国合作的坚实基础，在已有基础上进一步推进交通基础设施、绿色基础设施等的建设，容易避开很多政策沟通方面的障碍。其次，这些国家在一些数字基础设施的布局上相对滞后，这些国家迫切需要在数字基础设施上加大布局。数字基础设施具有产业引领性，其必然会推动注入通信服务、手机以及相关数字设备的发展。中国一方面在数字基础设施建设方面存在优势，也具有产能和价格上的优势。因此，中国与周边国家在数字基础设施上的合作将是未来一个具有潜力的合作点。

二是从建设内容上，应该以交通基础设施内容为主的基础设施互联互通向以交通基础设施、能源基础设施、信息基础设施为主要内容的基础设施互联互通的过渡。首先，应加快推动已有交通基础设施的建设力度和步伐，尤其是推动标志性和示范性交通基础设施的建设；同时应加快推动一些新的涉及交通基础设施建设的意向和协议落实。例如2022年上合组织领导人会议达成的中吉乌铁路建设协议。其次应以能源转型和绿色发展为方向，推动新能源基础设施合作项目建设。核心地要在包括光伏发电、风电以及核电为主的新能源发电基础设施、新能源储电和调峰基础设施、新能源充电桩和新能源智能输出口基础设施建设方面加强合作。特别是要加快推动全球能源互联网建设，要推动此区域电力互联互通项目的合作建设。最后，应加强4G、5G通信基站的建设。要加大中国与共建"一带一路"国家的基站建设合作，拓展新的市场。总体上，基础设施互联互通要秉持软硬件同步进行、传统基础设施与新型基础设施协作并进的原则向前推进。

三是从建设性质上，应逐渐实现从承担经济社会功能的基础设施向以承担经济社会功能并且最大限度改善民生状况的基础设施建设转变。事实上，不难发现早期在"一带一路"框架下推动基础设施互联互通项目建设，主要解决基础设施与某些经济社会功能发挥方面的问题，例如一些标志性的交通基础设施的建成或者互联互通，在促进要素和商品流动方面发挥着重要作用。而随着基础设施互联互通建设项目的推进，一些重大的功能性的项目将逐步减少，这是必然趋势。因此，未来要着眼于民生的改善，推动一些惠民性的基础设施的建设。例如在一些共建国家和地区推动安全饮水、便捷用电等的小型便民化的基础设施建设。推动交通基础设施从大中型道路、桥梁基础设施向县级公路、村级公路等的基础设施建设。其核心地是要通过基础设施互联互通让共建国家民众感知到"一带一路"发展合作倡议所带来的共同发展利益，进而为进一步基础设施建设奠定民意基础。

4.5.2 推动"一带一路"基础设施高质量发展的有效路径

第一，以重大工程为依托，构建复合型基础设施网。要在巩固和提升传统基础设施互联互通的基础上，加强新型基础设施互联互通建设。一是要畅通"一带一路"信息通道，连接经巴基斯坦、缅甸等国到印度洋，经俄罗斯到中东欧国家的陆地信息通道。积极推动面向美洲、欧洲、东南亚和非洲方向海底光缆建设，完善海上信息通道。鼓励企业在"一带一路"节点城市部署数据中心、云计算平台等应用设施。二是联合"一带一路"各国加快北斗卫星导航系统及其应用产业国际化进程，建设完善若干北斗海外应用示范工程，尤其是在共建"一带一路"国家的示范工程建设，提升北斗导航国际化综合服务能力。

第二，积极调整基础设施建设方式，推动基础设施建设绿色发展。加快高污染项目的淘汰进度，大力支持基础设施建设相关的绿色技术创新。金融机构要建立健全有关绿色信贷、绿色保险、绿色股票等相关重要制度，构建完善的绿色金融体系。一是要以绿色发展、环境友好等可持续发展要求制定融资新标准，加大项目的审查力度，发挥金融的资源配置作用，引导资本流向低能耗、低排放、低污染领域，倒逼基础设施建设相关企业转型，尤其是在能源基础设施建设领域。企业一是在进行对外项目投资或者合作前，要做好充分的前期准备工作，尤其是在项目投资前充分考虑环境承载力；二是要提高其 ESG（环境、社会和治理）评级以及项目的 ESG 管理水平；三是要加强项目有关环境技术合作，通过自主研发、开展与一些发达国家的技术交流等方式，提高企业绿色项目建设能力；四是要充分利用好共建"一带一路"国家丰富的风能、太阳能、生物质能等资源优势，提升区域能源协同作用，促进产业结构优化，以达到共同化发展的美好愿景。

第三，应以"数字丝路"建设为着力点，加大数字基础设施的布局与建设。一是要利用我国在新一代数字技术方面的优势，财政、产业等激励政策支持企业更多参与沿线5G基站、特高压、新能源汽车充电桩、大数据中心等新型基础设施建设。二是要构建起共建"一带一路"国家数字科技创新共同体，设立常态化的数字基础设施支持基金，持续进行技术创新，掌握新基建所需要的关键核心技术、共性技术、底层技术。三是要推进传统基础设施信息化、数字化、智能化升级的数字基础设施建设项目，积极推进智能电网、智能交通、智能港口等建设，从硬件设施上缓解与消弭"数字鸿沟"，使数字红利更广地惠及共建各国。

第四，强化投融资保障，实现基础设施建设的可持续发展。首先，强化金融对"一带一路"建设支撑，增进区域货币金融合作，创新跨境投融资模式，加强金融产品创新与服务对接等措施，既是补齐"一带一路"基础设施合作资金短板的内在要求，也是推动"一带一路"高质量建设行稳致远的核心要素。最本质的保障是要做好基础设施建设项目的金融风险防范。当前要着力于在以下几方面发力：一是利用国际平台和双边合作加强宏观风险动态监测，二是加速人民币的国际化进程，三是鼓励金融机构与相关基础设施建设企业加强风险管理，四是加强风险预警。通过风险摸底调查、国际信息沟通、专题协调会议、风险提示与预警告知等多种形式，及时保障相关部门、中资金融机构和走出去企业风险预防。其次，要构建"一带一路"金融合作标准化体系，加强规则对接和标准联通。推动建立以多边机制为基础的国际金融新规则，有效吸收借鉴国际通行规则，细化形成"一带一路"金融合作评价标准，提高金融服务的科学性与合理性。再次，创新融资产品种类，加大保险领域服务模式与产品创新力度。通过加大财产险、责任险为主的沿线国家保险合作，可为"一带一路"基础设施合作提供安全港，有利于分散和缓释汇兑限制、支付转移等风险。最后，遵循债务可持续原则，实现融资来源多元化，防范化解债务风险。按照债务可持续原则，依据《"一带一路"高质量发展的融资政策框架》，高标准开展项目融资，提高投融资决策科学性和债务管理水平。发挥开发性金融作用，推广股权投资、PPP项目融资等方式，统筹海外债权管理，构造多元、包容、可持续的融资体系。

第五，提升基础设施建设的标准性，实现共同化发展。高标准建设基础设施是高质量阶段推进沿线基础设施合作的优势之一，但是，高标准的实行要结合沿线国家的实际情况，所以"一带一路"在推行高标准同时，应关注标准的可行性，即"高且可行"的标准。在交通基础设施方面，要持续完善铁路、公路、水运、民航等技术标准体系，积极整理和归纳不同参与国家的标准。在能源基础设施方面，要开展"一带一路"参与国家的油气管道标准分析研究，例如加强与俄罗斯、白俄罗斯、哈萨克斯坦等国家在电力、电网和新能源等领域国际标准化合作，促进国家和地区间能源资源优化配置。中国应基于丰富的基础设施投资、建设、运营的实践经验，包括与发达国家开展第三方市场合作的做法，结合对发展中国家需求的深刻理解，着力打造"一带一路"标准。"一带一路"标准体系的参与主体广泛，涵盖各国政府、国际组织、非政府组织、企业、银行和各类平台，在打造"一带一路"标准过程中坚持"共商共建共享"。

推动共建"一带一路"高质量发展不断取得新成效，需要努力实现更高合作水平、更高投入效益、更高供给质量、更高发展韧性。共建"一带一路"播撒合作的种子，结出了累累硕果。面向未来，中国应继续贯彻新发展理念，以高标准、可持续、惠民生为目标，巩固互联互通合作基础，拓展国际合作新空间，为推动共建"一带一路"高质量发展体现大国担当。

第五章 共同化发展愿景下
"一带一路"能源合作研究

本章导语：能源的利用开发同人类文明历史是同一过程，能源的革命关乎人类的永续发展，能源合作是全球合作的重点和难点，能源与发展将成为未来全球争议的焦点。纵观人类发展和人类利用能源的历史，能源合作正在经历冲突调和到能源命运共同体的合作范式转化和价值理念蜕变。当今世界能源革命进程逐步深化，以石油为代表的化石能源供需矛盾内化于多能源结构更替的供需矛盾之中。以获取能源（利益），着眼应对冲突调和的既有冲突范式，在当前能源合作中的实践性被大幅削弱。而以关怀世界各国人民福祉的能源合作的正义范式，日益得到广泛认同，形成共同化发展愿景和新的价值理念导向。中国倡导的"一带一路"以人类命运共同体为总价值牵引，推动能源命运共同体构建，为能源合作的正义范式提供了实践平台。在共同化发展愿景及其价值导向指引下，"一带一路"能源合作正在形成命运紧密相连的高质量能源合作实践。究其根本，"一带一路"能源合作的高质量是具有现实基础，并且与共建国家国情适配。首先，当前反映霸权主义和强权政治的全球能源治理体系并不符合世界绝大多数国家的利益诉求，这种全球能源治理体系失序加剧了广大发展中国家应对经济发展的外部困难。其次，大多数共建"一带一路"国家拥有雄厚的资源基础，在传统能源供需结构上互补，具有强烈的内在合作需求。再次，气候失常，极端天气频发，威胁世界安全与可持续发展，促使人类命运共同体、绿色发展取得共识。中国与欧洲等国家在新能源合作方面具有技术、资本、市场优势，为"一带一路"共建国家绿色能源获取、技术支持、资金融通、产业发展以及基础设施建设提供了广阔的合作领域。最后，双边对话与多边参与的合作机制的形成、产业合作基地的拓展、基础设施的互联互通等，对共建"一带一路"国家能源合作、共建共赢实现高质量发展提供了机制保障和物质基础。

经过10年共建国家的共同努力，"一带一路"能源合作取得了巨大成就。双边、多边能源合作持续推进，能源合作项目建设成果丰硕，我国能源安全性得到极大提升，在国际能源市场上的话语权进一步增强。着眼于推动"一带一路"能源合作高质量发展，必须坚持以共同化发展的价值理念，推动构建国际能源治理新秩序新机制，提升我国国际话语权，不断完善制度化合作机制，探索绿色能源转型合作新模式，把增加沿线国家人民福祉，维护沿线国家的能源安全，促进沿线国家政治经济协同发展，实现人类可持续发展作为共同目标，贡献中国方案和中国智慧。

5.1 "一带一路"能源合作的范式转化和价值理念蜕变

能源合作的发展经历了以国家利益冲突调和到以人的可持续发展为主的合作范式转化。能源合作的本质是能源作为一种稀缺性商品，以合作的方式协调与调整能源商品反映出的在生产、交换、分配以及消费过程中不同国家的各种利益关系。随着能源供给与消费的结构转型升级以及"资源诅咒"带来经济发展困顿、政治腐败普遍等问题，气候变化带来碳排放约束规制，全球能源合作的思维从应对能源冲突与对立的冲突范式转向如何利用能源实现人的可持续发展，即正义范式。当前，全球能源消费重心从发达国家逐渐向发展中国家转变，世界能源消费结构也向清洁、高效、低碳化方向转型，在此背景下，以面向全人类共同发展、可持续发展的正义范式的能源合作价值理念逐步形成。新价值理念指引下，"一带一路"共建合作的深入发展为正义范式的丰富提供了实践场景。通过"一带一路"能源合作推动中国与共建国家互利共赢、共同发展，既是现有能源合作范式转换的价值理念蜕变，也是正义范式实践的具体行为和理论检验。"一带一路"能源合作高质量发展作为共建"一带一路"高质量发展的重要组成部分，在已有"一带一路"能源合作的基础上，正"迈向更加绿色、可持续且包容的能源未来"的"一带一路"能源合作伙伴关系[①]，构建更加紧密的能源合作。

5.1.1 能源合作的冲突范式

早期能源合作表现为以化石能源为标的，以调和冲突为主的合作范式，即冲突范式。能源合作的目的在于获取能源（利益），以满足本国经济社会发展。传统能源合作的现象表现为在国际层面各个国家积极争取能源（利益），开展能源贸易合作。但是由于像石油、天然气这类能源在工业发展中的重要性、形成条件及勘探技术等原因导致的稀缺性以及地

[①] 《第二届"一带一路"能源部长会议圆满闭幕》，国家能源局，https://www.nea.gov.cn/2021–10/19/c_1310255314.htm。

理空间区域分布的不均性，使这类能源资源往往又具有战略属性和政治属性，成为地缘政治博弈的主要对象。因此，围绕获取能源（利益）的角逐势必引起冲突甚至对抗。现有能源合作范式着眼于应对能源冲突开展各种合作，形成了能源合作冲突范式。这一范式的基本特征是：国家作为能源合作的唯一行为主体，以获取石油（利益）为能源合作的目的，以解决石油冲突为能源合作的根本任务，以构建双边/多边机制形成能源合作的路径支撑，以石油供需安全为主要内容的能源安全作为能源合作的基本价值遵循。合作的基本形式以石油贸易合作为主，以围绕石油贸易的能源产业链合作为辅。

能源合作冲突范式形成当前能源治理格局。当前能源治理以冲突调和的方式展开合作，从二战以后大体经历了三个阶段。第一阶段（二战结束—20世纪60年代）：各个石油输出国与国际石油公司的斗争与合作。二战结束后，随着殖民主义弱化和国家主权伸张，国际能源冲突主要体现为以国家形式争取能源利益以及争夺能源的控制权。中东地区一些国家摆脱殖民主义侵略后对本国石油资源利益提出正当伸张，对西方各大石油公司及其背后的政府形成挑战。这些正当的利益伸张包括获取更大份额的石油利益，或者谋求本国石油资源的控制权等。但早期的利益伸张行为，都因为国家政治的干预谋划遭遇失败。由于缺少对石油的绝对控制权，加之在当时供给过剩的背景下石油还缺乏从普通商品过渡到战略商品的支撑条件，也就难以成为石油武器或者国际斗争的工具，因此，这一时期，资源型国家与石油公司的斗争收效甚微。第二阶段（20世纪60年代—20世纪90年代）：欧佩克的成立与供需国家的冲突与合作。这一时期国际能源合作与竞争最显著的特征是：其一，1960年9月在巴格达会议期间，伊朗、伊拉克、沙特、科威特等几个重要的石油生产国成立了石油输出国组织欧佩克（OPEC），在以国家联盟形式控制世界石油生产与价格方面取得了实质性进展。其二，世界石油市场实现了从买方市场向卖方市场的转变，石油危机若隐若现，石油的战略属性进一步突出，围绕石油（利益）冲突的斗争日趋激烈，战争也成为重要的斗争方式之一。在这一时期，爆发了多场围绕争取石油（利益）的地区战争冲突，石油既作为冲突标的又作为斗争工具在其中扮演重要角色。其三，在围绕石油冲突斗争中，也不乏石油输出国国家内部围绕石油利益的斗争。在第二次与第三次中东战争中，伊朗、沙特等国的石油政策也与石油输出国家组织的石油政策出现利益冲突，导致国家关系以及地区矛盾紧张。第三阶段（20世纪90年代至今）：持续的围绕获取石油（利益）

冲突及其治理格局。近半个世纪以来，围绕获取石油的利益冲突引致了多个国家和地区常年战争和社会动荡的问题。近30年来，从中东地区冲突到非洲种族军事冲突，从"阿拉伯之春"到乌克兰危机、俄乌冲突，从国际社会对伊朗的制裁到美国对委内瑞拉、俄罗斯的制裁等等，全球治理困境中诸多现象的根源大多包括石油因素，战争成为应对冲突的常见办法，同时也造就了以美国为首的全球能源霸权。

除了以战争来应对冲突外，更加温和也比较普遍的调和方式就是形成各种双边或者多边的对话和务实合作。这主要是许多发展中国家精心拟定了自己的工业化政策，而实施这些工业化政策就需要维系持续不断的廉价的石油进口。像日本、中国、印度等国家发展绩效突出，工业化进程推进较快，都需要在拓展多元化的石油进口渠道和获取低价的石油供应。基于这些目的，这些石油需求国和石油生产国在对话机制、贸易机制以及石油治理方面开展了各种合作。总的来说，当前能源治理体系表现出西方少数国家能源霸权的野心与发展中国家谋求能源合作新机制的矛盾。

伴随能源转型进程深化，全球能源转型结构加快。一方面，石油在增量方面主导性正在下降。1980年到2020年以来，石油探明储量增速和消费量增速的对比，发现石油消费量增速整体低于探明量增速。另据英国石油公司2020年全球能源展望的数据显示，未来30年，石油需求将呈现下降趋势，其中在BAU（常规）情景中至2050年降低10%，并在21世纪20年代前期达峰并保持平稳。另一方面，从供给侧看，能源生产呈现从一次能源主导增长向一次能源主导存量、可再生能源主导增量的趋势变化。从消费侧来看，10年的数据显示，全球煤炭、石油等化石燃料的消费呈现下降趋势，而低碳、清洁能源的消费需求正在加快上升。同时，像天然气等低碳能源的开发与利用增加又一定程度上弥补了石油资源分布的不均匀性。石油供需矛盾内化于能源供需矛盾之中，冲突范式在当前能源合作中的实践性被削弱。同时，隐藏在能源合作冲突范式之下的诸多不利现象，如：经济分化、能源贫困、地缘冲突、政治腐败、气候变化与碳减排合作的新要求，以及新型能源合作治理的不适应性等催促对能源合作范式转换的迫切性要求（见图5-1）。

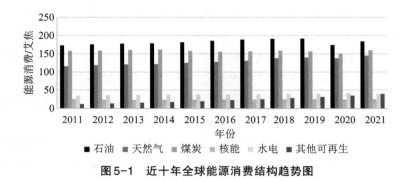

图5-1 近十年全球能源消费结构趋势图

5.1.2 能源合作的正义范式

能源合作出现正义范式的思潮和趋势。全球能源消费重心从发达国家逐渐转向发展中国家转变的现实，世界能源消费结构也向清洁、高效、低碳化方向转型背景下，全球能源合作的思维正在从应对能源冲突与对立转向如何利用能源实现发展正义。所谓正义范式，就是围绕能源合作的目的在于促进人的发展这条线索，在以国家为主体获取能源（利益）进而促进人的发展这条逻辑实践，着眼于统筹新型能源合作和促进人的发展，以解决发展正义目的而形成的应对能源合作的新范式。正义范式具体来看：一是共同发展是正义范式的目的和宗旨。鉴于能源（利益）的分配不公和部分国家资源贫困长期阻碍其发展，正义范式将大多数难以依赖传统能源实现自身发展的国家纳入全球能源合作的体系之中，尤其是关注能源合作能否为大多数国家及其个人依托能源资源的开发利用实现自我发展创造更多的机会，使其在国际能源合作中的行为空间得以拓展。二是新能源领域的合作是正义范式的重要依托。在传统能源供需矛盾基本稳定，新能源利用技术的进步和经济成本下降的背景下，新能源的合作是未来能源合作的主要内容和主要趋势。一方面，新能源的开发利用与合作是一个更为广阔的产业合作范畴。这意味着各个主体可以凭借各自要素直接获取利益，以满足自身发展需要，与单独使两个主体直接受益的传统能源所属于的贸易合作范畴完全不同。联合国相关数据表明，新能源行业创造的就业岗位是传统化石燃料行业的3.5倍。另一方面，能源生产清洁化、能源消费低碳化成为趋势。在能源电力发展以及经济社会发展与碳排放"脱钩"的趋势下，摆脱对化石燃料的依赖也成为一种趋势。

5.1.3 共同化发展愿景下的"一带一路" 能源合作高质量发展

共同化发展愿景下的"一带一路"能源合作为正义范式的理论拓展和实践验证提供实践场域。在理论层面，共建"一带一路"追求发展和崇尚共赢的共同化发展愿景是"一带一路"发展场景最大的特色。推动"一带一路"能源命运共同体建设的本质就是让合作契合各方共同利益，满足各方共同需要，让合作的利益惠及各国民众，这就与能源合作的正义范式所要求的借助能源实现人的发展与消除不公平实现理论根源的相通。在实践层面，正义范式是引领当前能源合作在不同主体、不同能源种类以及不同国家间普遍接受、迅速开展的最容易实践的范式。首先，共建"一带一路"国家能源贫困与发展问题普遍存在，需要一种有效的方式予以解决。"一带一路"覆盖的区域是传统化石能源最富集的区域，也是新能源发展的热点区域。一些共建国家石油、天然气、煤炭资源贫乏，但其水电、光电、风电资源禀赋较好，正义范式思维将为其提供通过水电、光电、风电等项目开展能源合作进而应对能源贫困的实践思路。其次，作为"一带一路"首倡国的中国，在依托能源资源直接促进人的发展上有切合正义范式的实践探索。尤其是通过光伏资产减少贫困方面成就巨大，在能源开发利用以及合作与人的发展之间的紧密联系方面经验成熟，模式多样，为正义范式价值理念普及、认同、引领"一带一路"能源合作提供了重要案例和经验。

探索"一带一路"能源合作高质量发展是现阶段的重要理论命题和实践任务。第一，明确"一带一路"能源合作高质量发展的深刻内涵是在共同化发展愿景下的全方位、可持续、更紧密的能源合作的发展。在2021年博鳌亚洲论坛开幕式致辞中习近平主席指出①，中国将以"共商共建共享"的原则，"建设更紧密的卫生合作伙伴关系，更紧密的互联互通伙伴关系，更紧密的绿色发展伙伴关系，更紧密的开放包容伙伴关系，为人类走向共同繁荣作出积极贡献"。其中"四个紧密的合作关系"对理解"一带一路"能源合作高质量发展提供了重要启示，即能源合作高质量发展就是在已有"一带一路"能源合作的基础上，构建更加紧密的能

---

① 《习近平在博鳌亚洲论坛 2021 年年会开幕式上发表主旨演讲》，求是网，http://www. qstheory.cn/yaowen/2021-04/20/c_1127350932.htm。

源合作关系。同时，在2021年第三次"一带一路"建设座谈会上①，习近平总书记关于推动共建"一带一路"高质量发展的阐述，再次为理解"一带一路"能源合作高质量发展提供理解遵循。尤其是"努力实现更高合作水平、更高投入效益、更高供给质量、更高发展韧性"的阐述，更加突出了"一带一路"能源合作高质量发展在于构建更紧密能源合作关系的基本内涵。这是因为，只有构建更加紧密的能源合作关系，才能推动实现更高的能源合作水平，实现更高的发展韧性。第二，从实践来看，推动"一带一路"能源合作高质量发展，构建更加紧密的能源合作关系已有具体支撑。2019年，"一带一路"能源合作伙伴关系正式成立。截至2023年，已召开两届"一带一路"能源部长会和两届"一带一路"能源合作伙伴关系论坛，伙伴关系成员已有33个国家②。

5.2 "一带一路"能源合作的现实基础和国情适配

在共同化发展愿景下推动"一带一路"能源合作高质量发展，构建更加紧密的能源合作关系，一方面体现为在"一带一路"框架下更加广泛的合作，另一方面体现为在既有能源合作基础上更加稳固的合作。因此，需要对"一带一路"能源合作的现实基础和共建国家的具体国情展开深入了解。

5.2.1 全球能源治理体系失序与发展中国家的话语诉求提升

5.2.1.1 全球能源治理体系失序

全球能源治理体系是保障全球能源安全稳定与合作公平公正，维护全球能源市场供需平衡，促进世界各国经济发展的重要机制。然而，现行全球能源治理体系，在能源安全和合作公平等方面顾此失彼，捉襟见肘；在冲突协调、绿色转型等方面束手而乏力，尽显疲态，与当前能源发展形势不合，与共同化发展愿景的能源合作要求不符。

首先是公平缺失。现行的全球能源治理体系是服务于少数西方发达国家的利益最大化，由少数国家主导国际能源贸易的规则制定和市场运行机制，以强权政治和武力威胁干扰国际能源市场，损害其他各能源国

① 《习近平在第三次"一带一路"建设座谈会上强调　以高标准可持续惠民生为目标　继续推动共建"一带一路"高质量发展　韩正主持》，求是网，http://www.qstheory.cn/yaowen/2021-11/19/c_1128081519.htm。

② 王希、戴小河：《"一带一路"能源合作结出共赢之果》，中国政府网，https://www.gov.cn/yaowen/liebiao/202310/content_6907775.htm。

的权益。全球能源治理体系的公平缺失造成能源生产国和能源消费国的供需不稳的混乱局面,进而根本无法保障各参与国的能源安全。

其次是现行能源体系协调能力有限。全球能源市场的参与者既有能源生产大国又有能源消费大国,既有综合实力强盛的西方大国又有弱小不发达的落后国家,全球能源治理体系在协调大国与小国、生产国与消费国间的不均衡能力有限。国际能源市场中的激烈竞争和矛盾冲突时有发生,一些孱弱小国更因能源利益被西方大国施以强权暴力,自身利益根本无法得到捍卫。随着新兴世界经济体的不断壮大,全球能源供需格局发生了巨大的变化。新兴经济体强大的经济实力、能源消费能力、积极参与全球能源治理的诉求与现行能源治理体系中地位的不匹配,使现有的能源治理体系暴露出协调机制老化、治理能力减弱、地域局限明显、实践进展缓慢、调控难以为继等问题。

最后是可持续性不足。200年来,受限于技术发展与人类发展的认知,有限化石能源开发和消耗呈现出无节制的状态。这种掠夺式的发展模式对人类社会以及可持续发展造成了巨大的负面影响。由此引发全球气候变暖,生态环境恶化,极端天气频发等问题,威胁人类的生存和发展权益,已成为全球能源治理面临的最紧迫议题。“一带一路”区域的能源结构仍然以非可再生能源为主,绿色能源的普及率较低(见表5-1)。重新审视现行的国际能源治理体系,考量其偏重于传统化石能源供应安全,过分注重能源供需双方的利益和GDP增长,不够重视生态环境保护问题等缺陷表明:能源治理效果不甚满意,能源治理体系失序,已经严重影响了人类社会的可持续发展。

表5-1 2021年“一带一路”各区域各类能源发电率

单位:%

能源类别	区域				
	欧洲	独联体	中东	非洲	亚太
石油	1.19	0.80	23.45	8.49	0.90
天然气	19.82	46.13	71.21	39.62	10.67
煤炭	15.67	18.70	1.36	27.57	56.92
核能	21.89	15.47	1.08	1.16	5.10
水电	16.11	17.90	1.49	17.09	13.23
可再生能源	23.47	0.65	1.42	5.46	12.08
其他	1.84	0.36	—	0.61	1.09

(数据来源:国际能源署)

5.2.1.2 发展中国家国际能源治理的话语诉求影响力在提升

新兴经济体的能源消费快速增长，对世界能源市场的影响力极大增强，新型经济体对世界的贡献度和在以往由能源生产端和西方大国主导的国际能源市场中的话语权不匹配。新兴经济体中的中国、印度、东盟等国家经济增速保持良好，对世界能源市场的参与度和贡献度显著提升，对世界能源消费市场的稳定具有举足轻重的作用，因此，这些发展中国家在国际能源治理体系中的话语权诉求日益增加。特别是，中国在经济、军事、文化、科创等方面的发展水平和实际能力奠定了中国在处理全球事务、解决国际争端上的巨大影响力，在国际能源供需格局中拥有举足轻重的地位，发挥着不可替代的作用，这为中国参与全球能源治理奠定了较好的能力基础。此外，中国的外交政策和外交理念，秉持独立自主与和平共处五项原则，为中国赢得良好的国际政治声誉和政治信任。中国倡导的共建"一带一路"更是高举和挥舞和平、发展、合作、共赢的旗帜，为中国参与全球能源治理奠定了较好的信任基础。能源资源合作成为共建"一带一路"的着力点，"一带一路"能源合作也尝试为解决能源资源全球配置不均、化石能源消费带来的环境危机、贫困地区能源发展滞后等一系列能源发展问题提供新的对话平台和多边能源合作机制。通过"一带一路"建设能够有效支持共建国家能源行业发展、改善共建国家人民的生存生活条件、促进能源发展成果全球共享，共同消除"能源贫困"，并为推动区域多边能源合作机制化建设，推动全球能源治理格局变革提供良好契机。人类命运共同体指引的国际能源合作是全面、充分考虑人类共同、可持续发展后的中国方案，体现出大国担当和责任。

5.2.2 共建"一带一路"国家具有强烈的内在合作需求

"一带一路"所涉及的区域国家资源丰富，共建国家中既有能源资源国，又有能源消费国，双方的需求契合，合作潜力巨大。"一带一路"共建国家中前十大原油资源国的原油探明储量1871亿吨、占全球原油探明储量的76.6%（截至2020年）；前十大天然气资源国的天然气探明储量137.5万亿方、占全球天然气探明储量的73.1%（截至2020年）[①]。在"一带一路"沿线许多拥有丰富油气资源的国家正在寻求新的稳定能源市场。

---

① 孙亚楠：《以高质量油气合作推动 高质量共建"一带一路"行稳致远》，中国石化新闻网，http://www.sinopecnews.com.cn/xnews/content/2023-12/29/content_7085791.html。

一方面，从石油生产和消费来看，共建"一带一路"国家的石油生产与消费总体呈增长趋势，但生产增长大于消费增长。中东、非洲、中亚和俄罗斯等地区的石油生产能力均高于消费水平。自2000年以来，中亚和俄罗斯石油产量年均增速远远高于消费量增速，增速比2.6∶1，石油出口能力不断增长。中东地区是全球石油出口能力最强的地区，石油出口的能力稳定，年均出口石油10亿吨。从天然气的生产和消费来看，天然气产量主要集中在美国、俄罗斯、伊朗及中国等地。多数区域天然气需求保持增长，其中亚太地区增长较为显著。截至2021年底，北美、亚太、中亚、中东以及欧洲地区需求量分别占全球需求总量的25.6%、22.7%、15.1%、14.3%以及14.1%[1]。另一方面，随着新兴市场国家的崛起，特别是中国、印度等国家对能源发展需求持续增长，亚洲成长为新的全球能源贸易中心，中国和印度分别成为世界最大的石油和煤炭进口国。与北美地区石油对外依存度持续下降不同，亚洲对石油进口的依赖显著提升。英国石油公司（BP）预测，到2035年，亚洲占区域间净进口的比重接近80%，并且超过40%的一次能源需求将依赖于进口，基本贡献了全部新增能源贸易量。以中国为例，石油和天然气需求方面，中国是石油消费大国，石油消费量逐年递增，增速波动变化。

从中国石油和天然气的产量与消费量比重来看，2015年至今，均有明显的供不应求的特点。从近10年能源供给和需求来看，能源需求缺口逐步增大。能源进口成为中国缓解国内能源短缺的主要手段。因此，从能源安全考虑，中国能源主要存在着常规油气资源可采储量不足，能源供需不平衡，油气对外依存度高的问题，国内油气资源越来越难以满足经济社会发展需求。数据显示，中国的油气资源可开采储量不足，储采比远低于世界平均水平。为缓解能源供需结构的失衡和结构性矛盾，近年来，中国油气进口量持续增长，对外依存度不断攀升。2016年，中国已成为全球最大石油进口国，中国石油集团经济技术研究院《2019年国内外油气行业发展报告》统计数据显示，2019年，中国原油和石油对外依存度均超70%，天然气对外依存度与上年基本持平（2018年为45.3%）[2]。BP预测2040年，中国石油和天然气的对外依存度分别为76%和43%。共建"一带一路"国家丰富的油气资源储量，巨大的油气生产出口能力，是补充中国未来巨大油气需求缺口的重要来源，具有较强的

---

① 国际能源署，https://www.iea.org/。

② 《重磅！中石油经研院〈2019年国内外油气行业发展报告〉发布》，搜狐，https://www.sohu.com/a/368248390_825950。

供需互补性，对于保障中国能源供给安全具有十分重要的意义。传统经济大国和经济快速发展国家形成了巨大的能源需求市场。这种供求的互补性是"一带一路"能源合作的内在需求。

5.2.3 中国与欧洲等国家的新能源领域优势差异 为合作提供了更广阔的空间

5.2.1.1 能源绿色转型符合共建各国利益

共建"一带一路"国家中，多数仍处于工业化初级阶段，人口集聚和城市化深入等进程中将产生较大的资源需求和能源投入。但是，其经济和产业发展的质量、水平较低，方式还较为粗放。当前，全球气候变化对世界粮食安全和可持续发展带来严重威胁。因此，一方面，为应对全球气候和环境变化压力，在《巴黎气候协定》的规范引领下，各国在国情和能力下负有"减排和限排"的义务；另一方面，受到能源技术、国际合作、能源安全等因素影响，共建多数国家将清洁、绿色、低碳、高效、可持续、可再生能源作为能源转型的重要方向。随着可再生能源发电、电化学储能、新一代通信和网络等新技术不断突破，产业生态面临百年未有之深刻变革。各国都在谋求新能源交通的战略转型，集中资源争夺可再生能源发电、新能源汽车、人工智能和生物科技等领域的领导权，尤其是有实力的中国、美国、欧盟等。如：英国、法国、荷兰等越来越多的国家开始探讨出台 2035—2040 年全面禁售燃油车的时间表。2020 年 10 月，中国提出了 2030 年前碳达峰和 2060 年前碳中和的目标[①]。这一单边承诺对于实现全球气候治理目标非常重要，同时有助于中国成为气候外交的领导者。在全球碳减排的背景下，各国都把追求绿色清洁能源作为未来的发展重心。中国政府在"一带一路"倡议中融入绿色发展理念，倡议"共建'一带一路'绿色之路"。其主要包括在国际产能和装备制造合作中树立环境友好和资源节约原则，促进绿色技术和产业的发展，推进绿色投资和绿色金融体系发展等。因此，"一带一路"绿色新能源建设发展的前置基础，指引了共建国家在应对气候变化、保护生态环境、促进能源开发利用向"绿色、低碳、可持续"方向转变，深入高质量能源合作，这契合各国发展新能源的现实需要。

---

① 《习近平在第七十五届联合国大会一般性辩论上的讲话（全文）》，求是网，http://www.qstheory.cn/yaowen/2020-09/22/c_1126527766.htm。

5.2.1.2 中国及欧洲国家在新能源合作中具有技术、融资、市场的互补性

中国在风、光、核发电、新能源储能、通信科技等领域具有技术领先优势。加速这些产业融合发展，既有利于应对复杂的外部冲击影响，又有利于推动中国能源生产革命和消费革命，尤其是在可再生能源发电和新能源汽车领域，助力产业基础高级化和产业链现代化。进入21世纪后，经过十几年技术的快速进步，中国的新能源技术和产品趋于成熟，新能源汽车产业发展取得了举世瞩目的成就，动力电池、驱动电机、车载操作系统等关键技术取得重大突破，以光伏和风力发电技术、动力电池和储能电池为典型代表，正处于实现跨越式发展的拐点。目前，中国已基本具有新能源技术"走出去"的基础和建设经验。以新能源车为例，新能源汽车在基础材料、关键零部件、制造装备等领域，建立了结构完整、自主可控的产业体系，除自主供应外，还实现了批量出口，新能源汽车有望成为中国引领世界汽车产业转型的重要力量。与此同时，光伏电池和动力电池成为和高铁齐名的国家名片。

首先，欧盟在20世纪70年代就开始了升级版战略能源技术计划，开展研究与创新优先行动。进入21世纪，欧盟依托科技框架计划加强了能源技术研发，以应用为导向打造能源科技创新全价值链，开展"十大"研究与创新优先行动。在开发高性能可再生能源技术及系统集成，降低可再生能源关键技术成本，开发智能房屋技术与服务，提高能源系统灵活性、安全性和智能化，开发和应用低能耗建筑新材料与技术等领域具有领先地位。

其次，中国新能源产业具有融资优势。新能源产业作为一个资本密集型和技术新兴的产业，使得新能源在当今社会具有投入高、风险高、回报高的具体特征，尤其是光伏与风电等新能源领域对于资金的需求量极大。伴随全球科技水平的提升，外部因素已十分有利于新能源的发展，现阶段制衡全球新能源产业链条崛起的主导因素是融资难。中国的新能源产业发展融资逐步走向多元化。目前，在中国新能源领域整体结构的资金来源形式主要有财政补贴、银行信贷、债券、股票、投资、融资租赁、P2P网络借贷、民间众筹、私募质押等，融资渠道现已十分完善。如：国务院全面实施节能减排政策部署，财政部制定并发布了《太阳能光伏建设应用财政补贴管理暂行办法》；在融资过程中给予一定的融资优惠，例如农业银行的"绿色债券"等。2003—2020年，在新能源领域，中国政府投资金额和投资数量都呈上升趋势，仅2017年有关新能源的投

资数量就多达39笔。中国新能源行业便利的融资特点是"一带一路"共建国家新能源合作的巨大优势。

最后，新能源市场具有强大的后劲。新能源建设规模和需求都有很大的市场潜力。就中国而言，一是新能源发电供给仍有巨幅上升空间。2021年中国新能源发电量达1.04万亿千瓦时，同比增加30%以上[①]。二是新能源产业链关联和带动效应明显。以地热产业为例，到2035年，将累计带动地热全产业链总投资达5万亿元，提供近80万个就业岗位。巨大的新能源市场需求也为"一带一路"新能源合作奠定了基础。放眼欧洲，《欧洲新能源汽车报告》显示，2020年上半年，在财政补贴和碳排放约束下，欧洲的新能源汽车市场快速扩大，销量达到39.98万辆，成为全球最大的新能源汽车销售市场。

5.2.1.3　较不发达国家绿色能源获取困难，对国际能源合作依赖性加强

国际能源署发布的《世界能源进展报告2021——追踪SDG7》提出，世界尚未实现可持续发展目标[②]，尤其是大多数脆弱贫穷国家距此目标的差距越来越大。不同国家在可负担的、可靠的、可持续的现代能源服务，尤其在电力的可获得性方面好坏参半。2019年全球仍有7.59亿人缺乏电力，在动荡和落后国家，农村地区缺乏电力的比例达到了84%。全球电力供应区域不平等，在拉丁美洲、加勒比地区以及东亚东南亚，电气化进展已实现普及，而在撒哈拉以南的非洲却是全球最大的电网接入不足地区，占全球无法用电人口的3/4，2019年电力获得率为46%。落后国家基本能源获取困难更是不言而喻，在全球新能源转型中势必继续落后。同时由于新冠疫情对社会经济的影响，剩余未获得电力服务的人口面临的复杂性和缩小差距将变得越来越具有挑战性，为低收入国家、受到冲突和暴力困扰的脆弱国家加速电气化形成艰巨挑战。要实现普遍获得清洁能源和技术目标，需要较发达国家提供更多的援助和支持，在电力普及、清洁燃料获取、新能源技术、提升能源效率、公共资金流入等方面加大援助承诺和基础设施建设。

5.2.4　共建"一带一路"国家能源合作的机制保障与物质基础

合作共赢成为共建国家的共识，基于理念认可和政治互信以及中国

---

① 根据中国国家能源局发布数据计算得出，https://www.nea.gov.cn/。

② 《Tracking SDG7: The Energy Progress Report, 2021》，IEA, https://www.iea.org/reports/tracking-sdg7-the-energy-progress-report-2021。

在周边地区的影响力不断扩大，中国与共建国家签署合作协议，建立合作伙伴关系，双边合作机制和多边合作机制互相辅助，渐趋成熟，为能源合作提供了良好政治保障。中国提出的"一带一路"高质量发展、亚洲基础设施投资银行、孟中印缅经济走廊、中巴经济走廊等有利于各国共同发展进步的重大合作倡议，取得为世界瞩目和赞赏的成绩，为中国倡导构建能源命运共同体奠定了良好的基础和平台支撑。

5.2.1.1　双边合作提供对话基础

双边合作机制是两国构建的一对一的合作机制，是全球关系中最常见的互动方式。在国际能源合作的初始阶段，这类合作机制是供需双方为加强能源协作而设计的广泛存在，是全球能源协作的主要框架，扮演着引领者的角色。"一带一路"倡议提出以来，中国积极探索建立双边联合工作机制，进一步完善现有的联委会、经贸混委会、协委会、指导委员会、管理委员会等双边机制，协调推动合作项目实施，并积极推动与"一带一路"共建国家签署合作备忘录或合作规划。中国与中亚国家在具体的能源项目合同上，国家间双边合作协议更加完善，秉持"开放包容、互利共赢、互信互任"原则，以产业链合作增加的利益为目标，在"一带一路"倡议引导下的政府顶层设计、产业链协同分工、资本融通、企业联通的合作模式，以首脑会议确立战略框架、职能部门提供政策支持、科研机构联合研发、企业共同开发的操作模式，推动双方产业优势互补、互利互惠。

5.2.1.2　多边合作凝聚更多参与主体

伴随合作的深入，国际能源合作范围逐渐扩大，现有的能源合作机制无法满足区域多边协同发展资源合作的需求。为了确保地区能源安全和能源供应链的稳定运作，多个国家在共同利益前提下构建了能源合作平台，也就是多边合作机制。围绕"一带一路"倡议，中国积极强化多边能源合作机制，并取得了重要进展。上海合作组织（SCO）、中国—中东欧16+1合作机制、中国—东盟"10+1"、亚太经合组织（APEC）、博鳌亚洲论坛（BFA）、亚欧会议（ASEM）、中非合作论坛（FOCAC）、中阿合作论坛（CASCF）、亚洲合作对话（ACD）、亚信会议（CICA）、中亚区域经济合作（CAREC）、大湄公河次区域经济合作（GMS）、澜沧江—湄公河合作机制（LMCM）、中国—海合会战略对话等多边合作机制不断完善，带动了更多国家和地区参与"一带一路"能源建设，为"一带一路"能源合作提供了对话基础。近年来，上海合作组织框架下经贸合作逐渐深化，"区域全面经济伙伴关系协定""中日韩自贸区"谈判取得了积极的进展。同时，中国与周边国家积极参与亚太经济合作组织、二十国集团（G20）、金砖国家等多边合作机制。

5.2.1.3　能源产业合作基地建设为企业间合作提供了新载体

中国在沿边省区设立了重点开发开放试验区、边境经济合作区和两个双边边境经济合作区。中国境外，中白工业园、泰中罗勇工业园、埃及苏伊士经贸合作区，以及在建的分布于"一带一路"沿线20个国家的多个经贸合作区。经贸合作区、工业园区和中国沿边经济合作区的建设，将为双边进行新能源产业链分工合作、开展新能源高端关键技术和装备联合研发提供合作载体，为跨国间的企业合作提供新的合作方式，而分工合作体现的互利互惠将进一步为合作提供新动力。

5.2.1.4　设施联通为能源合作提供物质保障

"一带一路"国际经济合作走廊和通道建设取得明显进展，新亚欧大陆桥、中蒙俄、中国—中亚—西亚、中国—中南半岛、中巴和孟中印缅等六大国际经济合作走廊将亚洲经济圈与欧洲经济圈联系在一起，为加强各国互联互通的合作伙伴关系，构建高效畅通的亚欧大市场发挥重要作用，经济走廊建设促进能源合作、设施互联互通、经贸与产能合作等领域合作不断加深，一系列能源项目顺利推进。中国商务部数据显示，2013—2022年，我国在共建"一带一路"国家承包工程新签合同额、完成营业额累计分别超过1.2万亿美元和8 000亿美元。能源设施建设方面，中国与"一带一路"共建国家签署了一系列合作框架协议和谅解备忘录，在电力、油气、核电等领域开展了广泛合作，共同维护油气管网安全运营，促进国家间的能源资源优化配置。中俄原油管道、中国—中亚天然气管道保持稳定运营，中俄天然气管道实现通气，中缅油气管道全线贯通，对"一带一路"能源合作发展意义重大，中亚、中俄、海上和中缅四大能源运输通道稳定了中国的能源安全，为在中亚、东欧、中东更大范围内的能源合作提供了可能性。中国与沿线各国在交通、能源基础设施和通信干线网络等方面的互联互通为能源合作提供了良好基础。

5.2.1.5　高质量共建"一带一路"为能源贸易畅通搭建了功能平台

能源产业合作是基于分工和贸易的合作，能源产业合作的目的是双方追求最大效率。能源资源的全球分布不均衡决定了能源合作首先是一种互通有无的贸易合作，能源关系到一个国家经济活动的正常运转，因此能源合作关系的刚性很强，只要有需求，自然会出现能源合作。对能源"有"的追求要高于对价格的考量，在这种情况下，供给端的资源禀赋自然而然形成垄断优势。对效率的追求意味着能源产业合作是一种国家理性选择，自利驱使下的国家会尽可能追求自身利益最大化而不会考虑其他国家的利益，强国可以通过合作获得更多的利益，落后国家处于边缘位置，自身能力有限且不会被有能力的大国关注到。因此，国际能源产业合作基于分工和贸易的底层逻辑一定会带来国际不平等，包括供需双方地位不对称，也包括发达国家和落后国家利益的不对称。

"一带一路"倡议覆盖国家的能源贸易正在不断变化。从图5-2、图5-3中可以看出，中国从能源出口大国逐渐转型为能源进口大国，能源进出口规模快速增长，能源进口规模远高于出口规模；新加坡进出口规模稳步增长，进口规模一直大于出口规模；印度尼西亚主要依赖能源出口，能源出口规模稳步上升；泰国、土耳其、以色列、印度、波兰均依赖于能源进口，能源进口规模不断增长；埃及能源进口规模不断提升，出口规模基本维持不变；乌克兰、立陶宛、捷克的能源进出口贸易规模不断缩减；匈牙利和斯洛文尼亚的能源进出口规模稳步上升，进口规模均超过了出口规模；爱沙尼亚和拉脱维亚的能源进口贸易规模不断缩减，出口规模有一点上升趋势。

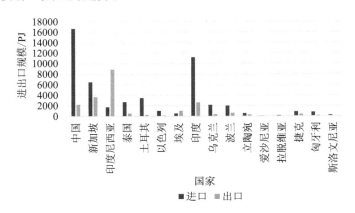

图5-2　2010年部分"一带一路"国家能源进出口规模

（数据来源：国际能源署）

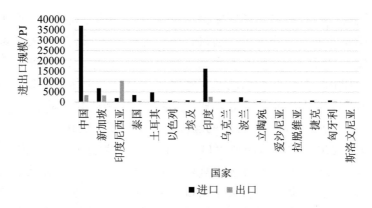

图5-3　2020年部分"一带一路"国家能源进出口规模

（数据来源：国际能源署）

总体来看，"一带一路"倡议涉及共建国家的能源贸易形势在不断变化，一些国家在实行能源进出口转型，整体的能源进出口贸易规模不断增长。"一带一路"能源贸易可以促进能源市场的竞争，降低能源价格和成本，从而提高效率，提高能源供应的效率、稳定性和可持续性，并促进能源市场的竞争与发展。

5.3　"一带一路"能源合作的丰硕成果

5.3.1　双边、多边能源合作机制顺利推进

共建"一带一路"倡议提出10年来，能源国际合作取得积极成效。中国先后与90多个国家和地区建立政府间能源合作机制，与30多个能源类国际组织和多边机制建立合作关系，与50多个国家签署相关合作协议，参与双边、多边能源合作机制近100项，签署了100余份能源合作文件，与10个国家和地区开展双边能源合作规划[1]。以中亚为例，自"一带一路"倡议提出以来，中国与乌兹别克斯坦、哈萨克斯坦、吉尔吉斯斯坦签署了多份合作协议。在多边合作方面，2016年6月，中国、蒙古、俄罗斯三国元首共同签署了《建设中蒙俄经济走廊规划纲要》，标志着"一带一路"首个多边经济合作走廊正式实施。在能源方面，着力加强三方在能源矿产资源领域的产能与投资合作，实现产业协同发展，形成紧

---

① 肖新建：《准确把握共建"一带一路"能源合作高质量发展内涵》，中华人民共和国国家发展和改革委员会，https://www.ndrc.gov.cn/wsdwhfz/202307/t20230721_1358592.html。

密相连的区域生产网络。

5.3.2 能源合作项目建设成果丰富

"一带一路"倡议提出以来，中国与共建国家经贸合作不断取得新进展，贸易畅通不断深化，投资合作持续提升，能源领域的一大批合作项目纷纷落地见效，秉持"共商共建共享"原则，坚持开放、绿色、廉洁理念，能源领域各行各业通力协作，攻坚克难，一大批能源合作项目落地生根，一系列能源合作成果顺利落实，取得了良好的经济效益和社会效益，给各国人民带来了实实在在的好处，除了在传统能源领域重点发力，太阳能、电力、光伏等新能源建设项目也取得积极成效，涵盖能源基础设施、绿色发展、普惠民生、技术创新等多个领域，极大促进了共建国家能源互联互通和资源优化配置，更广领域促进区域国家能源合作（见表5-2）。

表5-2 "一带一路"倡议以来重大能源合作项目

能源类型	项目名称	重要意义
煤电	塞尔维亚潘切沃联合循环电站项目	全面使用欧洲标准建设，是上海电气与安萨尔多携手后承接的第一个海外小F级燃机工程项目
电力	希腊克里特岛联网项目	国家电网有限公司承建，是绿色发展类能源合作的典范
风电	黑山莫祖拉46 MW风电项目	为黑山沿海地区实现稳定供电提供了保障，实现了中国、马耳他、黑山的能源产业合作
石油	中缅油气管道项目	标志着四大油气进口通道的战略格局已初步成型，有利于实现石油运输渠道多元化
电力	老挝500千伏/230千伏输变电项目	标志着中老电力能源合作又取得重要成果，为服务"一带一路"建设、普惠老挝民众、推动中国电力技术全球共享增添新的活力
天然气	中国—中亚天然气管道ABC线项目	进一步改善我国能源消费结构、促进节能减排和环境保护，而且开辟了进口中亚资源的新通道
石油	中俄原油管道项目	对于填补我国东北地区石油资源供应缺口、优化国内油品供输格局具有十分重大的意义
石油	伊拉克鲁迈拉油田建设项目	鲁迈拉项目是在伊拉克第一轮国际招标中唯一成功中标的巨型油田项目，是中国在伊拉克石油战略合作的三个项目之一

续表 5-2

能源类型	项目名称	重要意义
石油	伊朗北阿扎德干项目	中伊油气领域合作风雨同舟的见证
水电	澜沧江—湄公河电力互联互通合作项目	各国间建成了一批电力互联互通工程,区域能源资源配置进一步优化
石油	阿联酋 ADCO 陆上油田开发项目	标志着中国石油与阿布扎比国家石油公司互利共赢的全面战略合作迈入新阶段
石油	尼日尔阿加德姆石油上下游一体化项目	是中尼合作共赢发展、共同进步成长的典范,帮助尼日尔建立起了完整的现代石油工业体系,实现了石油自给自足
天然气	俄罗斯亚马尔液化天然气合作项目	全球在北极地区开展的最大型液化天然气工程,属于世界特大型天然气勘探开发、液化、运输、销售一体化项目
煤电	印尼爪哇7号火电项目	拥有2台百万千瓦超超临界燃煤发电机组,是中国第一个海外百万千瓦级独立发电商火电项目
煤电	土耳其图凡贝伊利燃煤电站项目	欧亚高端电站市场的合作硕果,体现了欧洲标准对中国电建品牌实力的信任和认可,进一步提升中国电建在该区域的国际品牌影响力
煤电	斯里兰卡普特拉姆燃煤电站项目	是中斯迄今为止最大的经济合作项目,也是斯里兰卡最大的燃煤电站
煤电	巴基斯坦塔尔煤田Ⅱ区块煤矿电站项目	是中巴经济走廊结出的又一硕果,将为中巴经济走廊的后续合作提供示范和指引
电力	缅甸"北电南送"主干网联通输变电项目	是缅甸"北电南送"工程重要环节,解决困扰缅甸能源输送的难题,带动缅甸电源、原材料、人员就业等上下游产业发展
电力	波兰科杰尼采变电站扩建项目	是中国企业在欧盟完工的首个输变电工程总承包(EPC)项目,对深化我国与欧盟在电力领域的产能合作具有重要意义

能源类型	项目名称	重要意义
天然气	瓜达尔港—纳瓦布沙天然气管道项目	极大地缓解巴基斯坦面临的能源短缺问题,是中巴合作的又一硕果
天然气	塞浦路斯液化天然气终端项目	该项目是塞能源战略的重要组成部分,也是塞达成欧盟减排目标、提高天然气发电比例的重要一步
电力	马来西亚曼绒燃煤电站项目	东南亚首座100万千瓦超临界燃煤电站和单机容量最大的燃煤机组,也是中国公司在国外承包的首个单机容量百万千瓦的项目
核电	巴基斯坦卡拉奇核电项目	标志着我国自主三代核电"走出去"的首台机组顺利建成
水电	几内亚凯乐塔水电站项目	改善几内亚电力严重短缺的现状,为该国经济社会发展提供电力支撑,并为几内亚矿业发展提供能源保障
电力	巴西美丽山送出二期特高压直流工程	有效解决沿线地区基础设施落后等难题,提升了能源安全的稳定性
电力	埃塞俄比亚GDHA500千伏输变电工程	有效解决沿线地区基础设施落后等发展难题,更为当地经济发展提供强大支撑

(数据来源:根据网络资料收集整理)

5.3.3 中国能源安全和国际能源市场上的话语权进一步提升

从传统意义上讲,能源安全是指国家以可支付的价格获得充足的能源供应,强调能源在物质上的可获得性。中国石油天然气储存能力薄弱、行业结构性问题突出、供需量失衡、对外依存度不断攀升等问题,已经严重影响中国能源供应安全。长期以来,中国的石油供给主要是靠进口,石油对外依存度很高。《2020年中国油气工程行业分析报告》统计数据显示,2020年中国化石能源对外需求度超过了75%,要保障能源安全,最重要的是要保障石油的供给安全,积极推进以"一带一路"为重点的国际油气合作。"一带一路"建设以来增强了中国能源进口的稳定性,保障了中国的能源安全。

首先,中国积极推进与世界主要的能源资源型国家的合作,增强能源话语权。与周边国家互联互通,已初步建成了东北、西北、西南和海上四大油气输送管道，推动建立了中国—东盟清洁能源建设计划、中国—阿盟清洁能源中心、中国—中东欧能源项目对话与合作中心，推进了油气上下游产业链的深层次合作。2020年中国从共建"一带一路"主要国家的原油进口总量为32 567.1万吨；从共建"一带一路"主要国家的天然气进口总量为7 108.3亿立方米；从共建"一带一路"主要国家的煤炭进口总量为22 983.8万吨[①]。其中在原油进口情况中，中国对沙特阿拉伯、伊拉克以及俄罗斯等国家依赖度最高，占到了共建国家原油进口的66.4%；在天然气进口情况中，中国对土库曼斯坦、卡塔尔以及马来西亚等国家依赖度最高，占到了沿线主要国家天然气进口的58.1%；在煤炭进口情况中，中国对印度尼西亚、蒙古以及俄罗斯等国家依赖度最高，占到了沿线主要国家煤炭进口的95.3%。这些合作体现了合作共赢的能源安全观，保障了中国的油气供给，维护了能源安全。

其次，探索建设国际油气交易中心，增强能源话语权。目前中国组建了上海国际能源交易中心、上海石油天然气交易中心等平台，积极发展能源现货、期货等衍生品的交易，逐步培育和建立全球联系的期货和现货石油、天然气产品市场，减少"亚洲溢价"。上海国际能源交易中心成立于2013年，组织安排原油、天然气、石化产品等能源类衍生品上市交易、结算和交割，致力于建设一个能客观反映亚太能源供求关系的国际化能源衍生品交易平台。上海石油天然气交易中心成立于2015年，主要开展天然气、非常规天然气、液化石油气、石油等能源产品的现货交易，旨在成为具有国际影响力的石油天然气交易平台、信息平台和金融平台。上海国际能源交易中心和上海石油天然气交易中心将会建设成为具有国际影响力的石油和天然气交易中心，对中国能源安全和提高国际能源市场上的话语权具有重大意义。

5.4　高质量推动"一带一路"能源合作面临的风险与挑战

5.4.1　国际宏观层面的不确定性风险

一是美国推行"亚太再平衡"战略，组织亚太联盟，围堵和挤压中国的发展空间。美国并不愿意看到中国崛起，鼓吹"中国威胁"，试图将东亚地区局势不稳的责任归根于中国军事力量的快速发展，并颠倒黑白，

---

① 根据国际能源署官网数据整理计算得出。

将中国应对霸权、对外政策强硬抹黑为中国式野心。为此，美国提出"新丝路计划"，欲形成以阿富汗为核心，中亚与南亚交通、经济合作网，通过加强与合作网内国家经贸和油气合作，建立美国主导的中亚、南亚新秩序。

二是俄罗斯主导的欧亚经济一体化战略，担心受到中国—中亚深化合作的影响。俄罗斯十分重视中亚地区，将其视为重要的战略后方，推动与中亚国家的经济一体化进程是俄罗斯的重大战略。近年来，中国与中亚各国能源合作深化发展，展示出互联互通的意愿以及项目建设不断取得成绩，中国与中亚各国达成的各项深化合作，都使俄罗斯产生担忧。这些合作包括大宗"能资"贸易协定、拓展上下游合作领域、加强互联互通建设等方面。

三是印度将中国视为最大竞争对手，对中国地位的上升心怀顾虑。中国和印度同是人口和农业大国。印度作为发展中大国，加强与"印太"区域各国关系，增进与各国能源合作是国际政治、经济规律的必然，这种必然也将导致与中国产生竞争。2013年，中国与哈萨克斯坦在卡沙甘油田项目的合作，《印度斯坦时报》就曾发文质疑，认为是"抢了印度的合同"。此外，印度一直心怀大国梦想，非常重视其南亚影响力，并不断扩充东南亚关系。近年来，印度不断加深与东盟合作，保持与印度尼西亚、缅甸、日本的良好合作态势。印度与中国加大竞争的同时，多次对"一带一路"方案提出质疑。

四是中欧新能源合作过程中存在不信任和认识隔阂。中欧在新能源产业方面有着共同的需求，双方在提供基础设施便利、技术支持和多元融资等多领域存在着互补关系。但同时，欧盟对中国的新能源产业产品并非持开放和信任态度，造成双方在新能源领域合作关系和现实利益的双重损害。根本原因在于欧盟的新能源开发水平处于世界领先地位，欧盟担心与中国合作会直接或间接地泄露欧盟的尖端新能源开发技术，动摇欧盟在新能源领域的强势地位。因此，欧盟并不会与中国全面共享其新能源开发技术。

五是中国与"一带一路"共建国家的新能源合作触动美、俄利益。首先，中国和"一带一路"共建国家的新能源合作会在一定程度上与美国和相关国家的新能源合作展开竞争。这是美国不愿意看到的，一定会极力阻挠共建国家与中国的能源合作关系。多数的发展中小国无法承受美国的施压可能会在中国的新能源合作上犹豫不前。其次，俄罗斯是当今世界能源生产第一大国和能源出口第一大国。如果中国通过"一带一路"能源合作导致新能源进一步加强，则势必会对俄罗斯的能源出口造成巨大的压力，这非俄罗斯所希望的。因此，不排除俄罗斯会对中国新能源合作施加压力。

5.4.2 企业微观层面临综合性挑战

一是不少共建国家投资制度环境较差。部分沿线国家投资环境较差，对于外资的利益保护的相应法律法规完备性和执行力上还有欠缺。"一带一路"沿线不少国家对于外国投资的利益维护在法律制度上有待完善。不少法律存在地域色彩强、可执行性低、对外资的保护力度弱等问题。以中亚地区为例，中亚国家近年来对外资企业的管控日趋严格。油气资源的开采，很多国家采取国有公司进行垄断措施，油气勘探开发领域严格限制国外资本投资，并在劳务许可、税收、环保等领域提高门槛。这些举措都在一定程度破坏了投资环境，给中国能源企业增加了市场交易外的经营风险。中国能源企业面对沿线国家社会制度、意识形态以及发展程度等与国内截然不同的新场景，"走出去"战略阻力重重。

二是部分能源合作国家对外合作的政策具有易变性。部分能源合作国家对外合作政策易变性加剧了能源合作的风险。沿线一些国家财政税收法律频繁变更，比如以总统令的形式颁布的法规，适用时间较短，随意改动性较大，增加了各国企业与其合作的风险。如哈萨克斯坦确立了能源资源的国家优先权政策，通过立法的形式建立了变相修改合同或取消订单、增加能源企业税收、保护天然气出口等若干政策，严重影响了投资的稳定性和便利性。《中亚国家发展报告2020》显示，哈萨克斯坦、土库曼斯坦的营商环境便利度排名靠后。

三是新能源产业技术创新还需不断提升。新能源是掀起人类社会发展的又一次能源革命。中国在新能源领域的自主创新能力有待加强，特别是许多高精尖端技术，一些关键技术和核心设备都没有实现质的突破。新能源产业作为一种技术密集型产业，需要大量的技术研发作为产业发展的引擎，当前中国新能源产业中的绝大多数企业都以加工为主，产能大，加工水平较高，但未掌握核心技术，生产的附加值、净利润均处于较低水平，实则是技术拥有者的代工厂。欧洲希望保持自身在新能源领域的核心技术和品牌方面的领先优势，对技术转让持保守态度，对中国新能源技术引进学习、吸收消纳存在一定阻碍。总的来说，中国新能源产业相关企业的发展具有技术瓶颈，自主创新是摆在中国新能源产业面前的核心命题。

5.5 高质量推动"一带一路"能源合作绿色转型

5.5.1 "一带一路"能源合作的绿色转型新趋势

5.5.1.1 能源绿色转型已成国际共识

联合国政府间气候变化委员会（IPCC）在《气候变化2021：自然科学基础》中指出，从1970年以来的50年是过去2000年以来最暖的50年，从平均温度变化预估未来20年全球气温将升高至少1.5摄氏度。2021年格拉斯哥气候大会通过了《格拉斯哥领导人森林和土地利用宣言》《中美关于在21世纪20年代强化气候行动的格拉斯哥联合宣言》等成果，其中包括化石能源补贴、"退煤"等议题也取得进展。2015年《巴黎协定》制定以来，控制温升和碳中和已成为世界共识，碳中和成为现今全球共同的绿色发展趋势。气候变化的紧迫性凸显了加快建立清洁能源体系的迫切需要，清洁能源和绿色经济发展迅猛。能源低碳转型是各国实现碳中和的必经之路，其不仅是能源结构的变革，更是社会、经济、技术和政治的全方面演进。

5.5.1.2 国际能源绿色转型合作已是大势所趋

国际上已初步形成碳减排和能源绿色低碳转型的全球性承诺合作机制。在《巴黎协定》自主贡献目标（NDC）下，194个缔约方对减排和适应气候变化做出承诺，设定了一系列清洁能源项目及制定包含吸引投融资、促进能源技术创新等在内的多项能源低碳转型政策。截至2021年底，140多个国家作出碳中和承诺，80多个国家将碳减排写进本国政策文件。如，中国提出在2030年前达到碳排放峰值，2060年前实现碳中和；美国拜登政府承诺到2035年实现电力部门零碳污染和净零排放，2050年实现净零经济。碳中和目标的实现要求各国加速减少化石能源的开发与使用，逐步转向低碳能源和清洁能源，这使得各国能源消费结构正在发生转变。根据国际能源署的统计数据，欧盟和美国的传统一次性消费能源正处于下降趋势，而中国对一次性消费能源的需求仍在上升，说明中国的能源结构调整还面临减碳的巨大压力。同时，中国、欧盟及美国的清洁能源的使用量不断上升，表明清洁能源是未来能源需求的重要增长点，也是全球能源产业合作的重点方向。当前国际环境发生重大变化，全球能源安全问题凸显，而中国、欧盟及美国在新能源产业的市场、技术、融资等领域具有互补优势，推动全球范围内的能源合作，将有助于各国共同应对能源安全风险。只有充分发挥全球不同国家的能源技术优势、能源资源禀赋、知识经验等，通过资源、资本、技术、信息等要素的高效流动，促进优势互补，才能更充分更有效地配置资源，实现能源低碳转型目标，推动世界各国更快速、低成本的转型（见图5-4）。

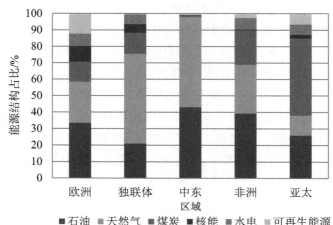

图5-4　2021年"一带一路"各区域一次能源消费结构图

（数据来源：BP世界能源统计年鉴）

当前，全球绿色能源产业竞争激烈，各国对"碳关税"话语权的争夺尤为激烈。欧洲议会近期通过多项关键气候法案，旨在大幅削减欧盟温室气体排放，被外界称为"欧洲史上最大碳市场改革"，其中碳边界调整机制（CBAM）是针对碳排放水平较高的进口产品征收相应的费用或配额，对全球贸易的脱碳进程产生了深远影响。尽管欧盟在低碳转型道路上处于全球领先地位，但以法律形式强化转型的步伐，显示了欧盟在能源产业低碳转型方面的迫切愿望，也侧面映射出当前能源转型进度落后于原定计划。2022年，美国会议员在国会提出的《清洁竞争法》，作为美国版本的"碳关税"方案；相继，2023年《通胀削减法案》生效，其中的"绿色补贴"条款无疑对欧洲能源产业的国际竞争力形成巨大压力。欧盟、美国等作为发达经济体，在应对气候危机方面一直走在世界前列，相关能源技术已相对成熟。欧洲作为工业革命的发源地，应当主动承担起减排的历史责任。但是，如果以同样的标准去要求生产力发展水平、技术水平相对落后的发展中国家，将会引起争议。同时，也难以摆脱通过"碳关税"实行保护主义的嫌疑。

5.5.1.3　中国在国际能源合作绿色转型上的引领性

在国际能源合作方面，中国不断引领全球能源气候治理进程，加强应对气候变化的国际能源合作，积极推动全球能源转型，深层次推进清洁能源产业国际合作，参与全球绿色低碳能源体系建设，持续完善国际能源合作交流机制和平台。一方面，中国政府在"一带一路"倡议中融入绿色发展理念，倡议"共建'一带一路'绿色之路"，打造绿色、包容的"一带一路"能源合作伙伴关系，凝聚"一带一路"绿色发展共识。同时，中国作为"一带一路"倡议发起国，积极参与绿色标准制定，提高政策协同水平，加快绿色低碳技术应用，推进绿色贸易投资，加强绿色金融保障，发挥绿色金融作用，鼓励企业积极"走出去"，深化绿色产能合作，不断推进绿色"一带一路"建设取得新进展。另一方面，中国在风、光、核发电、新能源储能、通信科技等领域具有技术领先优势，能够有力支撑中国能源安全和转型发展。中国已建成全球规模最大的碳市场和清洁发电体系，清洁能源装机容量超 1 000 GW，100 GW 大型风电光伏基地已开工建设。中国光伏产业为世界市场供应了超过70%的组件，风电整机制造占世界总产量超过40%。2020年，中国硅片、多晶硅、电池片及相关组件产量分别占世界总产量的96.2%、76%、82.5% 和76.1%[①]，风电、光伏发电设备制造已形成完整产业链。中国新能源汽车产业也取得了显著性和变革性成就，动力电池、驱动电机、车载操作系统等关键技术取得重大突破，以光伏和风力发电、动力电池和储能电池为典型代表，正处于引领行业发展的拐点。

5.5.2　高质量推动"一带一路"能源合作绿色转型新机制

"一带一路"能源合作新机制是为了适应全球气候变化背景下国际能源合作逻辑转变的新要求，包括能源合作平台建设、互利共赢的能源产业合作机制和碳排放交易机制。

5.5.1.1　能源合作平台建设

无政府状态的国际社会各国相互依存程度不断加深，国际能源合作是一种跨国合作行为，首先需要在国家层面构建一个公平、包容的合作平台，建立一套为各国承认的共同规则和理念，使各国能源产业合作处于一种有秩序、有组织的状态，这种组织架构的核心是形成一套统一的、综合性的、权威的国际能源合作治理机制。构建国际能源合作新机制并

---

① 相关数据来源于中国国家能源局。

不意味着淘汰现有的国际组织，而是要在发挥现有国际组织积极作用的基础上创新机制设计，让国际组织专注于能源产业合作的特定领域，为促进国际能源产业合作提供服务和指导。

多边合作是国际能源产业合作中最常见的合作机制，主权国家通过国际交往、增进互信、政策协调、合作协议等为能源合作提供平台支撑，包括区域性多边组织和功能性多边组织，如欧佩克、国际能源署、天然气输出国论坛、亚洲基础设施投资银行、上海合作组织、G20峰会、"一带一路"倡议等。当前的多边合作机制覆盖范围有限，往往是经济发展水平和能源条件相似的发达国家间合作、发展中国家间合作，形成国际能源合作"小圈子"模式，发达国家在能源合作中能够抢占更多能源利益，留给发展中国家和落后国家的能源权益较少。构建能源产业合作新机制是为国际能源合作提供一个公平公正、开放包容、互利互惠的平台和机制，其核心是世界各国的共同参与。在坚持各国相互尊重、平等互利的基础上，兼顾能源生产国、消费国、过境运输国以及发达国家、发展中国家、新兴经济体国家等各方的利益，将发展中国家能源利益和落后国家能源贫困问题一同纳入国际合作考量，既追求本国能源利益，又兼顾他国合理的能源关切，既谋求本国发展，又促进各国共同繁荣，不仅代表发达国家能源利益，还兼顾新兴经济体和其他类别国家能源诉求和发展权益。通过沟通交流与对话协商巩固和强化能源合作关系，通过重塑国际合作理念，创新能源合作机制平台建设，推动国际能源产业合作平稳高效和合作共赢。作为发展中国家的能源转型领先者，中国在绿色"一带一路"倡议中已是南南能源合作的培育者和贡献者，利用本国在新能源产业发展在资金、技术和市场领域的比较优势，以人类命运共同体理念为指导，通过"一带一路"倡议平台，打造了绿色、包容的"一带一路"能源合作伙伴关系，凝聚了"一带一路"绿色发展共识，以深层次推动清洁能源产业国际合作，持续完善国际能源合作交流平台和机制。

5.5.1.2 互利共赢的能源产能合作机制

一方面，构建产能合作新机制就是要充分发动国家的主导性作用，推动能源产业合作形成互利共赢的合作机制。国际能源合作最基础的参与者是国家行为体，政府层面的沟通协调、合作谋划是能源产业合作的前提。首先，加强政府层面的合作协调机制。通过双边和多边合作机制建立多层级政府沟通机制；通过区域性组织平台加强地区合作协调，如"一带一路"、二十国集团峰会、金砖国家平台、上合组织等；通过首脑会议、部长会议和高层协议等加强政府间合作交流。其次，优化产能合作环境。在开展国别间和区域能源合作时，要充分了解国家和产业需求，针对性围绕重点领域开展合作，能源产业合作需要制度、法律、投资、专业服务等支持。完善的能源合作绿色转型支撑体系，是保障产能合作风险防控的基础。再次，通过"产业—投资"模式促进重点领域合作。传统能源产业合作模式较为成熟，合作基础较为完善，要结合能源转型需求针对性开发利用传统化石能源，加强能源资源勘探开采技术提升，整合各类矿产企业和上下游产业，形成全产业链供应，在油气开发、管道建设、互联互通等项目中创新合作模式。随着碳中和时代的临近，世界能源互联互通日益紧密，未来能源产业合作的图景将是多元化发展模式，各国应基于自身资源禀赋和产业政策调整，抓住绿色转型机遇，在深化能源合作中重构能源产业链。中国利用工业体系脱碳化将自己定位为清洁能源技术供应商，积极推动上下游产业链布局延伸，整合国家产能资源优势互补，以先进产能为抓手，灵活开展贸易、投资、合作、运营，建设水电、太阳能、核电、光伏、风电重点项目，推动电力技术标准"走出去"，以投资和技术引领拉动新能源合作，优化能源产业链，增强双方利益汇合点。

另一方面，国际能源产业合作的直接主体是企业，包括跨国公司、国有企业、私人企业等，企业的直接参与和合作范围扩大影响国际能源合作的成效。首先，坚持合作理念创新。将绿色发展作为能源合作的基本遵循，并贯穿于企业投资和经营的全过程。积极推动各种企业参与可再生能源的技术研发，加大对绿色能源项目的投资开发比重，鼓励太阳能、水电、风电企业加快国际合作步伐，推动建成绿色能源实践项目，加大新能源技术创新，降低可再生能源利用成本，加深能源绿色领域合作，其次，完善投融资合作模式。创新构建多方互惠共赢的合作体系，以"产业+投资+运营"三轮模式为目标，灵活采取全价值链项目管理模式。加大"可再生能源+"项目投资，创新绿色投资、海外并购、特许经营权等投资模式，加大与多边机构融资合作，借助财政部门、开发银行、金融机构等，利用绿色金融产品为企业拓宽融资渠道。最后，借助绿色能源技术标准"走出去"走出去加强合作。可再生能源合作一定程度上是投资和技术的合作，当前国际上拥有可再生能源市场、技术、资金禀赋优势的国家屈指可数，为此，要推动国际技术标准衔接和统一，加大特定行业技术标准建设和国际化进程。

5.5.1.3 完善碳排放交易机制

为了应对全球气候变化，推动国际能源绿色转型的机制设计，需构建新的碳排放交易机制，主要包括两个部分：碳排放分配机制和碳交易机制，两者结合能够有效促进能源绿色低碳转型，引导能源合作实践的发展。

碳排放分配机制就是要将限额碳排放更可持续、更兼具公平正义的分配给各个国家，应遵循公平正义、可持续发展及共同但有区别责任的原则。构建碳排放分配机制的主要内容包括：第一，将人均碳排放作为碳排放分配机制的核心指标，综合考虑"两个人均"——人均排放量和人均累计量，借助科学工具准确衡量国家碳排放和大气二氧化碳浓度的时间点，体现出各国经济发展差异和历史差异。第二，将人口增长、经济发展、历史排放和技术差距纳入碳排放分配体系。在碳排放分配中综合考虑历史因素、现实因素和未来发展因素，赋予各项指标合理的权重，考虑公平、效率及全球收益。第三，减排责任分配考虑消费者和生产者差异，生产过程产生的碳排放由发展中国家负责，消费产品本身所含的碳排放量由消费者付费。第四，发达国家对发展中国家进行技术援助。发达国家和发展中国家进行减排行动的难易程度不同，发达国家拥有更多先进技术降低了减排难度，而发展中国家减排行动只能依赖产业结构调整和牺牲经济增速，因此为了更好促进全球减排，技术援助是有利于整体减排效果的。

目前，许多国家已经建立起了自身的碳排放交易体系，如欧盟的碳排放权交易体系、美国的区域温室气体行动、芝加哥气候交易所和西部倡议、中国的碳排放交易体系等。这些交易体系内部存在差别，并没有一个统一的交易体系和交易平台能够在全球范围内实施。构建新的碳交易体系需整合区域性的碳交易市场，形成统一的、能在全球范围内运行的交易平台和制度，主要内容包括：第一，市场交易机制。碳排放交易要尊重市场规律，使政府和企业成为碳交易主体，将更多碳汇纳入交易机制，建立全球和区域性的碳交易平台。第二，动态监管机制。能够对碳排放和碳减排实时监测，科学准确衡量碳排放对经济社会的复杂影响，对各国认真完成减排行动进行衡量评价，制定科学的减排激励，保持灵活的、动态的监管评价机制至关重要。第三，碳汇保护机制。为避免一些落后国家的森林碳汇无限制进入碳交易市场，损害国家利益，违背可持续发展，需要设置碳汇保护机制，对一定时期内或者一定主体的碳交易行为进行峰值限制，合理调控碳交易市场流通量。

5.5.3 高质量推动"一带一路"能源合作的前景展望

顺应绿色低碳能源转型趋势，依托现有的能源合作机制和平台，不断探索创新合作策略和合作路径，维护各国能源安全，促进沿线国家共同发展，能源合作领域必须先行。共建"一带一路"国家的能源资源禀赋差异、能源产业技术差异、能源需求差异促使共建国家具有广泛扎实的能源合作基础。各国可以在能源开发、输送、储存、利用等环节加强合作，形成完整的产业链条，提高资源的综合利用效率和经济性，提升能源系统的稳定性和可靠性。现有的国际能源合作框架，在能源合作绿色转型的大背景下已难以适应和满足国际能源合作新需求，在共同化发展理念的前提下，亟需各国依据能源禀赋形成新的能源合作模式。

"一带一路"覆盖地区是传统化石能源最富集的区域，也是新能源发展的热点区域。一些国家石油、天然气、煤炭资源贫乏，但其水电、光电、风电资源禀赋较好，依托水电、光电、风电等项目开展新能源合作的潜力巨大。根据各个国家现有的能源禀赋可分为四类：第一类为化石能源富集国；第二类为清洁能源产业优势国；第三类为清洁能源资源禀赋丰裕国；第四类为气候变化最脆弱国。在共同化发展理念的引领下，未来"一带一路"国家能源合作的新模式可以依据这四类国家的不同优势和需求，形成能源合作绿色转型的"四方联盟"。

一方面，要深化与化石能源富集国家的油气产业链合作，推动油气与低碳能源合作"双轮"并进。加大化石能源上游资源开发，中游海、陆、空、管的运输基础设施建设，下游终端销售、能源贸易领域合作，特别是加强能源金融及碳金融创新支持，争取与资源富集国的能源全产业链合作，延长油气中下游产业链，充分发挥能源富集国家"油气+"优势。同时，推进能源富集国家与"一带一路"共建国家新能源领域合作，在光伏、储能、碳捕集、制氢工艺等新能源领域展开合作。

另一方面，要推进与其他共建国家在新能源领域的合作。清洁能源产业优势国在新能源合作中具有技术、融资和市场优势。目前，中国在风、光、核发电、新能源储能、远距离输电技术等领域都具有技术领先优势，具备了新能源产业技术"走出去"的基本条件，可以与"一带一路"共建国家进行新能源合作的技术基础和建设经验，这是共同化发展愿景中构建国际能源合作绿色转型的有生力量。

清洁能源资源禀赋丰裕国一般都是发展中国家，其水电、光电、风电资源禀赋较好，但开发能力不够，开发水平较低，清洁新能源产业作为一个资本密集型和技术新兴的产业划分结构，具有投入高、风险高、回报高的特征，这些特点导致全球清洁能源产业的融资难问题。在共同化发展的愿景中，资源禀赋优势、产业技术优势以及融资和资金供给优势三者之间可以形成互利共赢的格局，共同推进国际能源合作绿色转型。

第六章 共同化发展愿景下
"一带一路"农业合作研究

本章导语：农业是一切社会活动的源头，是满足人类基本活动和生活需要的基础，也是改善民生的重要手段。农业作为人类最早的生产方式，伴随着人类文明的发展，不仅为人类提供食物和生存的资源，也形成了人类发展的社会结构，尤其进入现代农业文明阶段以来，不仅满足了人类对能源、资源的需求，还推动了经济增长方式的转变。然而近年来，全球粮食紧缺，贫困人口不断增加，饥饿问题持续严峻，2022年全球饥饿人口达到了7.83亿人，较2019年增长了1.22亿人①。在联合国成立70周年之际，联合国可持续发展峰会通过的《改变我们的世界——2030年可持续发展议程》指出，"现在到2030年，在世界各地消除贫困与饥饿；优先消除饥饿，实现粮食安全，决心消除一切形式的营养不良……将把资源用于发展中国家的农村地区和可持续农业与渔业，支持发展中国家特别是最不发达国家的小户农民（特别是女性农民）、牧民和渔民"②，并确定了可持续发展的目标——消除饥饿，实现粮食安全，改善营养状况和促进可持续农业。习近平总书记指出："全球发展倡议是向全世界开放的公共产品。中国愿同各方携手合作，共同推进倡议落地，努力不让任何一个国家掉队。"③从当前全球粮食安全及饥饿状况来看，人类依旧在和饥饿问题作斗争，无法保证到2030年消除饥饿、粮食不安全及营养不良。农业国际合作对人类命运共同体的构建意义重大，不仅是人类文明的根基，也是维护粮食安全、解决全球饥饿问题的保障。因此，在应对全球粮食瓶颈的关键期，各国必须通力合作，从人类面临的共同挑战出发，共同面对世界性的粮食危机，积极参与构建人类命运共同体的实践，促进农业国际合作，谋求农业共同化发展。

自中国提出"一带一路"倡议以来，农业成为中国与共建"一带一

---

① 《联合国报告：2022年全球饥饿人口达7.83亿人》，央视网，https://news.cctv.com/2023/07/12/ARTIioj8AenmZRwiIrPKcBVf230712.shtml。

② 《改变我们的世界——2030年可持续发展议程》(中英文)，中华人民共和国商务部，http://genevese.mofcom.gov.cn/article/yjbg/201604/20160401295679.shtml。

③ 《习近平在2022年世界经济论坛视频会议的演讲(全文)》，中青在线，https://news.cyol.com/gb/articles/2022-01/17/content_dRvmms07B.html。

路"国家开展经贸合作和产业合作最为广泛的领域之一。开展农业国际合作既是大趋势，也是发扬优势互补、运用国内外资源发展高效农业、保障国家粮食安全的重要途径。"一带一路"沿线很多国家拥有悠久的农业发展史，产业资源丰富，市场广阔且合作潜力大，是中国开展对外农业合作的重点对象。10年来，中国与共建国家农产品贸易和农业投资规模稳步扩大，产业链、供应链融合水平持续提升，农业多双边合作机制不断健全。在提高全球粮食安全与营养水平的同时，为共建国家乃至全球的农业合作提供了良好的平台和可借鉴的机制。

"一带一路"农业国际合作虽然有广阔的合作空间，也面临着诸多不可预测的挑战。首先，由于农业基础设施建设投入大、投资周期长、政府管控多，导致跨国农业合作难度大于一般贸易品。其次，当今世界正处于百年未有之大变局之中，保护主义与单边主义盛行，制约农业国际合作的深化。沿线部分国家面临着人均耕地资源和可利用淡水资源严重短缺、经济发展不平衡、发展差距大等约束，促使大部分国家对保障粮食安全与营养、解决饥饿和贫困问题有强烈的诉求，一些国家对开拓国际农产品市场、提高农民生计水平的愿望非常迫切。因此，对于实现全球发展倡议和联合国《2030议程》目标而言，农业合作在"一带一路"合作中地位突出，作用重要。

在共同化发展愿景下，加强"一带一路"农业国际合作，体现了倡导人类命运共同体理念，践行"共商共建共享"的新合作原则，以及开放包容的市场发展新理念、和平发展与和谐发展的竞争发展新理念、促进全球生产力高质量发展的目标新理念。中国如何与共建"一带一路"国家深化农业国际合作，与更多国家共享发展机遇和成果，同时促进中国自身农业加快转型升级，实现资源配置水平、保障粮食安全水平、提升农业科技创新水平，对促进"开放、包容、普惠、平衡、共赢"的全球化意义重大。

6.1 "一带一路"农业国际合作的背景分析

当前，百年未有之大变局加速演进，世界进入新的动荡变革期，经济全球化步入了挑战和机遇并存的关键时期。科技进步、数字经济的发展等，对农业国际合作产生极大的影响，诱发国际贸易投资产生了新的趋势和方向。面对新的风险与挑战，各国更应该携起手来，着眼于全球共同利益，通力合作，致力于经济全球化的健康发展。中国是全球化的受益者、推动者和贡献者，将继续坚持高质量共建"一带一路"，推进国家治理现代化，推进以共同发展为导向的全球化，为人类社会的共同繁荣作出积极贡献。

6.1.1 逆全球化背景下国际农业合作现实需求的迫切性

逆全球化是与经济全球化完全相悖的发展趋势，是个别国家对商品、资本和劳动力等要素流动设置的各种显性及隐性障碍，表现在贸易保护、威胁投资、边境收紧、农业政策改革停滞以及全球治理弱化等各方面。逆全球化打破了国际社会原有的生产分工格局，割裂了全球供应链与价值链，并出现多元化趋势，对中国相关产业的转型升级和价值链攀升产生了一定的影响，直接阻碍了区域间经济合作关系的发展。

逆全球化导致的全球治理弱化，致使农业改革停滞，对发展中国家造成了极其严重的影响。比如贸易保护主义、贸易壁垒引起的国际贸易、投资的下降，不仅阻碍了区域间的农业合作，提高了土地稀缺国家的粮食价格，还影响了粮食安全和营养的发展进程。国际农产品贸易壁垒的阻碍更加强势，贸易保护与壁垒从发达国家扩展到农业贸易与投资的更多领域，发达国家从标准制定、检测方法、加工工艺等各方面拔高要求，使农产品贸易壁垒出现了更多新的类型，对中国的农产品进出口产生了巨大的冲击。随着逆全球化趋势加剧，发达国家向发展中国家提供的官方发展援助、气候融资等资金和技术支持的国际义务得不到足额履行，发展中国家的权益和发展空间还被不断被压缩。

联合国可持续发展议程所设定的目标是人类社会共同的努力方向，是实现全球可持续发展的重要计划。逆全球化趋势扰乱了全球粮食贸易秩序，引起了粮食安全形势恶化，导致粮食危机、营养不足问题突出，尤其给非洲、中东、拉美一些贫穷国家造成了严重的打击。2030年可持续发展议程的落实因此而面临重大的挑战：全球经济增长放缓；减贫、弱势群体保护、生态环境等可持续发展目标进展缓慢；国家之间和国家内部的贫富差距持续拉大；可持续发展融资缺口扩大[1]。逆全球化趋势对2030年可持续发展议程中的"在全世界消除一切形式的贫困""消除饥饿，实现粮食安全，改善影响状况和促进可持续农业""促进持久、包容和可持续的经济增长""减少国家内部和国家之间的不平等""重振可持续发展全球伙伴关系"等目标带来了直接的和严重的冲击。当前世界正

---

① 《2019年可持续发展论坛：全球落实2030年议程面临挑战》，中国新闻网，http://www.chinanews.com.cn/cj/2019/10-25/8989763.shtml。

处在推动实现2030年可持续发展的关键时期[1]，迫切需要国家间农业合作不断加强，聚焦粮食生产能力提升、农业生物多样性保护、小农户价值链提升等，推动实施一批普惠性强、实用性高、带动面广的发展项目，推动全球农业的可持续发展。

6.1.2 全球粮食安全的不确定性亟需国际合作保障

"一带一路"参与国覆盖人口超过47亿，约占全球人口总额的63%以上。截至2021年底，与中国签署"一带一路"协议的151个国家GDP总值为20.03万亿美元，占全球GDP比重为23%[2]。大部分共建"一带一路"国家仍未彻底解决粮食安全问题，贫困现象依然存在。全球经历严重粮食不安全并需要紧急粮食、营养和生计援助的人数在2022年连续第四年增加，超过2.5亿人面临严重饥饿，7个国家的人口处于饥饿边缘[3]。联合国粮农组织发布的《2023年全球粮食危机报告》（GRFC）显示，2022年有58个国家和地区的约2.58亿人受到严重粮食危机影响，相关数据高于2021年的53个国家和地区的1.93亿人[4]。全球粮食不安全严重程度从2021年的21.3%上升至2022年的22.7%，45个国家和地区总计约2.05亿人处于"危机"级别或更严重级别的粮食不安全[5]，全球严重粮食不安全危机呈恶化趋势，粮食安全的不确定性持续增强。在多重因素叠加影响下，全球粮食危机日益严峻，给联合国2030年可持续发展议程带来挑战。

气候及天气因素影响粮食生产，带来粮食安全问题。气候变化及降雨、飓风、洪水和干旱等极端天气的多发，使农作物和畜产品大量减产，粮食短缺问题突出。2022年，40年来最严重的旱灾导致非洲之角的农作物减产严重；7月，持续的暴雨和洪水造成了也门约7.3万人需要食物援

---

① 《国际农发基金助理副总裁：我们正处在推动实现2030年可持续发展议程的关键时刻》，中国发展门户网，http://cn.chinagate.cn/news/2023-07/11/content_91872484.shtml。

② 何宁、潘纬桢：《宏观经济专题："一带一路"十周年系列报告之一——蹄疾步稳启新程》，东方财富网，https://data.eastmoney.com/report/zw_macresearch.jshtml? encodeUrl=bzZqtr/IfnTrAp3bhI/vk8ou6b+IKTZvHm8MNlycqW0=。

③ 《联合国粮农组织发布报告显示——全球粮食危机进一步加剧》，中国饲料工业协会网，http://www.chinafeed.org.cn/xwdt_10092/hyxw/202305/t20230508_423322.html。

④ 《联合国粮农组织发布报告显示——全球粮食危机进一步加剧》，中国新闻网，https://www.chinanews.com.cn/gj/2023/05-06/10002424.shtml。

⑤ 俞懋峰、欧阳为：《如何让80亿人吃饱——2023年世界粮食安全形势前瞻》，新华网，http://www.news.cn/world/2023-01/09/c_1129267115.htm。

助①。2023年5月，世界气象组织（WMO）发布的全球气候变化更新报告表示，受温室气体的积聚和自然发生的厄尔尼诺现象②影响，全球气温在未来五年可能达到创纪录的水平③，这对未来粮食安全问题带来了一定的威胁。

地缘政治冲突影响了粮食供应链的稳定，使粮食安全的不确定性进一步增强。受地缘政治冲突的影响，在生产要素的购买或者农产品的销售方面，粮食通道受阻，物流运输成本上升，风险增大，进而危及全球粮食供应。全球各地的地缘政治紧张局势不断加剧，世界政治格局日益复杂，地缘政治由直接的、全面的战争逐渐转变为综合经济、金融、外交等多方面的混合战。以俄乌克冲突为例，俄乌冲突引发了能源、金融、粮食等多层面的安全危机，其中粮食安全问题最为突出。根据联合国粮食和农业组织的统计，俄乌两国的小麦与大麦的出口量占全球总量的30%以上，俄罗斯是全球最大的小麦出口国之一，是全球化肥生产和出口大国，乌克兰是欧洲最大的玉米出口国之一。俄乌冲突爆发以来，逐渐演变成为重大的地缘政治博弈，不仅导致大宗商品的价格飙升，还对全球价值链的重构产生重大影响，引发全球粮食短缺焦虑，粮价持续走高，对全球粮食安全带来极大的挑战。因地缘政治冲突引发的粮食出口中断，使得阿富汗、埃塞俄比亚和叙利亚等高度依赖小麦进口的国家饥饿状况持续深化④。

全球范围内耕地增长缓慢影响粮食安全。联合国粮农组织全球测算目前的土地耕作面积是14亿公顷⑤，全球约有三分之一的土壤退化，导致土壤肥力流失，土地生产力下降，许多谷物和果蔬的营养质量也在下降⑥。

---

① 严瑜：《2023，世界能否走出粮食短缺危机？》，人民网，http://world.people.com.cn/n1/2023/0131/c1002-32614896.html。

② 厄尔尼诺现象会造成暴雨、洪水、极热或极冷的天气条件，对农业生产带来极为严重的负面影响。

③ 冯迪凡：《厄尔尼诺现象卷土重来对全球通胀、粮食安全影响几何》，第一财经日报，https://www.yicai.com/epaper/pc/202306/14/node_A05.html。

④ 《全球粮食危机的影响与应对》，新浪财经，https://finance.sina.com.cn/jjxw/2023-02-10/doc-imyfeqpu6204456.shtml。

⑤ 龚槚钦：《中国农业的智慧升级路：未来小农户或成高收入群体》，新浪财经，https://finance.sina.com.cn/china/gncj/2019-10-30/doc-iicezuev5804022.shtml。

⑥ 《粮农组织：全球约三分之一土壤退化》，北京日报网，https://news.bjd.com.cn/2022/12/07/10255173.shtml。

6.1.3 农产品国际贸易形势及趋势出现新特点

在国际经济形势影响下，农产品国际贸易环境不断发生变化。在多重挑战和危机的交织影响下，农产品市场波动加剧，农业国际经贸合作所面临的形势复杂多变。2023年4月，WTO发布的最新《全球贸易展望与统计报告》中表示，2023年全球贸易增长仍将低于平均水平，继2022年增长2.7%之后，贸易和GDP增长的预测均低于过去12年的平均水平（分别为2.6%和2.7%）[①]。2023年以来，全球加息进程逐渐收尾，经济减速与衰退逐渐趋势化，实体经济的发展受到了前所未有的影响，制造业经营压力越来越大。新形势下，中欧投资协定（CAI）、亚太自贸区（RCEP）等区域贸易协定仍继续推进，对于降低贸易壁垒、促进国际贸易和投资、拓展海外市场等方面起到了一定的促进作用[②]。随着国际贸易的纵深发展，经济一体化和贸易全球化不断加强，自由贸易趋势日益显著，贸易政策逐渐以全球化为导向，区域经济合作蓬勃发展，贸易方式也更加多元化。全球农产品贸易形势变化深刻，全球性通胀及其治理的措施难以协调，国际市场农产品的供给动能不足，国际协调机制应对不充分使得农产品贸易环境较差。

数字贸易成为农业国际合作的新趋势。近年来，数字经济蓬勃发展，数字化成为影响国际贸易的一个重要技术因素，数字贸易也成为未来国际贸易发展的重要趋势。数字化的发展延长了全球的价值链并使其复杂化的同时，也影响了全球生产的布局。数字技术的发展，促使各国数字基础设施、市场规模、管理体系以及知识产权的需求提升，尤其亟须建立起能够协调各国在数据流动、存储、保护、网络安全、国家安全方面的政策[③]。"一带一路"农业合作的新趋势，也将更多地借助数字贸易推动国家间、产业间的信息共享与要素流动，加快农业、制造业和服务业的产业融合，从而大幅提高农业合作效率、降低贸易成本、丰富贸易业态。

---

① 《WTO：全球贸易展望和统计报告（2023年4月）》，新浪科技，https://finance.sina.com.cn/tech/roll/2023-04-10/doc-imypvtry4703665.shtml。

② 《全球贸易新趋势，隐藏因素越发凸显》，网易，https://www.163.com/dy/article/I8VTMGVR05506KMI.html。

③ 《张向晨：国际贸易正在缓慢发生长期构造性变化》，清华大学，https://www.tsinghua.edu.cn/info/2246/104070.htm。

6.2 "一带一路"农业国际合作的现实基础与成效

6.2.1 "一带一路"农业国际合作的现实基础

"一带一路"沿线大多数国家拥有丰富的农业资源，中国有市场、有资源、有需求、有经验。资源优势和产业技术优势互补，有力地驱动了农业市场的高效联通和深度融合；共建"一带一路"国家民众对于提高生活质量的强烈诉求，以及农业国际合作发展的大势所趋，构成了中国与共建"一带一路"国家在农业国际合作领域的基础。

6.2.1.1 资源优势和产业技术优势互补合作空间广阔

耕地要素禀赋差异明显，互补性强。从耕地资源来看，共建"一带一路"国家的土地覆盖类型中，耕地和森林是面积占比最大的两个类型。以早期共建"一带一路"65个国家（包括中国）的耕地资源数据为例，早期共建"一带一路"65个国家拥有可开垦耕地面积1.2亿公顷[1]。2013年65个国家拥有的耕地总面积达6.81亿公顷，占世界总耕地面积接近一半，达到48.28%。其中，印度的耕地面积最大，达到1.57亿公顷，其次是哈萨克斯坦与俄罗斯。中国的耕地总面积由2013年的1.06亿公顷，上升到2021年的1.28亿公顷[2]。就人均耕地面积而言，共建"一带一路"国家中有29个地区高于世界人均耕地面积，而中国人均耕地面积仅为0.09公顷/人[3]，远远落后于沿线人均耕地资源丰富的国家，这种显著的耕地要素禀赋差异构成了中国与共建"一带一路"国家开展农业合作的前提基础。

农业气候条件异中有同，合作性强。"一带一路"沿线地区受纬度、洋流等地理因素的影响，气候类型多样，主要气候类型有中南半岛主要属热带季风气候，马来半岛属热带雨林气候，印度尼西亚属热带雨林气候，菲律宾北部属海洋性热带季风气候，南部属热带雨林气候[4]。一方

---

① 张胜、夏燕：《杨国强：发展现代农业 打造规模化无人农场》，腾讯网，https://new.qq.com/rain/a/20200526A0BYD500?no-redirect=1。

② 《第三次全国国土调查主要数据公报》，中国政府网，https://www.gov.cn/xinwen/2021-08/26/content_5633490.htm。

③ 王亚萌：《"一带一路"背景下中国企业海外耕地投资研究：投资潜力、合作行为与舆论风险》，博士学位论文，西北农林科技大学农业经济学系，2022，第40页。

④ 《菲律宾》，国务院新闻办公室网站，http://www.scio.gov.cn/ztk/dtzt/35/9/Document/757314/757314.htm。

面，不同气候条件下农产品差异可以得到互补；另一方面，中国的部分地区气候条件与沿线地区异中有同，形成互补的气候优势，也使共建国家面临相似的干旱、低温冻害胁迫、降水不均等农业发展问题，可以寻求到有效的技术支持。如中国大部分领土处于温带，而东盟国家多处于热带，双方在地理气候方面的差异形成双边农业合作发展的互补格局；中亚地区同中国新疆、甘肃等地同属于干旱和半干旱地区，普遍面临着干旱和极端高温的影响，在农业技术的应用方面，可以有效互补。

农业技术互补性强，互鉴性多。从农业技术优势的角度看，共建"一带一路"国家虽然人均耕地面积占有量大，但单位面积耕地产出情况并不乐观，除了斯洛伐克、斯洛文尼亚等中东欧国家单位面积土地生产力的产出水平较高以外，俄罗斯、蒙古、中亚五国、西亚、南亚诸国单位面积产量水平都比较低，尤其蒙古、哈萨克斯坦、土库曼斯坦等国家，单位面积农产品产量只能达到中国的产量的四分之一。这说明，农业技术水平和农产品综合生产能力的提升，对于缓解全球粮食安全问题至关重要。共建"一带一路"国家对于提高农业技术水平和农业用地生产率有着较强的诉求。中国在杂交小麦、杂交水稻方面具备技术优势，目前在巴基斯坦、孟加拉国等国家得到了广泛的应用。这种国家间农业技术水平的差异为沿线各国间农业技术互鉴互补提供了先决条件。

目前，中国对共建"一带一路"国家投资主要流向工业和服务业，流向农业的投资相对较少。中国企业对农业的投资主要集中在新加坡、俄罗斯、柬埔寨、泰国等7个国家，投资存量占共建"一带一路"国家投资总量的88.9%[①]。受制于经济增长动力不足、地缘政治不稳定等因素，部分共建国家吸引海外投资能力较弱，在基础设施建设、大型水利工程、农业技术研发和推广等方面存在较大投资缺口。因此，在充分做好政策风险和经营风险防范的前提下，中国与共建"一带一路"国家在农业领域的投资前景十分广阔。

6.2.1.2　共建"一带一路"国家农业合作意愿强

共建"一带一路"国家对农业国际合作有着较强的意愿。"一带一路"大部分共建国家为发展中国家，粮食安全与营养、饥饿和贫困问题长期以来未能得到有效解决。农业国际合作能够开拓农产品外贸市场并提高农民生计水平，因此大多数共建国家合作的诉求非常强烈。共建

---

① 刘志颐、王琦、马志刚、何君：《我国企业在"一带一路"区域农业投资的特征分析》，农业农村部对外经济合作中心，http://www.fecc.agri.cn/ggxxfu/ggxxfw_zcfg/201702/t20170210_249412.html。

"一带一路"国家农业资源禀赋差异较大，既有农业资源丰富的国家，也有农业资源相对匮乏的国家，农业发展水平及资源条件的互补性既为广大共建国家间农业贸易深度合作拓展了广阔的市场空间，也成为促进农业国际合作的关键因素。中国作为传统的农业大国，既是农业生产大国，也是农产品消费大国，农业技术和生产体系较为完整，与大多数共建国家在农业技术、产品、市场等领域具有较强的互补性，使得中国的农业发展需求与广大共建国家的农业发展诉求能够实现有机耦合，在缓解世界范围内农产品供求失衡、提升农业国际合作效果等方面发挥着积极作用。此外，农业国际合作在"一带一路"建设过程中面临着准入壁垒、环境风险等一系列投资风险，例如农业基础设施投资投入大、周期长的特点会直接影响投资积极性。在农业国际合作投资实践中面临的这些制约因素，促使沿线各国秉承"共商共建共享"的原则在农业技术、产品、市场等领域通力合作，积极开展"一带一路"区域性农业合作协同发展，加快农业全球化进程。

6.2.1.3 农业国际合作顺应世界农业发展趋势

世界农业在生产贸易、技术、资源、外交等领域发生深刻转变，推动"一带一路"农业国际合作既是对世界农业全球化愿景不断加深的积极调整适应，也是顺应世界农业发展趋势的必然选择。第一，共建"一带一路"国家在世界农业生产格局中占据重要地位，核心区国家大多为粮食生产与出口大国，其中有30多个国家的农地面积占到国土面积的一半[1]。不仅如此，共建"一带一路"国家在农业领域的贸易往来也日益密切，2018年中国与共建国家的农产品贸易额占总体农产品贸易额的比重达到35.1%[2]。第二，世界农业正在从"传统农业技术"转向"生物农业技术"。面对人地不均衡、资源短缺、环境恶化等发展制约因素，通过推动农业科技创新，以生物技术、物联网技术等技术组合催生的智慧农业、低碳农业对于促进农业可持续发展的积极作用已成为世界各国的共识。第三，全球范围内农业资源空间分布不平衡与供需关系紧张，世界人均可耕地面积由1961年的0.37公顷下降至2015年的0.19公顷[3]，客观上要

---

① 孙婷婷：《"一带一路"背景下我国农业战略格局探析》，《山西农经》2017年第23期，第7–8页。
② 《"一带一路"农产品贸易发展报告》(2018)，农业农村部农业贸易促进中心，http://www.mczx.agri.cn/zxdt/201904/t20190426_6381361.htm。
③ 新浪财经全球宏观经济数据库，https://finance.sina.com.cn/worldmac/indicator_AG.LND.ARBL.HA.PC.shtml。

求世界各国秉承共同发展观推动农业资源的合作与互促互进。第四，农业外交已成为世界各国新时期的外交新常态，粮食安全与农业可持续发展将是未来农业外交的核心议题。推动农业合作能够有效促进世界各国的经济发展，尤其是对于"一带一路"沿线的发展中国家而言，农业共同化发展更是其开展外交活动的重要抓手。

6.2.2　中国与共建"一带一路"国家的农业合作成效

6.2.2.1　贸易水平的提高与合作基础巩固

（1）农产品双边贸易规模稳步提升

10年来，中国与共建"一带一路"国家农产品贸易规模不断扩大，在复杂多变的国际政治经济环境下，韧性强劲，形成了互利共赢的良好局面。数据显示，2018—2022年中国与共建国家的农产品贸易规模整体呈上升趋势。2022年，中国与共建国家农产品贸易额达1 411.8亿美元，是2013年的2.1倍，年均增幅8.7%[①]。根据中华人民共和国海关总署的数据显示，2022年，中国与"一带一路"国家农产品进出口总额为894.97亿美元，占中国农产品贸易总额的41.9%，比上年同期增长11.9%。其中，出口339.07亿美元，增长15.2%；进口555.90亿美元，增长9.9%；贸易逆差216.83亿美元，比上年同期扩大2.6%（见图6-1）。

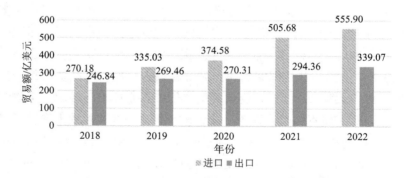

图6-1　2018—2022年同期中国与"一带一路"国家农产品进出口额

（数据来源：国家海关总署，由中国食品土畜进出口商会数据整理所得。https://www.cccfna.org.cn/maoyitongji/guobiemaoyi/ff80808185059a5d0187425e7d780044.html）

2022年，中国对"一带一路"国家农产品出口额排名前三位的国别地区依次是越南、马来西亚和泰国，占对"一带一路"国家农产品出口总额46.8%，出口额比上年同期分别增长2.9%、27.4%、5.6%（详见表6-1）。

[①]　《绘就"一带一路"农业合作新画卷》，中国经济网，http://www.ce.cn/xwzx/gnsz/gdxw/202305/17/t20230517_38548740.shtml。

表6-1 2022年中国对"一带一路"主要成员国家农产品出口额

排名	国别地区	出口额/亿美元	同比/%	占比/%
1	越南	55.99	2.90	16.50
2	马来西亚	54.08	27.40	15.90
3	泰国	48.93	5.60	14.40
4	印度尼西亚	28.35	13.30	8.40
5	菲律宾	27.79	0.80	8.20
6	俄罗斯联邦	23.90	43.10	7.00
7	新加坡	14.54	19.80	4.30
8	阿拉伯联合酋长国	9.12	47.40	2.70
9	印度	5.72	36.90	1.70
10	孟加拉国	5.50	−5.60	1.60
其他国家		65.44	—	19.3
总值		339.07	15.20	100.00

（数据来源：国家海关总署，由中国食品土畜进出口商会数据整理所得。https://www.cccfna.org.cn/maoyitongji/guobiemaoyi/ff80808185059a5d0187425e7d780044.html）

2022年，中国自"一带一路"国家农产品进口前三大市场依次是泰国、印度尼西亚和俄罗斯，占"一带一路"国家农产品进口总额的52.4%，进口额比上年同期分别增长6%、10.4%、42.6%。此外，自缅甸进口16.31亿美元，比上年同期增长114.9%（见表6-2）。

（2）农产品贸易结构逐步优化

中国与共建"一带一路"国家的农产品贸易结构不断优化。随着农业技术水平的提升与应用，贸易双轮驱动模式不断创新，推进了农产品贸易结构的优化。中国传统农产品的贸易规模有所拓宽，具有比较优势的农产品如水产、蔬菜、水果等产品的出口增长迅速；农产品贸易市场多元化格局逐步形成，农产品进口来源地也更加广泛[①]。中国与共建"一带一路"国家在农产品贸易方面不同的比较优势，形成了中国与共建国家在农产品贸易领域的互补型贸易类型和结构（表6-3）。从农产品贸易结构来看，中国与共建国家的农产品类型基本不存在重叠，具有较强

[①] 《新形势下构建我国农产品贸易新格局》，央视网，https://sannong.cctv.com/2018/11/12/ARTIRz9fQ5znjtbakRqD11m9181112.shtml。

表6-2 2022年中国自"一带一路"主要成员国家农产品进口额

排名	国别地区	进口额/亿美元	同比/%	占比/%
1	泰国	125.94	6.00	22.70
2	印度尼西亚	103.70	10.40	18.70
3	俄罗斯联邦	61.11	42.60	11.00
4	越南	60.67	50.30	10.90
5	印度	39.38	-6.60	7.10
6	马来西亚	38.88	15.20	7.00
7	乌克兰	29.77	-43.20	5.40
8	缅甸	16.31	114.90	2.90
9	菲律宾	10.95	10.10	2.00
10	巴基斯坦	9.91	1.60	1.80
	其他国家	58.23	—	10.5

（数据来源：国家海关总署，由中国食品土畜进出口商会数据整理所得。https://www.cccfna.org.cn/maoyitongji/guobiemaoyi/ff80808185059a5d0187425e7d780044.html）

表6-3 "一带一路"地区与我国进出口主要品种

地区	进出口	主要贸易品种
东南亚	向中国出口	果蔬类、油脂
	从中国进口	加工食品类
南亚	向中国出口	棉花、纤维
	从中国进口	果蔬
中东欧	向中国出口	畜产品、水果
	从中国进口	畜产品、蔬菜类
东南亚（蒙俄）	向中国出口	植物产品、畜产品
	从中国进口	水产品、果蔬
西亚	向中国出口	植物产品
	从中国进口	果蔬类、加工食品
中亚	向中国出口	棉麻丝、畜产品
	从中国进口	果蔬类、活动物

（资料来源：中国农业农村信息网，www.agri.cn.）

的互补性。根据要素禀赋理论，贸易双方的农业资源禀赋差异越大，意味着双方进行农业贸易越有利。例如，中亚、东南亚等地区的农产品具有比较优势，因而中国进口与中亚五国出口、东南亚十一国出口的贸易互补性较强，形成较大的农产品贸易空间。

"一带一路"倡议提出以来，农产品贸易占贸易总额的比重不断上升，中国与共建国家农产品贸易的增长速度超过了中国农产品贸易的整体增速，为双方互赢互利的交流合作打下了坚实的基础。

6.2.2.2　区域贸易往来稳定且持续深化

（1）中国与中亚五国

中国与中亚国家的农产品贸易增减交替，农产品贸易额不高，2021年农产品贸易总额为9.59亿美元，中亚五国与中国农产品贸易总额占中国农产品贸易总额（3 041.7亿美元）不足1%，但整体贸易朝着良好的状态发展①。按国别来看，2021年中哈双边农产品贸易金额为5.50亿美元，中乌、中吉、中塔和中土双边贸易额分别为2.50亿美元、1.27亿美元、0.17亿美元和0.18亿美元，双方还有较大的合作空间（见图6-2及表6-4）。

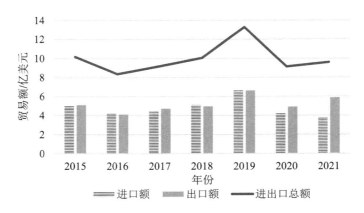

图6-2　2015—2021年中国与中亚五国农产品贸易额

---

① 赵闪闪:《"一带一路"背景下中国与中亚五国农产品贸易潜力研究》,硕士学位论文,东北财经大学经济统计系,2022,第9页。

表6-4　2015—2021年中国中亚农产品贸易情况

单位：亿美元

年份	2015	2016	2017	2018	2019	2020	2021
中国进口	5.07	4.25	4.47	5.1	6.66	4.23	3.74
中国出口	5.11	4.11	4.72	4.97	6.61	4.91	5.84
贸易总额	10.18	8.36	9.19	10.07	13.27	9.14	9.58
贸易差额	0.04	−0.14	0.25	−0.13	−0.05	0.68	2.10

中亚五国毗邻中国西北地区，有丰富的农业资源和土地资源，人均耕地面积0.52公顷，基本上是中国人均耕地面积的6倍，而且还有较大面积的农业用地尚未开发[①]。哈萨克斯坦年产小麦1 500万吨左右，出口900万吨左右，未开发耕地面积664万公顷。其余4国都是粮食净进口国，粮食生产和仓储物流基础设施相对不足，生产方式比较粗放，抗灾能力较弱，粮食单产和机械化水平较低，化肥农药等农资供应不足[②]。而中国在资金、市场方面存在优势，贸易合作主要是中国向中亚国家直接投资或者在中亚国家建厂、建立农业园区和农业示范基地，以及以氨、尿素产品生产为主的股权项目投资等方式。在农业投资领域，中国以直接投资的模式投资于中亚五国的农业基础设施和生产资料方面。

在贸易结构方面，双方贸易产品具很强的互补性，但缺少资本、技术密集型产品的合作。中国对中亚国家的出口以劳动密集型产品为主，中亚国家向中国的出口则以非食用型原料类产品为主，约90%集中在畜产品和棉麻丝两类产品上。

在农业科技领域，中国与中亚五国不断加强农业科技交流，带动农业全产业链合作。陕西杨凌在中国与中亚五国的科技交流合作中扮演着重要角色，杨凌是中国第一个国家级农业高新技术产业示范区，聚集着现代种业、农产品精深加工、农业智能装备制造等领域资源，从农产品贸易到农业国际合作中心、从农技合作到人才培养，新品种、新技

[①]　项婧：《中国中亚水利合作为"一带一路"建设注入"水动力"》，中国新闻网，https://www.chinanews.com.cn/gn/2023/05-29/10015710.shtml。

[②]　王世海：《"一带一路"国家地区粮食基本特点和加强粮食安全合作的对策建议》，《中国粮食经济》2022年第9期，第22-25页。

术、新模式等①，都与中亚各国展开了深入的合作。中国与中亚各国在农业科技合作平台建设、中哈联合防治蝗虫灾害合作、中塔农业科技示范中心的良种推广和农业技术普及等方面取得了显著的成就。此类合作对于保障中国与中亚五国的粮食安全，加强区域间联系、促进经贸发展具有重大意义。

（2）中国与西亚各国

中国与西亚国家的农产品贸易总额平稳上升，2021年贸易额达40.54亿美元，较2015年增长了186%，较2020年同比上升12%。出口总额保持平稳增长，由2015年的18.3亿美元上涨到2020年的23.07亿美元；进口总额从3.5亿美元上涨到17.47亿美元，且出口总额远大于进口总额，保持顺差状态（见图6-3）。2019年以来进口额突增，中国进出口贸易总额增长了36.8%，农产品进口在进出口贸易中所发挥的作用增大②。

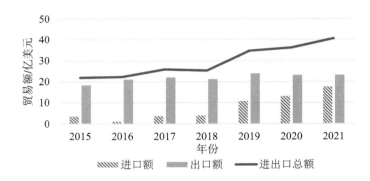

图6-3　2015—2021年中国与西亚二十国农产品贸易额

在西亚地区，伊朗和叙利亚投资风险较高；黎巴嫩、以色列和科威特等多个国家的风险水平相对平稳。中国政府、企业和个人多方主体积极参与西亚国家的农业投资合作。2016年，中国向伊朗渔业领域投资30亿美元③；2020年投资建设水电厂，缓解了当地每逢夏季干旱少雨、农业灌溉用水严重短缺的棘手难题。

在西亚诸国的农业技术方面，以色列在水资源管理和节水技术方面

①　《陕西杨凌成中国—中亚国家农业合作的热土》，北京日报网，https://news.bjd.com.cn/2023/05/16/10432415.shtml。

②　刘一达：《中国与西亚国家农产品贸易研究——基于"一带一路"倡议》，《北方经贸》2021年第5期，第19—22页。

③　《伊朗渔业存巨大商机 中国投资30亿美金》，中国水产科学研究院，https://www.cafs.ac.cn/info/1053/3037.htm。

具有世界领先水平；在温室农业技术方面有着丰富的经验，尤其擅长利用先进的温室技术和自动化系统进行农作物生产；在农业科技创新方面具有优势，包括种植技术、植物育种、农药和肥料的研发等。2013年以来，中国与以色列在现代农业技术方面频繁合作，还不断开展人才和学术交流，促进农业科技合作逐步向机制化合作发展，也为两国之间的生态农业合作提供了有力支撑。

（3）中国与南亚各国

南亚国家包括印度、巴基斯坦、孟加拉国、斯里兰卡、尼泊尔、马尔代夫、不丹等国家，这些国家都面临着农业发展和粮食安全的挑战。南亚国家的稻米、棉花、水果等具有竞争优势。中国与南亚国家的农产品贸易，自2016年起开始出现贸易顺差，2018年起转变为贸易逆差。从农产品贸易额的情况看，双方有广泛的合作机会和潜力（见图6-4）。

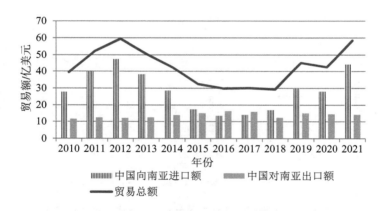

图6-4 2010—2021年中国和南亚国家农产品贸易额

在农业技术方面，中国在种植技术、水资源管理、农产品加工等方面具有先进的经验和技术，可以与帮助南亚国家通过技术水平的提升，提高农业生产效率和质量，以应对气候变化和自然灾害等挑战。

巴基斯坦是中国与南亚国家农业合作的典型代表，近年来，中国对巴基斯坦农产品的进出口总额均有较大幅度的上涨。中国对巴基斯坦主要出口蔬菜、谷物（稻谷）、饮品类、糖及糖料、调味制品、水果和油籽等；主要进口稻谷、水产品、饼粕、坚果、棉麻丝、干豆等。目前，中国从巴基斯坦主要进口的农产品还有棉花、谷物、生皮及皮革、渔业产品、水果坚果类。

（4）中国与东南亚

东盟是"一带一路"倡议的重要合作伙伴之一，东盟在全球农产品贸易中占据着重要地位，其农产品贸易总额也是共建"一带一路"国家或地区中最高的。东盟地区是稻谷主产区，该地区毗邻中国西南，耕地资源丰富，粮食生产的自然条件优越。据世界银行专家估算数据显示，印度尼西亚、泰国、缅甸、越南、菲律宾、柬埔寨等国可开发潜在耕地面积均在200万公顷以上，农业发展潜力巨大。该地区稻谷产量占全球近30%，稻米出口量占全球40%以上，其中泰国、缅甸、越南是世界"三大谷仓"。这些国家市场总体稳定，与中国地缘经济和文化渊源相通，投资环境较好，水稻、玉米等粮食的合作基础好、区位优势明显。在与中国农产品贸易规模前十大共建"一带一路"国家中，东盟国家占七个（见表6-5）。但是在资金、技术、人才、基础设施等因素的制约下，东盟大部分国家农业资源开发利用不足。

表6-5　2021年中国与"一带一路"共建十大主要贸易国贸易情况

国家	贸易额	进口/亿元	出口/亿元
泰国	1048.22	752.69	295.53
越南	602.46	255	347.46
印度尼西亚	759.36	605.57	153.79
马来西亚	489.5	218.06	271.44
俄罗斯	379.04	276.5	102.54
印度	232.35	214.82	17.53
菲律宾	239.61	64.34	175.27
乌克兰	355.34	338.77	16.57
新加坡	99.68	23.19	76.49
缅甸	80.15	48.21	31.94

（数据来源：由海关总署相关数据整理所得）

目前，中国自东盟进口农产品主要有棕榈油及制品、木薯、精米、其他鲜果、木薯淀粉等。中国对东盟农产品出口产品主要为大蒜、干香菇、鲜苹果、鲜葡萄等。2022年，中国与"一带一路"沿线东盟各国的农产品出口总额为237.43亿美元，进口额为369.79亿美元（见表6-6）。

表6-6　2022年中国与东盟各国农产品进出口额

国别	出口/亿美元	同比/%	进口/亿美元	同比/%
新加坡	14.54	19.80	4.10	13.70
马来西亚	54.08	27.40	38.88	15.20
印度尼西亚	28.35	13.30	103.70	10.40
缅甸	4.81	−3.10	16.31	114.90
泰国	48.93	5.60	125.94	6.00
老挝	0.56	6.60	3.80	92.50
柬埔寨	2.14	15.50	5.41	12.00
越南	55.99	2.90	60.67	50.30
文莱	0.24	7.50	0.03	253.90
菲律宾	27.79	0.80	10.95	10.10

（数据来源：由海关总署相关数据整理所得）

东盟目前已成为中国农业"走出去"的首选之地。截至2017年底，中国在东盟投资成立的农业企业达333家，占境外农业企业总数的39.1%，主要分布在除菲律宾、东帝汶以外的东盟国家。其中，老挝（86家）、缅甸（52家）、柬埔寨（45家）是中国对东盟农业投资设立企业数量最多的国家，也是中国境外农业企业分布最多的国家（见表6-7）。截至2020年底，中国对东盟国家农业投资存量为123.06亿美元，投资成立423家农业企业，占全部农业对外投资存量总额和全部境外农业企业总数的比重分别为40.72%、41.88%。中国对东盟农业投资主要分布在粮食作物、经济作物、畜牧业、渔业、农机等领域。从投资规模来看，中国对东盟农业投资项目小而散，资金规模不足[①]。

表6-7　2017年中国对东盟主要国家的农业投资情况

国家	企业数/个	国家	流量/万	国家	存量/万美元
老挝	86	新加坡	77176.4	新加坡	258131.9
缅甸	52	泰国	19728.7	印度尼西亚	121578.6

① 姜晔、茹蕾、杨光等：《"一带一路"倡议下中国与东盟农业投资合作特点与展望》，《世界农业》2019年第6期，第12−16页。

柬埔寨	45	印度尼西亚	17118.0	老挝	101633.7
印度尼西亚	43	老挝	13426.2	泰国	56534.6

（数据来源:《中国对外农业投资合作分析报告(2017年度)》）

（5）中国与中东欧

海关数据显示，中国与中东欧国家的农产品贸易规模由2015年的62.52亿元人民币增长至2023年的164.9亿元人民币，年均增长率高达50.54%。其中，中国对中东欧农产品出口额从2015年的37.35亿元人民币增加到2023年的97亿元人民币，年均增长率为12.67%；中国自中东欧农产品进口额从2015年的25.17亿元人民币增加到2023年的67.9亿元人民币，年均增长率为13.21%（见图6-5）。

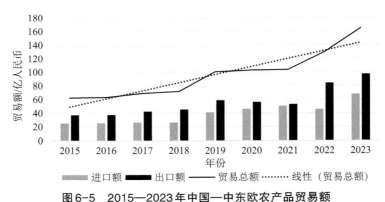

图6-5　2015—2023年中国—中东欧农产品贸易额

（数据来源:中国海关总署统计数据库）

从贸易商品结构看，中国出口到中东欧的农产品主要集中在水产品、蔬菜及果蔬制品、其他动物产品和油脂类产品。而中国主要从中东欧进口畜产品、烟草及其制品和饮料酒类产品。从农产品贸易伙伴来看，中国对中东欧农产品出口主要集中在波兰、罗马尼亚、捷克；进口主要来源于波兰、匈牙利、塞尔维亚。

"一带一路"倡议提出后，中国对中东欧国家的投资额增长迅速。2012—2016年，中国对中东欧国家投资流量年均低于2万亿美元，自2017年起，中国对中东欧国家每年的投资规模基本维持在3亿美元以上，2018年达到近10年的流量峰值6.7亿美元[①]。截至2023年，中国同中东

---

① 《中国—中东欧国家经贸合作十周年总报告》，http://www.e-ceec.org.cn/oss/showp?id=bbcbc5e9-61f1-48cc-a9a2-75279dd3d02d。

欧国家双向投资规模接近200亿美元①。除此之外，中国对中东欧的投资也涉及农业工业领域，2017年6月，部分中东欧国家在双边投资合作洽谈会上列出163个合作项目②，多数项目涉及农业领域。2019年，中国—中东欧国家博览会成功举办，进一步推动了中国与中东欧的双边农业投资合作。

中东欧国家的部分农业技术在世界范围处于领先水平，波兰、捷克等国家拥有先进的生物医药、节能环保技术，捷克在治理空气、土壤和水污染等方面也持续开展前沿研究。目前已初步构建中国和中东欧国家的农业科技合作机制，为双方农业科技搭建了合作交流平台。

（6）中国与俄罗斯

俄罗斯可耕地面积广阔，农用地占国土面积的12.9%，约2.2亿公顷，人均耕地面积达到0.84公顷，远高于世界平均水平，具有发展农业的先天优势。近五年（2018—2022年）来，中国与俄罗斯的农产品贸易额表现出了增长的趋势，进口额和出口额都表现出了稳步上升的态势，但是上升幅度不大（见图6-6）。

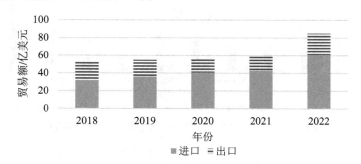

图6-6　2018—2022年同期中国与俄罗斯农产品进出口额

（数据来源：根据海关进出口数据整理）

从产品结构看，中国和俄罗斯的农产品贸易结构相对集中。中国对俄罗斯出口的农产品主要有水果、水产品、蔬菜等劳动密集型农产品；从俄罗斯进口水海产品及其制品以及植物油等土地密集型农产品③。截至2021年，中国从俄罗斯进口的农产品以水产品、油籽、坚果为主，中国

①　《深化务实合作 携手共向未来——中国—中东欧国家经贸合作新观察》，中国政府网，https://www.gov.cn/yaowen/liebiao/202305/content_6874534.htm。

②　《农业电商平台"一亩田"：B2B电商助力中国中东欧农产品贸易》，农贸易家，https://www.nongmaoyi.com/43240.html。

③　《中俄经贸：农产品贸易是亮点》，中华人民共和国商务部，http://chinawto.mofcom.gov.cn/article/e/r/202103/20210303046929.shtml。

向俄罗斯出口农产品则是以果蔬、水产品为主。中国对俄罗斯的农业投资项目涵盖农产品生产、储藏、加工、物流等各个环节领域，且主要投向租种耕地及农业资源开发领域。中俄通过在远东等地区建立农业合作示范区，加强了双方的资源整合，有效促进了中方的农业机械制造、农业科技、劳动力资源等优势生产要素与俄罗斯丰富的资源优势相结合，推动粮食生产、果蔬种植、畜牧养殖以及农产品加工等更好的发展。

总体来看，中国与共建"一带一路"国家在农业合作方面潜力巨大，结构互补，有进一步合作的空间。过去10年的共建"一带一路"农业合作实践表明，中国与共建国家互学互鉴，共同构建农业产业链，提高农业生产效率和质量，中国与共建国家的农产品的流通和贸易便利化得到了明显改善，农业贸易合作得到了显著加强。着眼于未来，中国和共建国家在农业技术和经验、人员交流和培训方面的潜力仍然巨大。

6.2.3　投资规模稳定且机制逐步完善

农业投资是"一带一路"共建国家农业合作的重点内容之一。根据商务部数据，近年来中国农业对外投资主要集中于农产品种养殖、农业机械化服务、农产品精深加工等领域，且历年投资流量和投资存量都表现为对稳定态势（见表6-8）。2022年，中国农业对外投资存量达到302亿美元，解决当地就业18万人[①]。

表6-8　中国农业对外直接投资规模表

指标	2021年	2020年	2019年	2018年	2017年
农、林、牧、渔业对外直接投资流量/万美元	93 075	107 864	243 920	256 258	250 769
农、林、牧、渔业对外直接投资存量/万美元	1 881 576	1 943 495	1 966 892	1 877 318	1 656 194

（数据来源：由历年中国统计年鉴数据整理所得）

农业领域的国际投资合作机制日渐完善。农业产业链逐渐延长拓宽，从最初的种养殖逐步延伸至涵盖农产品加工、仓储物流、产品贸易等全产业链，农业投资的重点产品也由大豆、小麦等传统粮食作物扩展到橡胶、天然油棕等稀缺性经济作物。中国企业对外农业投资表现出多元化

[①]　索寒雪：《农业农村部：中国农业对外投资存量达302亿美元》，中国经营网，http://www.cb.com.cn/index/show/zj/cv/cv135184851265。

分布趋势。从投资区域看，中国2013—2020年农业海外投资流量和存量区域遍布沿线各个区域（见表6-9）；2021年，中国农业对外投资存量分布在六大洲117个国家（地区），投资覆盖率50.21%[①]。从农业投资导向看，在中亚地区主要是以农业资源利用为主的投资；在东南亚地区主要是以资源开发、风险规避导向为主的农业合作投资；在农产品供不应求的南美洲和非洲等地区主要是以资源及市场开发为导向的农业投资；在欧美等发达国家则主要是以发展科技交流为导向的农业投资。

表6-9　中国对"一带一路"共建国家农业投资情况表

地区	国家	农业投资导向	投资金额/亿美元
东南亚、中亚	老挝、泰国、柬埔寨、新加坡、印度尼西亚、哈萨克斯坦等	以资源利用和风险规避为导向	87.60
南美洲、美洲	巴西、秘鲁等	以资源利用和市场潜力挖掘为导向	85.10
欧美	俄罗斯、荷兰、加拿大等	以市场潜力挖掘和科技交流为导向	669.82

（数据来源：根据 China Global Investment Tracker 数据库整理所得）

6.3　"一带一路"农业国际合作的方式与新机制探索

在"一带一路"农业国际合作的进程中，中国与"一带一路"国家取得了积极成效，通过政策对接、技术交流、贸易投资、科研创新和人才培养等合作方式，推动了共建"一带一路"国家农业的现代化和可持续发展，积累了一系列有益于国际农业合作的经验。

6.3.1　"一带一路"农业国际合作的方式

6.3.1.1　利用大国规模优势参与农业国际合作，促进不同国家共同发展

中国在推进"一带一路"农业合作的过程中，优化共建国家的资产配置，增加资产流动性，让民心相通、政策沟通、贸易畅通激发国家市

[①] 《如何推动高水平农业对外开放》，人民政协网，https://www.rmzxb.com.cn/c/2023-06-27/3368004.shtml。

场潜能。利用大国带来的规模优势参与农业国际合作，促进不同国家的农业现代化和可持续发展，实现共同繁荣和发展的目标。中国是世界上人口最多的国家之一，拥有庞大的内需市场和出口潜力。受人口增长、消费升级和政府政策等因素的影响，不仅农产品的消费数量在增加，人们对质量、安全、营养方面的重视程度不断提高，而且更加关注食品的质量和安全性。这些逐渐升级的需求为共建国家的特色农产品提供了巨大的商机和发展空间。同时，中国也向其他国家出口农产品，满足国际市场需求。

中国立足国内消费结构升级的需求，坚持新粮食观、实施重要农产品保障战略，在国际大宗农产品交易中发挥着重要作用，通过进口满足国内需求，通过出口拓展国际市场，积极参与农产品贸易和投资合作。在粮食类大宗农产品中，大豆、玉米、小麦的全球交易最为活跃，素有"三大农产品期货"之称。中国作为全球第一大农产品进口市场，大宗农产品净进口金额增长较快，尤其 2019 年起大幅增加，净进口金额从813.2 亿美元增加至 2022 年的 1 432.2 亿美元。2022 年中国大宗农产品净进口量为 1.7 亿吨，净进口金额 1 432.2 亿美元，比上年增长 4.1%。其中，油料（包括大豆）净进口金额 642.5 亿美元，占 44.86%；畜禽产品 298.6亿美元，占 20.85%；粮食净进口金额 192.9 亿美元，占 13.47%；乳制品130.7 亿美元，占 9.13%；植物油 94.9 亿美元，占 6.63%；棉花和食糖分别为 51.3 亿美元和 21.3 亿美元，分别占 3.58% 和 1.48%[①]。

从大宗农产品的进口情况看，巴西、美国、泰国、新西兰、澳大利亚、印度尼西亚、阿根廷、加拿大、俄罗斯、越南等国是中国最主要的农产品进口来源地，从这 10 个国家进口的农产品进口金额合计在中国全国农产品进口总金额中所占的比重达 71.28%[②]。2022 年中国农产品进口来源国中，巴西和美国的农产品进口占比最大，分别为 22.1%、17.7%，二者合计占比接近 40%；泰国、新西兰、澳大利亚等占比都在 5% 左右，与巴西、美国差距较大（见表 6-10）。

---

① 《量减价增！盘点 2022 年我国大宗农产品净进口七大品类》，搜狐，https://www.sohu.com/a/642189080_498750。

② 《2022 年中国农产品进出口金额排行》，农小蜂数智云，https://www.weihengag.com/home/article/detail/id/19439。

表6-10　2022年中国大宗农产品进口国别及占比情况表

类别	进口国别	占比/%
谷物	美国	41.5
	澳大利亚	14.3
	乌克兰	10.5
	阿根廷	8.3
	其他国家	25.4
棉花	美国	59.8
	巴西	30.5
	印度	1.4
	澳大利亚	1.1
	其他国家	7.2
油料	巴西	57.6
	美国	31.4
	阿根廷	3.9
	加拿大	2.7
	其他国家	4.4
植物油（棕榈油）	印度尼西亚	45.7
	马来西亚	20.7
	俄罗斯	10.7
	乌克兰	4.5
	其他国家	18.4
肉类	巴西	30.5
	美国	13.5
	西班牙	10
	阿根廷	7.5
	其他国家	38.5

（数据来源：根据相关资料数据整理所得）

美国的谷物、棉花和油料，巴西的棉花、油料及肉类等农产品，大量出口到中国。中国的农产品进口需求为其他农产品出口国提供了巨大的贸易机会（见表6-11），许多农产品出口国都将中国视为重要的市场。满足中国的农产品需求，为这些国家提供了增加出口、扩大农产品产业规模和增加农民收入的机会。从目前农产品贸易情况看，中国农产品进口来源过度集中，对来自巴西、美国的农产品输入较为依赖，容易在价格、供需等方面受到他们的影响，不利于国内农产品市场的长期稳定和自主定价权。

表6-11　2022年中国进出口农产品类目进出口金额排名

类别	Top1	Top2	Top3	Top4	Top5	Top6	Top7
进口	粮食	肉类（包括杂碎）	水产品	干鲜瓜果及坚果	乳品	蔬菜及食用菌	茶叶
金额/亿元	5 499.86	2 120.62	1 328.13	1 037.35	926.76	14.06	9.79
出口	水产品	蔬菜及食用菌	干鲜瓜果及坚果	茶叶	肉类（包括杂碎）	粮食	乳品
金额/亿元	1505.42	824.58	354.68	138.82	130.22	124.88	13.22

（数据来源：依据海关总署数据整理所得）

6.3.1.2　协商共建示范区先行先试合作机制，提升农业国际合作水平

在"一带一路"农业合作过程中，中国始终坚持各方"共商共建共享"的原则。中国与共建国家开展了多种形式的农业合作，包括技术支持、投资合作、农产品贸易和农业合作平台等。共建国家通过高层论坛、合作机制和平台等形式，共同商讨合作项目、政策规划和发展战略，确保各方的利益得到充分考虑，实现"共商共建"的目标；各方通过平等协商和务实合作，在项目选择、投资合作、贸易便利化等方面达成一致意见，已达成共识。

中国与"一带一路"共建国家之间建立了多个双边农业合作机制，旨在通过"共商共建"，促进农业合作、技术交流和农产品贸易。中国与30多个亚洲国家签署了50多项双边农业合作协议以及70多份部门间的合作协议或备忘录，与15个中东欧国家及俄罗斯等国签署了32个双边农业合作协议，并与其中的24个国家建立了副部级或司局级工作组或联委

会。还与共建国家在上海合作组织等多边框架下开展了农业政策与技术交流、人员培训、贸易促进等多种形式合作，建立了东盟与中日韩大米紧急储备（APTERR）、东盟粮食安全信息系统（AFSIS）、大湄公河次区域农业信息网等多个合作机制和平台。东盟与中日韩农林部长会、上合组织农业部长会、APEC农业与粮食部长会的定期举办，丰富了东亚领导人系列会议、合组织峰会及总理会议、APEC领导人会议等多边沟通渠道。

表6-12　中国与共建"一带一路"国家农业技术合作状况

合作地区（国家）	合作领域
东亚（蒙古国）	作物有害生物安全防御合作
东南亚（老挝、柬埔寨、泰国、越南）	动植物病虫害防治技术，土壤改良技术和防治技术，以及相关疫苗和农药产品、农作物品种研发合作技术，土壤重金属高效修复剂和有机富硒营养液等高新技术合作
中亚地区	抗旱新品种选育、节水灌溉
西亚（以色列）	农产品保鲜技术与应用、农产品保鲜品质检测与检验、食品纳米技术与应用、功能性食品研发、微生物安全、果蔬采后腐败控制、果蔬采后风味变化机制与控制、纳米抗菌保鲜、谷物绿色贮藏、真菌与真菌毒素防控、食源性致病菌控制等领域合作
非洲（尼日利亚、埃塞俄比亚、坦桑尼亚、莫桑比克、乌干达、苏丹、赞比亚）	农田整治和水利灌溉工程、肉羊绿色增长增效集成
北亚（俄罗斯）	农业种植、养殖、加工
大洋洲（斐济）	渔业产品开发

（资料来源：根据中国全球投资数据库及"一带一路"官网资料整理。https://www.yidaiyilu.gov.cn.）

　　"一带一路"倡议强调共享合作成果和发展机遇。通过加强经济合作、贸易往来和人文交流，各方共享经济发展带来的成果，互利共赢。中国与共建"一带一路"国家加强政策对接，通过签署农业合作协议、开展政府间农业合作项目等方式，促进双方农业合作的顺利进行。在共建"一带一路"国家，中国以农业科技型企业为主体开展投资并逐步建立了试验基地（见表6-12）。共同携手维护粮食安全，中国已经与80多个国家签署农渔业合作文件，在共建"一带一路"国家开展农业投资合作的项目超过650个①。截至2021年底，中国已经与171个国家和国际组织签署了205份共建"一带一路"合作文件，与86个沿线共建国家签署了农渔业合作协议，与其中一半以上的国家就农业合作建立了稳定的工作机制②。

表6-13　中国与共建"一带一路"国家农业合作示范区

国家	示范区	组织实施企业
塔吉克斯坦	中国农业合作示范区	新疆利华棉业股份有限公司
莫桑比克	中国农业技术示范区	湖北省联丰海外农业开发集团
坦桑尼亚	新阳嘎农工贸现代产业园	江苏海企技术工程股份有限公司
乌干达	中国农业合作产业园	四川友豪恒远农业开发有限公司
吉尔吉斯斯坦	亚洲之星农业产业合作区	河南贵友实业集团有限公司
苏丹	中国农业合作开发区	山东国际经济技术合作公司
老挝	老挝—中国现代农业科技示范园	深圳华大基因科技有限公司
柬埔寨	中国热带生态农业合作示范区	海南顶益绿洲生态农业有限公司
斐济	斐济—中国渔业综合产业园	山东俚岛海洋科技股份有限公司
赞比亚	农产品加工合作园区	青岛瑞昌科技产业有限公司

（资料来源：中国农业农村信息网，www.agri.cn.）

在一些重点领域和合作项目上先行先试，解决问题的同时可以积累经验，为后续合作提供参考和借鉴。2017年农业部首批认定境外建设10个农业合作示范区（见表6-13），和农业对外开放合作试验区（见表6-14）。农业农村部办公厅公布的数据统计显示，当前已建立20多个境外农业合作示范区，未来将继续深化、完善和创新对外农业合作机制与方式，促进共建国家农业合作的快速发展。境外农业合作园区成为中国对共建"一带一路"国家农业对外投资的重要平台。

---

① 张健、陈汀：《"一带一路"倡议助力沿线国家农业合作》，中国一带一路网，https://www.yidaiyilu.gov.cn/p/269838.html。

② 李春顶、李董林：《提升"一带一路"农业合作水平，携手抵御粮食危机》，国际合作中心，https://www.icc.org.cn/publications/policies/128.html。

表6-14　农业农村部首批农业对外开放合作试验区建设试点名单

序号	名称	组织实施单位
1	琼海农业对外开放合作试验区	海南省琼海市人民政府
2	热带农业对外开放合作试验区	中国热带农业科学院
3	连云港农业对外开放合作试验区	江苏省连云港市人民政府
4	吉林中新食品区农业对外开放合作试验区	吉林(中国—新加坡)食品区管理委员会
5	吉木乃农业对外开放合作试验区	新疆维吾尔自治区吉木乃县人民政府
6	饶平农业对外开放合作试验区	广东省饶平县人民政府
7	潍坊农业对外开放合作试验区	山东省潍坊市人民政府
8	东宁农业对外开放合作试验区	黑龙江省东宁市人民政府
9	荣成农业对外开放合作试验区	山东省荣成市人民政府
10	滨海新区农业对外开放合作试验区	天津市滨海新区人民政府

（数据来源：表中资料来源于中华人民共和国农业农村部）

6.3.1.3　助力沿线国家基础设施联通，拓宽农业国际合作空间

中国在共建"一带一路"过程中，通过对共建"一带一路"国家基础设施的投资，推动着共建国家贸易、投资和基础设施网络的互联互通，增强政治互信，夯实了共建"一带一路"的民意和社会基础，还增进了中国与"一带一路"各国农产品市场的空间可达性，以助力中国更好的发挥国内、国际两个市场的作用。10年来，中国大力支持基础设施建设。以打造区域性互联互通交通运输网络为目标，中国推动实施了中老铁路、匈塞铁路、印尼雅万高铁、肯尼亚蒙内铁路、中泰铁路，巴基斯坦白沙瓦至卡拉奇高速公路、中巴喀喇昆仑公路二期升级改造、希腊比雷埃夫斯港、斯里兰卡汉班托塔港、巴基斯坦瓜达尔港、马尔代夫中马友谊大桥、伊朗德—马高铁等标志性项目建设。中国建成通车的埃塞俄比亚的斯亚贝巴—吉布提铁路是非洲第一条跨国电气化铁路，将两地间运输时间从公路运输的7天降至10小时。交通设施的完善，将"一带一路"国家与世界联系在一起，有效推动了农产品出口向贸易的纵深发展，拓宽了共建国家间农业贸易合作的范围与渠道。中欧班列的开通运营，将中国内陆城市与欧亚市场连接起来，在有效降低双边农产品贸易的物流运输成本的同时，也极大地拓宽了农产品贸易空间。

中国助力"一带一路"国家改善农业基础设施，提高农业生产能力和效益，促进农产品贸易和农业可持续发展。这些合作有助于加强中国与"一带一路"国家之间的农业合作和友好关系，对于中国粮食安全问题也起到了积极作用。中国在"一带一路"国家投资建设水利设施，包括灌溉系统、水库、水渠等，提高农田的灌溉能力，助力"一带一路"国家的农业发展。中国在非洲国家开展了大量的农业基础设施投资，在肯尼亚、埃塞俄比亚、坦桑尼亚等国家，中国援建了农田灌溉系统、农产品加工厂、农业科技示范园等项目，提升了当地的农业生产能力。中国在柬埔寨、老挝、缅甸等东南亚国家，援建了农业灌溉工程、农产品加工厂、农业科技示范园等项目，促进了当地农业的发展。在一些拉美国家，中国援建了农业机械化项目、农产品加工厂、农业科技示范园等，提高了当地的农业生产效率。

中国在共建"一带一路"国家建设农业科技示范园，通过引进先进的农业技术和管理经验，帮助农民提高种植和养殖技术，提高农业生产效益。将高标准科学规划和建设农业科技示范园作为中国与共建国家农业合作的重点，更加高效地整合优质资源，形成产业集聚效应，降低农业合作成本。中苏农业合作开发区以苏丹加达里夫州法乌镇拉哈德灌区为中心区域，按照"一区多园"的总体空间布局，重点开发建设从良种繁育、种植养殖基地到农产品加工、物流、贸易全产业链的自由贸易平台，辐射带动整个拉哈德灌区220万亩的农业产业发展①。

中国联合"一带一路"相关国家的农业科研机构共同建设一批面向不同领域、不同需求的国际联合实验室和研发中心等合作平台，有效整合产学研用等各类科技资源，通过学术交流、联合研究等方式，共同开展重大科学问题的联合攻关和新技术研发，有效提升科技成果转化成效，推动科技创新赋能农业经济高质量发展。如中国农业科学院协同新疆农业大学等中方机构与哈萨克斯坦赛弗林农业技术大学共同建立了"中国—哈萨克斯坦农业科学联合实验室"。两国农业科研机构依托该实验室进行动物疫病联合研究，共同推动建立动物疫病联合防控体系。

6.3.2 "一带一路"农业国际合作的新机制探索

6.3.2.1 利用大国农产品超大规模优势，创新农业贸易新机制

"一带一路"倡议旨在促进共建国家之间的互联互通、经济合作和共

---

① 高云才：《8年来，中国投资一带一路农业项目820多个》，中国政府网，https://www.gov.cn/xinwen/2021-11/25/content_5653270.htm。

同发展，鼓励共建国家加强政策沟通、设立合作机制，通过开展互利合作项目，推动资源优势互补、市场互通、技术共享等，实现各方的共同利益最大化，促进共同繁荣。构建人类命运共同体，农业国际合作是基础内容，推动各国之间共同发展和共同繁荣，是发展目标。为推进高水平对外开放、融通"双循环"，中国利用大国农产品超大规模优势，不断创新农业贸易新机制。

自由贸易区已经成为高水平开放的先导力量，作为国内国际双循环背景下新一轮改革开放的"试验田"，不仅成为中国经济增长的新驱动力，对经济高质量发展的促进效应显著呈现，还促进了更高水平的对外开放。10年来，中国推出一系列首创性实践，在全国分地点、分批次设立了21个自贸试验区，形成了278项制度创新成果并复制推广，外资准入负面清单条目从190项减至27项[1]，形成了覆盖全面的改革开放新格局，实现了一系列突破性进展。依托中国超大规模市场优势，自贸区立足自身资源禀赋，吸引全球优质资源，推动高端产业不断集聚。2022年，21家自贸试验区高新技术产业实际利用外资863.4亿元，同比增长53.2%[2]，增速远超全国平均水平；和自贸协定伙伴的进出口额达到14.25万亿元，占外贸总额的34%[3]。各自贸试验区、自由贸易港围绕自身战略定位和区位优势，服务国家重大战略的能力不断增强。目前，中国已经初步建立起以周边为基础、辐射"一带一路"、面向全球的自贸协定网络。

综合保税区已经成为中国对外开放的重要平台。为了进一步优化区域布局，发挥东部地区创新引领作用，促进中西部地区承接加工贸易产业转移，提高开放水平，综合保税区成为开放型经济的重要平台，对发展对外贸易、吸引外商投资、促进产业转型升级发挥着重要作用。截至2022年，中国已经批准设立海关特殊监管区域168个（包括156个综合保税区），其中有外贸进出口统计数据的特殊区域为156个（包括144个综合保税区）。作为外贸外资的重要平台，2022年进出口总值约为6.564万亿元，比去年同期增长约11.4%。其中，出口占比约为56.5%，进口占

---

① 刘萌、韩昱：《自贸试验区建设步入十周年 金融创新硕果累累》，中国日报网，https://cnews.chinadaily.com.cn/a/202305/31/WS6476991da31064684b053c73.html。

② 裴长洪、崔卫杰、赵忠秀等：《中国自由贸易试验区建设十周年：回顾与展望》，《国际经济合作》2023年第4期，第1-32页。

③ 《自贸区建设这十年：对外开放不断扩大，继续缩减外资准入负面清单》，腾讯网，https://new.qq.com/rain/a/20230303A04W7P00。

比约为43.5%。成都高新综合保税区、郑州新郑综合保税区、昆山综合保税区、重庆西永综合保税区、松江综合保税区成为排名前五位的综合保税区。2023年上半年，成都高新综合保税区进出口总额实现1 873.9亿元，在全国149个有实绩的综合保税区中排名第一。

开放的国家级展会，为中国和全球消费品行业的发展提供了良好的契机和平台。已连续举办三年的中国国际消费品博览会，已连续五年成功举办的中国国际进口博览会，既为各国消费精品进入中国市场提供展示、交易机会，也为中国各地和各国的消费精品销往世界创造商机。2023年4月在海南省海口市举办的中国国际消费品博览会，共有来自60多个国家和地区的超过3 000个消费精品品牌参展，展览总面积达到10万平方米。满足了人们中高端、多样化消费需求的同时，不断扩大联通国内国际市场，有利优化国内市场供给结构，改善供给质量，提升供给体系对国内需求的适配性，畅通国内大循环；还有利推动全球消费资源和要素顺畅流动、高效共享，实现内需和外需、进口和出口协调发展，促进国内国际双循环；体现了中国同世界分享市场机遇、推动世界经济复苏的真诚愿望，有利合力推动世界经济平稳复苏。

6.3.2.2　注重农业国际投资的整体推进机制与长期效应机制

农业投资合作是"一带一路"共建国家农业建设的重点内容。受制于经济增长动力不足、地缘政治不稳定等因素，部分"一带一路"共建国家吸引海外投资能力较弱，在基础设施建设、大型水利工程、农业技术研发和推广等方面存在较大投资缺口，影响了现代农业的进一步发展。2017年，中国国家发展改革委、商务部、外交部等部门联合发布的《共同推进"一带一路"建设农业合作的愿景与行动》中提出，加大农业基础设施和生产、加工、储运、流通等全产业链环节投资。近年来，中国对共建"一带一路"国家农业投资稳步增长。根据商务部数据，中国对外农业投资主要集中于农产品种养殖、农业机械化服务、农产品精深加工等领域，投资日趋稳健、多元，投资领域和区域逐渐拓展，投资层次逐渐提升，且投资量呈大幅增长态势。

中国对共建"一带一路"国家的投资机制，是以外源式投资逐渐转变为支持内生能力建设的长效投资机制。针对沿线发展中国家面临的治理难题，在共建"一带一路"的框架下，加强农业发展经验分享，帮助沿线发展中国家提升宏观经济治理能力、改善营商环境，同时整合包括周边国家在内的广大发展中国家的发展诉求，推动全球经济治理向着更加公平、公正、合理的方向发展。中国围绕相关国家对于推动农业现代化进程、改善农业基础设施、发展现代农业的强烈诉求，有的放矢地设计培训主题，为相关国家培养了大量农业发展所需的技术人才。同时，对共建国家的农业投资，不仅多层次建立产业园区形成联动发展，还注重向产业链上下游延伸，保障农业供应链安全，增强产业链韧性，从种植、养殖、农产品加工、仓储物流、产品贸易等环节进行全链条的投资，投资的重点产品也由大豆、小麦等传统粮食作物扩展到橡胶、天然油棕等稀缺性经济作物。这种立足长远的投资模式，旨在帮助共建国家实现农业产业链的整合和优化，提高农业生产效率和附加值，促进共建国家农的内生性发展业和可持续发展。

6.3.2.3　用合作新理念创新农业国际援助新机制

倡导和践行人类命运共同体理念，是用新型合作理念创新农业国际援助新机制的基本原则，是遵循"共商共建共享"理念推动农业援助高质量发展的重要抓手。中国致力于助推"一带一路"相关国家减贫惠农，援助方式由早期的救济式援助，逐渐转变为分享中国的农业实践经验、转让农业实用技术的共建模式，期望通过中国智慧带动当地农业增产和农民增收，持续推进减贫与绿色农业的可持续发展。多年来，通过签署合作协议、建立经贸合作区、建立合作平台、开展能力建设与人才培训活动等方式，持续加大对沿线发展中国家的农业基础设施、农资、技术、粮食等援助，帮助共建国家逐步实现农业独立自主发展。

针对受援国的具体情况，救济式的物资援助成为一种常态。通过对沿线贫困国家、受灾地区等进行直接的物资援助，帮助他们渡过难关。比如，2017年中国在"一带一路"高峰论坛上提出，将在3年间向参与"一带一路"建设的发展中国家和国际组织提供600亿元人民币援助，向索马里约22.35万受灾民众捐赠高粱、营养补充剂和为期4个月的救济[①]。2021年中国政府向阿富汗提供价值2亿元人民币的粮食、越冬物资等紧急人道主义援助等。作为联合国在南南合作领域的重要合作伙伴，中国在过去5年间，通过联合国难民署开展的南南合作项目，向阿富汗、肯尼亚、坦桑尼亚、南苏丹、伊拉克等8个国家提供援助。中国设立的全球发展与南南合作基金支持下的全球行动惠及160多万人。据联合国难民署介绍，中国政府提供的援助涵盖抗击新冠疫情、支持疫后恢复、庇护所、饮用水和生活用水、卫生、教育、粮食援助、救急物资和过冬御

[①]　焦翔：《中国粮食援助物资启运》，人民网，http://world.people.com.cn/n1/2017/0605/c1002-29316560.html。

寒支持等①。

近年来，中国农业对外援助更加注重"授人以渔"，注重对接发展中国家的发展意愿以及实际需求，不断支援完善当地的农业基础设施建设和农业技术提升。农业基础设施落后是农业投资环境差的主要原因之一，也是除技术之外制约沿线发展中国家农业发展的主要瓶颈。农业基础设施主要涉及灌溉、防洪、农田水利、农业用电、仓储运输等生产基础设施，以及交通运输、农业流通等相关基础设施。农业农村部数据显示，2020年末中国农业对外投资存量达到302亿美元，"十三五"时期对外投资存量是"十二五"末的1.68倍②；截至2021年，中国已在117个国家和区域开展农业投资，对外投资存量达271.15亿美元，解决当地就业约18万人③。中国在阿富汗援建地帕尔万水利灌溉工程，经济效益显著，不仅方便了当地居民生活用水，还可实现数万顷耕地灌溉，使当地居民实现了一年收获三季作物，甚至在干涸期的冬天也能种植一些蔬菜。中国援助吉尔吉斯斯坦灌溉系统改造工程项目，是农业灌溉渠和附属结构的新建、维修和改扩建工程，改造项目完成后，330公顷未开垦土地投入使用，另有1 000多公顷土地的供水得以增加④。

在农业技术方面，科技发展水平滞后与创新能力不足制约了共建"一带一路"国家的农业发展。中国通过农业技术转让和传授农业技术等手段，有效缓解了共建国家的粮食安全问题。截至2021年，中国已向70多个国家和地区派出2000多名农业专家和技术人员，培训近10万农民；向多个国家推广示范1 500多项农业技术，带动项目平均增产40%至70%，超过150万户农村家庭从中受益⑤。例如，援格鲁吉亚蔬菜大棚种植技术合作，专家向农户推广日光温室种植技术，提高了当地农业产量，解决了当地蔬菜难以自给自足的难题⑥；对最不发达国家之一的东帝汶提

---

① 《通过南南合作，中国为世界做出哪些贡献？》，中国新闻网，https://www.chinanews.com.cn/gn/shipin/cns-d/2022/09-12/news937484.shtml。

② 《农业现代化辉煌五年系列宣传之三十：农业对外投资步伐更加坚实》，中华人民共和国农业农村部，http://www.jhs.moa.gov.cn/ghgl/202107/t20210728_6372940.htm。

③ 《为推动农业走出去高质量发展谋良策》，新浪财经，https://finance.sina.com.cn/jjxw/2023-04-11/doc-imypxwqw7659592.shtml。

④ 关建武：《通讯：中国援建灌溉工程造福吉尔吉斯斯坦农民》，新华网，http://www.news.cn/world/2023-05/11/c_1129604849.htm。

⑤ 刘艺卓：《绘就"一带一路"农业合作新画卷》，中国经济网，http://www.ce.cn/xwzx/gnsz/gdxw/202305/17/t20230517_38548740.shtml。

⑥ 肖新新：《合力建设远离贫困、共同发展的美好世界〈命运与共·全球发展倡议系列综述〉》，人民网，http://world.people.com.cn/n1/2022/0406/c1002-32391984.html。

供粮食种植技术培训、农用物资设备，援建粮食仓储设施等多元举措，助力其提升粮食自给能力；援助建设老挝农业技术示范中心，帮助当地玉米单产提高了近70%，水稻单产提高了1倍①。兰州大学生态学院教授熊友才团队在肯尼亚建立示范区，使用田间微集雨技术种植玉米，提高了大田生产力，示范区玉米种植产量从99%提至240%②。此外，自中国1979年向外推出杂交水稻种子后，杂交水稻覆盖数十个国家和地区，年种植面积达800万公顷，平均每公顷产量比当地优良品种高2吨左右，有效地缓解了当地粮食紧缺问题。至今，中国已经成为联合国粮农组织（FAO）南南合作框架下资金援助最多、派出专家最多、开展项目最多的发展中国家③。

援助方式的转变，体现了与共建"一带一路"国家共建现代农业、共享科技进步成果的过程，以中国智慧促进共建国家农业的可持续发展。但是目前，一些重点合作领域比如中亚地区、中东地区、非洲撒哈拉以南地区，面临水资源短缺、农业困境和生态环境压力等问题。有些国家还由于长久的国家治理问题，气候变化、市场发育水平低等诸多因素仍严重困扰当地农业的发展。针对这些特殊地域的农业援助问题，还需要把握具体情况，有针对性地加强技术援助。

6.4 推动"一带一路"农业共同化发展的愿景展望

立足于构建人类命运共同体的美好愿景，使国家间的农业合作逐渐成为与国际国内农产品供给安全和国家总体外交密切相关的重大国家发展战略。通过农业共同化发展，强调合作与公平，促进国家间资源互补、农业互利合作和社会凝聚力的和谐发展，提升农业生产效率，为人类社会发展奠定物质基础，推动人类共同发展。

农业共同化发展，通过农业合作与技术支持，促进共建"一带一路"国家粮食生产和供应的稳定性和可持续性，保障人类的粮食安全，减少

---

① 刘艺卓：《绘就"一带一路"农业合作新画卷》，中国经济网，http://www.ce.cn/xwzx/gnsz/gdxw/202305/17/t20230517_38548740.shtml。

② 张文静、黄扬、文静、姚友明等：《"中国方案"为"一带一路"国际农业合作注入新动力》，兰州大学一带一路研究中心，https://ldbr.lzu.edu.cn/zxdt/info-7676.shtml。

③ 刘艺卓：《绘就"一带一路"农业合作新画卷》，中国经济网，http://www.ce.cn/xwzx/gnsz/gdxw/202305/17/t20230517_38548740.shtml。

饥饿和营养不良问题，改善人类的生活条件，促进农村地区的经济繁荣和社会进步。加强国家间文化的交流和互鉴，促进文化多样性和文明的交流与融合。同时，农业生产方式的转型，还可以提高土地利用效率，保护生态环境，实现农业的可持续发展。基于共同化发展愿景，中国与"一带一路"共建国家的农业合作、投资、援助、并购等活动积极且活跃，合作领域逐渐拓宽，从种养业逐渐拓展到农业全产业链。很大程度上提升了共建国家的农业生产能力，构筑了粮食安全的屏障，各国可以携起手来共同应对国际粮食安全问题，消除全球性饥饿，满足人们不同层次的需求，推动人类营养健康水平的提升，共享经济发展的成果。

面对国内外环境深刻复杂变化带来的机遇和挑战，中国将坚持实施更大范围、更宽领域、更深层次对外开放，建设更高水平开放型经济新体制，促进贸易和投资自由化便利化，推动共建"一带一路"高质量发展，形成更加优良的营商环境、更加便利的要素流通渠道、更加完善的互联互通基础设施、更加体现中国方案的国际秩序和规则，为农业国际合作提供了更广阔的发展空间，助力农业共同化发展。

6.4.1　加强周边国家农业合作，构建农业共同化发展先行区

推进农业共同化发展，充分利用中国的农业优势，加强与中国周边国家的农业合作，构建农业共同化发展先行区。中国与周边国家，如中亚、东盟等的农业合作前景是积极的，加强与周边国家的联系，聚焦国内短缺农产品，有效防控风险，在加强农产品多元化进口的过程中，扩大优势特色农产品的出口，形成促进全球农业共同化发展的先行区。

深化中国同中亚五国的农业科技合作，要通过不断加强农业科技合作交流，带动农业全产业链合作，推动实现农业技术资源、土地资源、种质资源、人力资源的互补，提升整个区域的农业发展能力和农产品竞争力。通过加强对话协调，共同营造有利的国际环境，确保了中国—中亚关系机制的升级。加强经贸合作，实现双方边境口岸农副产品快速通关"绿色通道"全覆盖，对双方都有现实利好。将中亚国家丰富的农产品与中国巨大的需求市场有机结合，既解决了中亚国家产业升级、居民收入、就业等问题，又满足了中国百姓对优质农产品的需求。中亚国家经济发展模式面临转型，对数字经济、绿色农业、生态保护有急迫而突出的需求，将中国在旱作技术、数字农业等方面的优势与中亚国家需求

对接，双方加强创新合作，促进农业农村绿色可持续发展。

中俄两国作为陆上邻国，粮食、能源合作对两国而言具有不可替代性。当前，中俄农业合作重在提质增效，加强在粮食安全治理方面的合作，以抵制贸易保护主义。在新时代构建中俄农业合作的新发展格局，双方要磋商出台务实有效的措施，积极解决农业合作领域的实际困难，加强优势互补，深化农业合作，共同提升双方现代农业建设水平。首先，完善境外农业合作保障措施，加快出台对中俄农业合作企业的激励机制，以重点扶大扶强的思路完善对重点涉农领域企业和项目的惠农政策，全力提升在俄农业合作开发项目的数量和质量，提高中俄农业合作企业的积极性和综合竞争力。其次，创新金融供给，积极探索如何进一步缓解境外农业开发资金不足问题；探索设立农业合作企业专项扶持基金，满足企业生产经营资金需求，有效降低企业融资成本。最后，结合国内市场需求，丰富回运粮食种类，扩大农产品回运规模，降低回运成本。利用对俄自贸区、边民互市贸易区、综合保税区等农产品集散交易中心，开展农产品加工产业集群与境外园区有效对接，打造农产品精深加工产业链。

东盟作为中国最大的农产品贸易伙伴，要持续深化农业绿色发展、减贫与乡村振兴、数字农业与智慧农业等领域的合作。加强双方的农业战略对话和政策交流，提升农业经贸投资合作水平；中国继续加大对东盟农业基础设施的投资，尤其是农产品冷链物流方面的投资；加强对农业深加工领域方面的投资；提升区域粮食保障能力，继续支持东盟与中日韩大米紧急储备机制发挥作用，共同打造本地区强韧、可持续的粮食体系；务实推动农业绿色发展，有效应对气候变化、资源约束等挑战。

通过加强与周边国家的粮农合作，构建农业共同化发展先行区，引领共建国家农业贸易水平的提升，为构筑粮食安全屏障和农业共同化发展筑牢基础。

6.4.2 增强产业链韧性，维护产业链安全，
筑牢农业共同化发展基础

全球地缘政治关系恶化，安全风险持续上升，不信任和分裂在加剧，对国际市场造成了极大的负面影响。全球农业产业链、供应链正处于加速重构时期，加强中国与共建"一带一路"国家农业产业安全合作，增强共建国家农业产业链、供应链韧性，有利于拓宽全球包括粮食在内的重要农产品进出口渠道，维护世界粮食安全和农业发展，筑牢农业共同

化发展基础。

首先，在利用国外农业资源的同时，处理好风险防范的问题，降低农业国际合作的风险。由于中国的大国优势，农产品需求往往数量庞大，如果主要农产品进口来源地较为集中，就会对国际市场供求和价格的影响非常显著，贸易大国双刃剑效应日益凸显。一方面，加快探索实施农产品进口多元化战略，通过多渠道、多区域、多品种等方式进口所需农产品，还可以通过用农产品加工品和替代品的进口，部分替代初级农产品或农业原料的进口，以分散风险，最大程度减少大量进口对国际国内市场及相关产业的影响。另一方面，在农业海外投资方面，政府提升公共服务水平，建立农业海外投资信息服务平台，完善金融、保险、海关等政策设计，为企业创造良好的营商环境，鼓励企业开展风险评估及制度设计，尽可能地降低风险。

其次，继续推进"一带一路"农业境外合作区建设，围绕种植、养殖、深加工、农产品物流等领域，推动合作区内农业基础设施共建共享，完善农业产业链条，促进农业产业集聚，发挥平台的带动效应。科研机构和研究部门加强对共建国家农业政策、法律制度等方面的深度研究，帮助企业了解投资风险，科学指导投资实践，增强产业链韧性。

再次，大宗商品现货行业作为紧密联系农业生产与金融服务的重要环节，在调节农产品供求平衡、促进农产品生产标准化、规模化、产业化、现代化方面发挥着不可替代的作用。中国作为全球最大的粮食生产国和消费国，要争取国际农产品的定价权，通过积极探索金融衍生产品、参与国际规则制定、加强预期引导等方式提高在国际农产品市场中的影响力，提高在国际农产品贸易中的地位。在重要农产品方面全面拓展农产品进口来源地和产品范围，减少对单一市场的过度依赖，实现农产品贸易的多元化发展。及时借助数字化技术应用在农产品贸易领域，借助大数据、云计算、人工智能等搭建国际农产品贸易监测和预警平台，对国内外农产品的生产、消费、政策、价格、贸易等动态变化进行有效研判，并据此完善各类农产品的储备机制，使国内农产品市场快速有效应对国际形势变动，最大程度减少进口农产品所带来的市场冲击。在推进大宗农产品交易过程中，企业除注重经济利益外，更需要注重从开始决策、合同签订到合同执行完毕整个过程中的风险防控事宜，避免出现企业风险防控不到位导致遭受严重损失的情形。推动人民币国际化进程，逐步扩大与共建国家用人民币结算的大宗商品交易品种，进一步完善人民币支付清算网络；以中国庞大的市场需求和金融供给为核心，构建一个全新的国际大宗商品、资本循环流通网，使共建"一带一路"国家分享中国的发展红利，丰富多元化的国际商品市场体系。

最后，突出港口码头业务的支点作用。强化"一带一路"沿线港口布局，推动沿线地区互联互通建设，持续优化全球航线布局，组建"海洋联盟"以提供优质高效稳定的班轮服务，稳定农业合作的物流链。增强重点区域海运通道保障能力，为中国在重点海域形成多路径的海上运输通道提供支撑，加大西部陆海新通道建设投入，增加以广西钦州港为始发港或经停港的远洋航线，推进共建国家港口与北部湾国际门户港高效协同，提升物流效率。加大与东盟国家的港口合作，搭建中国—东盟港口物流信息服务网络，为中国与东盟在相互通航、港口建设、临港产业、国际贸易、旅游人文等方面合作效率的提升注入动力。积极建设多元稳定的"一带一路"农产品贸易渠道，发展农产品跨境电子商务。鼓励发展农产品跨境电商等贸易新模式和新业态，拓宽"一带一路"农产品贸易新空间。

6.4.3 以农业技术援助促进互学互鉴，推动农业发展知识共享

东道国的农业政策及其发展水平，是决定中国对外援助有效性的重要条件。为持续提升援助质量，中国可以结合东道国的实际需求，参与东道国农业发展的顶层设计，系统性地布局农业对外援助。以农业技术援助促进互学互鉴，推动农业发展知识共享。

综合考虑共建"一带一路"国家的现实需求，推广以涵盖旱作农业技术、技术推广与应用模式等先进技术和管理模式为主旨的旱作农业知识体系的援助模式，以期为旱作农业主导型地区脱贫攻坚、共谋"一带一路"高质量发展发挥有益作用。综合考虑东道国地理位置和农业资源禀赋、农业发展水平、国际农业合作水平，东道国经济、政治、文化环境等，因地制宜地设计实施差异性的援助方案。针对有一定农业基础禀赋的东道国，可以采取物资赠予和技术输出的援助模式，以物资赠予和技术输出为主进行援助，包括经过耐旱技术处理的旱作农产品种子、测土配方的化肥类农资、播种收割类农机等；也可以针对性地输出先进的旱作农业技术和知识，帮助其突破技术制约。在技术援助的过程中，因地制宜输出技术和先进经验，帮助技术有效落地，充分应用于生产实践。若接受援助的国家经济发展水平和技术知识水平较低，可以选用公益性推广服务为主要职能的行政型和教育型应用模式。在推进共建"一带一

路"国家旱作农业知识体系援助的进程中，可以立足于东道国国情设计推广应用模式。在市场力量较弱、政府参与为主的东道国，可以将自身已经成熟的"政府主导型"推广模式加以运用，以行政型和教育型的公益推广模式为主，考虑基础旱作农业技术在基层农户中的大规模应用，以达到农业产值整体提高的目标。在农业技术水平有一定基础的东道国，可以弱化政府在推广中的作用，采用科研型、企业型和自助型模式，发挥科研机构和相关企业的优势，兼顾社会效益和经济效益，并达到帮助东道国攻克农业技术难关的目的。

加强南南合作。针对东道国的实际需要推广农业实用技术，有效提升其农业农村发展水平，是应对全球饥饿、营养不良、贫困和不平等挑战的重要途径。针对不同合作国家的实际情况，深入探索农业南南合作的促进机制；为东道国提供更多的农业技术，结合区域特点，有针对性地选择援助项目；加快构建南南合作框架下稳定的农业粮食供应链和产业链，搭建高效的新型物流平台；充分发挥中国在农业技术、人才等方面的比较优势，积极探索适合东道国实际情况的可持续发展和经营模式，扶持农民，促进商业投资，增强东道国农业发展后劲；加快技术推广和创新应用模式，为更多农民参与并受益探索出了新的途径。推动南南合作知识共享，构建适合发展中国家的新技术体系，不断创新合作模式，吸引更多的政府、私人机构以及社会民间组织共同参与创新实践。搭建更好的平台，在打造全球性联络平台的基础上，建立一系列专业领域以及区域间的合作平台，推动南南合作走向深入。

当前，中国农业与世界农业高度关联，共同化发展愿景下，推进"一带一路"农业合作，是中国支持发展中国家落实2030年可持续发展议程，全面构建新型农业国际合作关系，推动全球实现农业可持续发展的重大举措。中国愿与共建国家一道，携手共建"一带一路"农业合作迈向更高水平、更深层次，共同为提高全球粮食安全与营养水平，推进全球农业可持续健康发展做出更大贡献。

第三篇：实践构建篇

随着"一带一路"从"大写意"向"工笔画"转换，共同化发展愿景也更加清晰起来了，共同化发展的目标导向更加具体了，这些更加明确的发展理念的形成，是实践平台对实践内容的升华，在这些升华了的理念引领下的再实践，就是对共同化发愿景的构建过程，本章选择了一些最能现实共同化发展新理念的领域，对秉持共同化发展理念、构建具体愿景与路径进行了分析。

首先，本篇讨论了秉持共同化发展理念如何打造绿色丝绸之路的问题，重点分析了当前共建绿色"一带一路"存在各国绿色发展需求多样、工业化发展模式与绿色化发展存在矛盾以及绿色金融支持不足等问题，认为要秉持共同化发展理念的同时要以绿色为价值共识，推动打造"绿色丝绸之路"，其本质上要求在当前绿色"一带一路"建设的基础上，深化"一带一路"绿色合作。其次，讨论了秉持共同化发展理念打造"减贫之路"的问题，提出现代化和全球化进程中的贫困问题，具有部分的共同属性，中国式现代化模式中的减贫方略取得了巨大成就，中国减贫实践中形成的成功经验，可以作为发展知识的重要内容，在互鉴的基础上运用于"减贫之路"的打造中。最后，阐明了共同化发展愿景下打造健康丝绸之路的提出背景，深刻解读了打造"健康丝绸之路"的价值内涵与重大意义，立足"一带一路"共建地区卫生医疗现实基础，探索持续打造"健康丝绸之路"的思路与路径。

第七章　以共同化发展理念为引领打造
"绿色丝路"研究

本章导语：打造"绿色丝路"既是人与自然共生理念的行动体现，也是不同发展阶段和资源禀赋国家间在永续发展中拓展共同化发展空间的具体实践。绿色、低碳、可持续发展的理念一直是共建"一带一路"的基本遵循。2017年，习近平主席在首届"一带一路"国际合作高峰论坛上首次提出共建绿色"一带一路"，为共建"绿色丝路"提出根本遵循。无论是"坚持开放、廉洁、绿色的合作理念，致力于高标准、惠民生、可持续的合作目标，推动实现更加强劲、绿色、健康的全球发展"，还是"加强绿色基建、绿色能源、绿色金融等领域合作，完善'一带一路'绿色发展国际联盟、'一带一路'绿色投资原则等多边合作平台"，都充分彰显共建绿色"一带一路"的重大意义。当前，新一轮的技术革命正在引导经济世界发生历史性变革。环境问题和气候问题已经成为当今国际社会高度关注的全球性问题。推动共建"绿色丝路"已经迫切成为一个高质量共建"一带一路"的重大命题。

过去10年来，绿色"一带一路"建设取得了丰硕成果。2016年，在中国担任二十国集团主席国期间，首次把绿色金融议题引入二十国集团议程；2021年6月，中国同28个共建国家共同发起"一带一路"绿色发展伙伴关系倡议。截至2022年，中国与联合国环境规划署签署了关于建设绿色"一带一路"的谅解备忘录，与30多个共建"一带一路"国家签署了生态环境保护的合作协议，与100多个来自相关国家和地区的合作伙伴共同成立"一带一路"绿色发展国际联盟。在"一带一路"建设过程中，国家开发银行、中国进出口银行、丝路基金等支持了包括巴基斯坦卡洛特水电站、迪拜太阳能公园四期、赞比亚太阳能磨坊厂等在内的一大批绿色项目，让绿色正在成为共建"一带一路"的底色。

推动共建"绿色丝绸之路"，是当前中国倡导理念共通、繁荣共享、责任共担的人类命运共同体的理念在具体实践的现实反映，体现人与自然和谐共存、持续永续发展的根本价值追求。当前，当前共建绿色"一带一路"也存在各国绿色发展需求多样、工业化发展模式与绿色化发展存在矛盾以及绿色金融支持不足等问题。如何以绿色为价值共识，秉持共同化发展的理念，推动打造绿色丝绸之路，需要高质量持续推动"一带一路"绿色发展，其在本质上要求在当前绿色"一带一路"建设的基础上，深化"一带一路"绿色合作。

7.1 绿色"一带一路"的提出与内涵

7.1.1 绿色"一带一路"的提出背景

自 2013 年中国提出共建丝绸之路经济带和 21 世纪海上丝绸之路倡议以来，互联互通和区域合作逐渐成为世界各国开展经济合作的共识。共建"一带一路"国家的区位分布较广，涉及亚洲、中东欧、非洲和大洋洲等多个区域。在碳排放方面，2016 年"一带一路"共建国家碳排放量为 101.7 亿吨，占全球碳排放量的比重为 30.1%，2019 年该比重上升至30.8%。此外，共建"一带一路"国家能源消费占世界比重高于其经济总量占世界比重，也反映了当下"一带一路"共建国家能效利用和绿色发展水平较低的现实。因此，为应对日益严峻的生态环境问题和推动能源结构转型，探索推进绿色"一带一路"建设的重要性日益凸显。

在此背景下，中国政府基于生态文明建设理论不断丰富和完善"一带一路"建设的科学内涵，将绿色"一带一路"作为新时期重要的建设方向。2015 年，"一带一路"倡议明确了基础设施互联互通的绿色低碳化建设管理要求，将生态文明理念纳入投资贸易实践中，主动推进生态环境保护以及应对气候变化的国际合作，进而提出了共建绿色丝绸之路。2016 年，习近平主席在乌兹别克斯坦演讲时提出要践行绿色发展理念，与各国开展环保合作，携手打造绿色丝绸之路，自此绿色"一带一路"建设的理念被正式提出，并逐渐成为"一带一路"建设的重要方向。2017 年，环境保护部等四部委发布《关于推进绿色"一带一路"建设的指导意见》，明确了我国推进绿色"一带一路"建设的总体要求、主要任务和组织保障，成为共建绿色"一带一路"的纲领性文件。2019 年，"一带一路"建设工作领导小组办公室发布了《共建"一带一路"倡议：进展、贡献与展望》，旨在与"一带一路"共建国家共同践行绿色发展理念，实现 2030 年可持续发展目标。

7.1.2 绿色"一带一路"的理论内涵

有效应对"一带一路"建设中的生态破坏和环境污染问题是剖析绿色"一带一路"理论内涵的出发点，其核心目标是兼顾经济发展与生态环境保护，确保共建"一带一路"国家能够实现可持续发展目标。"一带一路"建设应遵循人口资源环境相均衡、经济社会生态效益相统一的原则，促进共建"一带一路"国家的产业结构转型升级及生产方式转变，形成资源环境与经济增长协同高效发展的新格局。作为全球环境和气候治理的关键，绿色"一带一路"建设要着力于生态环境和技术合作，围绕清洁能源开发、提高能源效率、绿色低碳技术推广来开展政策协调和落实合作项目，助力全球绿色低碳可持续发展。

绿色"一带一路"建设的关键在于坚持绿色化的发展战略，国际产能合作与基础设施建设坚持采取资源节约与环境友好的技术标准与准则，贸易投资积极引入环境绿色标准，促进绿色低碳环境技术与产业发展，既要基于存量视角对共建国家的传统产业进行绿色化改造，又要基于增量视角在共建国家开展可再生能源项目等绿色产业合作。由此可见，绿色"一带一路"的理论内涵是以生态文明与绿色发展理念为指导，坚持资源节约和环境友好原则，提升"一带""五通"的绿色化水平，将绿色发展理念融入"一带一路"建设的全过程。

绿色"一带一路"的核心内容包括：一是加强生态环保政策沟通，充分利用现有环保国际合作机制，对接共建国家或地区的生态环保战略和规划；加强环保管理先进经验交流，分享生态文明与绿色发展理念。二是推动基础设施建设绿色化，通过调查"一带一路"沿线生态环境状况，为基础设施项目和产能合作提供生态环保信息支撑；加强重点行业环境标准互认合作，推动中国优势领域环保标准走出去，提高基础设施建设和管理的绿色化水平。三是推进绿色贸易发展，扩大绿色产品和服务的进出口；加强绿色供应链国际合作与示范，带动产业链上下游采取节能环保措施，以市场手段降低生态环境影响。四是促进绿色资金融通，依托我国金融机构以及参与发起的多边开发机构，探索设立"一带一路"绿色发展基金，为绿色"一带一路"的环保项目提供资金支持；加强区域绿色金融合作，促进区域绿色金融市场形成。五是促进民心相通，通过实施绿色丝绸之路使者计划，加强共建国家的环保能力建设；推动环保社会组织走出去，促进与共建国家智库与社会公益团体的环保交流合作。

7.2 绿色"一带一路"的相关研究综述

7.2.1 绿色"一带一路"的治理实践

绿色区域治理是"一带一路"推进过程中的核心内容，关系到绿色"一带一路"的顺利实施和建设。绿色区域治理具有多重价值内涵，主要体现为保障民众生态权益和实现发展环境代际正义。为加快推动绿色"一带一路"建设，中国于2015年成立了"一带一路"生态环境保护领导小组，同时由国家发改委组建了"一带一路"建设促进中心，逐步建立从政策协调到项目实施管理的多层级工作体制，为绿色"一带一路"建设提供体制机制保障。2019年"一带一路"绿色发展国际联盟在京成立，打造了国际化的绿色发展合作沟通平台，形成相对完善绿色区域治理保障体制。

在绿色区域治理层级方面，有效的绿色区域治理需要围绕绿色治理、绿色经济和绿色生活三个层面展开。其中，绿色治理是指建立涵盖绿色发展原则、标准、政策、协议等制度及程序的区域性机制。绿色经济是指建设有助于保护生态系统、推进能源高效利用的生产经济体系，进而推动生态文明建设和实现可持续发展。绿色生活则是绿色治理的拓展延伸，通过从终端需求改变人们的生活方式，进而引导地区产业的转型和升级。

从参与主体来看，绿色区域治理的主体是政府，同时也涵盖社会公益组织、私人组织、企业、个人等多个不同行为主体。关于"一带一路"中的绿色区域治理主体，宏观层面是进行战略规划的国家主体，中观层面是开展产业和技术合作的各种组织主体，微观层面则是参与具体实践的企业行为主体，进而实现政府、市场、企业等各方主体在绿色区域治理中的有机整合。其中，政府间的深入合作是政策沟通和协调的前提，通过坚持"共商共建共享"基本原则，加强政府主体之间的合作，最终提升绿色"一带一路"建设的国际合作与治理能力。

7.2.2 绿色"一带一路"的影响因素

随着"一带一路"建设的逐步推进，绿色发展理念已成为国际共识，关于共建"一带一路"国家资源环境问题的研究也得到广泛关注。"一带一路"倡议对推进绿色转型的积极作用得到较多实证研究支持，既能够有效带动绿色全要素生产率提升和技术进步，又能够促进企业绿色转型升级。在影响因素研究方面，齐绍洲和徐佳（2018）发现贸易开放有助于促进"一带一路"共建国家的绿色技术进步。伦晓波和韩云（2021）则是从基础设施的角度考察中国与共建"一带一路"国家的互联互通水平对绿色技术创新产生的影响。绿色"一带一路"建设中所采用的全新技术、标准和协议极大地改变了共建"一带一路"国家绿色贸易壁垒的总体规模及空间分布，进而有效提升了共建国家的绿色发展水平。此外，绿色金融体系的不断完善也成为推动"一带一路"绿色转型的重要力量。

在绿色发展水平评价方面，郭兆晖等（2017）从低碳效率、能耗效率、低碳社会和低碳引导等维度构建了指标体系，在此基础上评估"一带一路"沿线区域的低碳竞争力水平。王建事（2018）则是基于绿色增长、绿色福利和绿色财富指标对共建"一带一路"国家的绿色发展水平进行测度。考虑到共建"一带一路"国家存在显著的总量、结构和质量差异，蓝庆新和黄婧涵（2020）选取经济总量、产业发展、经济可持续发展、资源禀赋、环境压力和环境响应等指标构建了更为全面的绿色"一带一路"指标评价体系，增强了"一带一路"绿色发展水平测度的科学性。

7.2.3　绿色"一带一路"的合作路径

当前绿色"一带一路"建设还面临着环境管理基础薄弱、绿色发展水平较低等一系列问题，对此学者们围绕中国与共建"一带一路"国家开展绿色转型合作的推进路径展开深入研究。袁国华等（2018）在分析绿色"一带一路"建设面临的生态环境、环保标准等挑战的基础上，从加快绿色标准国际化进程、探索绿色"一带一路"评价等方面明确了绿色"一带一路"的建设路径。丁金光和王梦梦（2020）认为需要在绿色"一带一路"建设中强化合作交流机制，完善绿色供应链建设，推进信息共享交流。此外，绿色投资区位优化、绿色发展理念和经验推广、绿色金融支持以及绿色技术开发应用同样也是推动绿色"一带一路"建设的关键路径。同时，进一步深化绿色"一带一路"国际合作研究与交流，也有利于加强绿色"一带一路"国际发展与管理能力建设。在具体合作方式方面，绿色能源合作已成为绿色"一带一路"建设的重要环节。蓝庆新（2019）通过探讨我国与共建"一带一路"国家和地区绿色能源的合作潜力及面临挑战，从建立可操作合作机制、多方筹措资金、加强绿色标准对接等方面提出推进"一带一路"绿色能源国际合作的发展路径。

田原（2021）围绕夯实产业基础、强化多边合作、完善支持政策体系、参与国际规则与标准制定等方面提出了推动绿色能源国际合作的实践路径。

7.3　绿色"一带一路"建设的产能合作

7.3.1　"一带一路"对外投资的概况

共建"一带一路"在为共建国家的经济发展提供了平台和机遇的同时，也极大地推动了中国与共建国家的国际贸易与投资合作。自2013年"一带一路"倡议被正式提出以来，中国与共建"一带一路"国家对外投资的总量与比重上也在不断攀升。根据商务部统计数据的分析结果来看（见表7-1），中国2013年以来的对外直接投资不断增长，呈现波动式上升的趋势。2015年对外直接投资流量首次位列全球第二，占全球比重提升到9.9%[①]。2016年，国家积极推动"一带一路"建设，稳步开展国际产能合作，当年对外直接投资流量创下1961.5亿美元的历史最高值，位居全球第二位[②]。受到中美贸易战以及新冠疫情的影响，尽管中国的对外直接投资流量出现小幅下降，但在2020年对外直接投资流量仍然达到1 537.1亿美元，首次位列全球第一[③]。

表7-1　2013—2020年中国对外直接投资流量情况

年份	对外直接投资流量/亿美元	对外直接投资流量占比/%	全球位次
2013	1 078.4	7.6	3
2014	1 231.2	9.1	3
2015	1 456.7	9.9	2
2016	1 961.5	13.5	2
2017	1 582.9	11.1	3
2018	1 430.4	14.1	2

---

① 冯其予：《我国对外投资流量跃居全球第二　投资额达1456.7亿美元》，中国供销合作网，https://www.chinacoop.gov.cn/HTML/2016/09/23/109151.html。

② 王晓红：《推动形成对外直接投资发展新局面》，光明网，https://epaper.gmw.cn/gmrb/html/2018-01/30/nw.D110000gmrb_20180130_1-11.htm。

③ 杨亚楠：《流量规模全球第一！2020年中国对外直接投资1537.1亿美元》，光明网，https://economy.gmw.cn/2021-09/29/content_35202647.htm。

年份	对外直接投资流量/亿美元	对外直接投资流量占比/%	全球位次
2019	1 369.1	10.4	2
2020	1 537.1	20.2	1

（数据来源：《2020年度中国对外直接投资统计公报》。中国政府网，https://www.gov.cn/xinwen/2021-09/29/5639984/files/a3015be4dc1f45458513ab39691d37dd.pdf）

从地区看（见图7-1），2020年中国在亚洲地区的投资占据绝对优势，占比高达73.1%。《2020年度中国对外直接投资统计公报》显示，2020年中国对外直接投资流量前20位国家（地区）有：新加坡：59.2亿美元；印度尼西亚：22亿美元；泰国：18.8亿美元；越南：18.8亿美元；老挝：14.5亿美元；马来西亚：13.7亿美元；柬埔寨：9.6亿美元；巴基斯坦：9.5亿美元，以上总和超过80亿美元，达到中国对共建"一带一路"国家直接投资的50%以上，并在近五年呈逐年上升的趋势。2020年，中国境内投资者在"一带一路"沿线的63个国家设立境外企业超过1.1万家，当年实现直接投资225.4亿美元，同比增长20.6%，占同期中国对外直接投资流量的14.7%（图7-1）。从国别构成看，中国的对外直接投资主要流向新加坡、印度尼西亚、泰国、越南、阿拉伯联合酋长国、老挝、马来西亚、柬埔寨、巴基斯坦、俄罗斯联邦等国家。东南亚、南亚等发展中国家与中国地理位置邻近，长期以来与中国保持着良好的外交关系，是中国企业对外投资合作的重要区域。随着中国"一带一路"

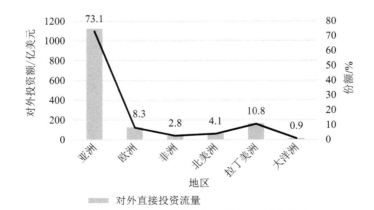

图7-1　2020年中国对外直接投资流量地区构成情况

（数据来源：《2020年度中国对外直接投资统计公报》）

建设的不断推进，中国在东南亚、南亚区域的投资合作发展空间也在不断深入和扩大。

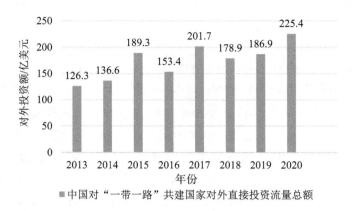

图7-2　2013—2020年中国对"一带一路"共建国家投资情况

（数据来源：《2020年度中国对外直接投资统计公报》）

从行业看，制造业、建筑业、电力等传统行业一直在中国对共建"一带一路"国家的投资中占据主导地位（见图7-3）。2020年，流向制造业的投资76.8亿美元，占比34.1%；建筑业37.6亿美元，占比16.7%；电力生产和供应业24.8亿美元，占比11%；租赁和商务服务业19.4亿美元，占比8.6%；批发和零售业16.1亿美元，占比7.1%；科学研究和技术服务业8.7亿美元，占比3.8%；信息传输、软件和信息技术服务业8.2亿美元，占比3.6%；金融业8亿美元，占比3.5%。从当前我国对共建"一带一路"国家的整体投资情况可知，对外直接投资主要集中在能源、交通运输及信息技术等行业领域，这也与国家鼓励"一带一路""走出去"的行业发展战略相符。根据2015年5月国务院发布的《国务院关于推进国际产能和装备制造合作的指导意见》，钢铁有色、建材、电力等12个行业被列为新时期中国"走出去"的重点行业领域。一方面，"走出去"能够推进中国制造企业的国际化，将部分优势产能转移至国外；另一方面，共建"一带一路"国家大部分为发展中国家，基础设施建设不够完善且缺乏相应的资金投入，充分利用中国成熟的制造技术水平和充足的资金，能够有效推动"一带一路"沿线地区的经济发展。

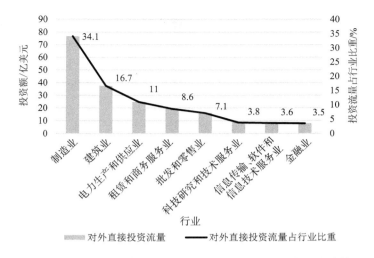

图 7-3　2020 年中国对共建"一带一路"国家投资流量行业构成情况

（数据来源：《2020 年度中国对外直接投资统计公报》）

7.3.2　"一带一路"绿色投资的原则

"一带一路"倡议的提出旨在推进沿线各国在发展政策、基础设施、贸易、金融、文化等方面的互联互通，最终实现可持续发展。作为中国新时期五大发展理念之一，绿色发展已成为"一带一路"发展的底色，也为中国提供了与国际社会尤其是广大发展中国家共同促进绿色低碳发展的重大历史机遇。在"一带一路"建设的过程中，各方主体要秉承"共商共建共享"的原则，着力于提高基础设施的绿色低碳化建设水平，在项目投资建设中充分考虑气候变化因素，保护投资所在国的生态环境，合理有效地开发利用当地资源能源，促进投资所在地的经济增长和社会发展。

共建"一带一路"国家大多数为发展中国家，中亚、东南亚、南亚、北非地区能源、交通、电力、水利等基础设施建设领域的融资缺口很大。据亚洲开发银行发布的《满足亚洲基础设施建设需求》报告显示，2030年亚太地区基建投资的资金缺口高达 26 万亿美元[①]。在推动经济发展的同时，广大发展中国家也面临着诸如生态环境脆弱、能源利用效率低、碳排放强度高等一系列生态环境问题，进而使得面向"一带一路"共建国家的投资与产能合作面临环境保护、能源转型等多重挑战，尤其是对

---

① 《到 2030 年，亚太基建投资缺口达 26 万亿美元》，新浪财经，https://finance.sina.com.cn/roll/2017-02-28/doc-ifyavwcv9193749.shtml。

于"一带一路"鼓励"走出去"的资源密集型制造业、基础设施等建设项目而言，其对投资所在国或地区生态环境造成的影响更是不容忽视。因此，为了有效降低对外直接投资产生的负面环境影响，确保"一带一路"投资绿色化，对于共建"一带一路"国家的产业投资需要遵循以下原则：

第一，投资项目环境评估的高标准。共建"一带一路"国家和地区地形复杂、自然资源和生物多样性丰富，但其生态环境较为脆弱。如果忽视对外直接投资过程中的环境保护势必会对投资所在地的生态环境产生负面影响，进而导致对外直接投资活动的不可持续。对外直接投资的金融机构或企业要根据投资项目行业特点，参考投资所在地的最高环境标准展开项目的环境尽职调查，特别是重视高耗能、高排放的产业，如火电、钢铁、水泥、建材化工、纺织印染等项目可能带来的投资所在地生态环境的影响。

第二，投资项目技术输出的绿色化。"一带一路"建设在拉动国内传统产业对外投资的同时，也要积极推动新兴环保低碳产业与环境技术的输出，建设环保产业技术转移的交流合作示范基地、产业园区，促进投资所在地的环境政策、技术标准与国际高标准对接轨，带动投资所在地环保和低碳产业的发展。此外，由于"一带一路"沿线大部分国家仍然是发展中国家，短期内的投资发展需求主要集中于电力、钢铁、水泥等国内技术相对成熟的传统制造业领域，借助这些具备技术优势的产能向外输出进行绿色、低碳的高技术水平和高标准。

7.3.3 电力行业绿色技术投资实践

7.3.3.1 电力行业投资现状

电力行业是国民经济发展重要的基础设施领域，在各国经济发展战略中都被优先确定为重点发展领域。从全球范围来看，2013年全球通电人口比例为85.2%，2020年该比例上升至90.5%，仍有7.5亿无电人口，主要分布在撒哈拉以南非洲、南亚等地区[①]。根据国际能源署的预测，2016—2040年共建"一带一路"国家的电力需求年平均增长率为3.2%，电力投资规模约6.11万亿美元。其中，南亚地区的电力投资规模最大，

---

① 《通电率（占人口的百分比）》，世界银行，https://data.worldbank.org.cn/indicator/EG.ELC. ACCS.ZS?end=2020&start=2013。

为2.83万亿美元[1]，其后依次为东南亚、中东欧、中亚及中东。"一带一路"沿线大多为发展中国家和欠发达国家，现阶段的电气化覆盖率与发达国家相比水平较低，其经济发展对电力需求快速增长，但本国技术设备落后且供应能力不足，这为中国的发电与电网建设企业提供了巨大的市场空间。

从能源结构看，"一带一路"沿线大多数发展中国家的电源仍高度依赖传统化石能源，尤以煤电居多。2005—2015年间，新增煤电装机总量中超过95%在亚洲，其中东亚77.8%、南亚15.8%、东南亚4.9%[2]。然而，随着《巴黎协定》的签订和全球开始大力发展清洁能源，2016年中国参与共建"一带一路"国家煤电项目的数量有所降低。从地域分布来看，煤电项目主要集中于南亚、东南亚地区，分别占中国参与"一带一路"国家煤电项目装机总量的57.11%、22.75%[3]。在2021年《联合国气候变化框架公约》第26次缔约方会议（COP26）之后，拥有全球一半以上煤电项目的共建"一带一路"国家相继提出了停止新建煤电项目的计划，中国同样也停止新建境外煤电项目。

尽管清洁能源取代煤电已成为必然趋势，但"一带一路"沿线大部分国家对煤电的依赖度较高，短期内"弃煤"难以实现。因此，充分利用我国煤电和相关产业在行业规模、技术水平、节能环保和国际竞争力等方面的突出优势，与共建"一带一路"国家就煤电行业现有存量开展绿色产能合作就显得十分重要。

7.3.3.2　煤电绿色产能输出实践

清洁高效是中国煤电企业"走出去"所要遵循的原则。中国煤电项目"走出去"，是输出最先进的技术，能够实现投资所在地经济效益和环境效益的有机统一。经过多年的发展，"一带一路"倡议所秉承的"共商共建共享"原则已得到大多数国家的认可，中国与"一带一路"共建国家的投资合作对投资所在地的经济发展起到了至关重要的作用。

我国最大的综合能源提供商神华集团以打造"一带一路"清洁能源品牌作为其发展战略。2014年9月，神华集团与俄罗斯技术集团签署了

---

① 《"一带一路"沿线国家电力投资现状与展望》，丝路国际产能合作促进中心，http://weixin.bricc.org.cn/Module_Think/ThinkPortal/ArticleDetail.aspx?aid=502。

② 袁家海、赵长红：《"一带一路"电力合作潜力巨大》，财新网，https://opinion.caixin.com/2017-07-21/101120114.html。

③ 《中国参与"一带一路"煤电项目过半已服役》，中国矿业网，http://www.chinamining.org.cn/index.php?m=content&c=index&a=show&catid=141&id=21442。

联合开发俄罗斯远东阿穆尔州煤田的备忘录，双方就共同建设铁路、港口等基础设施达成协议。神华爪哇7号项目一期工程建设2×1 050 MW超超临界燃煤发电机组是印尼目前单机容量最大的机组，也是中国企业目前"走出去"出口海外单机容量最大的机组[1]。华能集团也是"一带一路"倡议的积极实践者，2017年7月华能巴基斯坦萨希瓦尔燃煤电站两台机组全面投产运营，发电量达90亿kWh/a，是中巴经济走廊首个建成投产的大型高效清洁燃煤发电机组[2]，有效缓解了当地能源短缺状况。国家电投集团积极响应"一带一路"倡议，以巴基斯坦、土耳其、越南、印度等新兴经济体为重点开发高效清洁火电业务。大唐集团紧密围绕国家"一带一路"倡议，重点推进煤炭和环保产品的出口，具有自主知识产权的脱硝催化剂等环保产品远销海外，打响了"大唐制造"的品牌。

7.3.3.3 "一带一路"清洁煤电发展思路

对于越南、马来西亚、印尼等以煤电为支柱性能源的国家，出于对电力需求、经济成本等因素的考量，并没有停止规划或新建煤电项目。因此，为推动"一带一路"国家的电力需求与碳减排、环境治理之间的协同发展，"一带一路"煤电投资建设应遵循以下发展思路：

一是继续推广清洁高效的燃煤发电技术。新建煤电投资项目应采用大型循环流化床锅炉、超临界以及超超临界燃煤机组等国内成熟的技术，提高煤电能效，降低碳排放强度，避免国内落后产能和技术转移。高效清洁的煤电技术可以提高发电能效、降低发电碳强度，《巴黎协定》的多个国家在提交国家自主贡献方案时也将高效、清洁、低排放的燃煤技术作为实现其清洁能源利用目标的重要手段。作为现阶段较为成熟的发电方式，中国现今的清洁煤电技术已达到世界先进水平，高效率的超临界和超超临界机组已成为国内煤电的主力机组，如上海外高桥第三发电厂2008年建设投产的两台1 000 MW超超临界燃煤发电机组的平均NOx排放浓度能控制到17 mg/m³，2011—2013年年平均运行供电煤耗为276 g/kWh[3]。此外，超临界和超超临界技术也在"一带一路"对外投资项目上得到广泛应用，如中巴经济走廊能源合作重点项目中由中国电

① 吕竞、齐俊甫：《"一带一路" | 国华电力印尼爪哇7号2台1050燃煤发电机组项目建设走笔》，北极星火力发电网，https://news.bjx.com.cn/html/20170614/830917.shtml。
② 张立宽：《煤电"一带一路"绿色产能合作现状与前景》，煤炭资讯网，http://www.cwestc.com/newshtml/2018-11-8/533810.shtml。
③ 《上海"外三"电厂大幅突破耗煤纪录》，网易财经，https://www.163.com/money/article/A54HB4GN00253B0H.html。

建投资已投产的卡西姆港两台660 MW项目和华能山东发电投资集团的希瓦尔两台660 MW燃烧电站均采用了超临界发电机组，极大提升了燃煤的高性能和低排放。

二是严格实施清洁生产和控制污染物排放。为推进煤炭清洁高效利用，促进节能减排和加强雾霾治理，中国燃煤电厂从2012年就开始实施严格的《火电厂大气污染物排放标准》，烟尘、脱硫、脱硝成为燃煤电厂标配装置，污染排放控制标准总体达到世界领先水平。在此基础上，2015年环保部、国家发改委与国家能源局联合印发《全面实施燃煤电厂超低排放和节能改造工作方案》，采取了更严格的煤电超低排放标准。因此，中国电力企业在"一带一路"沿线煤电投资项目建设应采用国内现行的超低排放标准，保护投资地的环境承载能力。

三是支持煤炭清洁利用的示范项目与新技术的研发。在碳减排压力日趋加大的情况下，新型清洁技术的研发、示范以及进一步商业化推广，对煤炭依赖度较高的国家实现清洁、低碳能源转型有着战略性意义。目前，整体煤气化联合循环（IGCC）发电系统是国际上公认的最为清洁高效的燃煤发电技术，2012年华能天津250 MW的IGCC电站示范工程正式投产，该示范工程单位发电效率比同容量常规发电技术高4%～6%，粉尘、SO_2排放浓度低于1 mg/m³，NOx排放浓度低于50 mg/m³，污染物排放接近天然气电站排放水平[①]。此外，CCS工艺作为大量削减CO_2的可行技术，其技术研发、项目实施和商业推广目前已得到经合组织、世界银行、亚洲开发银行等多边金融机构的大力支持。新建煤电投资项目要结合IGCC技术，建立燃烧前CCS工艺流程，推动实现CO_2近零排放。

7.3.4　钢铁行业绿色技术投资实践

钢铁工业是国民经济的重要支柱产业，也是国家走向工业化的支撑产业。据《全球基础设施》报告显示，预计2020—2040年全球基础设施投资需求达到94万亿美元，亚洲地区则占全球基础设施建设投资需求的54%[②]，其中每百亿元基础建设投资大约需要30万吨以上的钢材[③]，对基

---

① 孙旭东、张博、彭苏萍等：《我国洁净煤技术2035发展趋势与战略对策研究》，中国能源新闻网，https://www.cpnn.com.cn/news/mt/202204/t20220407_1500486.html。

② 《全球基础设施中心（GIH）：2040年全球基础设施投资展望(附链接)》，搜狐，https://www.sohu.com/a/162189820_810912。

③ 《内外双压下"一带一路"为钢铁行业点燃希望之火》，界面新闻，https://m.jiemian.com/article/1860535.html。

础设施建设领域投资需求的增加会进一步带动钢材需求。2015年国务院印发《关于推进国际产能和制造合作的指导意见》，将钢铁列为十二大重点"出海"行业的第一位，明确结合国内钢铁行业结构调整，以成套设备出口、投资、收购、承包工程等方式，在资源条件好、配套能力强、市场潜力大的重点国家或地区建设炼铁、炼钢、钢材等钢铁生产基地，带动钢铁装备对外输出。然而，钢铁行业也是资源能源密集型和高污染排放的行业，其原料获取、生产及加工环节都存在废水、废气、废渣排放，污染处理成本相对较高。这对中国钢铁行业"走出去"的绿色化提出了更高的要求，需要企业通过提升技术、提高环保标准以及创新经营合作模式才能有效应对"一带一路"建设过程中项目投资面临的环境风险，满足绿色"一带一路"发展的需求。

7.3.4.1 钢铁行业投资现状

目前，中国与"一带一路"沿线多个国家有钢铁贸易往来，中国钢铁企业产能"走出去"的步伐也在加快，集中在中亚、南亚等地投资建厂。据世界钢协的数据统计，截至2021年我国与"一带一路"国家钢铁国际产能合作的钢铁投资项目约25个，钢铁工程建设项目约10个。2021年"一带一路"地区主要产钢国粗钢产量为4.22亿吨，占世界粗钢总产量的21.6%[①]。中国钢铁企业进行国际产能合作，主要形式包括收购控股海外钢厂、与国外钢企合资合作、境外自主新建钢厂、工程技术输出等。对于钢材需求旺盛的发展中国家，钢铁企业应采用国外合资合作建厂等形式推动钢铁企业"走出去"，一方面满足投资所在地钢材需求，促进其经济发展，另一方面，也能够减少国内低端钢材的出口，降低国内资源和能源消耗。在市场拓展方面，除钢铁企业自身以外，还同步推进钢铁企业下游产业的"走出去"，通过合资合作建设加工配送中心和零部件制造等海外生产基地，以满足对外直接投资所在地对于工程承包建设和装备制造的要求。

此外，中国钢铁行业节能环保水平在不断提升，研发出较为先进的节能环保工程技术，积累了丰富的钢铁行业节能降耗和"三废"治理经验。例如，中冶赛迪集团总承包建设的越南河静钢厂1号高炉于2017年顺利出铁，该工程是中国近几年在海外唯一新建千万吨级联合钢厂，采用大量国内自主研发或首创的高炉核心技术和装备降低燃料比20 kg/t以上，降低吨铁耗风100 Nm³/t以上，主要技术经济指标均达到世界同级别

---

① 《4.2亿吨产量！35个钢铁项目！"一带一路"钢铁发展的三个方向！》，搜狐，https://www.sohu.com/a/538783281_313737。

高炉的最先进水平，具备显著的高效低耗特征[①]，为中国绿色钢铁"走出去"打下了坚实的基础。

7.3.4.2 "一带一路"绿色钢铁发展思路

钢铁行业是资源、能源密集型产业，其生产包括矿石开采、烧结与球团、焦化、炼铁炼钢、连铸、轧钢等一系列复杂工序，生产过程中的多种排放物会对投资所在地的环境产生不利影响。为了进一步推进"一带一路"绿色钢铁产能合作，相关发展思路如下：

一是建设绿色钢厂。绿色低碳是钢铁行业高质量发展的重要内容。在"一带一路"绿色钢铁产能合作中以绿色低碳发展为"牛鼻子"，在进行工艺设计时应采用先进节能、末端治理、低碳冶金、智能制造等绿色技术，综合考量资源利用率、能源效率、污染物和二氧化碳排放等指标对拟建钢铁项目的绿色化水平进行评价，建设低排放、高效率的绿色钢铁企业。以"零排放"为目标，推动打造绿色低碳钢铁示范项目，形成典型的示范效应。

二是开发绿色钢材。围绕"一带一路"东道国下游的用户需求，研发制造高强度、高耐蚀、高性能的绿色钢材，确保钢铁材料全生命周期的节能减排效果。根据投资所在地及周边的生产建筑需求，使用高强钢筋和复合型抗震耐火钢、免涂装耐候桥梁钢、免涂装结构钢、耐磨长寿工程机械用钢等优质高性能绿色钢材。通过整合上下游产业链，加快绿色钢材的推广应用，打造从供应端到需求端的绿色低碳钢铁全产业链。

三是主动对接国际先进钢铁企业的污染排放标准。现阶段，中国钢铁行业主要采取使用低硫煤、对焦炉煤气进行脱硫、大力回收高炉煤气和转炉煤气、采用燃气蒸汽联合循环发电机组、提高副产煤气的利用效率等一系列措施来减少污染物排放。2015年中国实施新环保法和环保标准，对钢铁企业在污染物排放控制的技术和能力提出了更高的要求。然而，中国钢铁企业污染物排放水平与工业国家的先进钢铁企业仍存在一定的差距[②]。由此可见，随着全球钢铁行业清洁生产技术快速发展，中国钢铁企业污染物控制与减排要求以及技术提升还存在较大的改进空间。因此，中国钢铁企业"走出去"时既要输出国内低碳环保的先进流程和技术，又要主动对标国际先进钢铁企业的污染排放标准，促进整个行业

---

① 《中冶赛迪越南河静项目铸造"一带一路"绿色钢铁标杆》，中国发展门户网，https://foundry.cn/news/info?newsId=1496624707761110272。

② 莫凌水、王文、翟永平等：《"一带一路"投资绿色成本与收益核算》，人民出版社，2018，第97页。

的资源和能源节约，提升"一带一路"钢铁产能合作的绿色发展水平。

7.3.5 水泥工业绿色技术投资实践

中国是全球水泥生产与消费第一大国，水泥产量达到全球的50%，产业技术装备水平已达到国际水准。随着中国经济从高速增长阶段转向高质量发展阶段，国内经济增长与投资需求的回落直接造成水泥需求的增长动力不足。共建"一带一路"国家的基础设施建设为中国水泥行业提供了新的市场需求，也为中国水泥业在共建"一带一路"国家开展投资合作提供了新的机遇。

7.3.5.1 水泥行业投资现状

随着"一带一路"建设的推进，海螺水泥、华新水泥、红狮控股、中国建材、西部水泥、葛洲坝水泥、上峰水泥等国内水泥行业头部企业正加快拓展海外水泥市场，相继扩大直接投资建厂的产能规模。截至2021年，中国水泥企业在海外已投产水泥熟料产能达到3 716.9万吨，在建水泥熟料产能为2 185.5万吨，合计5 902.4万吨[①]。以最早响应国家"一带一路"倡议的华新水泥为例，华新水泥目前已在中亚、东南亚、非洲的8个国家实现产能扩张，2021年的海外水泥粉磨产能达到1 083万吨/年[②]。

中国水泥行业"走出去"的方式主要包括水泥产品含熟料出口、成套技术装备和劳务输出、水泥工程项目承包、入股或收购国外水泥企业、直接海外投资建厂等。由于水泥具有明显的区域性和不易储存特点，且水泥生产资源能耗高、产品附加值较低，中国对外出口水泥及熟料量较少。根据中国海关数据显示，中国水泥及水泥熟料出口数量呈逐年递减趋势，由2016年的1 778万吨快速下降至2020年的313万吨[③]。但是，中国水泥装备技术和管理水平已达到世界先进水平，技术装备及工程的全球占有率达45%以上[④]，以水泥工程总承包方式推动的国内水泥技术、

---

① 《中国水泥网："一带一路"加持 中国水泥企业的海外发展步伐还将加快》，中国水泥网，https://www.ccement.com/news/content/20506271273735001.html。

② 王嵩、焦俊凯：《华新水泥(600801)2021年年报点评：主业稳健"水泥+"业务增长显著》，新浪财经，https://stock. finance. sina. com. cn/stock/go. php/vReport_Show/kind/search/rptid/702054550276/index.phtml。

③ 《2021年度中国水泥及水泥熟料出口数据统计分析》，中商情报网，https://www.askci.com/news/data/maoyi/20220120/0910081729131.shtml。

④ 《央企"一带一路"路线图发布 水泥技术工程及装备市场占有率达45%以上》，中国混凝土网，http://www.cnrmc.com/news/show.php?itemid=104556。

成套装备及服务和劳务输出规模在逐年增加。

7.3.5.2 "一带一路"水泥行业绿色发展思路

中国水泥行业的国际产能合作并不是把国内过剩产能转移到国外去，而是先进装备和技术的输出。中国现阶段新型干法水泥已经超过90%[①]，技术和装备已达世界先进水平且实现国产化，先进的技术、低成本优势和优质的服务使中国水泥业具备较强的国际竞争力，在推进"一带一路"水泥行业国际产能合作的绿色发展时应遵循以下思路：

一是建立水泥行业绿色评价指标体系。结合国外水泥行业发展和中国在海外工程承包项目和投资建厂经验，从能耗指标、环境指标以及工艺装备指标等方面构建水泥行业绿色建设指标体系，以达到提高能效、减低污染排放强度、减少温室气体排放的目标。通过构建水泥行业绿色投资评价体系，为推进与东盟、欧洲、非洲等地区水泥产能合作提供科学指导。

二是采用更为严格的污染物排放标准。中国现行《水泥工业大气污染物排放标准》中对六种污染物有明确的排放限值要求，其中对SO_2的控制要求严于欧洲、日本的国家标准，已达到国际污染控制水平的标准，但在颗粒物控制方面与美国、欧盟的要求还有一定差距，仍需进一步削减颗粒物、NOx的排放量，采用高效的静电或布袋除尘技术、低氨燃烧器等工艺控制与末端治理相结合的组合降氮技术。由于我国针对水泥行业污染物排放的限制单位是每小时污染物浓度均值，而其他国家一般为日均值，相同限值水平下我国的标准更为严格。因此，如果"一带一路"水泥项目建设所在地标准低于中国现有通用标准，应采用国内与国际对各项污染物控制更严格的限值标准，确保共建"一带一路"国家水泥产能的清洁生产。

7.4 绿色"一带一路"建设的能源合作

推动国际能源合作绿色发展，是加强生态文明建设和践行绿色发展理念的内在要求，是积极应对气候变化、维护全球生态安全的关键举措，也是绿色"一带一路"建设的重要内容。近年来，我国在稳步推进传统能源国际合作的同时，也在共建"一带一路"国家和地区积极开展天然气发电、风电、太阳能发电等绿色能源项目合作，有效保障了东道国能

---

① 洪斌：《第二代新型干法水泥技术——我国当前水泥技术进步的方向》，《四川水泥》2012年第S1期，第42-44页。

源电力需求。当前，中国能源国际合作面临的国际形势发生深刻变革，全球120多个国家和地区相继提出碳中和目标[①]，绿色低碳发展已成为能源合作的主要方向。

7.4.1 "一带一路"传统能源的国际合作

随着中国全球油气领域合作的规模不断扩大、合作领域不断拓宽、合作水平不断提升、合作模式不断创新，目前中国油气国际合作已形成了从上游勘探开发、油气贸易到工程技术装备和运输的全产业链全方位合作。中国的油气国际合作不仅为全球油气生产做出了重大贡献，也促进了东道国的石油天然气产业发展，是"一带一路"能源建设的重要典范。

7.4.1.1 油气贸易发展现状

现阶段中国国际传统能源贸易合作总体表现为保持石油天然气等原有合作领域、深化合作程度，同时积极开拓能源贸易合作网络，竭力突破马六甲海峡、印度洋航线等能源贸易合作瓶颈，从而提升中国能源安全。

作为国际能源贸易合作的重点领域，2016—2021年中国石油和天然气进口金额总体呈上升趋势（见图7-4），进口数量在2020年达到最大值，2021年中国石油和天然气进口共计63 601万吨，出口共计723.5万吨。从合作区域看，中国油气贸易合作的主要伙伴是共建"一带一路"国家，2021年石油进口前十位为沙特阿拉伯、俄罗斯、伊拉克、阿曼、安哥拉、阿联酋、巴西、科威特、马来西亚、挪威，除巴西、挪威外，其余国家全部为共建"一带一路"国家。其中来源于沙特阿拉伯、俄罗斯、伊拉克、阿曼的石油进口分别为8 758万吨、7 966万吨、5 412万吨、4 479万吨，占中国石油进口总量的一半左右[②]。作为全球主要的天然气进口国之一，2021年中国液化天然气进口数量为7 893万吨，同比增长18.3%[③]，中国液化天然气进口前十位为澳大利亚、美国、卡塔尔、马来西亚、印度尼西亚、俄罗斯、巴布亚新几内亚、阿曼、尼日利亚、埃及。

---

① 《李俊峰：2021年关于至今碳达峰、碳中和观点、文章汇总》，北极星碳管家网，https://news.bjx.com.cn/html/20220129/1202369.shtml。

② 《2021年中国原油进口量缩减 进口格局大体不变》，新浪财经，https://finance.sina.com.cn/money/future/roll/2022-01-26/doc-ikyakumy2759074.shtml。

③ 《2015—2021年中国液化天然气进口数量、进口金额及进口均价统计》，华经情报网，https://www.huaon.com/channel/tradedata/784673.html。

图7-4　2016—2021年中国石油和天然气进出口数量

（数据来源：中国石油和化学工业联合会。http://data.cpcifdata.org.cn/ie/datavis）

7.4.1.2　油气工程技术装备领域合作

目前中国油气企业为全球多个国家提供工程技术、工程建设和油气装备服务。其中，中石油、中石化已成为沙特、科威特和厄瓜多尔国家石油公司最大陆上钻井承包商，中石化的炼化工程板块也在海外工程承包合作中占据主导地位。中海油田服务公司提供一体化整装总承包作业服务，其业务范围已延伸至亚太、中东、美洲、欧洲、非洲、远东等区域。

除工程服务合作外，中国油气企业也大力推动装备领域的国际合作。从企业所有制性质来看，既包括中石油、中石化等大型国有装备制造企业，也包括山东杰瑞、科瑞等民营企业，其高端钻机、压裂设备等装备出口南美、俄罗斯、中东等国家。在合作模式上，已形成从单一产品出口到成套设备出口，再到"装备+服务"一体化合作模式，不断延长和提升价值链，培育油气行业新的增长点。

7.4.1.3　传统能源国际合作的绿色发展思路

传统能源国际合作也是"一带一路"建设的重要领域，尤其是与发展中国家的能源国际合作。在共建绿色"一带一路"的要求下，作为油气企业必须以绿色发展理念为引领，坚持"质量第一、效益优先"的原则，切实推动油气项目的国际合作，主要思路如下：

一是积极参与全球能源治理，打造良好能源国际合作环境。随着全球能源生产和消费格局发生深刻变化，我国应充分把握"一带一路"建设的机遇，更加主动、深入地参与国际能源治理体系。通过担任成员国、联盟国、对话国、观察员国等方式，加强与国际能源署、国际能源论坛、石油输出国组织等沟通合作，不断提出传统能源合作绿色发展的中国方案，积极参与和引领全球能源治理，不断提升国际能源治理能力，为能源企业国际合作创造良好的投资环境。

二是加强全产业链技术研发和创新。依托油气重大项目，加快油气勘探开发、工程装备等领域的技术攻关，重点推进深海勘探开发技术、物探技术和相关软件开发、旋转导向钻井、测井仪器等关键技术研发，尽快减小与国际先进水平之间的技术差距。一方面提高我国在全球油气市场中的竞争力，另一方面也促进油气资源开发利用效率的提升，推动传统能源开发的绿色转型。

7.4.2 "一带一路"绿色能源的国际合作

7.4.2.1 中国绿色能源产业竞争优势

一直以来，中国致力于推动能源结构转型，大力投资清洁能源技术，中国的绿色能源产业迅速发展，在投资规模方面处于世界领先地位，技术实力凸显。

从绿色能源投资规模来看，中国自2013年开始一直是世界上最大的绿色能源投资国。2021年，全球清洁能源总体投资超过1.4万亿美元，占全球能源投资增长额比重超过3/4[1]。其中，中国的清洁能源投资水平最高，为3 800亿美元，其次是欧盟的2 600亿美元和美国的2 150亿美元[2]。风电和太阳能光伏发电等在全球可再生能源市场仍然占据主导地位，太阳能光伏发电占可再生能源新增投资的比重接近60%[3]。风电的重点正在转向海上风电，投资额约为400亿美元[4]。

从技术产出和装备产业规模来看，中国在利用可再生能源发电方面处于世界前列，中国的可再生能源电力装机容量、水电装机容量、光伏装机容量和风电装机容量长期处于领先位。其中，2021年水电新增装机容量达近2.1 GW[5]；中国新增太阳能光伏发电装机容量54.88 GW，

① 《产业动态|全球清洁能源投资明显加速,预计今年将超1.4万亿美元》,澎湃新闻,https://www.thepaper.cn/newsDetail_forward_18940866。

② 《IEA:今年清洁能源投资将再创新高》,中国石油新闻中心,http://news.cnpc.com.cn/system/2022/07/01/030072602.shtml。

③ 刘刚:《未来5年全球可再生能源将迎来快速增长期(国际视点)》,光明网,https://world.gmw.cn/2024-01/17/content_37092993.htm。

④ 《全球清洁能源投资明显加速》,新华网,http://www.xinhuanet.com/energy/20220708/7eee319334ed4c09bc6668634f8fee0e/c.html。

⑤ 长河:《2021年全球水电装机容量达1 360 GW,新增部分主要来自中国》,IT之家,https://www.ithome.com/0/637/522.htm。

其中分布式太阳能光伏发电约29.279 GW，集中式太阳能光伏发电约25.6007 GW[①]。风电新增装机容量54.78 GW，累计装机容量约3.3 GW，占全球风电累计装机容量39.2%[②]。目前中国的风电机组设计技术已经实现自主研发创新，并且拥有完整的产业链，装备产业规模也是世界第一，单机容量较大的机组如1.5 MW～3 MW机组的批量生产技术业已成熟，3.6 MW～5 MW机组也已具备批量生产能力。在绿色能源技术投资方面，2021年全球在部署低碳能源技术上花费了7 550亿美元，同比增长27%，其中将近50%的投资流向亚洲，中国占全球投资总量的比重为35%[③]。由此可见，当前中国的可再生能源行业发展迅猛，同时积累了丰富的绿色能源对外投资建设运营经验。相比之下，部分共建“一带一路”国家的光伏、风电发电技术落后，应用普及程度不足。因此，我国与大部分共建“一带一路”国家在绿色能源合作方面具有很强的互补性，存在较大的投资合作潜力空间。

7.4.2.2　共建国家绿色能源开发潜力

从绿色能源开发潜力的角度来看，共建“一带一路”国家直接可用于开发的绿色资源储量十分丰富。其中，东南亚国家有丰富的太阳能、风能和地热能资源。南亚地区同样也有丰富的太阳能、水力和风力等资源，孟加拉国、印度每日日照量能达到平均每平方米4 kWh～7 kWh，尼泊尔水系年径流总量达2 240亿 m^3，人均约8 300m^3，水能理论蕴藏量约83 000 MW，其中技术可开发量约42 000 MW；中亚地区位于北半球中纬度内陆，夏季日光充足、光照强烈，并且该地区的硅和石英等光伏原料充足，自然资源条件非常适合发展光伏产业；东欧和独联体国家风能资源丰富，该地区内有6 783 km^2的土地风力可达到3～7级；中东和非洲国家的太阳能和风能蕴藏量同样十分丰富，中东和北非32%的土地面积风力可达3～7级，仅次于西欧和北美地区，撒哈拉以南的非洲国家风力可达3～7级的土地面积占陆地面积的30%。北非的撒哈拉沙漠地区在太阳能领域潜力巨大，理论上每年可利用的太阳能超过220亿GWh。尽管这些地区可用于绿色能源开发的自然资源丰富，但目前“一带一路”覆盖

① 《国家能源局：2021年光伏新增装机54.88 GW累计装机305.987 GW》，北极星太阳能光伏网，https://guangfu.bjx.com.cn/news/20220310/1209186.shtml。

② 《国家能源局发布2021年全国电力工业统计数据》，国家能源局，https://www.nea.gov.cn/2022-01/26/c_1310441589.htm。

③ 《2021年全球能源转型投资约4.7万亿，中国占比超三成》，澎湃新闻，https://www.thepaper.cn/newsDetail_forward_16752706。

的这些区域的能源结构仍然以非可再生能源为主，绿色能源的普及率较低。由图7-5可知，2021年欧洲、独联体国家、中东、非洲和亚太区域可再生能源在一次能源总消费量中的占比分别是12.31%、0.25%、0.48%、2.35%、6.32%，只有欧洲地区的可再生能源在一次能源中占比均高于10%，可见目前"一带一路"共建国家对可再生能源的开发利用率偏低。

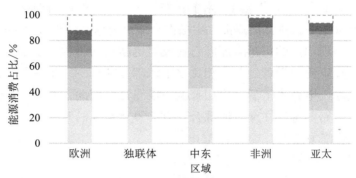

图7-5 2021年"一带一路"各区域一次能源消费占比

其次，除欧洲外各区域利用可再生能源发电的水平比较落后，并且各区域均存在水电应用较成熟、其他可再生能源的开发利用较为滞后的情况，其中独联体区域可再生能源发电率最低，只有0.65%，中东、非洲、亚太地区国家的可再生能源发电率均未超过15%（见表7-2）。

表7-2 2021年"一带一路"各区域各类能源发电率

单位:%

能源类型	欧洲	独联体	中东	非洲	亚太
石油	1.19	0.80	23.45	8.49	0.90
天然气	19.82	46.13	71.21	39.62	10.67
煤炭	15.67	18.70	1.36	27.57	56.92
核能	21.89	15.47	1.08	1.16	5.10
水电	16.11	17.90	1.49	17.09	13.23
可再生能源	23.47	0.65	1.42	5.46	12.08
其他	1.84	0.36	—	0.61	1.09

7.4.2.3　沿线国家绿色能源发展需求

"一带一路"倡议涉及亚欧非大陆的许多国家，不仅包括正处于工业化快速发展阶段的国家，还包括像巴基斯坦、老挝、尼泊尔、孟加拉国等经济发展水平低下、电力基础设施缺乏、能源资源短缺的欠发达国家。这些国家的工业化建设对能源形成了极大的需求，但因为政府资金不足、基础设施建设落后、能源开发技术水平低下，造成能源资源利用效率低下，化石能源和清洁能源资源均未得到有效开发，因此迫切需要提高清洁能源开发利用率，改变现有以化石能源为主导的能源结构，实现可持续发展。目前，各国政府相继制定碳中和目标下的可持续能源发展战略，为中国与共建"一带一路"国家的绿色能源投资合作打下坚实的基础。

东盟十国明确提出可再生能源发电量占比目标，其中越南、柬埔寨、菲律宾政府提出在2050年前实现完全采用可再生能源供电；西亚地区12个国家制定了可再生能源发电量占比目标，其中黎巴嫩、巴勒斯坦、也门提出在2050年前实现完全采用可再生能源发电；南亚地区6个国家提出了具体的可再生能源发电量占比目标，其中阿富汗、斯里兰卡、马尔代夫、尼泊尔和不丹政府计划在2050年实现完全采用可再生能源供电；中亚地区的哈萨克斯坦政府则是预计在2050年实现采用50%的可再生能源供电；5个独联体国家和14个中东欧国家以及多个非洲国家也制订了电力行业可再生能源占比的发展计划，其中肯尼亚、埃塞俄比亚、摩洛哥、突尼斯、苏丹等国的目标是2050年可再生能源发电量占比达到100%[1]。此外，中东欧国家在绿色能源应用方面具备先进的开发技术，进一步提出绿色能源在交通运输领域能源消耗占比的目标。

海湾国家则是在2021年相继发布本国温室气体减排目标。其中，沙特政府在"2030愿景"中表示将努力实现沙特经济多元化、扩大竞争力，计划到2030年在可再生能源项目上投资3 800亿里亚尔[2]，力争到2060年实现碳净零排放[3]；阿联酋宣布要在2050年实现碳中和[4]；巴林政府提出计划到2025年新增光伏装机255 MW，将在2060年前达到碳中和

①　唐一尘：《2050年139个国家有望全部使用清洁能源》，科学网，https://news.sciencenet.cn/sbhtmlnews/2017/8/327061.shtm。

②　《沙特阿拉伯王国2030愿景全文》，海湾资讯网，http://www.gulfinfo.cn/info/show-28233.shtml。

③　罗怀伟：《沙特加快能源转型 承诺2060年实现"净零"》，新浪财经，https://finance.sina.com.cn/money/future/nyzx/2021-11-04/doc-iktzscyy3540146.shtml。

④　孙建：《阿联酋总理宣布该国将在2050年实现碳中和》，新浪财经，https://finance.sina.com.cn/tech/2021-10-07/doc-iktzqtyu0126504.shtml。

目标；卡塔尔提出到2030年将实现碳减排25%的目标[①]。阿联酋政府发布的《2050年能源战略计划》提出，到2050年，阿联酋低碳能源在总体能源消耗中的占比提升至50%以上[②]。

7.4.2.4　共建绿色"一带一路"投资实践

共建绿色"一带一路"客观上要求对外投资过程中坚持高能效、低排放、清洁低碳原则，同时主动对接借鉴国际规则标准，采用先进绿色低碳技术和装备，促进了项目所在地的经济增长、能源转型、绿色发展和环境保护。截至2021年，"一带一路"能源合作得到了全球160多个国家的积极响应，在绿色能源国际合作方面更是秉承"共商共建共享"的全球治理观开展了一系列项目合作。

以中国在黑山共和国的风电投资项目为例，2017年上海电力与马耳他政府在第三方市场共建的新能源建设项目莫祖拉风电站正式施工，2021年黑山莫祖拉风电场顺利出质保。莫祖拉风电项目共建设23台远景能源2.0 MW低风速智能风机，总容量46 MW。2021年该项目全场机组可利用率99.41%，平均年利用小时数2 770.6，累计发电2.549亿千瓦时，为黑山提供了5%的清洁电力，可满足乌尔齐尼市的全部电力需求。远景能源结合风场特点，采用全球应用成熟的大叶轮低风速风机和EnOS平台智能物联技术，将项目打造成具有"创新技术+低成本资金"的全球风电开发与管理最佳实践。项目建成后，现场运维团队及时响应业主需求、积极培养属地员工，实现了设备的良好运行和发电量的提升，年可利用小时数2 770.6，比合同要求等效满发小时数超出15%。每年为黑山带来125 GWh的清洁能源，减少10万吨温室气体减排，极大改善了电网稳定性[③]。

黑山共和国是丝绸之路经济带沿线重要国家，也一直将可持续发展和清洁能源建设作为发展重点。作为中国对黑山投资的唯一一个电力项目，莫祖拉项目的成功实践提升了以上海电力、远景能源为代表的中国企业在"一带一路"沿线巴尔干地区的品牌形象。通过加强本地员工技能培训、与当地政府开展环保公益合作等一系列措施，莫祖拉风电场的

---

① 黄培昭：《海湾国家推动清洁能源建设（国际视点）》，人民网，http://world.people.com.cn/n1/2021/1216/c1002-32309237.html。

② 李丽旻：《阿联酋阔步向清洁能源转型 作为首个承诺净零排放的欧佩克成员国，拟投入1630亿美元发展可再生能源》，人民网，http://paper.people.com.cn/zgnyb/html/2021-10/18/content_25884351.htm。

③ 《"让旺季缺电成为历史"——中国能源企业助力黑山清洁能源建设》，国际风力发电网，https://wind.in-en.com/html/wind-2411639.shtml。

建设和投产与黑山共和国的绿色发展理念相契合，不仅为当地提供了稳定的能源供应，也带动了当地的经济和就业。

7.4.3 "一带一路"能源合作面临的挑战

7.4.3.1 沿线资源环境的复杂性

从资源方面来看，"一带一路"沿线地区丰富的风力、太阳能等可再生能源资源对环境基础和天气条件依赖性较强，而"一带一路"沿线地区天气变化又具备脆弱性的特点，使得"一带一路"沿线地区可再生能源发电的间歇性、季节性、地域分散性、不稳定性尤为明显，进而造成绿色能源合作的不确定性。从地理环境方面看，"一带一路"横跨亚欧非大陆，共建国家的地理环境结构的差异性较大，由此引发的环境污染、生态破坏程度也存在一定程度的差异。加上沿线地区对于绿色发展的认知水平和治理能力不同，在面临气候变化、水资源紧张、贫困、自然灾害等共同环境问题时，各国绿色发展的政策工具和实施效果也呈现较大差别。

7.4.3.2 合作基础条件的不健全

在现有合作基础方面，"一带一路"倡议所覆盖地区能源消费结构向绿色低碳化转型的速度较慢，中东、非洲、独联体国家及亚太地区可再生资源的消费量总和在一次能源消费量中的占比一直处于较低水平。相较于油气与电力投资项目，我国与共建"一带一路"国家或地区的其他可再生能源合作项目较少，特别是光伏发电领域。从现有合作条件看，目前绿色"一带一路"建设缺乏必要的资金和技术支持，沿线大多数国家的绿色基础设施建设能力也不高，国内电网、发电站等设备建设过多依赖于国外，导致沿线地区可再生能源发展的成本过高，产业化进程缓慢，直接影响绿色低碳化能源合作的进程。

7.4.3.3 国际治理秩序的不确定性

国际治理秩序的复杂性与不确定性都将极大影响"一带一路"沿线地区的绿色低碳化能源合作，其中大国因素的影响尤为明显，如美国政界的变动对美国能源政策、国际能源格局与环境治理都产生了一定影响。2019年美国首次成为石油净出口国，这直接影响了全球能源供需结构的调整①。在全球环境治理的战略选择上，美国的发展战略变化频繁，例如美国特朗普政府宣布退出《巴黎协定》，而拜登政府则又提出重新加入

---

① 《美国70年来首次成为石油净出口国》，中华人民共和国商务部，http://www.mofcom.gov.cn/article/i/jyjl/e/201912/20191202918644.shtml。

《巴黎协定》，并承诺加大对新能源等绿色能源的支持力度，对国际能源合作的格局造成一定程度的不确定性。欧盟、亚太等地区在环境治理方面也面临着不同发展路径和策略的选择，不同的战略选择会对应相关国际协定、全球环境治理的秩序产生影响。总之，在大国因素、国际协定、环境治理秩序的影响下，当前绿色能源国际合作面临较多的不确定性，这些都会对"一带一路"沿线地区的绿色能源国际合作形成制约。

7.5 "一带一路"绿色发展的实现路径

作为"一带一路"首倡国，中国坚持将绿色发展作为"一带一路"建设的理念指引，注重国际合作的顶层设计，积极参与绿色标准制定，发挥绿色金融作用，鼓励企业积极"走出去"，从提高政策协同水平、加快绿色低碳技术应用、推进绿色贸易投资、深化绿色产能合作、加强绿色金融保障和加大绿色发展治理等方面开展实践，加快推进绿色"一带一路"建设。

7.5.1 提高绿色发展战略的政策协同

在"一带一路"建设中，要以绿色发展为建设方向，切实关注共建国家的绿色发展需求，积极参与拓展共建"一带一路"国家的生态环境发展空间。要制定互相协调的绿色发展战略和体制机制，构建区域生态安全保障体系，在此基础上促进中国与共建各国的共同绿色发展，加快区域产业结构转型升级，推动区域绿色发展。

一是制定区域环境保护引导性政策和相关指南。制度与法制是生态文明建设的重要保障，在明确生态文明建设的国际化内涵的基础上，推动我国企业"走出去"过程中的规范化、制度化建设。要加快建立兼顾"一带一路"环境保护与经济发展的制度，开展环境绩效评估。加快形成"一带一路"建设中的环境与发展综合决策机制，推动区域生态环境风险防范工作。从区域合作的角度，加强建立与国际接轨、符合国际合作的绿色化引导政策和相关可操作的指南，为绿色"一带一路"建设提供制度保障。

二是构建"一带一路"绿色转型合作平台与机制。"一带一路"绿色转型离不开共建国家的积极参与，中国作为倡议国可以针对绿色转型相关领域确定需求清单和重点工作，建立合作平台和机制，以推动地区经济发展的绿色转型。同时，共建"一带一路"国家发展差异较大，自然禀赋、生态约束、资源富裕度等各不相同。应根据各国的资源、人口、环境等制定差异化的合作政策和合作机制,探讨"一国一策"的双边合作策略和"一区域一策略"的多边合作机制,以此调动各国推动绿色转型的积极。例如,中国与东盟绿色转型合作要重点推动海上丝绸之路绿色转型的合作,加强与东盟国家在海洋环境保护领域的技术交流和技术转移合作。

三是实施共同绿色治理。加强共同绿色治理是促进绿色产业发展和实现绿色复苏的重要保障。要加强共建国家的绿色发展政策对接,建立多层次、多类型的绿色发展合作机制及平台,促进绿色投资和贸易政策的有效协同。通过积极参与全球绿色治理体系,促进我国生态文明建设理念、绿色发展实践经验的国际传播,促进区域共同绿色治理的政策协调,深化"一带一路"框架下的生态环境保护国际合作,为我国更好推动全球绿色治理体系革新提供有效支撑。

7.5.2 发挥绿色低碳技术的引领作用

面对发达国家的绿色竞争,中国应着力提升绿色低碳技术的引领作用,增强绿色产品供给能力,更好地推动与共建"一带一路"国家的绿色转型合作。一是大力推进绿色技术研发,依托先进的绿色技术引领共建国家间的绿色合作,提升各个国家的绿色竞争力。二是建立绿色技术转移合作机制。"一带一路"国家绿色技术发展相对落后,中国可以利用自身的产能优势和清洁能源技术优势向共建国家输出先进的绿色技术,根据共建国家的绿色技术接受能力和市场容量建立可行的跨国或跨地区绿色技术合作机制。三是发挥绿色低碳环境技术与产业的支撑作用。以落实国务院印发的《关于加快发展节能环保产业的意见》为抓手,支持节能环保产业"走出去"。制定"一带一路"环保产业发展路线图,加快推进国内节能环保产业核心技术创新,提高环保产业对外输出的质量。通过推动国内先进环保理念、法律法规及技术标准的"走出去",加快与投资国环境政策和技术标准的对接,营造支持环保产业"走出去"的政策和技术环境。

7.5.3 推进国际贸易投资绿色化发展

一是积极参与国际贸易和投资绿色标准制定。绿色技术和绿色标准是相辅相成的,绿色发展领域的国际竞争不仅限于绿色技术的竞争,更要重视绿色标准的竞争。随着经济全球化,国际贸易投资发展引发的环境问题日益凸显，使得国际贸易投资活动中的绿色标准不断提高，客观上要求"走出去"企业适应国际贸易中绿色环保标准的要求。因此，要加强国际贸易和投资的绿色标准制定，以高标准倒逼绿色技术的突破，以先进的绿色技术引领绿色标准制定。通过制定绿色生产、绿色消费、绿色产品等标准，形成统一的绿色认证体系，在共建"一带一路"国家大力推广应用，以此提高中国绿色转型发展的国际话语权和竞争力。

二是促进贸易绿色化发展。当前，中国传统的低成本劳动力、资源、环境等比较优势在不断丧失，加工贸易出口量也逐年下降。在贸易保护主义倾向不断加剧的情况下，中国的出口导向型贸易发展受到较大影响，亟须通过促进经济发展方式转变来发展绿色贸易，实现经济效益、生态效益和社会效益的有机统一。因此，绿色"一带一路"建设要以绿色贸易发展作为其核心，着力提升绿色生产技术，针对纺织、日用品、家电等劳动密集型产业的出口提高其绿色标准适应能力，带动相关绿色贸易产品规模和质量的提升。

三是促进投资绿色化发展。随着我国对外直接投资的逐年攀升，对外直接投资过程中的环境保护问题日益受到重视，需要不断引导对外投资企业树立良好的环境责任意识，对"走出去"企业提出更高的环境社会责任要求。因此，在与共建"一带一路"国家的对外投资合作中，要秉承绿色低碳和可持续发展原则，提升投资环境和社会风险管理水平，进而推动"一带一路"投资的绿色化。在"一带一路"绿色可持续投资框架下，开展"走出去"企业环境绩效评估，建立黑名单和负面清单制度，形成对外直接投资中的应对环境污染和生态破坏风险的防范体系。同时，加强投资项目的绿色标准认定并给予相应的金融支持，基于收益、效率等维度展开对外直接投资项目的绿色发展水平评价，制定统一的绿色标尺和原则，提升"一带一路"沿线投资项目的绿色化水平。

7.5.4 推动国际产能合作绿色化发展

绿色"一带一路"建设的重点在于开展绿色产能合作，需要提升共建"一带一路"国家生态环境保护、污染治理能力，促进先进绿色与低碳技术的交流与转让，推动能源、基础设施建设的绿色发展。

一是推动传统行业产能合作绿色化。基于全球视野包容性发展的理念，加快推进国内产能优势行业的绿色转型与升级，以高标准的环保要求推动国内优势产能"走出去"。以高耗能行业的低碳清洁化改造为抓手，提高传统产能的国际合作水平。进一步制定中国电力、钢铁、水泥等产能富足行业合作的绿色标准，在推动国内产业结构升级的同时，不断提高传统优势产能"走出去"的绿色化水平。

二是推动基础设施建设绿色化。基础设施互联互通是促进"一带一路"建设的重要支撑。铁路、公路等基础设施建设会对区域生态环境造成一定的压力，需要针对重点区域和重点项目，实施基础设施的绿色化工程。加强共建国家相关部门间合作，强化基础设施建设工程中环境与规划、施工、管理等程序间的配合，推动共建国家基础设施互联互通的绿色化合作。制定基础设施的绿色投资政策，加快推进生态环保公共产品和环保基础设施建设，大力建设环保产业技术转移交流合作示范基地以及环保产业园区。

三是加快绿色能源产业的投资布局。共建"一带一路"国家的绿色能源产业尚处于开发利用和综合治理的初期阶段，我国应该充分利用"一带一路"倡议发展机遇，深度开展国际绿色能源合作。通过积极推动水电、核电、风电、太阳能等绿色能源的合作，推进能源资源的就地就近加工转化合作，形成能源资源合作上下游一体化产业链。

四是开展差异化的能源国际合作。分区域、分重点有序推进与沿线"一带一路"国家能源合作，对于俄蒙中亚、西亚北非采取全方位战略对接的方式，重点加强与俄罗斯、哈萨克斯坦、土库曼斯坦、西亚北非国家在油气领域的全面合作，推动与以色列、土耳其、埃及、伊朗等国的可再生能源合作。对于东南亚、南亚地区，采取重点领域对接、以点带面开展合作的方式，加强与印度尼西亚的煤炭、天然气贸易和勘探开发合作。对于中东欧、独联体国家，加强与阿塞拜疆在油气资源开发方面的合作，推动与乌克兰在核能、水电和可再生能源等领域的合作。

7.5.5 加强绿色金融的支撑保障功能

一是多方筹措资金开展绿色能源合作。大多数共建"一带一路"国家经济发展水平落后、财政收入低、外汇储备不足并且债务风险较高，这些客观因素导致中国海外投资企业难以从当地市场或国际市场获得项目融资，或者融资手续极其复杂，而仅靠中国政府的支持也很难满足所有项目的融资需求。因此中国政府需要通过政策引导，吸引民间资本和社会资本共同参与清洁能源项目投资，例如鼓励金融机构积极发展绿色金融体系，通过各种创新型的绿色金融产品吸引民营部门的资金。同时，大力推动国内金融机构以及亚洲基础设施投资银行、金砖国家新开发银行、丝路基金等国际金融机构增加绿色金融产品供给。可以设立绿色专项贷款、成立绿色项目基金，将环境约束、绿色发展作为贷款、基金发放审核的重要标准，为共建"一带一路"国家绿色转型提供资金融通，全面助力在共建"一带一路"国家的绿色投资、绿色项目、绿色技术研发和共建国家的绿色转型。

二是大力推动建立国内金融机构与共建"一带一路"国家金融机构的联动合作机制。加强相关金融机构与国际金融机构在生态环境保护保障政策、绿色金融等方面的合作，借鉴"赤道原则"等绿色银行规则，推动绿色信贷准则，投融资项目采取与国际接轨的环境标准。鼓励共同开发绿色金融产品，充分利用东道国金融机构对当地信息获取的便利性和熟悉性提高资金利用效率，为当地企业开展绿色转型提供多渠道的融资服务。

三是加大对绿色供应链建设的资金支持。鼓励商业银行发展绿色供应链融资，加大扶持绿色供应链企业投资。加强对实施绿色供应链管理企业的信贷额度、利率优惠支持，积极探索适合绿色供应链融资的新产品、新模式，满足企业在碳金融、环境咨询等方面的业务需求。

7.5.6　加大绿色发展理念的宣传力度

党的十八大以来，以习近平同志为核心的党中央高度重视绿色发展，明确了生态文明发展的新道路，开启了中国绿色发展的新时代，也为其他共建"一带一路"国家绿色转型发展提供了值得借鉴的中国模板。一是加快凝练"一带一路"绿色发展共识。通过在共建国家推广中国的绿色发展理念，推进与共建国家的环境标准对接和互认，利用媒体、国际组织、跨国公司等多种渠道加强中国企业在绿色产品、绿色营销、清洁生产方面的宣传，促进我国技术标准、产品和产业"走出去"，对外宣传中国的生态文明发展道路、绿色发展理念以及绿色转型实践经验。二是推进"一带一路"绿色转型合作试点工作。中国的改革开放始于"试点推广"，在经验成熟之后，再逐步由点到线、由线到面全方位推广政策应用。因此，中国与共建国家的绿色转型合作可以参考"试点推广"的模式，首先选择个别条件优越的国家进行前期试点，总结相关发展经验之后再进行推广。

第八章 以共同化发展理念
引领打造"减贫之路"研究

本章导语： 共同化发展与一体化发展的最显著的区别，就在于发展主体是共同化发展还是分化式发展，减贫的实际绩效将是最好的检验，因此共同化发展理念引领下的"减贫之路"打造，对"一带一路"共同化发展愿景的实现有决定作用，对共同化发展理念的生成和再生有巨大的催化作用。当前，全球减贫的任务仍很繁重，形势仍不容乐观，对于全球减贫目标的实现，世界仍在继续努力，但仍然是任重而道远。现代化和全球化进程中的贫困问题，具有部分的共同属性，中国式现代化模式中的减贫方略，取得了巨大成就，中国减贫实践中的成功经验，如产业扶贫，在新发展理念中创新替代生计方式，增强政策倾斜等，可以作为发展知识的部分，在互鉴的基础上运用于"减贫之路"的打造之中。

当前"一带一路"作为中国落实重要理念和推动重大国际合作的重要实践式平台，在支撑中国发展知识、中国经验以及中国产业、技术、"走出去"方面发挥着积极支撑作用。"一带一路"沿线贫困现象普遍，贫困程度深，致贫原因多样，迫切需要减贫经验和减贫知识，共建"一带一路"为减贫经验和减贫知识的交流提供了实践创新的平台，其必然对具体合作方式和实践模式创新提供有益支撑。

8.1 全球减贫合作的基本现状

8.1.1 当前全球贫困现状

8.1.1.1 贫困人口基数大，贫困人口数量仍较多

当前全球贫困人数基数大，贫困人口数量较多的现状依然存在。按照世界银行数据库统计的确切数据显示，在世界银行新的国际贫困线标准下，2015年全球贫困人口为7亿人，全球贫困发生率为12.8%，全球减贫工作任重而道远。近几年，受2008年金融危机影响的全球经济增长复苏乏力，以及2021年全球新冠疫情的影响，全球范围内贫困问题严峻的基本状况不但没有发生积极变化，反而呈现恶化的趋势。据中国国际发展知识中心发布的首期《全球发展报告》指出，2020年，全球新增贫困

人口 1.19 亿至 1.24 亿，极端贫困率上升为 9.5%，这是全球极端贫困人口 20 多年来首次上升，多年反贫困成果遭遇逆转。另据世界银行预测，2021 年全球极端贫困人口数量为 7.11 亿人，较没有疫情的情况下高出 9 800 万人。全球贫困人口基数大，全球贫困人口数量激增成为当前全球贫困问题的重要现状特征[①]（见表 8-1）。

表 8-1　全球贫困人数地区分布

（基于每人每天 1.9 美元国际贫困线）（2011PPP）　　　　　单位：百万

年份	1990	1993	1996	1999	2002	2005
东亚和太平洋	987.1	902.0	712.9	695.9	552.5	361.6
欧洲和中亚	—	23.4	33.8	36.7	27.6	22.9
拉美和加勒比	62.6	61.3	67.7	69.7	63.2	54.9
中东与北非	14.2	16.6	15.3	10.6	9.4	9.4
南亚	535.9	542.1	518.0	—	554.3	510.4
撒哈拉以南非洲	277.5	327.3	350.7	376.1	398.0	387.7
全世界	1 894.8	1 877.5	1 703.2	1 728.6	1 609.9	1 352.2
年份	2008	2010	2011	2012	2013	2015
东亚和太平洋	292.8	220.6	169.6	144.6	73.1	47.2
欧洲和中亚	13.3	11.4	9.8	8.9	7.7	7.1
拉美和加勒比	39.9	35.6	33.8	28.6	28.0	25.9
中东与北非	8.8	7.9	9.2	9.4	9.5	18.6
南亚	467.0	400.8	328.0	304.7	274.5	—
撒哈拉以南非洲	396.4	408.5	406.4	406.1	405.1	413.3
全世界	1 223.2	1 090.6	963.0	908.4	804.2	735.9

（资料来源：World Development Indicators，The World Bank）

8.1.1.2　分地区看，全球贫困人口分布呈现"集中成片，零星插花"的特征

全球贫困人口分布的重要地区主要集中在非洲撒哈拉以南地区和南亚地区。非洲和亚洲不仅是高贫困人口数量集中的区域，也是高贫困发

---

① 《全球发展报告》，中国国际发展知识中心，https://www.cikd.org/ms/file/getimage/1538894999100370945。

生率集中的区域，美洲和大洋洲的贫困发生率次之，欧洲的贫困发生率最低。世界银行数据库的数据显示，在全球五大主要贫困人口分布地区中，东亚和太平洋地区减贫速度最快，贫困发生率从1990年的61.6%下降到2015年的2.3%，25年间该地区贫困人口减少9.4亿。南亚地区基本完成贫困人口减半的目标，23年间贫困人口减少2.6亿人，贫困发生率从1990年的47.3%下降到2013年的16.2%。相较之，1990年到2015年，非洲撒哈拉以南地区贫困人口不仅没有减少，反而增加3.8亿人，是全球唯一没有完成千年发展目标减贫任务的地区[1]（见表8-2、表8-3、表8-4）。当前受世界经济增长乏力和新冠疫情、全球粮食危机等多重因素叠加影响，撒哈拉以南的非洲地区和南亚地区贫困问题极度加剧。根据《亚洲减贫报告2020》专题研究报告数据显示，撒哈拉以南非洲地区极端贫困发生率已达到40.17%。并从趋势上看，南亚、撒哈拉以南非洲、中东与北非这三大区域的极端贫困人口大概率仍将增加[2]。

表8-2　1990—2015年全球分地区贫困发生率概况

（基于每人每天1.9美元国际贫困线）（2011PPP）　　　　　单位：%

年份	1990	1993	1996	1999	2002	2005	2008	2010	2011	2012	2013	2015
东亚和太平洋	61.6	54.0	41.1	38.8	29.9	19.1	15.1	11.2	8.6	7.3	3.6	2.3
欧洲和中亚	—	5.0	7.2	7.8	5.9	4.9	2.8	2.4	2.1	1.9	1.6	1.5
拉美和加勒比	14.2	13.2	13.8	13.6	11.8	9.9	6.9	6.0	5.6	4.7	4.6	4.1
中东与北非	6.2	6.7	5.8	3.8	3.2	3.0	2.7	2.3	2.7	2.7	2.6	5.0
南亚	47.3	44.9	40.3	—	38.6	33.7	29.5	24.6	19.8	18.2	16.2	—
撒哈拉以南非洲	54.3	58.9	58.2	57.7	56.4	50.7	47.8	46.6	45.1	43.8	42.5	41.1
全世界	35.9	33.9	29.4	28.6	25.6	20.7	18.1	15.7	13.7	12.8	11.2	10.0

（资料来源：World Development Indicators，The World Bank）

---

① 易成栋、樊正德、刘小奇等：《全球减贫成效的变化趋势与影响因素研究》，《中国人口科学》2021年第6期，第12-26页。

② 王全文：《环球深观察｜20年来首次上升！全球贫困人口疫情下如何脱贫成新挑战》，光明网，https://m.gmw.cn/2021-02/27/content_1302137143.htm。

表8-3　1990—2015年全球分地区贫困人数分布占贫困人口总数的比例

（基于每人每天1.9美元国际贫困线）（2011PPP）　　　单位：%

年份	1990	1993	1996	1999	2002	2005	2008	2010	2011	2012	2013	2015
东亚和太平洋	52.1	48.0	41.9	40.3	34.3	26.7	23.9	20.2	17.6	15.9	9.1	6.4
欧洲和中亚	—	1.2	2.0	2.1	1.7	1.7	1.1	1.0	1.0	1.0	1.0	1.0
拉美和加勒比	3.3	3.3	4.0	4.0	3.9	4.1	3.3	3.3	3.5	3.1	3.5	3.5
中东与北非	0.7	0.9	0.9	0.6	0.6	0.7	0.7	0.7	1.0	1.0	1.2	2.5
南亚	28.3	28.9	30.4	—	34.4	37.7	38.2	36.8	34.1	33.5	34.1	—
撒哈拉以南非洲	14.6	17.4	20.6	21.8	24.7	28.7	32.4	37.5	42.2	44.7	50.4	56.2

（资料来源：World Development Indicators，The World Bank）

表8-4　2020年亚洲国家贫困发生率与贫困人口现状

国家	总人口/千人	1.9美元标准		3.2美元标准	
		贫困率/%	贫困人口/千人	贫困率/%	贫困人口/千人
印度	1 380 004	2.3	31 740	24.61	339 619
印度尼西亚	273 524	3.65	9 984	22.19	60 695
孟加拉国	164 689	4.28	7 049	31.01	51 070
巴基斯坦	220 892	0.86	1 900	20.7	45 725
中国	1 439 324	0.2	2 879	1.96	28 211
菲律宾	109 581	3.13	3 430	22.1	24 217
尼泊尔	29 137	6.81	1 984	33.03	9 624
乌兹别克斯坦	33 469	6.79	2 273	28.66	9 592
缅甸	54 410	2.14	1 164	13.81	7 514
伊拉克	40 223	1.11	446	14.48	5 824
伊朗	83 993	0.21	176	4.19	3 519
越南	97 339	0.63	613	3.54	3 446
土库曼斯坦	6 031	26.56	1 602	54.08	3 262
老挝	7 276	8.91	648	36.2	2 634
柬埔寨	16 719	0.18	30	12.3	2 056

国家	总人口/千人	1.9美元标准		3.2美元标准	
		贫困率/%	贫困人口/千人	贫困率/%	贫困人口/千人
斯里兰卡	21 413	0.27	58	7.96	1 704
塔吉克斯坦	9 538	1.51	144	11.59	1 105
吉尔吉斯斯坦	6 524	0.82	53	15.56	1 015
约旦	10 203	0.41	42	9.19	938
东帝汶	1 318	28.13	371	69.21	912
格鲁吉亚	3 989	2.75	110	12.7	507
亚美尼亚	2 963	0.72	21	6.51	193
蒙古	3 278	0.32	10	4.25	139
不丹	772	0	——	10.49	81
马尔代夫	541	1.26	7	7.6	41
哈萨克斯坦	18 777	0.01	2	0.11	21
泰国	68 800	0	——	0.01	7
马来西亚	32 366	0	——	0.02	6
黎巴嫩	6 825	0.02	1	0.06	4

（数据来源：《亚洲减贫报告2020》专题研究报告）

8.1.1.3 分国家看，发展中国家贫困人口数量多，少数发展中国家贫困发生率高居不下

2021年全球MPI报告的主要发现：109个国家中有13亿人（21.7%）生活在严重的多维贫困中，近85%的人居住在撒哈拉以南非洲（5.56亿）或南亚（5.32亿）的发展中国家。世界银行2018年的数据显示，全球贫困人数（1.9美元标准下）最多的前10个国家分别是尼尔利亚（8700万）、印度（7060万）、孟加拉国、刚果（金）、埃塞俄比亚、坦桑尼亚、马达加斯加、菲律宾、卢干达、马拉维。这10个国家贫困人口总数达3.5亿多人，约占全球贫困总人数的52%。全球贫困发生率最高的前10个国家分别是马达加斯加、布隆迪、刚果（金）、马拉维、利比里亚、几内亚比绍、中非、赞比亚、卢旺达、莱索托。这些国家贫困发生率在60%以上（见表8-5）。2010年，非洲贫困发生率排名前两位的国家是尼

日利亚和刚果（金），2019年是布隆迪和马达加斯加，贫困发生率分别为80%和77%。2010年亚洲贫困发生率排名前两位的国家是东帝汶和乌兹别克斯坦，2019年为也门和叙利亚，分别为55%和35%，可以发现贫困发生率最高的国家仍以发展中国家和大多是欠发达国家为主。

表8-5　2018年全球贫困人口和贫困发生率前10个国家

位次	贫困人口规模		贫困发生率	
	国家	人数/万人	国家	发生率/%
1	尼尔利亚	8700	马达加斯加	81.76
2	印度	7060	布隆迪	77.65
3	孟加拉国	6618	刚果（金）	77.18
4	刚果（金）	5425	马拉维	70.91
5	埃塞俄比亚	2937	利比里亚	68.64
6	坦桑尼亚	2196	几内亚比绍	67.08
7	马达加斯加	1723	中非	66.27
8	菲律宾	1259	赞比亚	64.43
9	卢干达	1177	卢旺达	60.25
10	马拉维	1047	莱索托	59.65

（资料来源：世界银行WDI数据库）

8.1.2　过去一段时期全球减贫阶段性举措

8.1.2.1　联合国层面的努力及实践

为了消除全球贫困，国际社会自二战开始后就重视贫困并通过各种渠道加强合作共同致力于减贫。其中国际社会层面的贫困治理平台和机制有联合国、世界银行、联合国开发计划署等；区域层面的治理平台和机制主要有亚洲银行、东盟、非盟等。其中不乏一些多边组织下属的专门组织机构，致力于全球减贫脱贫工作。联合国和世界银行作为国际社会公认的致力于消除贫困的机制和机构，在借助发达国家的相关援助帮助后发国家摆脱贫困的工作方面做了各种努力。世界银行自成立以来在亚洲、非洲、拉丁美洲等地区实施了各种项目来探索如何帮助发展中国家解决贫困的路径。例如联合国的可持续发展议程将贫困问题作为持续性议题，为全球范围内如何摆脱贫困定下任务，并致力于如何消除贫困的实践努力。以联合国为例，从20世纪到当下的21世纪，其经历了"发展的10年""基本需求战略""结构调整计划""重债穷国减贫战略计划""联合国千年计划"等阶段。世界银行的《世界发展报告》、联合国开发计划署（UNDP）的《人类发展报告》等的出台使贫困问题在全球经济发展中得以重视，减贫成为国际社会的共识这些机构和平台功不可没。其中1995年在联合国的主导下，国际社会召开了一系列社会发展峰会，其中，包括哥本哈根的世界社会发展峰会（World Summit on Social Development）和北京的联合国第四次世界妇女大会。这标志着国际社会就减贫问题成为国际社会发展的重要障碍初步形成了共识。

自20世纪70年代以来，在以联合国、世界银行等为主题的多边治理机制的共同努力下，全球贫困治理取得了一些重要进展，也积累了丰富的经验。联合国开发计划署负责落实《联合国千年宣言》和《2030年可持续发展议程》等发展规划，为全球发展提供了第一个系统性框架，确立"减贫"作为首要目标，以真正推动全人类的可持续发展，为减贫提供专业建议、培训及其他支持措施。同期各种区域性组织快速发展，积极投身于全球贫困治理实践。在具体实践行动方面，世界银行向低收入国家提供优惠的免息发展贷款，并通过各种项目实施帮扶贫困地区的人民提高生计能力。一些发达国家直接通过双边关系对一些贫困地区国家提供各类发展援助，在帮助相关地区国家消除饥饿、提升收入方面发挥了积极作用。在这一层面"北南援助"是其主要模式。另外，随着一些新兴国家逐渐经济崛起，一些以发展中国家为主要援助体的援助也源源不断从新兴发展中经济体向贫困地区国家流动，通过长期免息贷款、资金援助、人员培训等方式帮助贫苦地区国家的人民消除饥饿和改善生存环境。在各方面的共同努力下，全球贫困治理取得积极进展。自1990年以来，全球极端贫困率下降了一半。全球贫困人口减半目标是千年发展目标的重要内容，截至2015年已基本完成。

2015年联合国2030年可持续发展议程强调"消除一切形式和表现的贫困"，特别是"消除极端贫困、战胜不平等和不公正"①。二十国集团（G20）已明确宣示，将为推动2030年可持续发展议程后续落实贡献重大力量②。2015年11月在土耳其召开的G20安塔利亚峰会公报指出，2030

---

① 谭卫平：《联合国2030可持续发展目标与中国减贫经验》，今日中国，http://www.chinatoday.com.cn/zw2018/bktg/202012/t20201203_800228871.html。

② 《二十国集团落实2030年可持续发展议程行动计划》，人民网，http://world.people.com.cn/n1/2016/0906/c1002-28693130.html。

年可持续发展议程，包括可持续发展目标和《亚的斯亚贝巴行动议程》（Addis Ababa Action Agenda，AAAA），为国际发展工作设定了一个转型、普遍、富有雄心的框架。这一框架是新时期从国际层面加强减贫合作努力新的共识，也是未来一段时期加强国际层面减贫合作努力新的实践方向，其为国际层面的全球治理努力提供重要价值导向和实践引领。事实上，回顾过去近40年的全球努力，总体来看，以联合国为主的国际社会发挥了主要作用，其包括搭建平台、凝聚共识和推动一些项目的实施。当然各个区域和各个国家的也通过重视经济发展和贫困问题对消除地区贫困和国家贫困做了诸多努力，使全球范围内的贫困问题从数量上有很大的减少。

8.1.2.2　各种发展援助及其减贫努力

在消除贫困的过程中，国际发展援助作为一种重要的方式在消除全球贫困、加强减贫合作中发挥着重要作用。在二战以后，美国的马歇尔计划以及联合国和世界银行提供多边援助的行动，为国际援助体系的形成奠定了基础。例如1954年美国通过的《第480号公共立法》形成的对外粮食援助政策（并在50年代末改为"粮食换和平"计划），先前为管理马歇尔计划援助资金而设立欧洲经济合作组织（OEEC），在1961年转变为经济合作与发展组织（OECD），这一组织设立的分支机构发展援助委员会（DAC）为发展援助提供信息服务和政策协调。随后，1969年发布的《皮尔逊发展报告》，更是鼓励发达国家向发展中国家提供官方发展援助（Official Development Assistance，ODA）以实现全球共同发展的目标，这些组织都为国际发展合作模式的形成尤其是国际减贫合作发挥了重要的推进作用。

不得不承认，过去一段时期来自联合国、世界银行、联合国开发计划署以及美国、欧洲部分国家、日本等西方发达国家和社会的发展援助在缓解发展中国家的贫困，以及推动发展中国家的经济社会全面发展方面发挥着重要作用，也为全球性减贫合作提供资金保障。这些资金主要流向发展中国家的教育、健康和人口，社会基础设施，经济发展设施，生产，多部门经济，项目援助，减轻负债等领域。以2022年4月经济合作与发展组织发展援助委员会（OECD DAC）发布2021年官方发展援助（ODA）的初步统计数据为例，数据显示，2021年全球官方发展援助数量在逐年增加，DAC成员国发展援助规模在2020年基础上继续增长，并创下1 790亿美元的新纪录。2021年，发展援助总额较上年增加了4.4%。接受官方发展援助的国家大多数属于发展中国家，或者欠发展国家。例如，叙利亚、阿富汗、巴基斯坦、埃塞俄比亚、越南、刚果（金）、坦桑尼亚、孟加拉国等国家。过去近半个世纪，长期来自发达国家的发展援助无疑为改善发展中国家经济社会发展环境和人民生活水平方面提供基本保障。

与此同时，随着一些发展中国家经济快速增长，在南南合作框架下的发展中国家对外援助也为全球减贫合作提供各种物资和资金保障。根据《新时代的中国国际发展合作》白皮书数据显示[①]，以中国为例，进入新世纪特别是2004年以来，在经济持续快速增长、综合国力不断增强的基础上，中国对外援助资金保持快速增长，2013年至2018年中国对外援助金额为2 702亿元人民币，包括无偿援助、无息贷款和优惠贷款。其中，提供各类无偿援助累计1 278亿元人民币，占对外援助总额的47.30%，重点用于帮助其他发展中国家建设中小型社会福利项目以及实施人力资源开发合作、技术合作、物资援助、南南合作援助基金和紧急人道主义援助项目。提供各类无息贷款113亿元人民币，占对外援助总额的4.18%，主要用于帮助其他发展中国家建设社会公共设施和民生项目。提供援外优惠贷款1 311亿元人民币，占对外援助总额的48.52%，用于帮助其他发展中国家建设有经济社会效益的生产型项目和大中型基础设施，提供成套设备、机电产品、技术服务以及其他物资等。南南合作框架下发展中国家对其他发展中国家的发展援助，正在当前全球减贫合作中发挥重要积极作用。

8.1.3 全球减贫取得的成就

从长期来看，1990—2015年，世界减贫取得了巨大进展。1990年发展中国家有近50%的人口生活在1.25美元/天以下的极端贫困状态之中；到2015年，这一比例下降到14%。根据世界银行的统计数据，按照每人每日生活费1.9美元（2011年购买力）的测算标准，1990年全世界极端贫困人口为18.95亿人，贫困率（贫困人口数量占全世界总人口数量的比重）是35.85%。2015年全世界极端贫困人口减少到7.36亿人，贫困率也下降到10%。贫困人口减少远超过一半。就国家来看，在2015年，世界银行统计所的164个国家中有84个国家的贫困率降到了3%以下，23个国家的贫困率在3%到9%之间，14个国家的贫困率在9%到18%之间，43个国家的贫困率在18%之上。在25年里，世界人口数量增长了20亿，

---

① 《〈新时代的中国国际发展合作〉白皮书》，中国政府网，https://www.gov.cn/zhengce/2021-01/10/content_5578617.htm。

但极端贫困人口数量却减少了11.59亿，贫困率平均每年下降1个百分点。有工作的中产阶级（即生活在4美元/天以上）的人口在1991—2015年间翻了三番，其占总人口的比重从1991年的18%增长到2015年的约50%。发展中国家营养不良人口占总人口的比重也大幅下降，从1990—1992年的23.3%下降到2014—2016年的12.9%。

从短期来看，数据显示，近年来全球极端贫困人口数量和极端贫困发生率角度衡量的全球贫困均呈下降趋势，按照世界银行使用购买力平价计算的国际贫困标准，在1.9美元标准下（2011年购买力）全球极端贫困人口数量从2015年的7.41亿减少到2019年的6.66亿，极端贫困发生率从10.1%降至8.68%，减贫趋势和效果整体向好。特别是中国在2021年宣布脱贫攻坚战取得了全面胜利，现行标准下9899万农村贫困人口全部脱贫，832个贫困县全部摘帽，12.8万个贫困村全部出列，区域性整体贫困得到解决，完成了消除绝对贫困的艰巨任务，在国际减贫运动和减贫史上创造了一个彪炳史册的成绩。

从国家分布和减贫地域结构上看，在1990年，世界贫困人口主要集中在东亚和太平洋地区、南亚地区、拉丁美洲和加勒比地区以及撒哈拉以南非洲地区，贫困率均在18%以上。尤其是得益于各国经济社会的快速发展与减贫政策的有效实施，1990—2015年，东亚和太平洋地区、南亚地区的减贫效果显著。根据世界银行的统计数据，东亚和太平洋地区的贫困人口从2012年的7.2%下降到2015年的4.1%，拉美和加勒比地区的贫困人口从2012年的6.2%下降到2015年的5.6%，南亚则从2012年18.8%下降到2015年13.5%[①]。

当前，世界贫困的重心正从东亚、南亚向中东、北非和撒哈拉沙漠以南地区转移。世界银行报告数据显示，自1990年以来，生活极端贫困的人数下降了60%以上，大部分脱贫发生在亚洲，首先是在中国、印度尼西亚和越南等国家。通过将近30年的全球减贫努力，东亚和太平洋地区、南亚地区贫困人口数量分别从1990年的9.87亿、5.36亿减少到2015年的0.47亿、2.16亿，贫困率分别从1990年的61.6%、47.3%下降到2015年的2.3%、12.4%。撒哈拉以南非洲地区的减贫效果长期并不明显。尽管该地区的贫困率由1990年的54.3%下降到了2015年的41.1%，但是

① 《世界银行预测全球贫困人口占比首次降至10%以下实现2030年终结贫困的目标仍面临巨大障碍》，世界银行集团，https://www.shihang.org/zh/news/press-release/2015/10/04/world-bank-forecasts-global-poverty-to-fall-below-10-for-first-time-major-hurdles-remain-in-goal-to-end-poverty-by-2030。

贫困人口数量却由1990年的2.78亿增长到2015年的4.13亿，占到了世界贫困人口数量的一半以上。

长期来看，1970年，世界上56%的贫困人口在东亚，30%在南亚，只有11%在非洲。2005年，世界贫困人口的35%在非洲，32%在东亚，28%在南亚（Gapminder，2008）。2015年，按照世界银行人均1.9美元的极端贫困线标准，世界贫困人口的57%在撒哈拉以南非洲，29.2%在南亚，6.4%在东亚与太平洋地区（世界银行，2020）。可见，全球反贫困的重要重心正在从亚洲向非洲转移。2019年非洲近13亿人口中，极端贫困人口超过三分之一，其中排除北非国家数据后的撒哈拉以南地区极端贫困发生率高达40.1%，而且据世界银行预测，2030年以后，全球90%的极端贫困人口将生活在撒哈拉以南地区。

当前，中东北非、撒哈拉沙漠以南地区的贫困问题正在成为全球减贫努力关注的焦点。全世界最贫困的28个国家中有27个位于撒哈拉以南非洲地区，其贫困率均超过了30%。中东和北非地区的贫困人口数量与贫困率1990—2015年呈现出先降后升的变化过程，贫困人口数量由1990年的1 420万减少到2008年的880万，然后增长到2015年的1 860万，贫困率也从1990年的6.2%下降到2013年的2.6%，之后上升到2015年的5%。数据显示，按2000—2015年15年减贫速度推算，到2030年非洲撒哈拉以南地区仍将有3.2亿贫困人口，该地区贫困发生率仍将在20%以上。

从未来发展趋势看，全球极端贫困人口规模预计将从2018年的6.56亿降至2030年的4.79亿。在联合国可持续发展目标攻坚收官之年（2030年），全球极端贫困人口将愈加集中于撒哈拉以南非洲地区，该地区极端贫困人口约占全球极端贫困人口的86.8%。这就意味着非洲大陆的减贫成效将在全球减贫进程中扮演关键角色。

8.1.4　当前全球减贫合作存在的挑战

经过1990—2020年30年的发展，全球贫困人口和贫困发生率整体有所改善，其在一定程度上标志全人类社会的巨大进步和福祉的改善。特别是2015年联合国可持续发展目标进一步确立了到2030年消除全球极端贫困的新目标，为减少全球贫困、促进共享繁荣、共同发展树立了信心和决心。然而，不可否认的是，全球减贫合作正在随着全球贫困状态越发复杂进入了一个新的阶段。在新的阶段全球贫困问题特征的复杂性给全球减贫合作带来各种挑战。具体来看：

8.1.4.1　全球经济增长疲软对当前全球减贫合作形成威胁

2008年金融危机发生后，全球经济增长恢复乏力和疲软，全球经济增长速度放慢成为当前全球经济增长的一个重要特征。数据显示，2010—2020年10年间的全球增长速度相比2000—2010年的全球经济增长速度有所下滑。全球经济从2010年的66.2万亿美元，增长到2020年的84.6万亿美元，只增长了18.4万亿美元。全球名义GDP增长从2000—2010年的7%，下降到了2010—2020年的2.5%[①]。众所周知，经济增长是解决整体性贫困问题最有力的方式和最根本的办法，全球增长速度的放慢无疑对当前全球减贫合作形成重大威胁。

比全球经济增长整体性放缓更加对全球减贫合作构成威胁的是，全球经济增长的不平衡性问题将引致部分地区贫困问题加剧。数据显示，2010—2020年新近10年间全球经济增长非常不平衡。全球GDP增长的18.4万亿美元中，中国贡献8.6万亿美元，占46.9%，美国贡献5.9万亿美元，占32.3%。中美之外的全部国家只贡献了3.8万亿美元的增长，全球GDP增长接近80%集中在中美两个国家[②]。就大多数发展中国家和少数欠发达国家而言，经济增长绩效令人担忧，其对全球减贫合作形成重大威胁。一方面，发展中大国，例如巴西、墨西哥、土耳其、阿根廷、俄罗斯等，这些国家过去10年，经济上上下下多有波折，原地踏步，抑或经济倒退，巴西GDP甚至下跌了15.3%。这意味着这些国家通过经济社会自然应对贫困问题的有效性受到限制。另一方面，受全球经济增长整体疲软和地区局势动荡的影响，中东北非地区近几年经济发展缓慢，可持续发展正面临挑战。而中东北非地区近些年作为全球反贫困努力的主要阵地，经济增长整体性下滑无疑会使这一地区贫困状况进一步加剧。

全球经济增长疲软的另一个糟糕的结果是，全球经济增长疲软的后果将使对外援助资金受到影响，进一步对加强全球减贫合作形成影响。例如，作为英国世界第五大经济体和第三大援助国，2022年英国宣布双边援助规模将比上年减少约一半。其中，对低收入和中低收入国家的双边援助将减少12亿英镑（16亿美元），而对中等和中上收入国家的总体援助将仅减少2.1亿英镑（2.8亿美元）。有评论认为，这一决定将对全世界脆弱地区造成灾难。总体来看，发达国家的对外援助主要流向非洲地

---

① 世界银行数据库，https://data.worldbank.org.cn/。

② 《说说经济增长（1）——聊聊过去10年的世界经济》，观察者网，https://user.guanchan.cn/main/content?id=662316。

区，而发达国家对非洲的援助和投资也在大幅减少，将使一些严重依赖援助的国家的局面更加困难。又例如，阿拉伯国家对联合国近东巴勒斯坦难民救济和工程处（UNRWA）的资金援助持续减少。2020年，援助金额为2亿美元；2021年降为2 000万美元；2023年资金援助有所回升，阿联酋承诺为联合国近东巴勒斯坦难民救济和工程处提供2000万美元援助，其他募捐渠道也积极响应①。而阿拉伯国家对联合国近东巴勒斯坦难民救济和工程处（UNRWA）的资金主要负责向生活在约旦河西岸、加沙地带以及约旦、叙利亚和黎巴嫩的巴勒斯坦难民提供人道救助、教育、医疗等服务。这些发展援助的减少无疑对中东地区减贫合作产生消极影响。

8.1.4.2　新冠疫情的全球大流行对全球减贫合作努力形成挑战

在新冠疫情的冲击下，世界经济出现了深度下滑。2021年10月国际货币基金组织（IMF）发布的《世界经济展望报告》显示，2020年世界经济同比深度下滑3.1%。其中发达经济体下滑4.5%，新兴市场和发展中经济体下滑2.1%。2020年非洲经济下降3%，是25年来的首次衰退，人均GDP将倒退到2013年的水平。南非的经济增长在2022年放缓至2.0%，原因是受到结构性约束（包括电力部门）和全球融资环境收紧的影响。世界经济原本就呈现低增长、低通胀、低利率、高债务、高风险特征，不确定、不稳定因素很多，疫情作乱更是雪上加霜。全球陷入普遍衰退或者萧条的可能性在逐步上升，前景难以乐观。悲观的预期认为，美国经济可能陷入比2008年金融危机时更为严重的衰退，可能陷入"大萧条"，而且是持续的萧条。

更严重的是，新冠疫情的全球大流行将加剧全球范围内的贫困问题。据联合国贸发会议发布的《2021年非洲经济发展报告》显示，就贫困家庭的收入损失而言，非洲是世界上受新冠疫情影响最严重的地区。估计2021年非洲贫困人口率增加了三个百分点，原因是新冠疫情的影响②。世界银行2020年10月也根据2020年6月期《全球经济展望》（GEP）中的增长预期进行了测算，结果显示，2020年全球将有8 800万～1.15亿人陷入极端贫困。据估计，此次疫情将导致2020年全球极端贫困人口增加8800万（基线估计）至9 300万（下行估计）。如把本应摆脱极端贫困但却因疫情

---

① 《阿联酋承诺为联合国近东巴勒斯坦难民救济和工程处提供2000万美元援助》，阿联酋通讯社，https://www.wam.ae/zh/article/hszrh8qo-。

② 《联合国贸发会议：2021年非洲经济发展报告》，新浪财经，https://finance.sina.com.cn/tech/2021-12-10/doc-ikyakumx3157964.shtml。

而未能脱贫的人口（2020年为3100万）考虑进来，则2020年疫情催生的"新穷人"总数估计为1.19亿~1.24亿[①]。根据中国社会科学院西亚非洲研究所、中国非洲研究院和社会科学文献出版社共同发布的《非洲黄皮书：非洲发展报告No.23（2020—2021）》报告显示[②]，2020年以来突如其来的新冠疫情，叠加暴力冲突、气候变异因素，严重阻滞了非洲国家的减贫进程。新冠疫情加剧了撒哈拉以南非洲地区的贫困现状，使贫困人口数量增势明显。2020年极端贫困人口数量达到4.729亿~4.748亿人；而若没有发生这场全球突发的公共卫生事件，该地区极端贫困人口数量由2019年的4.398亿人微增至2020年的4.409亿人[③]。这意味着，新冠疫情正在加重非洲地区的贫困程度。

8.1.4.3　部分地区或国家贫困问题将是全球减贫合作的难点

2008年金融危机以后，中东北非和撒哈拉沙漠以南地区的贫困问题更加复杂化和典型化。"阿拉伯之春"爆发前，中东地区贫困发生率自1984年的9%下降至2010年的2%。"阿拉伯之春"爆发后，战乱与冲突催生难民潮，中东贫困发生率大幅上升。中东地区的人均GDP增长率居世界最低水平，位于撒哈拉以南非洲（0.5%）之后。中东地区难民人数（按难民庇护国来分）自2010年的799万人增加至2018年的1 284万人，且其生活极度艰难[④]。2010—2019年，由于战争，也门和叙利亚的极端贫困人口分别增加1 381万人和583万人。由于农业发展滞后，经济社会受冲突引致失序，居民收入显著下降，难民的存在又使贫困问题复杂化和加重化。根据世界银行最新发布的两年期《贫困与共享繁荣》报告，2015年至2018年，中东北非地区的极端贫困率从2015年的3.8%上升至2018年的7.2%，几乎翻了一番。主要原因是叙利亚和也门持续不断的冲突，以及黎巴嫩的经济低迷。据估算，疫情可能增加300万极端人口，

---

① 《新冠肺炎疫情对全球贫困影响的最新估算：回顾2020，展望2021》，世界银行博客，https://blogs. worldbank. org/zh/opendata/updated–estimates–impact–covid–19–global–poverty–looking–back–2020–and–outlook–2021。

② 《非洲黄皮书：非洲发展报告No.23（2020—2021）》，社会科学文献出版社，2021，第118-136页.

③ 《新冠肺炎疫情对非洲减贫进程造成冲击 保障国内贫困群体安然度过疫情非常时期是当务之急》，皮书网，https://www.pishu.cn/psgd/570683.shtml。

④ 《"阿拉伯之春"以来的中东经济发展问题：困境与应对》，搜狐，https://www.sohu.com/a/464538588_617730。

当前中东北非贫困率高达7.9%[①]。

2022年国际货币基金组织发布的《2022年撒哈拉以南非洲地区经济展望》报告显示，在2020年，撒哈拉以南非洲的极端贫困人口预计增加了3200多万人。学生的学业损失是发达经济体的四倍以上。就业率下降了约8.5%。从民众生计来看，人均收入已回落至2013年的水平。非洲国家之间和内部的不平等在扩大。衡量收入分配的基尼指数范围从阿尔及利亚的27.6%到南非的63.3%不等[②]。基尼指数越高，不平等程度越高。席卷全球的新冠疫情也波及撒哈拉以南非洲地区。在采取"封城"、宵禁、关闭边境、禁航等隔离措施，以及全球供应链中断、进出口贸易受阻、外部需求急剧下降、投资和侨汇等外部资金锐减等多种因素影响下，撒哈拉以南非洲国家经济遭受沉重打击。虽然2019年非洲有4.78亿人生活在极端贫困中，但据估计受新冠疫情影响，到2021年非洲有4.9亿人生活在贫困线以下，比大流行前的预测多出3 700万人[③]。

8.1.4.4　全球减贫合作体系正在发生深刻变革

当前，除少数地区的减贫努力取得显著成就外，纵观全球贫困状况，全球贫困问题的普遍性仍未得到普遍性的改善。与此同时，全球经济增长疲软性问题以及新冠疫情影响，给全球贫困问题和全球减贫努力形成实质性影响。这就要求当下和未来一段时期全球各个国家仍要花费一定的精力、财力、物力来消除和减少贫困，全球仍需通力合作来应对贫困问题。而明显可以发现的一个问题是，随着世界经济政治形式和国际贫困治理态势的发展变化，国际减贫合作体系正在进入一个重大转折的时期。

一方面，由于全球经济增长恢复乏力，不确定因素此起彼伏，全球各个国家的经济增长绩效受到影响，以至于长期在国际减贫合作体系中发挥重要作用的西方发达国家既没有往日的雄心勃勃参加国际减贫合作，也没有相对充足的资金支持来参加全球减贫性合作，这总体导致西方发达国家在参与国际减贫合作中的愿意和能力总体呈现减缓的趋势。而另

---

① 《中东北非地区极端贫困人口再次上升》，中华人民共和国商务部，http://www.mofcom.gov.cn/article/i/dxfw/gzzd/202010/20201003008732.shtml。

② 《IMF：2022年撒哈拉以南非洲地区经济展望》，新浪财经，https://finance.sina.com.cn/tech/2022-04-30/doc-imcwipii7283744.shtml。

③ 《非洲2021年经济发展报告》，联合国贸易与发展会议，https://unctad.org/system/files/official-document/aldcafrica2021_en.pdf。

一方面，以中国为代表的新兴经济体的崛起，在国际减贫合作中贡献了重要智慧、方案，其话语权得以明显提升，成为国际减贫合作中的重要推动力量和主导力量。这两方面的综合作用正在使国际减贫合作体系的治理主题、合作方式、机制建设、知识结构等发生一系列重要变化。其最终呈现的是当前由西方国家占据主导地位的国际减贫合作体系重要发生结构和重塑。

在此背景下，值得注意的是，中国这一世界上最大的发展中经济体和在过去30年取得显著减贫成效的国家，正在对国际减贫合作体系发挥重要的、关键的作用。特别是，中国提出的"一带一路"发展倡议，为深入推动"一带一路"减贫合作提供了重要平台。在这一新的平台上，国际减贫合作正在超越传统合作范式，突破南北减贫合作的局限，以南南合作为新的蓝本，坚持"共商共建共享"为减贫合作的基本原则，主动引导从"输血式减贫"向开发式减贫的过渡，创新有益于互利共赢双向发展的减贫合作模式，正在促使国际减贫合作体系朝向更加公平合理的方向发展。

8.2　当前"一带一路"框架下的减贫合作进展

8.2.1　共建"一带一路"国家贫困问题的总体概况

8.2.1.1　"一带一路"地区贫困现状

"一带一路"覆盖的地区整体经济发展状况落后，这些国家和地区发展水平较低。以早期共建"一带一路"所涵盖的64个国家为例，按照2022年人均GDP状况测量，将近一半国家处于中低等收入水平。在沿线64个国家和地区中，高收入国家17个，中高等收入国家19个；中低等收入国家25个；低收入国家3个（见表8-6）。最高收入国家卡塔尔和最低低收入国家尼泊尔人均GDP差距约为126.55倍（见图8-1）。在中低等收入国家中，发展中国家为35个，转型经济体17个。总体而言，共建国家主要是发展中国家和新兴经济体，整体处于偏低收入向中等收入发展的上升期。

表8-6 早期共建"一带一路"64个国家经济发展水平

国家类型	数量/个	经济发展区间/美元	国家全称
高收入国家	17	12 494.5～74 667.2	阿拉伯联合酋长国;捷克共和国;爱沙尼亚共和国;科威特国;立陶宛共和国;匈牙利;拉脱维亚共和国;以色列国;阿曼苏丹国;波兰共和国;文莱达鲁萨兰国;巴林国;卡塔尔国;沙特阿拉伯王国;新加坡共和国;斯洛伐克共和国;斯洛文尼亚共和国
中高等收入国家	19	3 965～10 508	阿尔巴尼亚共和国;阿塞拜疆共和国;保加利亚共和国;白俄罗斯共和国;克罗地亚共和国;伊朗伊斯兰共和国;伊拉克共和国;哈萨克斯坦共和国;黎巴嫩共和国;马尔代夫共和国;马其顿共和国;黑山共和国;马来西亚;罗马尼亚;俄罗斯联邦;塞尔维亚共和国;泰王国;土库曼斯坦;土耳其共和国
中低等收入国家	25	926～3926	孟加拉人民共和国;不丹王国;阿拉伯埃及共和国;格鲁吉亚;印度尼西亚共和国;印度共和国;约旦哈希姆王国;吉尔吉斯共和国;柬埔寨王国;老挝人民民主共和国;斯里兰卡民主社会主义共和国;缅甸联邦共和国;蒙古国;巴基斯坦伊斯兰共和国;菲律宾共和国;波斯尼亚和黑塞哥维那;阿拉伯叙利亚共和国;塔吉克斯坦共和国;亚美尼亚共和国;东帝汶民主共和国;摩尔多瓦共和国;乌克兰;乌兹别克斯坦共和国;越南社会主义共和国;也门共和国
低收入国家	3	590～700	阿富汗伊斯兰共和国;尼泊尔联邦民主共和国;巴勒斯坦国

（资料来源:中国"一带一路"网数据库2021年国别数据。叙利亚、巴勒斯坦两国相关数据参考2018数据资料。https://www.yidaiyilu.gov.cn/dataChart）

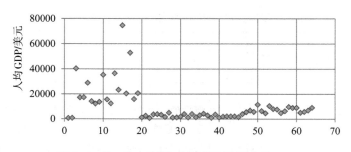

图8-1 "一带一路"共建国家和地区人均GDP

（资料来源：根据中国"一带一路"网、世界银行统计数据库数据整理所得）

"一带一路"地区人口总数超过44亿，比例约占全球的三分之二；经济总量约21万亿美元，经济总量约占全球的三分之一。人均资源突出，但人均CDP占有量少。其中人口超过1亿的国家有6个，接近1亿的国家有3个（越南、埃及、伊朗）（见图8-2）。除俄罗斯等个别几个国家外，其他国家普遍存在严重的人口问题。近年来，人口问题、地区冲突等成为沿线发展中国家在经济发展中面临的重要问题和挑战。

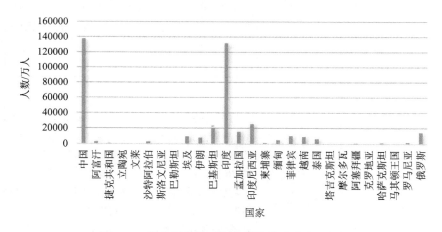

图8-2 部分早期"一带一路"共建国家人口状况

（资料来源：世界银行数据库）

根据世界银行2015年数据库数据粗略估计显示，2015年"一带一路"共建国家和地区按每天1.90美元衡量的（2011 PPP）的贫困人口和按照有些国家贫困标准核算的贫困人口有5.9亿人（见表8-7）。由于还有一些涉及国家因数据资料的缺失，未能统计在内。据此保守估计，共建"一带一路"国家的贫困人口规模应该超过6亿。可以看出，沿线国家和地区中人口较多的国家，比如印度、印度尼西亚、巴基斯坦、孟加拉国的贫困率相对较高。另外一些地区冲突比较突出的区域像阿富汗、伊拉克、缅甸、格鲁吉亚等贫困发生率也异常高。

表8-7　2015年共建"一带一路"国家贫困规模占比

国家	贫困人口/万人	比例/%	国家	贫困人口/万人	比例/%
阿富汗	1245.8	38.3	柬埔寨	218.1	14
尼泊尔	730.0	25.6	老挝	157.8	23.2
捷克	1.1	0.1	斯里兰卡	140.5	6.7
爱沙尼亚	0.9	0.7	缅甸	1379.8	25.6
立陶宛	3.5	1.2	蒙古	63.9	25.6
匈牙利	6.9	0.7	巴基斯坦	5573.3	29.5
拉脱维亚	1.0	0.5	菲律宾	2175.1	21.6
以色列	5.9	0.7	塔吉克斯坦	298.6	35.2
斯洛伐克	4.3	0.8	亚美尼亚	89.9	28.8
孟加拉国	6650.2	35.2	乌兹别克斯坦	400.6	12.8
不丹	12.9	16.7	越南	1705.7	18.6
埃及	2955.7	32.3	也门	1076.0	40.1
格鲁吉亚	73.9	20.1	阿尔巴尼亚	44.2	15,3
印度尼西亚	2807.3	10.9	阿塞拜疆	47.3	4.9
约旦	127.6	16.8	克罗地亚	4.2	1
吉尔吉斯斯坦	190.6	32	伊拉克	1110.9	30.5
马来西亚	18.2	0.6	哈萨克斯坦	47.4	2.7
塞尔维亚	1.4	0.2	马尔代夫	10.3	25.1
泰国	713.6	10.5	马其顿王国	10.4	5
土耳其	401.2	5,1	印度	28712.0	21.9
白俄罗斯	82.8	8.7	保加利亚	10.8	1.5

（资料来源：根据世界银行和亚洲银行发布的数据整理所得）

注：涉及42个国家和地区，其他国家和地区缺失。

8.2.1.2 "一带一路"共建国家和地区贫困特征

第一，深度贫困问题突出。"一带一路"共建各国经济发展落后，经济效益不均衡，贫富两极分化严重，大面积、大规模的贫困现象在共建"一带一路"国家普遍存在。在中亚地区，各国贫富差距较大，哈萨克斯坦最富，塔吉克斯坦最穷，土库曼斯坦的贫困问题严重。值得一提的南亚地区，据统计，马尔代夫是南亚八国之中人均GDP最高的国家，处于中上等收入水平，旅游业、船运业和渔业是其经济的支柱产业。斯里兰卡是南亚人均GDP较高的国家，工业基础较差，种植园、农产品和服装加工业是其发展经济的主导产业，2016年其贫困人口比例为4.1%。不丹居第三位，生产发展以农业为主，2017年贫困人口比例为8.2%。印度的经济发展主要以耕种、现代农业和服务业为主，人口多，负担重；巴基斯坦的经济结构基础不断由农业型向服务型转变；孟加拉国经济基础薄弱，政府积极推行私有化政策、改善投资环境、吸引国外投资、创建出口加工区。但上述三个国家目前仍有四分之一的人无法满足温饱。斯里兰卡、不丹、印度、巴基斯坦、孟加拉国五国处于中等偏下收入国家，经济发展尚未饱和，发展潜力较大。尼泊尔与阿富汗属于低收入国家，尼泊尔是南亚国家中的农业国，受政局多变和基础设施薄弱的影响，人民生活水平大大下降；阿富汗历经三十多年战乱，经济发展停滞，生产生活物资匮乏，超过三分之一的人口处于贫困。南亚是继非洲之后全球最贫穷的地区之一，也是世界贫困问题中较为突出的地区。

第二，贫困地区生态脆弱性突出。频发的自然灾害严重限制共建"一带一路"国家反贫困发展。中亚地区的贫困问题与生态脆弱问题交织是中亚贫困的典型特征。自20世纪80年代末以来，沙漠气候地区不断扩展，如乌兹别克斯坦和吉尔吉斯斯坦北部、哈萨克斯坦南部和中国西北部的准噶尔盆地周围，沙漠气候地区向北扩展了100公里。南亚地区的贫困也与生态脆弱问题相关，受地理环境的影响，自然灾害频发，这也是导致南亚贫困的一个重要原因。例如位于亚洲南部的印度、巴基斯坦、孟加拉国和斯里兰卡受热带季风气候的影响，经常遭受暴雨的袭击，洪水、山体滑坡等对农业发展产生极为不利的影响。2003年印度发生强降雨，引发洪水，淹没多个村庄，交通、通信等受到严重破坏。地震灾害也严重制约了南亚国家的经济发展。2005年南亚地震造成印度、阿富汗、巴基斯坦人民经济受到重创，穷人更加穷困；尼泊尔的两次毁灭性地震对工商业造成了巨大的负面影响，跨境贸易中断，旅游业损失惨重，重建工作进展缓慢。

第三，贫困治理伴随多因素干扰。首先，共建"一带一路"国家和地区的贫困问题根源于长期的殖民统治与民族经济受到掠夺。二战以前，南亚国家一直受到西方国家的殖民统治与剥削，资金匮乏，经济停滞不前。其次，共建"一带一路"国家解决贫困问题的同时伴随着政治、社会动荡。中亚地区乌兹别克斯坦、哈萨克斯坦近些年接连发生政治动乱，其对中亚地区经济发展产生消极影响的同时，间接恶化了中亚地区的反贫困形势。政坛稳定性严重影响经济，南亚各国大多经历过政治动荡、党派纷争的一段时间，经济发展缓慢。

第四，贫困问题伴随着人力资本低下的普遍现状。其具体体现为，共建"一带一路"国家和地区的贫困伴随着国家教育水平的整体落后情况。一方面，从地区来看，"一带一路"沿线南亚国家整体教育水平较低、教育设施落后。教育水平的落后导致人才资本的匮乏，人才的匮乏使得南亚各国贫困状况进一步加剧，反贫困进程愈加缓慢。另一方面，"一带一路"沿线贫困地区也伴有其他社会问题，如人口密度大、失业问题严重。南亚国家人口的快速增长导致失业问题愈加严重，严重的失业问题造就了当下南亚国家严重的贫困现状。

8.2.2 当前"一带一路"框架下减贫合作的进展

自共建"一带一路"倡议步入实践伊始，中国就与共建"一带一路"国家开展减贫合作，经过10年的建设在减贫领域的顶层治理和实践合作中取得巨大显著成绩。在2017年首届"一带一路"国际合作高峰论坛上，习近平主席宣布未来3年内向参与"一带一路"建设的发展中国家和国际组织提供600亿元人民币援助，建设更多民生项目：向沿线发展中国家提供20亿元人民币紧急粮食援助，向南南合作援助基金增资10亿美元，在共建国家实施100个"幸福家园"、100个"爱心助困"、100个"康复助医"等项目，向有关国际组织提供10亿美元等一系列重要举措。在2019年第二届"一带一路"国际合作高峰论坛上，习近平主席宣布实施"一带一路"应对气候变化南南合作计划，深化农业、卫生、减灾、水资源等领域合作，邀请1万名代表来华交流，鼓励和支持共建国家社会组织广泛开展民生合作，持续实施"丝绸之路"中国政府奖学金项目等。

在"一带一路"框架下深入开展减贫合作交流给共建国家人民带来福祉。这种福祉体现在两个方面。第一方面，通过经贸合作促进共建国家发展进而提升共建国家人民收入。数据显示，2013—2023年中国和共建"一带一路"国家10年间的累计贸易额接近15万亿美元,其中双向投资累计超过2 500亿美元。第二方面,在促进沿线国家经济增长方面,数据显示,"一带一路"合作实践使共建国家国内生产总值平均增加3.0%。截至2020年,共建"一带一路"实践累计通过经贸合作和产业投资的方式为共建国家提供了超过20万个就业岗位。通过贸易、投资等方式为参与国增加超过20多万个就业岗位,沿线各国就业人口自共建"一带一路"倡议提出以来持续上升。

国际社会、国际组织机构以及部分发展中国家的领导人对共建"一带一路"的减贫效应和减贫作用予以积极评价。在其2019年发布的题为《"一带一路"经济学:交通走廊的机遇与风险》报告中指出,"一带一路"倡议可加快数十个发展中国家的经济发展与减贫,倡议全面实施可使3 200万人摆脱中度贫困。截至2021年底,中国累计在超过20个共建国家建设了近80家境外经贸合作区,累计投资430亿美元,累计为共建国家和地区创造了近35万个就业岗位,为共建国家贫困问题的解决搭建了诸多交流平台。其具体体现为一系列"一带一路"发展援助和合作项目直接为共建国家人民生活的改善创造更好的生活条件。例如,在塞内加尔中国提供的融资项目为当地居民开展了乡村打井工程,解决了当地近七分之一人口人民的饮水用水问题。在阿根廷,中企承建的300 MW光伏发电项目为该国最贫穷地区民众日常用电提供保障。据世界银行研究报告评估,共建"一带一路"将使相关国家760万人摆脱极端贫困、3 200万人摆脱中度贫困,并将使参与国贸易增长2.8%至9.7%、全球贸易增长1.7%至6.2%、全球收入增加0.7%至2.9%[1]。

8.2.3 当前共建"一带一路"框架下开展减贫合作的要求

在博鳌亚洲论坛2021年年会开幕式上,国家主席习近平强调到2030年,共建"一带一路"有望帮助全球760万人摆脱极端贫困、3 200万人摆脱中度贫困。我们将本着开放包容精神,同愿意参与的各相关方共同努力,把"一带一路"建成"减贫之路""增长之路",为人类走向共同繁荣作出积极贡献[2]。习近平主席提出的把"一带一路"建成"减贫之路",是对联合国2030年可持续发展议程减贫目标的积极回应,也是中国希望

---

[1] 史霄萌:《共建"一带一路"倡议九年来推动全球共同发展成效显著》,光明网,https://world.gmw.cn/2022-09/14/content_36024964.htm。

[2] 《习近平:把"一带一路"建成"减贫之路"、"增长之路"》,中国政府网,https://www.gov.cn/xinwen/2021-04/20/content_5600778.htm。

通过加强发展合作帮助"一带一路"合作框架下的国家尽快消除绝对贫困的愿景和担当，更与推动构建人类命运共同体理念高度契合，体现了中国传统文化中"大同世界""立己达人、兼济天下"的"天下情怀"①。2021年国务院新闻办公室发表的《人类减贫的中国实践》白皮书指出，中国发起共建"一带一路"倡议，推动更大范围、更高水平、更深层次的区域经济社会发展合作，支持帮助相关国家更好实现减贫发展。

当前，在"一带一路"推进10周年之际，随着"一带一路"建设全方位合作展开，减贫领域正在成为未来"一带一路"发展合作的重要方向。需要注意到的是，当前全球减贫合作体系正在发生重大变革，全球经济发展和全球增长乏力，共建"一带一路"国家和地区的贫困性普遍，贫困程度各有深浅，这是"一带一路"减贫努力所面临重大挑战。因此"一带一路"减贫合作至少需要注意以下几方面的要求：

第一，要将减贫合作作为一个重要方面置于高质量共建"一带一路"的重要方面。随着共建"一带一路"倡议的推进，在政治对话、经贸、农业、技术、人文交流等领域中国已经和共建国家建立日益稳固政治互信和经济贸易、社会人文等的交往互动关系。当前，在共建"一带一路"框架下开展合作，稳定的民意基础必不可少。而稳固的民意基础一方面来源日益频繁的人文交流，另一方面来源于是否能够站在共建国家和地区的重大发展关切上。当前，需要承认的事实是，共建国家和地区面临各种类型的贫困问题。解决这些贫困问题正在成为共建国家和地区参与共建"一带一路"倡议的重大关切。加强合作应对贫困应该自然而然地成为"一带一路"发展合作的重要内容。迄今为止，"一带一路"倡议在促进合作国家的基础设施联通、贸易畅通等方面的作用较为显著，而在包括减贫在内的包容、惠民和绿色可持续发展等方面成效尚待提高，因此需要在总结现有减贫举措及经验的基础上，将减贫合作作为一个重要方面置于高质量共建"一带一路"的重要方面，不断增强与合作国家的发展战略和减贫需求对接力度，构建更加科学合理有效的合作减贫模式和机制，提高共建"一带一路"的减贫效率和影响力。

第二，要发挥中国在"一带一路"减贫合作中的引领力。在全球减贫事业面临严峻挑战之时，中国以"一带一路"倡议积极扛起人类减贫事业大旗，不仅扩大了对外援助的规模，还更加突出在改善民生方面的合作。过去一段时期，中国在国际减贫合作中的作用和地位发生显著变

---

① 胡必亮、张怡玲：《减贫之路："一带一路"的繁荣之道》，参考网，https://www.fx361.cc/page/2021/0213/10258814.shtml。

化，在国际减贫合作中逐步从参与身份向主导身份过渡。首先，中国为广大发展中国家提供了多个类似减贫项目的发展援助。据不完全统计，2010年以来，中国已与多个共建国家开展了围绕援建减贫示范合作项目，援建减贫学习中心、合作中心、医疗卫生项目等的数十个减贫援助合作项目。其次，与国际社会共建多个减贫交流平台。如中国国际扶贫中心、全球减贫与发展高层论坛、中国—东盟社会发展与减贫论坛、中非减贫与发展会议、中国—亚行知识共享平台，中国扶贫国家论坛等。最后，中国与共建国家在人才培训方面加强了合作，为其培训了大量减贫人才。据相关数据统计，2011年到2021年，中国连续举办了超过110期的减贫援外培训班，为超过100个国家和地区培训了各类人才3 000多名。当前，中国正在引领和推动全球减贫事业稳步发展，为全球减贫事业贡献了智慧，提供了方案，正在成为全球减贫合作的重要引领力量。"一带一路"沿线贫困面广，贫困程度普遍较深，发挥中国在"一带一路"减贫合作中的重要引领力和主导力，是中国引领全球减贫合作的重要实践创新，也是中国主导全球减贫合作的应有之义。

第三，要推动"一带一路"减贫合作朝着更加平等、包容和有效的方向发展。当前国际减贫体系正在经历的变革导致，首先，全球性减贫合作正在经历从西方发达国家主导向西方国家和新兴国家共同主导的阶段过渡。以2016年的G20杭州峰会将"力求落实2030年可持续发展议程"，"消除贫困与饥饿，实现经济社会发展成果平等共享"列为重要议题为例[①]，由以中国为代表的新兴国家参与的全球贫困治理正在将平等、包容和有效作为推动构建全球减贫合作机制的努力方向，为全球减贫合作产生了系统性的影响。其次，由以中国为代表的新兴国家正在从区域内部或者地区内部探索建立更具包容性的新型减贫合作机制。这些机制聚焦于发展和减贫的议题，在理念上强调平等和公平的价值，在合作方式上突破援助式扶贫模式，推动实施开发式扶贫模式，其契合发展中国家的减贫合作的实际，正在内在地激发发展中国家自发发展动力，正在形成可持续的减贫效应和发展合作。事实上，不难发现，国际减贫体系正在经历的变革，主要发生在发展中国家，从"一带一路"建设的范畴看，主要发生在"一带一路"共建国家和地区。特别是在"一带一路"覆盖的东南亚地区、南亚地区、中亚地区、西亚北非地区。因此，在"一带一路"框架下开展减贫合作，具有主导力量优势和减贫合作理念、

---

① 《G20杭州峰会公报 | 落实2030年可持续发展议程行动计划》，澎湃新闻，https://www.thepaper.cn/newsDetail_forward_1524481。

模式方面的优势基础，面对"一带一路"共建国家普遍性的减贫合作需要，更需要借助"一带一路"实践平台朝着更加平等、包容和有效的方向发展。

第四，要注重"一带一路"减贫合作的精准性和有效性。当前推动"一带一路"减贫合作存在两个制约。一是不可能成片区、大范围地推动共建国家开展减贫合作，原因是：第一没有足够的政策、组织甚至资金来支撑在共建"一带一路"国家开展整体性大范围的脱贫减贫工作；第二从多边范畴内没有统一的认识和机制支撑来开展减贫合作，因此，尽管要着力于将"一带一路"建设为"减贫之路"，但其是一个循序渐进的过程。二是不可能短期内，或者具有阶段性的减贫成效出现在共建"一带一路"国家和地区，原因是：第一共建国家和地区的贫困是长期存在的，其主要原因是经济发展绩效的状态不好，因此不可能通过几个项目或者几次合作成功帮助共建国家实现脱贫目标任务；第二共建国家和地区的贫困类型是复杂的，有各种因素掺杂在反贫困的过程中，例如，环境因素、宗教因素、地区冲突因素、战争因素等，这就意味着要克服多种因素来消除贫困，其不可能是一个短期或者阶段性来完成的。综合这两个方面，可以看出"一带一路"减贫合作存在种种制约，这对于推动"一带一路"减贫合作自然而然提出两个要求：要求一是精准性，也即把当前的援助资金和援助项目需要用在和建设在共建国家和地区亟须的地方，其主要解决典型贫困问题，并以这些项目为示范引领，推动范围更广的减贫合作。要求二是有效性，也即当前的减贫合作要围绕能切实为共建国家和地区贫困做出贡献的目的加强合作，尤其是推动中国与共建国家和地区的合作中，要突出中国在解决相似或者类似地区贫困的经验性，尝试从中国的理念优势、产业优势和经验优势等出发加强中国与共建国家的减贫合作，突出减贫的有效性。

8.3 以共同化发展理念为引领打造"减贫之路"的思路

8.3.1 共同化发展理念与减贫合作治理的关联

长期以来，由西方发达国家主导的全球减贫合作的治理，其理念支撑主要来源于西方自由化和民主化的发展模式，也即在市场化体制机制下各个国家按照其生产要素参与国际分工，获取全球性发展红利。在这种理念支持下，二战以后西方发达国家依托其长期在全球经济发展中占据的有利地位，超额获取全球性发展红利。与之不同的是，一些欠发达国家和大多数发展中国家，由于长期在全球发展中处于被支配地位或者从属地位，其很少或者几乎不能从全球发展中获取任何红利，而这些国家往往面临的是基数较大的人口。糟糕的生产生活环境、劣质的资源禀赋等，其迫切需要从全球发展中获取较多的红利来保持大多数人口对于应对饥饿和改善生产生活条件的需要。对此，主导全球发展治理秩序的西方国家给出的解决方案是通过西方发达国家的财政预算借助对外援助来帮扶一些欠发展国家和大多数发展中国家。但这一治理思维明显不足的是：第一，西方发达国家的资金预算存在约束，其通过发展援助的方式开展的减贫合作不可能对大多数欠发达国家和发展中国家普遍性的贫困问题产生积极影响。第二，西方国家提供的治理方案带有诸多的附加性条件，例如对被援助国家市场体制、政府体制等的要求。因此上，尽管由西方国家主导的全球治理方案在全球减贫合作中发挥决定性作用，但在这种减贫合作理念主导下的减贫合作治理收到的效果是有限的。

其实，认真反思这种减贫合作理念，其与西方国家长期形成的对全球化发展的固有看法有关。长期以来，主导全球发展治理和秩序构建的西方国家对全球发展治理总是持有存在距离感的看法，也即在全球发展过程中：首先要依托其优势保证其在全球发展中充分获利，而对其他国家是否获利或者能否公平参与不太关注。其次，发达国家往往将其从全球发展中获得的发展红利在国内进行福利分配，然后将其获利的部分拿出来援助给欠发达国家和发展中国家。核心的是，拿出来的援助资金往往又附带各种条件，这些条件又往往在新一轮全球化大生产中将其他国家置于不利地位。因此，循环往复，西方发达国家接续在全球发展中不公平地获取超额发展红利，而欠发达国家和发展中国家既难以公平参与平等获利，又往往接受带有附加条件的发展援助，其结果是，发达国家和发展中国家必然存在发展的鸿沟和距离。这种鸿沟和距离，发展中国家无法跨越，西方发达国家刻意为之来彰显其优越性，最终使全球发展呈现距离式的发展状况。

事实上，由西方国家主导形成的全球治理以及减贫治理的不足，在于其并未通过全球发展治理形成共同化发展的状态，其通过发展援助主导的帮扶后发国家发展的模式其实更多的是其彰显其本质上带有歧视性的发展理念，拓展其认为的唯一性的全球化发展模式，推行其忽略大多数后发国家基本情况的发展经验的一套不在乎本质结果，而特别在乎形式结果的治理。这种治理从其出发点上就能够断定其对全球经济发展治理的失效。更有甚者，当前西方国家主导的全球发展治理及其秩序的形成，参考的是其在工业革命后崛起过程中形成的发展经验，其对比当前全球发展情况的普遍性、多样性和复杂性，西方发达国家提供的经验和方案是否有效在当前全球发展治理的现实基础上仍是一个需要论证的问题。而无论从理论逻辑推演还是现实治理实践上，其否定的意味正在增强。

在此背景下，全球发展治理需要新的理念作为支撑，"一带一路"共同化发展理念恰好为全球发展治理贡献了新的思路。以"一带一路"发展合作实践平台为支撑，秉持"共商共建共享"的原则，减贫治理实践正在为全球减贫治理提供新的实践示范。第一，与西方国家提供的全球发展治理方案不同，共同化发展治理理念倡导下的"一带一路"减贫合作治理，将以机会公平和过程公平为主要导向，通过发展合作保证各个参与国家都能在发展合作获得对等性的合作利益。第二，与西方国家提供的全球发展治理方案不同，共同化发展治理理念倡导下的"一带一路"减贫合作治理实践，以人民的发展也即切实改善民生为核心要旨，不带有任何附加条件。第三，作为主导共同化发展理念实践的主要力量中国，在国内减贫治理中依托各种形式的减贫模式积累了丰富的减贫经验。这些模式和经验由于中国与共建国家一些贫困问题的相似性，极具借鉴和拓展意义。

因此，就当前国际减贫合作体系的不足，以及由西方国家主导的国际减贫体系对全球贫困问题治理逐渐失效的问题，其核心的变革要体现在理念层面。当前建立在"一带一路"框架下的合作实践，其本质理念体现的是有异于当前西方国家主导全球发展的共同化发展。其契合当前全球发展治理的需要，并且在公平性和正义性方面远超越当前的治理理念，是一场来自理念层面的彻底变革，在实践层面也有零星地引发各种变革性的进展，其将会并必然使全球减贫理念产生深刻影响。因此，共同化发展理念将对全球减贫治理思路产生积极影响。

8.3.2 共同化发展理念对"一带一路"减贫合作实践的启示

事实上，减贫合作治理本质上是一个发展问题，无论从全球发展治理或是减贫治理的理念，还是从当前有效的减贫经验看，当前西方发达国家主导的全球发展治理无法为当前大多数发展中国家的发展提供有益思路，其主导的减贫治理也似乎陷入各种困境。具体从减贫治理层面看，西方发达国家无法为当前存在的减贫治理提供任何有益思路，其体现为：第一，当前西方国家的发展绩效受限以至于其难以在全球减贫领域有所作为，无论是理念革新和实践创新均难以有所进步。当然，其提供的减贫"药方"可能与发展中国家面临的贫困现状存在一定的不适应性。第二，西方国家对全球发展治理的实践因其远离发展中国家的贫困难以奏效。其体现为，纵观全球大多数发展中国家正在遭受的贫困，其复杂性和多样性就西方国家而言，在其工业化过程中并未遇到，因此，其提供的减贫治理的经验难以适应当下全球层面的不同贫困问题。

而对照这两个特点，以中国作为首倡国发起的"一带一路"合作，其倡导并形成的共同化发展理念无疑将对"一带一路"减贫治理乃至全球减贫治理产生重要影响。其体现在：第一，中国倡导的共同化发展理念对全球减贫治理理念无疑具有一种变革作用。共同化发展理念及其治理本身就要求通过平等的发展过程和利益共享过程使发展中国家参与全球发展或者全球减贫过程，同时在结果上利用减贫援助资金予以帮扶。这与西方国家单纯通过发展援助进行减贫治理的理念和实践有本质性区别。第二，中国作为二战以后特别是最近30年在减贫领域取得的巨大成就的国家，由于地缘辽阔和贫困覆盖面较广引致的减贫方式多样、减贫经验丰富的特征，使中国的减贫经验和模式迅速在共建国家和地区进行拓展利用。换句话说，中国减贫经历距离广大发展中国家的贫困在历史时间上最接近，因此其具有可用和可借鉴的价值（专栏1）。

专栏1：中国减贫治理经历的几个阶段

改革开放以来，中国扶贫开发经历了从区域扶贫开发到精准扶贫、精准脱贫的演进轨迹，"政府主导"贯穿扶贫的各个阶段，扶贫的瞄准对象呈现出从贫困区域到贫困户和贫困人口的变化特征，具有鲜明的中国特色。

1978—1985年：被称作农村改革推动减贫阶段。根据当时的贫困标准，1978年贫困人口约为2.5亿，十一届三中全会的召开，党和国家队工作重心转移到经济建设，在这一时期中国特色扶贫的逻辑是以农村经济体制改革为主线，通过农村土地制度改革、农业生产经营体制改革等发展社会生产力，推动农村经济全面增长，农村居民人均纯收入由1978年的133.6元上升到1985年的397.6元，农村绝对贫困人口下降到1.25亿，贫困发生率显著下降。

1986—2000年：是规模攻坚扶贫阶段。这一阶段的扶贫以区域开发带动扶贫为重点，突出扶贫开发的区域瞄准机制和开发式扶贫的制度化机制，构建起政府主导的自上而下的扶贫模式。具有中国特色的扶贫开发组织体系，扶贫开发进入有组织、有计划、大规模的区域开发式扶贫阶段，这一时期也是中国特色社会主义扶贫理论的形成阶段，贫困人口由1986年的1.25亿人减少到2000年的3 209万人，贫困发生率降到3.4%。

2001—2011年：是综合扶贫开发阶段。这一阶段把村作为扶贫瞄准的重点对象，强调综合开发、全面发展，建立起政府主导、全社会共同参与的扶贫开发新格局，这一阶段也是中国特色社会主义扶贫理论的发展和完善阶段。根据2009年确定的1 196元的贫困线，贫困人口数量从2001年的6 102万降到2010年的2 688万，脱贫人口规模达到3 414万，贫困发生率下降到2.8%，绝对贫困问题得到有效缓解，为扶贫工作转向精准扶贫、精准脱贫创造了条件。

2012—2021年：是精准扶贫、精准脱贫阶段。精准扶贫、精准脱贫阶段把贫困户和贫困人口作为扶贫瞄准的基本对象，坚持精准方略，通过"精准识贫、精准扶贫、精准脱贫"的长效机制，决胜新时代脱贫攻坚战，这一时期是中国特色社会主义扶贫理论的创新发展阶段。经过1978—2011年大规模的开发式扶贫，贫困地区和贫困人口分布发生了根本性的变化，呈现出"大分散、小集中"的插花式格局，系统化、大面积铺开的、以政府为主导的扶贫行动，已难以适应新时代脱贫攻坚工作精细化、专业化的要求。

（资料来源：根据邓金钱、李雪娇文章整理）

一般而言，国际减贫中的成功经验可以为其他有减贫需要的国家提供参照和借鉴。世界银行公布数据显示，改革开放40多年来，中国有8亿多人脱贫，占同期全球减贫人口总数的70%以上[1]。改革开放40多年来，中国的人均收入增长超过25倍，8.5亿人摆脱了贫困，对世界减贫贡献率超过70%，成为全球最早实现联合国千年发展目标中减贫目标的发展中国家[2]。国务院新闻办公室发布《人类减贫的中国实践》白皮书显

---

[1] 《帕特里西奥·吉乌斯托：中国减贫经验值得借鉴》，中国经济网，http://tuopin.ce.cn/news/202010/09/t20201009_35866122.shtml。

[2] 《中国减贫成就具有世界意义》，中国政府网，https://www.gov.cn/xinwen/2020-09/02/content_5539244.htm。

示①，改革开放以来，按照现行贫困标准计算，中国7.7亿农村贫困人口摆脱贫困；贫困地区农村居民人均可支配收入从2013年的6 079元人民币增长到2020年的12 588元，年均增长11.6%；贫困人口生活水平显著提升，2020年贫困县九年义务教育巩固率达到94.8%，99.9%以上的贫困人口参加基本医疗保险，贫困地区自来水普及率提高到83%。联合国秘书长古特雷斯曾表示，中国的减贫经验具有特殊价值，脱贫成就在全球前所未有。中国经验可以为其他发展中国家提供有益借鉴。

因此可以看出，由于中国减贫成就的显著性和中国减贫经验的丰富性，加之"一带一路"有些共建国家贫困类型和贫困特征与我国刚解决的贫困问题有相似性，使中国减贫模式和减贫经验在"一带一路"减贫合作治理将可能具有重要支撑作用。未来着眼于消除共建"一带一路"国家和地区的贫困，基于共同化发展理念依托中国减贫模式和经验与共建国家开展减贫经验的互学互鉴将成为"一带一路"减贫治理的重要方向。

8.3.3　以共同化发展理念为引领推动 "一带一路"减贫合作的总体思路

贫困经验的交流借鉴的内在动力来自两个力量，一个是基于相似禀赋基础而对发展结果的差异反思，另一个是不同的发展现状下具有相似的目标体。光伏扶贫经验对共建"一带一路"国家和地区的启示就在于具有相同的资源禀赋甚至略好于国内实施光伏扶贫的资源条件，同时也具有改善贫困状况的现实需要，这"一拉一推"的两种力量，加之中国光伏扶贫取得的巨大成就，就不得不使共建国家重新审视可否在国内开展的条件，并借以探索光伏扶贫经验的借鉴与实践。客观上看，"一带一路"地区开展光伏扶贫经验和模式互学互鉴的基础具体表现在以下五个方面：

一是"一带一路"共建国家和地区的贫困普遍，贫困程度较深。首先，从沿线64个国家的经济发展状况上看，分布了25个中低等收入国家，3个低收入国家。这些国家的贫困伴随着社会动荡、经济危机、难民问题日益严峻。其次，从贫困人口规模上看，以世界银行2015年的数据为例，2015年沿线国家和地区按每天1.9美元衡量的（2011PPP）贫困人口约有5.8亿。类似阿富汗、伊拉克、缅甸、格鲁吉亚等冲突地区的贫

---

① 《〈人类减贫的中国实践〉白皮书》，中国政府网，https://www.gov.cn/zhengce/2021-04-06/content_5597952.htm。

困发生率特别高。正是贫困普遍、贫困深度突出的原因，正在加重人们对反贫困进程的迅速推进的民生需求，为国家之间的反贫困合作奠定民意基础。

二是"一带一路"共建国家和地区的太阳能资源禀赋充沛。整体上，沿线国家处于太阳能资源分类等级的"资源丰富"以上。数据表明，除地处高纬度的俄罗斯外，中国西北部、中亚、西亚以及北非地区太阳能资源充沛，太阳能总辐射量大于 6 500 MJ/m²。同时适宜太阳能发电的地区广泛分布在沿线生态脆弱区，包括中亚、西亚、北非等，年太阳能发电量大于 350 KWh/m²。这些资源禀赋条件为沿线地区开展太阳能光伏扶贫奠定资源基础。

三是中国和"一带一路"共建地区的产业合作已经达到一个新的层级。除了传统产业诸如钢铁、水泥等产业合作，战略性新兴产业的合作也在逐步深入开展。光伏产业作为中国战略性新兴产业中的领先产业，产业发展的红利正在随着"一带一路"建设深度合作波及共建国家和地区，尤其是新近欧盟解除了中国光伏产品的出口的双反调查后，更大范围内的光伏产业发展合作机遇正在成熟。中越、中印、中泰等的光伏产业合作和中巴光伏产业园等光伏项目的合作，正在推动相关国家光伏产业的成长和壮大，同时也为光伏扶贫的开展提供物质和技术支撑。

四是扶贫金融信贷条件不断改善。首先，亚投行、丝路基金等的成立，进一步壮大了单独依托亚洲开发银行进行扶贫项目融资的局面，拓展了开展光伏扶贫的资金来源渠道。其次，伴随着某些地区由于地缘政治原因成为地区热点、敏感点，具有不同战略意图的西方国家援助的幅度和频率正在提升，让域内国家有了相对宽松的信贷条件。最后，来自中国的金融援助、帮扶正在改善共建国家和地区治理贫困资金短缺的局面。总之，不断改善的扶贫信贷条件正在让共建国家的扶贫构想变成扶贫行动成为可能。

五是绿色"一带一路"的提出，为光伏扶贫的实施提供重要战略支撑。例如 2017 年为进一步推动"一带一路"绿色发展，环境保护部、外交部、发展改革委、商务部联合发布了《关于推进绿色"一带一路"建设的指导意见》提出：用 3～5 年时间，建成务实高效的生态环保产业技术合作基地；用 5～10 年时间，建成较为完善的生态环保服务、支撑、保障体系，实施一批重要生态环保项目，并取得良好效果。其将为共建国家实施光伏扶贫提出重要机遇①。

8.4 中国扶贫经验在"一带一路"
建设中的互鉴性——以光伏扶贫为例

8.4.1 基本背景

改革开放40年来，中国成功帮助国内近8亿人实现现行贫困标准下的脱贫；设立在2020年消除绝对贫困和极端贫困的目标，比联合国2030年可持续发展目标提前10年，这是人类扶贫开发史上的重要篇章，也是在扶贫减贫领域取得重要经验和智慧沉淀的重要领域。其将为其他发展中国家的脱贫减贫提供重要启示和借鉴。太阳能光伏扶贫是21世纪第二个10年，中国在扶贫领域对特定地区有效扶贫方式进行探索的重要结果，其与其他各种扶贫方式构成的扶贫体系为中国在2020年全面脱贫目标的实现提供重要支撑。光伏扶贫是中国扶贫体系的重要组成部分，具有保障性和兜底作用，其对解决中国脱贫攻坚后期深度贫困问题发挥了重要作用。

在习近平总书记提出和构建人类命运共同体的世界经济社会发展新时代背景下，"一带一路"国家和地区在应对贫困和改善民生方面面临巨大的改善困境。例如在居民生产生活用电方面，许多共建国家存在生产生活供电缺口和用电需求不能满足的情况。数据显示，印度、缅甸、孟加拉国等一些地区，有相当比例的人口用不上电，生产生活用电已成为制约这些国家发展的根本性因素。在此背景下，本节通过对共建"一带一路"国家贫困特征的梳理，总结国内光伏扶贫经验，研究如何在"一带一路"框架下推进光伏扶贫经验的互学互鉴具有重要意义。

8.4.2 中国光伏扶贫实践的基本内涵

8.4.2.1 光伏扶贫的基本内容

光伏扶贫是利用太阳能资源和资产收益扶贫相结合形成的一种依托于贫困地区太阳能资源禀赋兜底保障低收入、低能失能贫困人口的扶贫方式。光伏扶贫相较于其他扶贫理念和扶贫方式具有多目标承载和多机制协调参与的功能属性。在目标上，光伏扶贫是脱贫攻坚的一种努力，

---

① 程宝栋、李芳芳、解希玮等：《推进绿色"一带一路"建设：完善全球生态治理体系的新实践》，中国共产党新闻网，http://theory.people.com.cn/n1/2020/0409/c40531-31667261.html。

它实施的根本目标在于脱贫创收，帮扶低能失能贫困户获得持续性收入，具有解决可再生资源禀赋充沛地区的深度贫困问题十分有效的减贫属性。附带之，光伏扶贫也兼有开拓国内光伏市场、促进光伏产业发展的附带目的。在功能承载上，借助于光伏扶贫工程的实施，在推动农村能源结构改革、农村电网改造、农村基层治理、农村危房改造、"三变"进程方面，光伏扶贫成为重要的路径支撑。在多机制协调方面，光伏扶贫整合了政府、社会力量、贫困户三方主体的努力，特别是加强政府内部扶贫机构、能源指标管理机构、金融机构等协调效率，从根本上提升了光伏扶贫部署规划的执行力。同时光伏扶贫加快推进企业、农户、政府间资产形成机制和资产收益分配机制的形成。

8.4.2.2 光伏扶贫经验的基本理念

第一，精准性。光伏扶贫之所以小有成效，一个重要因素突出在精准上。政府、市场、市场主体要形成合力，政府部门之间形成合力，贫困户、企业和融资机构形成合力，所有合力作用在一个点上，才保证了扶贫项目和减贫脱贫目标的精准实现。超越光伏扶贫方式本身，共建国家大多处于转型的关键期，消除贫困和产业发展、经济社会转型融为一体，在思考如何将能源结构调整、贫困的消除、产业特别是战略性新兴产业发展多重目标融为一体的问题上，光伏扶贫方式提供了目标整合、精准发力的重要借鉴。

第二，开放性。开放性是精准性的前提。借助于光伏扶贫方式的形成，实质上形成了一个各方力量参与的有序平台，政府部门、融资企业、企业、贫困户相应参与同一过程并实现各自目标。共建"一带一路"的实践，参与国家多，参加的国际机构和组织多，相关国家和地区建立的对话平台众多，各个主体同国际金融机构建立的联系众多，在如何利用这些关系实现地区经济发展上，光伏扶贫方式提供了群策群力、各分杯羹的重要借鉴。

第三，保障性。保障性是最主要的目标。光伏扶贫推广和复制的重要效应表现在减贫方面，其次是在脆弱性地区的生态保护方面。这种一式多用的保障效应、兜底效应和产业振兴效应，泛化光伏扶贫方式的使用地域。共建"一带一路"国家和地区贫困深度和广度、动荡性和复杂性都比较突出，域内国家受全球经济振荡和国家大宗商品价格跌涨影响较大，在如何保障贫困人口收入、消除社会不稳定因素、稳定地区经济波动上，光伏扶贫方式提供了一劳永逸、各守其成的重要借鉴。

8.4.3 光伏扶贫经验借鉴在共建"一带一路"中的意义

8.4.3.1 有助于共建国家的减贫脱贫

要以贫困地区人民的生活水平得以改善的愿景作为扶贫工作的初衷和出发点。沿线国家贫困面大、贫困程度深，贫困问题伴随着社会矛盾、民族纠纷、宗教等系列问题，减贫脱贫任务艰巨。面对庞大的贫困人口基数和普遍的贫困程度，扶贫减贫不仅需要项目引进、资本输入，也需要富有成效的模式和经验输入。光伏扶贫是涵盖项目、资本、模式和经验等多项内容为一体的系统工程，是以可持续生计资本的形式开展的一式多用的扶贫减贫手段。光伏扶贫开展的基础需要对特定贫困户进行有效识别和归类甄别，进一步对已识别贫困户进行资产收益投资，进而帮扶贫困户兜底收入实现脱贫。

首先，在"一带一路"沿线地区开展光伏扶贫，可以帮助政府和扶贫机构深入对本国或本地区的贫困状况有所评估，帮助政府决策和颁布扶贫战略。世界银行报告显示，许多贫困国家的贫困监测体系至今未建立，为解决贫困造成对象上的不便。其次，通过光伏扶贫可以兜底一定数目的贫困人口，并且借助光伏扶贫项目的建设，培育一批产业工人和专业技术人员，创造部分就业岗位，减贫的溢出效应明显，保证沿线国家减贫脱贫的客观需求。最后，通过光伏扶贫模式和经验的输入，因地制宜地进行模式创新和经验积累，可以在适宜时候在各自国家内部进一步复制和推广，让更大范围的贫困户收益。总而言之，光伏扶贫之所以具有实践借鉴性，在于其符合共建国家和地区政府脱贫减贫的客观需要，符合共建人民向往美好生活的愿景。

8.4.3.2 能催生共建国家的能源革命

近年来，以电为中心，以清洁能源规模化开发替代利用为特征的能源革命，正深刻改变着世界能源格局。共建国家能源结构单一，电力产业和电力系统薄弱。共建64个国家中，将近四分之一的国家以出口能源为经济增长的主要依托，国际经济波动特别是石油价格波动对上述国家和地区的持续性影响比较强烈，这些国家深处产业结构单一和能源产业独自支撑整个产业体系的危害中，能源结构和经济结构存在改革的趋势性和必要性。光伏扶贫方式对共建国家而言，是实践绿色革命和改善能源结构的重要手段。首先，光伏扶贫方式可以有利于改善共建国家政府对能源资源产业的依赖，对一些生态脆弱地区的保护开发提供具体方式。其次，光伏扶贫可以帮助共建国家建立绿色高效的能源供给和消费体系，增加经济增长的稳定性。最后，光伏扶贫方式的推广，有助于推动光伏产业、电力基础设施等的不断完善，为能源绿色革命打造基础和提供平台。总体上，共建国家有顺应国际能源革命的时代要求，也有内在的自我能源结构和经济结构革命的动力，光伏扶贫方式为其提供具体切入点和变革的途径。

8.4.3.3　能够促进共建国家朝向绿色发展

共建国家和地区绿色基础设施建设滞后，有些偏远地区还生活着大量无电人口。电力基础设施的不完备，一方面导致大量居民生活用电需求难以满足，农村能源需求通过柴、煤、原油等高排放、高污染的材质代之，生态破坏、能源耗费和污染排放并存。另一方面工业生产、企业动力用电也难以满足，绿色生产体系和技术难以付诸应用，工业低效耗费和重度污染并存。光伏扶贫方式直接作用于人民生活用电需求，直接改变工业生产用电的短缺性和稳定性问题，有效地在满足个人和企业动力需求的同时，推动绿色基础设施建设、绿色产业发展、绿色生产生活行为的建立和普及，是绿色发展理念落实的重要途径。所以，光伏扶贫在共建国家的重要借鉴性在于满足生产生活动力需求的同时，倡导一种生产生活和能源消费上的绿色变革。因此，光伏扶贫方式是共建国家普及绿色发展理念和实现绿色增长的重要突破口。

8.4.4　推动"一带一路"共建开展光伏扶贫减贫合作的策略和路径

8.4.4.1　重视国内减贫事业

目标的明晰和明确，有利于举措的精准和方式的科学。中国全面建成小康社会和实现完全脱贫的目标，为光伏扶贫提供了重要模式创新和精准发力的对象，因此光伏扶贫才能发挥成效。由此，共建国家和地区应该努力做到：

一是从政府层面重视扶贫减贫工作。沿线除个别数目的国家外，其他国家都有能力提供较为安定的国内环境，各国政府层面要结合类似联合国人类开发计划署等国际机构和组织的人类发展计划进度和目标，适时适度地制定脱贫减贫的战略、规划和政府文件。从政府文件和政策扶持方面进行引导和指导。同时，适当在一定范围内将政府官员的政绩考核指标偏向于扶贫开发工作，为扶贫开发经验的借鉴、复制和推广提供指标激励。

二是从政府层面支持扶贫减贫工作。光伏扶贫模式取得成功的关键在于前期资金资本的形成。共建国家政府首先要保障在光伏扶贫实践上政府资金预算拨付和筹措。其次要通过政府体制机制的设计，让政府在扶贫方面的预算支出阳光、透明、高效运行，破除扶贫开发上的体制性腐败。

三是从政府层面鼓励和引导扶贫减贫工作。光伏扶贫的参与主体涉及面广，参与方多，市场主体的作用不能或缺。共建国家和地区的政府首先要通过政策引导、税收减免等举措调动企业的积极性，使企业能够主动积极参与光伏扶贫项目的建设、运行和维护之中。其次要通过官媒宣传、示范带动等形式，在贫困农户中普及光伏扶贫的理念、经验和效果，调动贫困群众参与光伏扶贫项目的动力。

四是共建国家和地区的政府要组织观摩学习，搭建各种平台，如经验交流会、现场观摩会、专业技术人员交流培训会，为理念的传播、经验的输入和专业技术人才的培训提供学习交流的机会，保证光伏扶贫科学性和有效性不在复制和借鉴过程中变形和走样。

8.4.4.2　明确政府在减贫方面的主导作为

西方经济学理论框架内解决市场失灵的方式有很多，最显著的即政府应该扮演好扶贫减贫的角色。中国各种扶贫经验的最重要的因素也是政府的主导性。因此，共建国家和地区的政府要明确其在光伏扶贫方面的主导性作为，具体而言：

一是政府要在光伏扶贫过程中有所作为。光伏扶贫方式尽管是市场在模式实践中发挥了重要作用，但政府的主导力仍旧占突出作用。政府在出台政策、审核指标、筛选和识别贫困、提供融资上牵头引领作用非常重要。共建国家政府要在政策出台、具体实施、贫困户信息系统建设、融资渠道融通上体现政府的关键地位。

二是政府要在光伏扶贫过程中提升多部门配合作业的效率。政府各部门要形成一定的合力，政通无阻，令行有效，保证有限的人力、财力和物力的投入，精准改变贫困地区农户的收入状况和生活状况，树立起政府信誉和积极担当的形象。

三是政府要在起初项目推行过程中，因地制宜地探索适合于当地的光伏扶贫实施机制。政府要在光伏扶贫项目投资、项目选址、项目建设、项目施工监督和项目维护上先行试点和探索，形成良好的示范带动效应，为光伏扶贫方式的进一步推广奠定基础。

四是政府电力部门要做好电力体系建设和光伏发电上网的接入口建设，保障光伏扶贫项目发出的电能够转化为资产收入，保证资产收益模式的通畅性。政府融入机构要结合扶贫预算资金设立专项扶贫资本，简化审批程序，形成科学的资金融通机制。

8.4.4.3　因地制宜和精准有效地开展光伏项目试点

光伏扶贫方式最大的特点是利用区域光能资源禀赋，实现增收效应；最大准则是因地制宜和精准施策。"一带一路"共建国家拥有相对丰沛的太阳能资源，在因地制宜和精准实施光伏扶贫项目上，共建国家要做到：

一是因地制宜地推行光伏扶贫项目。要结合改变贫困的战略任务、能源体系改革的步骤、资金渠道的可得性和畅通程度，因地制宜地审批和安排光伏扶贫指标和项目。在光伏扶贫模式选择上，要因地制宜地选择是集中式电站项目扶贫还是分布式光伏扶贫，宜集中时就集中，宜分布时就分布式，不能统而全，机械地推广。要充分地建立科学指标体系评估贫困地区太阳能资源的富裕度和开展光伏扶贫的可行性，从评估机制和决策机制上注重因地制宜原则的体现。要实施先试点后推广的光伏扶贫方式复制和借鉴的路径，在区域内资源、资金、产业相对、贫困等具有较好指标维度的乡村、村镇试点开展项目建设，进一步因地制宜地逐步推广。

二是要能在光伏扶贫项目设计和运行中体现精准性。首先，光伏扶贫一定要结合扶贫减贫任务开展，光伏扶贫的受益对象一定是需要急切改变生活面貌的极端贫困人口；其次，是光伏扶贫项目实施和推进过程的精准性，避免大而全、注重量而不注重效果的做法，精准性不仅要体现在项目设计论证、审批上，也要体现在项目过程中，保证项目实施能够按照意图不走样、不变形逐步精准推动。最后，要精准步骤和项目考核，精准资金来源和资金使用，在项目试点中适时建立可控可测的项目推进机制，以便支撑政府精准决策。

8.4.4.4　争取多渠道资金保障

实施和推行光伏扶贫，其中最重要的环节是资金的筹措，"一带一路"共建国家除了自身通过政府预算、金融机构特别是政策性金融部门的融资支持外，还要做到：

一是在设立光伏扶贫项目实施和运行的基金，这部分资金可以通过政府预算和企业社会责任进行划转和募集。通过扶贫基金的运行，为光伏扶贫的先行试点建立资金渠道，积极吸引社会资本参与光伏扶贫工程，为后续的项目建设、维护与运行提供保障。

二是要积极利用联合国、世界银行、粮农组织等国际性和区域性例如亚洲银行、亚开行等机构和组织，为光伏扶贫拓展融资渠道。可以探索结合联合国、世界银行、国际能源署等机构的一些项目，试点并施行以光伏扶贫内容为主、以这些机构的项目为辅的多重资金、项目实施方式。

三是积极对接和参与"一带一路"建设，充分利用"一带一路"亚投行、丝路基金等，通过实践中光伏扶贫模式创新，把基础设施建设和光伏扶贫结合起来，从上述金融组织中筹取资金。

四是要争取对外援助。要积极利用自身与域内外国家的国际关系，积极争取资金、光伏产品、光伏产业等的援助与合作，利用绿色发展、低碳发展、能源变革等倡议争取国际社会在人力、物力、财力上的人道主义援助，为光伏扶贫实施提供全面保障。

8.4.4.5　力促项目实施和基础设施改善

光伏扶贫项目实施和农村基础设施的改善相辅相成。在"一带一路"共建国家和地区推行光伏扶贫，除了提高贫困户收入外，还应努力做到以下三点：

一是改变农村公共基础设施状况。在个别适宜开展集中式电站光伏扶贫项目的村落、乡镇，应在保证贫困户收入的基础上，探索额外发电和集体收入优先用于改善当地道路、公共照明等基础设施建设的需求。

二是改变农业基础设施状况。在交通不便、电力基础设施没有通达的地区建立集中式电站，在保证贫困户兜底收入的基础上，积极开展光伏项目和资产收益的多重合作与开发，通过电力灌溉系统、沟渠系统和现代化农业基础系统建设，改变农业整体基础设施的发展条件。通过"光伏+应用"，发展现代农业、现代养殖业，提升现代农业发展的效率效益。

三是改变农业产业落后状况。首先，借助光伏扶贫项目的开展，满足农业个体户生产的动力需求，调动农业微观个体单位生产的积极性；其次，借力于电力体系的补充和完善，开展农业合作社、农业产业化，积极实践现代农业产业组织化模式，破除农业发展的滞后性约束，以农业基础设施为契机，调整和优化农业内部结构。

8.4.5　"一带一路"光伏扶贫经验借鉴中的中国举措

中国是积极担当和负责任的大国，也是光伏扶贫经验的具体输出国，也是这一模式的积极倡导和呼吁者。因此，中国在"一带一路"共建国家对光伏扶贫经验的借鉴上具有重要影响力和推动力，为保障这一经验借鉴的伟大倡议能够得到落实和切实改变共建地区贫困人口的生存状况，

中国需要做到:

一是积极明确愿景的扩大、经验的输出和技术、资金、项目上的帮扶,而非国际影响力的扩散,政治理念的输出和意识形态及资本的控制,也并非模式的输出。中国提倡光伏扶贫经验的借鉴,是在人类命运共同建设背景下对共建地区人类发展命运的整体思考,是通过借助经验交流、技术、资金、项目建设上的帮扶,改善共建地区落后的发展面貌。因此,在积极倡导光伏扶贫经验学习借鉴前,中国政府应借助媒体、交流平台、舆论等明确中国政府的意愿。

二是积极搭建各种平台,传播理念、交流经验。首先,探索举办"一带一路"扶贫减贫方面的论坛,宣讲光伏扶贫在扶贫成效、能源革命、促进太阳能技术发展和绿色发展方面的中国理念。其次,不同层次地举办经验交流会,采用现场观摩、实地调研、经验座谈等方式,为共建国家的政府和非政府展示光伏扶贫在中国脱贫攻坚中的重要地位、具体推进方式和各种经验总结。最后,建立光伏扶贫经验交流的制度化和新型化机制。例如可率先选取一些典型项目村镇,与共建国家通过结对子方式,建立点对点的困难解决和经验交流长期机制。

三是提供融资保障。首先,利用中国在世界银行、国际货币基金组织、联合国、亚洲银行、亚投行等组织和机构的地位和影响力,在涉及上述地区的资金流向决策、分配方案上,为共建国家在资金和项目获得权上的积极争取。其次,在金砖国家新开发银行、丝路基金等区域性金融组织中,通过尝试设立专项扶贫资金的举措,为共建国家保障光伏扶贫资金需求。最后,通过中国人道主义对外援助,设立扶贫援助的试点基金、项目和工程,为共建国家拓展融资渠道。

四是鼓励和支持国内相关企业积极参与共建国家的扶贫开发项目建设。首先,通过税收、审批等政策上的便利举措,助推国内光伏企业"走出去",参与到共建国家的光伏扶贫进程中,一方面迎合共建国家的发展需求,另一方面配合国内供给侧结构性改革,利用优势产能和优化产业能力。其次,通过外交渠道、驻外使馆沟通渠道,在政策上与共建国家协商交流,为国内企业在当地落户生产提供便利。最后,鼓励"走出去"的企业建立产业同盟,在技术、产品、方案上建立一套国际标准,一方面拓展光伏扶贫项目的推广面,扩大产业影响力,另一方面培养和塑造拥有国际产业竞争力的光伏产业企业品牌,并将其纳入国家品牌计划,在国际范围内宣传和推广。

五是建立双边官产学研合作机制,加强与共建"一带一路"国家方面在太阳能应用方面的科技合作、专业人才培养和从业人员培训。首先，通过双边科研院校、科研机构、企业的合作，破解光伏扶贫在共建不同类型地区的应用性难题，提升技术效率。其次，通过"一带一路"人才交流互派项目，选取在能应用于光伏扶贫项目的交流互派名额，做好专业人才的储备。最后，对光伏扶贫项目实践过程从业人员，通过经验培训、现场观摩等形式进行短期培训，努力培训一批光伏扶贫项目的从业人员。

第九章　以共同化发展理念为引领 持续打造"健康丝绸之路"研究

本章导语：纵观人类文明的发展历史，疾病与人类文明的发展息息相关。可以说，"人类文明史也是一部同疾病和灾难的斗争史"①。威廉·麦克尼尔曾在《瘟疫与人》一书中指出了瘟疫如何影响人类迁移、人口变化、政治变革、宗教兴灭、医疗卫生制度建立等方面。例如：公元前430年，雅典瘟疫几乎摧毁了古希腊文明；1347—1351年，黑死病的蔓延迫使欧洲宗教改革；15世纪末，欧洲殖民者把天花带到美洲大陆，导致印第安人近乎种族灭绝；1918—1919年，西班牙流感导致5 000万人死亡，促使世界各个国家对公共卫生体系的重视。正如瑞典病理学家福克·汉森（Folke Henschen）所说："人类的历史即其疾病的历史。"

横览当今人类文明的表现，全球化在一定程度上加剧了公共卫生风险。当今人类文明突出表现为以全球化为主导，深度影响物质、精神与生态文明。正如马克思断言："历史向世界历史转变。"[1] 这是因为科技、经济的发展缩小了地球的时空距离，世界不同国家的人交往日益频繁、联系日益紧密，促使人类觉醒了全球意识。同时，也导致原本建构的人与自然、区域之间的健康平衡面临挑战。全球化带来的气候变化和贸易发展在多方面对病媒生物入侵产生驱动作用，破坏人类生存环境，从而严重危害人类健康，破坏人类生产生活秩序，引发公共卫生风险[2]。因此，人类文明发展、全球化、卫生健康密不可分。

随着全球化的深入推进，全人类对于卫生健康的需求以及卫生公共安全的外溢性关注都不断提升。事实上，进入21世纪以来，尽管鼠疫、天花等曾导致无数人间惨剧的灾难得以在一定程度上被遏制，但是，一方面一些发展中国家医疗卫生基础设施较弱，医疗人员与医疗物资短缺，仍然面临重大的卫生安全考验；另一方面由于生态资源的破坏、气候极端变化等问题，迫使全人类共同面临着层出不穷的新的生物安全挑战和日益增多的公共卫生风险。如何在区域层面乃至全球层面统筹卫生公共安全与发展问题，实现共同化的治理，在未来的全球化进程上将会越来越重要。

---

① 《习近平在第73届世界卫生大会视频会议开幕式上致辞》，中国政府网，https://www.gov.cn/xinwen/2020–05/18/content_5512733.htm。

2016 年 6 月，习近平主席在乌兹别克斯坦提出了"健康丝绸之路"，正式把健康作为"一带一路"重要组成部分。"健康丝绸之路"提出近 4 年来，在各方共同努力下，正在从愿景变为实践，成为中国与共建国家共建"一带一路"合作的重大领域和重要方面。2019 年底出现，2020 年暴发的新冠疫情不仅凸显了"健康丝绸之路"的重要价值，更是将人类健康安全与发展的时代议题推送到前所未有的高度。在全球抗击新冠疫情的斗争中，"坚持人民至上、生命至上，统筹资源，团结合作，尽最大努力保护人民生命安全和身体健康，最大限度降低疫情负面影响"，以共同化发展理念打造"健康丝绸之路"，既是中国卫生治理经验的总结，也是未来人类安全和发展的必由之路，更是人类发展进步历程的重要组成部分和标志之一。

当前高质量共建"一带一路"正在进入全方位开展、深层次合作的关键期。阐明共同化发展愿景下打造"一带一路"下"健康丝绸之路"的提出背景，深刻理解打造"健康丝绸之路"的价值内涵与重大意义，立足"一带一路"共建地区卫生医疗现实基础，探索持续打造"健康丝绸之路"的思路与路径，已经成为当前高质量推动"一带一路"建设的重要命题之一。

9.1 打造"健康丝绸之路"的提出背景

9.1.1 打造"健康丝绸之路"的现实背景

"一带一路""健康丝绸之路"提出的现实背景立足于共建"一带一路"倡议，积极践行亲诚惠容的周边外交理念，全方位加强对外卫生健康合作，全面提升中国同共建国家人民健康水平，打造"一带一路"人类卫生健康共同体。为此，中国政府 2015 年底印发了《关于推进"一带一路"卫生交流合作三年实施方案（2015—2017）》。方案指出推进"一带一路"卫生交流合作具有重要意义，要按照中央关于推进"一带一路"建设的总体部署，紧密围绕《关于贯彻落实重要政策举措的分工方案》中主要职责和《推进丝绸之路经济带和 21 世纪海上丝绸之路建设三年（2015—2017 年）滚动计划》中具体任务，高举和平、发展、合作、共赢的旗帜，坚持和平合作、开放包容、互学互鉴、互利共赢的核心价值理念，秉持"共商共建共享"的合作前提，以周边国家为重点，以多双边合作机制为基础，创新合作模式，推进务实合作，促进我国及共建国家卫生事业发展，打造"健康丝绸之路"，为"一带一路"建设提供有力支持并作出应有贡献①。

2016年6月，中国国家主席习近平在乌兹别克斯坦最高会议立法院演讲时强调，着力深化医疗卫生健康合作，加强在传染病疫情通报、疾病防控、医疗救援、传统医药领域互利合作，携手打造"健康丝绸之路"②。由此，"健康丝绸之路"这一概念在国际社会上首次被提出。2017年1月18日，习近平主席在日内瓦访问世界卫生组织时提出，中国欢迎世界卫生组织积极参与"一带一路"建设，共建"健康丝绸之路"③。访问期间，双方还签署了关于"一带一路"卫生领域合作谅解备忘录。这是具有里程碑意义的文件，意味着中国同世卫组织的务实合作扩展到共建"一带一路"国家和全球层面。由此，打造"健康丝绸之路"正式走向世界，逐步落实。"健康丝绸之路"的酝酿、提出和实施也标志着中国正在成为全球健康的积极倡导者和践行者，区域乃至世界公共卫生产品的重要提供者。

"健康丝绸之路"的倡议将健康提升到了经济社会发展的前沿，为共建"一带一路"开辟了广阔的合作空间，创新了合作交流形式，为完善全球公共卫生治理提供了新思路。2020年3月，新冠疫情期间，习近平主席在与法国总统马克龙的电话沟通中，首次提出打造人类卫生健康共同体的理念④。人类卫生健康共同体的理念是"一带一路""健康丝绸之路"的拓展和深化。中国始终秉持共同化发展，坚持以"共享"为核心主旨，践行"健康丝绸之路"，打造人类卫生健康共同体。可以说，"健康丝绸之路"乃至人类卫生健康共同体是凝聚着中国智慧的中国方案，共同维护和促进全人类的生命健康安全。

9.1.2　打造"健康丝绸之路"的理论背景

9.1.2.1　马克思的人学思想

人的自由全面发展是马克思的人学思想核心。马克思对人的本质思

---

① 《国家卫生计生委关于推进"一带一路"卫生交流合作三年实施方案（2015—2017）》，中国一带一路网，https://www.yidaiyilu.gov.cn/p/23564.html。

② 《习近平在乌兹别克斯坦最高会议立法院的演讲（全文）》，共产党员网，https://news.12371.cn/2016/06/23/ARTI1466613999277104.html。

③ 《"健康丝绸之路"为生命护航（和音）——抗击疫情离不开命运共同体意识》，人民网，http://world.people.com.cn/n1/2020/0324/c1002-31645085.html。

④ 《习近平同法国总统马克龙通电话》，中国法院网，https://www.chinacourt.org/article/detail/2020/03/id/4863205.shtml。

想继承了黑格尔的虚幻本质及费尔巴哈的自然本质，但是又超越二者，在不断深化中逐渐形成了自己的思想核心。即对人的生命、人性和人格的尊重，强调人的生命安全与自由发展观。首先，马克思尊重人的生命。马克思认为有生命的个人的存在是人类历史的前置条件，强调"第一个需要确定的具体事实就是这些个人的肉体组织，以及受肉体组织制约的他们与自然界的关系"。人是人的全面而自由的发展的基础。其次，马克思尊重人性。马克思明确指出："一个种的整体特性、种的类特性就在于生命活动的性质，而自由的有意识的活动恰恰就是人的类特性"。人性既是抽象的也是具体的，是劳动、需要等"人的一般本性"在社会历史中的具体展开和深化，并最终体现为历史地变化了的和实际地发展着的个性。。最后，马克思尊重人格。马克思认为人格和尊严是连在一起的，强调必须推翻使人成为被侮辱、被奴役、被遗弃和被蔑视的东西的一切关系，坚决反对由于人们出身的不同而决定人的人格不同。马克思的人学思想阐述了对人的主体性与人的本质的深刻理解，是尊重生命、尊重人性、尊重人格三位一体的人的生命与发展观。马克思的人学思想为全人类应该平等享受生命权、健康权这一基本权利，不应该有等级、国别、种族之别提供了科学立场。

9.1.2.2 中国传统儒家文化的仁爱思想

"仁者爱人"是中国传统儒家文化的思想核心。孔子指出仁爱的对象是人，君子应当以"仁爱"的情怀面对所有人。孟子继承孔子的仁爱思想，提出"民为贵"的仁政学说。强调仁政的目标就是要获得百姓的拥护和支持。此后，千百年来中国士大夫们怀抱"达则兼济天下"的仁爱理想，致力于"为天地立心，为生民立命，为往圣继绝学，为万世开太平"的政治抱负。正如习近平总书记指出："回顾历史，支撑我们这个古老民族走到今天的，支撑5000多年中华文明延绵至今的，是植根于中华民族血脉深处的文化基因。中华民族历来讲求'天下一家'，主张民胞物与、协和万邦、天下大同，憧憬'大道之行，天下为公'的美好世界。"[①]中国传统儒家文化的仁爱思想以爱人为内核，以兼济天下为道德责任，为中国履行大国责任，打造"一带一路""健康丝绸之路"提供了价值指引。

9.1.2.3 习近平新时代人类命运共同体的深入实践

习近平传承马克思主义哲学内涵与中国儒家的价值本源，站在世界全人类的高度对全球面临的问题和挑战进行思考，提出构建人类命运共

---

① 《习近平在中国共产党与世界政党高层对话会上的主旨讲话》，今日中国，http://www.chinatoday.com.cn/chinese/news/201712/t20171202_800111316.html。

同体的全球治理方案。自2017年人类命运共同体理念首次被写进联合国决议后，中国与更多国家建立起双边伙伴共同体，在地区内和诸多国家就打造命运共同体达成共识，得到国际社会的积极呼应。共同化发展理念下"健康丝绸之路"的基础是以共享为主旨的人类观、世界观、方法论。中国深刻、深入地践行着共享这一主旨，并基于此提出构建人类卫生健康共同体倡议，为全球公共卫生治理发出"中国声音"。可以说，"健康丝绸之路"促使人类命运共同体具有更加丰富的内涵、更深入的发展、更具实践性的场景。

9.2 打造"健康丝绸之路"的价值内涵与时代意义

9.2.1 以"共享"为核心支撑的"健康丝绸之路"具有丰富的价值内涵

人类命运共同强调"共享"，此"共享"是全人类公正平等的"共享"，而非少数人凌驾于他人之上的"共享"。"健康丝绸之路"的"共享"可以理解为是以人为本的核心引领、仁爱平等的价值追求、客观公正的制度建设、互惠互利的合作本质、开放长效的具体实践，具有丰富的内涵。

9.2.1.1 以人为本是"健康丝绸之路"的根本目的

以人为本就是让全人类的生命健康无差别地获得医疗资源、享受生命权和健康权这一基本权利。首先，从人的角度、全人类的高度，打造人类卫生健康共同体，是对生命权和健康权这一基本人权的强调，是其他人权的基础，也是国家的法定保护责任。其次，以人为本还要深刻认识到人的健康是社会文明进步的基础，是一个民族昌盛、一个国家富强的重要标志。习近平总书记强调"健康是促进人的全面发展的必然要求，是经济社会发展的基础条件，是民族昌盛和国家富强的重要标志，也是广大人民群众的共同追求。"[1]"人民健康是社会文明进步的基础。拥有健康的人民意味着拥有更强大的综合国力和可持续发展能力。"[2]因此，以人为本就是"一带一路""健康丝绸之路"的核心引领。

---

[1] 申少铁：《健康中国建设持续推进》，中国政府网，https://www.gov.cn/xinwen/2022–01/15/content_5668305.htm。

[2] 《习近平：把健康"守门人"制度建立起来》，中国共产党新闻网，http://cpc.people.com.cn/xuexi/n1/2018/0207/c385476–29809777.html。

9.2.1.2　仁爱平等是"健康丝绸之路"的价值追求

构建人类卫生健康共同体，打造"一带一路""健康丝绸之路"，不仅关爱本国人民、更要放眼于关怀人类整体。面对新冠疫情，习近平主席对"仁爱"的有力阐释："要践行人民至上、生命至上理念，要调集一切资源，科学防治，精准施策，不遗漏一个感染者，不放弃一位患者。"①同时，生命安全面前人人应绝对平等，中法两国元首在多次通话中达成共识：中法两国共同肩负着维护国际和地区公共卫生安全的责任，双方应精诚合作，推进联合研究项目，加强国境卫生检疫合作，支持世界卫生组织。国家主席习近平多次强调要共同应对新冠疫情，提出要共同帮助非洲国家做好疫情防控，努力打造卫生健康共同体。中国作出大国表率，发起了新中国成立以来规模最大的全球人道主义行动，同180多个国家和国际组织分享疫情防控和诊疗方案，向34个国家派出38支医疗专家组，向120多个国家和国际组织提供超过22亿剂疫苗，坚定不移推动构建人类卫生健康共同体②。此外，中国承诺研发出疫苗将作为全球公共产品优先提供给发展中国家，目的是促进疫苗在发展中国家可及性和可负担性，用实际行动践行了《联合国2030年可持续发展议程》关于"不让任何人掉队"的倡议。

9.2.1.3　客观公正是"健康丝绸之路"的行为准则

"一带一路""健康丝绸之路"弱化了经济差异、文化差异等带来的影响，要求摒弃偏见、搁置利益冲突，无论是科学研究还是医疗实践均需坚持客观公正。而体现客观公正最好的方式就是依据正义且共同遵循的法律制度。具体来说，全球公共卫生治理必须以《国际法》《国际卫生条例（2005）》为准则，凝聚全球共识、动员全球资源、协调全球行动。"健康丝绸之路"是全球公共卫生治理体系的一部分，可以推动全球公共卫生治理活动的合法化和一批国际法律协定的谈判、落地；维护联合国核心地位、坚持以世卫组织为领导的国际公共卫生体系和以国际法为基础、国际卫生条例为准则的全球公共卫生治理秩序，在公平科学的客观环境下与国际社会合理合法共同应对全球性挑战。

---

①　习近平:《在第七十五届联合国大会一般性辩论上的讲话》,人民网,http://politics.people.com.cn/n1/2020/0923/c1024-31871252.html。

②　刘华、杨依军、许可、朱超、伍岳等:《携手建设更加美好的世界——写在习近平主席提出构建人类命运共同体理念十周年之际》,中国政府网,https://www.gov.cn/xinwen/2023-03/23/content_5747952.htm。

9.2.1.4 互惠互利是"健康丝绸之路"的合作本质

当今，任何国家想要凭一己之力解决全球性问题已经变得越来越困难，合作是任何国家在全球化背景下实现自身发展的最好选择。"一带一路""健康丝绸之路"承载互惠互利的发展意识，坚持共建共享、合作共赢。疫情防控期间，中国与日韩、东盟、欧盟、非盟、上合组织、金砖国家集团等地区或全球的双边或多边组织携手合作，互帮互助，共渡难关。如中国企业同俄罗斯、巴西伙伴合作开展疫苗临床试验；中国公共卫生人员同东盟科学家合作开发传统药物治疗；在华留学生和在外的中国留学生分别在中国和海外疫情暴发时积极参与志愿者活动。事实证明团结合作的治理方式是应对全球公共卫生问题最有力的武器。"一带一路""健康丝绸之路"继承了人类命运共同体中安全共同体、利益共同体、责任共同体模式，需要强化互惠互利的合作意识，实现国际社会"共商共建"，全球"共谋共享"。

9.2.1.5 开放长效是"健康丝绸之路"的实践要求

推动构建人类卫生健康共同体要以开放、包容、多边的方式参与国际卫生治理建设。"跳出小圈子和零和博弈思维，树立大家庭和合作共赢理念，摒弃意识形态争论，跨越文明冲突鸿沟，相互尊重各国自主选择的发展道路和模式，让世界多样性成为人类社会进步的不竭动力、人类文明多姿多彩的天然形态。"①

中国将建设"健康丝绸之路"作为未来高质量发展"一带一路"的重要方向，提供在关键治理领域的经验以及全球与区域公共产品，形成长效可行的实践。首先，携手打造"健康丝绸之路"形成坚实的政治基础。2017年5月，中国与世卫组织签署了《中华人民共和国政府和世界卫生组织关于"一带一路"卫生领域合作的谅解备忘录》，以全面提升中国同共建"一带一路"国家人民健康水平为主线，以多双边合作机制为基础，创新合作模式。其次，携手打造"健康丝绸之路"形成充分的科技交流。中国积极研发与分享新冠疫苗，为全球抗疫合作强化安全保障。2020年10月8日，中国同全球疫苗免疫联盟签署协议，正式加入"新冠肺炎疫苗实施计划"（COVAX）。最后，携手打造"健康丝绸之路"形成稳定的产业基础。信息技术、生物科技、人工智能等先进技术和产品，提升全球卫生健康合作的科技含量的同时也促进了电子商务、线上教育、线上办公等多种新兴经济业态的发展。此外，鉴于一些发展中国家有限

---

① 《习近平在第七十五届联合国大会一般性辩论上的讲话（全文）》，光明网，https://m.gmw.cn/baijia/2020-09/23/34214329.html。

的制造能力，中国正加大对提升这些国家基础卫生设备生产能力的投入，特别是增加对"一带一路"沿线已有工业园区的投资，提升了全球医疗供应链的韧性。

9.2.2　以共同化发展为引领的"健康丝绸之路"
具有重大的时代意义

总结中国参与全球公共卫生治理的实践经验，构建"健康丝绸之路"，以共同化的理念携手打造人类卫生健康共同体。这既是人类对全球化时代的共通问题和共同命运的觉醒，更是追求全球安全和普遍繁荣所做的努力，在安全及发展的历史主旋律与"百年未有之大变局"的时代特征交织下具有重大的时代意义。

9.2.2.1　人类卫生健康共同体是文明进步与全球发展的基础保障

当今时代，人类文明的发展呈现出的是一种全球化发展的特征。全球化的发展深刻影响人类的物质、精神、生态等文明维度。在物质文明维度，全球化直接推动了世界经济的国际化、信息化、市场化、自由化以及科技化，带来人类生产力的显著提高。根据世界银行的统计数据，1960—2020年，全球GDP总量从约1.39万亿美元增长到约84.71万亿美元，增长了约60倍[①]。但是，这一过程又加剧了发达国家与落后国家的贫富差距，区域不平衡（包括经济、卫生、健康）更为显著和广泛。在精神文明维度，以人为本，关注人的生命健康与尊严平等、人的全面自由和发展成为普遍的政治价值。同时，与全球化相伴随的，超越国家和民族的狭隘思维，新的人类命运共同体的意识逐步为世界普遍接受。在生态文明维度，人类对生态环境的破坏形成的空气污染、水污染、沙漠化、臭氧层空洞等所构成的生态危机，迫使全人类凝聚共识，共同应对。

作为历史的必然，全球化既不可逆，又不断深化。全球化是社会生产力发展的客观要求和科技进步的必然结果，是人类社会发展必经之路。但是，全球化是一个客观的、复杂的和充满矛盾的进程。新经济地理的融入，新科技革命，国际贸易理论的自由化取向，全球经济治理的完善等现实基础都将使其继续发展。今天的全球化遭遇了挫折，其发展速度有所放缓，但是，全球化的大趋势不会改变，全球化时代也不会终结。"从历史上看，不管遇到什么风险、什么灾难、什么逆流，人类社会总是

---

① 《〈21世纪的中国与全球化〉：梳理全球化发展历程，探索全球化发展路径》，中国日报网，
https://cnews.chinadaily.com.cn/a/202207/27/WS62e12937a3101c3ee7ae11f3.html。

要前进的，而且一定能够继续前进。"①国家和民族振兴也必然在历史前进的逻辑中才能实现。考虑全球化的不可逆以及不断深化的历史必然规律，全球化的继续前行就需要全新的思路、机制与路径。因此，各国都需要抛弃狭隘的区域、种族、肤色观念，丢弃垄断发展优势的片面做法，拒绝以邻为壑，以互利共赢的合作观保障各国平等发展权利，促进共同发展繁荣。各国需要付出更多的努力和诚意，构建多边机制、双边机制，以多样化、多元化的路径来解决全球化发展中遇到的各种问题，促进全球发展的公正、公平。

然而，疾病的困扰和健康的缺失与贫困、饥饿甚至战争相伴随，是公正、公平最大的阻碍。麦克尼尔告诫我们，虽然现代医学与卫生制度大放异彩，但并非无往不胜。他指出，即使人类的医学技术现在达到了前所未有的水平，扭转了疾病的正常发生过程，传染病未来也将和人类长久地共存，自始至终是人类历史中的决定因素之一。没有共同的健康再谈各种合作成果是没有稳定的基础的，实现的各种合作绩效也是没有质量的。从未来全球发展来看，人类卫生健康共同体的构建与推进将进一步有利于世界各国友好合作，也有利于人类命运共同体各项倡议的顺利推进营造良好的舆论氛围，为实现共同化发展提供基础保障。

9.2.2.2　人类卫生健康共同体是全球公共卫生治理变革的内在需求

全球公共卫生治理大体经历了国家自治—区域联防—全球合作三个发展阶段。第一个阶段是国家自治。中国的医疗体系发展较早且全面。《周礼》记载了周王室定期举行"以索室驱疫"的时傩活动以及负责"四时变国火，以救时疫"的官员；汉代则有在瘟疫流行时收容和医治平民的机构；中医经典《黄帝内经》中有完整的疫病防治思想，其他中医经典如《伤寒杂病论》《神农本草经》则提供了防治疾病的辨证处方与药物知识。欧洲的预防与治疗体系发展相对较为缓慢，直到14世纪黑死病（鼠疫）出现，才开始关注传染病的预防。此时西方医学还没有脱离神秘主义色彩，黑死病诞生天罚说、女巫说、恶魔说等病因解释。治疗手段也多采用如希波克拉底的体液疗法、星象医学，甚至寄希望于医生的鸟嘴面具吓退黑死病恶魔等方式。第二个阶段是区域联防。1851年法国牵头召开第一次国际卫生会议；1902年成立美洲国家国际卫生局（泛美卫生局）；1907年成立国际公共卫生办公室；1920年成立国际联盟卫生组织（简称国联卫生组织）。欧洲诸国因地理密切关系、贸易深入交融促使

---

① 《习近平：各国走向开放、走向合作的大势没有改变》，中国政府网，https://www.gov.cn/xinwen/2020-11/04/content_5557393.htm。

各国必须建立统一的疾病预防条例，促成了区域意义上的国际卫生合作"多边主义化"，但其本质是欧洲发达国家为了保护本国利益进行的跨国家卫生方面的有限合作，并非全球意义的卫生治理。第三阶段是全球合作。1948年世界卫生组织（简称世卫组织）成立。世卫组织成立开启了全球卫生治理的新时代。全球卫生治理日益超越以国家为中心的合作范式，把更多利益相关方吸收进来，通过有约束力的国际规则来应对不断出现的全球卫生问题。作为联合国系统内的专门机构，世卫组织与其他国际组织、主权国家、国际非政府组织等相关主体一起，搭建起全球卫生治理体系的基本架构。

世卫组织在成立以来的半个多世纪带领各国在公共卫生治理方面取得了诸多成就。如天花被完全消灭、《阿拉木图宣言》《国际卫生条例（2005）》的发布等。但是，2020年暴发的新冠疫情对当今全球公共卫生治理带来冲击，形成三个重要启示。

第一，卫生健康问题将会上升为颠覆性风险。一方面，越来越多的疾病同时出现，对医疗体系、科学研究都提出了挑战；另一方面，科研人员对同一类疾病系统研究仍然不足。因此，大量传染病仍未找到完全有效的遏制方法、技术以及药品，很难找到行之有效的措施彻底隔绝危险。以新冠疫情为例，截至北京时间2023年1月1日，全球累计确诊病例超6亿例，全球累计病亡病例超669万例，按联合国人口基金会统计全球人口约79亿4 560万计算（2022年），全球平均每13人中有1人确诊新冠[①]。新冠疫情可以说是第二次世界大战以来世界面临的最大危机，卫生健康问题上升为具有颠覆风险的重大安全问题。

第二，全球治理体系的困境显现，亟需变革。首先，全球卫生治理体系表现出世卫组织权威性不高，治理碎片化。一是尽管世卫组织在信息发布、经验传递等方面发挥了重要作用，但由于霸权主义干涉、功能机制不畅、经费支持受限，在组织协调大国抗疫行动时表现出反应迟缓、部分失灵，权威性不高。二是不同的世界性组织协调性不强，面对疫情行动分化，缺少应有的合作与配合，这导致全球疫情治理呈现碎片化。如医疗物资的全球供应与分配，涉及供应链安全、产品标准、关税以及物流等问题，需要多个世界性组织之间的密切合作。其次，大国之间在全球治理体系中的合作阻碍重重。大国之间发展理念差异、利益竞争和政治冲突等阻碍了全球卫生治理的合作。具体来说，一是治理理念差异

① 《2022年收官：全球累计确诊6.6亿！累计病亡669万！全球新冠肺炎疫情2023.1.1》，搜狐，https://www.sohu.com/a/623413145_121099273。

造成治理效果迥异。如新冠疫情期间经济优先型国家无论是感染率还是死亡率均远超防疫优先型的国家。二是霸权主义导致大国集体行动上难以达成共识。联合国秘书长在G20特别峰会上呼吁各国解除阻碍全球共同应对新冠病毒大流行的制裁措施，但由于美国反对，这一呼吁遭遇搁浅，各国治理疫情各自为政。加剧中美紧张关系。这些困境呼唤全球治理体系朝着更加公平、更加公正的方向变革。

第三，人类卫生健康共同体是对生命和健康的根本性的保护。健康是跨越种族、地理、经济、政治和文化差异的人类共同价值。但是，一方面各国发展不均衡，国家内部治理体系完善程度参差不齐，应对突发公共卫生事件能力有别；另一方面，全球治理体系主体多元化造成了制度重叠、责任推诿、多边组织资金来源不稳定等复杂局面。两种困境交织加剧了疾病等对人类的危害。

全球公共卫生治理共同化成为必然选择。以公共卫生产品供给为例，其中疫病的防控与根除被认为是最纯粹的卫生公共产品，是缓解因发展不平衡导致的中低收入国家医疗卫生资源紧张以及卫生体系不健全困境，从而实现人人公平享有健康。中国通过倡议打造"健康丝绸之路"，致力于医疗对外援助和提供公共卫生产品，由全球公共产品消费者更多地转变为供给者，承担起超越狭隘利益而惠及国际社会的更大责任。但中国仍是发展中国家，公共卫生产品供给能力有限，全球公共卫生治理仍需各国携手。中国作为负责任的大国，愿意与各国协作共同塑造后疫情时代的全球治理体系。当前，唯有构建共同化的健康价值观，超越意识、利益、制度的隔阂携手应对，既是对健康权、生命权的根本保护，也是全球公共卫生治理变革的内在需求。

9.2.2.3 "健康丝绸之路"是中国经验的凝结和中国智慧的重要贡献

当前，全球卫生治理的架构是以欧美主导的公共卫生实践从内政走向外交并不断演化的产物，是等级式、分权式和平衡式三种全球北方视角的当代延续，在发达国家动力不足的情况下，面临全球卫生公共产品供给的管辖、激励和参与缺口。中国在分享治理经验的方面，发挥了引领作用，以"健康丝绸之路"为契机和场景，为促进全球公共卫生合作治理，打造人类健康共同体提供中国经验与中国智慧。

首先是中国打造健康共同体的国内经验。为实现《2030年可持续发展议程》的国际承诺，打造健康共同体过硬的自身基础。中国制定了保护公民健康、优化社会健康制度、普及健康生活理念的国家战略——《"健康中国2030"规划纲要》。该纲要以提高人民健康水平为核心，以机制改革为创新动力，坚持改革创新、科学发展、公平公正原则，全方位、全周期维护和保障人民健康，大幅提高健康水平，做到人人公平享有健康权。中国在"十三五"期间，全国财政卫生健康支出从13 159亿元增长到17 545亿元，年均增长7.5%，比同期全国财政支出增幅高出0.4个百分点；占全国财政支出的比重由7%提高到7.1%①。中国加大医疗体系改革力度，一方面细化医疗体系构成，为全民获得医疗保障提供架构基础；另一方面缓解医疗系统压力，将医疗资源分级分流合理布局。经过30多年的努力，中国建立了一个完整的、独立的基本卫生保健体系，由基层医疗卫生机构即城镇社区卫生服务中心（以及站所）和乡镇卫生院（以及村卫生所）组成。并逐步探索出通过降低行政机制的主导性，调整行政机制运行的方式，同时引入市场机制和社群机制，并促使行政、市场和社群治理形成互补嵌入式的新制度格局。中国坚持以人为本的基本原则，保障公民平等享有健康权，通过加强医疗保障制度、体系的完善，使民生工作成果惠及每个人，离"健康中国"目标的实现越来越近。而这些经验为全球卫生健康治理提供了良好的借鉴和指引。

其次是中国打造健康共同体的国际经验。一般而言，霸权国家通过其全球领导力在全球卫生公共产品的供给中发挥关键作用，从而促进全球卫生安全体系的发展和稳定。但是，当霸权国既无能力又无意愿维护全球卫生安全体系时，全球卫生治理将陷入"金德尔伯格陷阱"。中国作为世卫组织创始成员国之一，致力于不称霸、稳发展、谋共享的理念，积极在全球公共卫生治理中作为。1963年中国就向非洲国家派遣第一支医疗队。2003年SARS的发生，中国进一步加强与世卫组织的合作，加大力度建设突发公共卫生事件监测系统。此后作为新兴经济体，越来越多地参与到全球卫生治理体系中。中国向世卫组织缴纳会费不断增加，2020年排名第二；越来越多的中国籍管理和技术职务人员加入世界卫生组织中，来自中国香港的陈冯富珍女士成功竞选世界卫生组织总干事并连任（2006—2012年）；2014年西非埃博拉疫情，中国向非洲国家派遣的医疗队在抗疫中取得显著成效；2016年以来，中国在世界卫生大会召开期间携手多个国家和国际组织举办多种类议题的学术交流会，受到广泛关注；2017年1月，中国国家主席习近平访问了世卫组织总部，这是中国最高领导人首次访问世卫组织，访问期间，习近平主席推动一批"一带一路"卫生领域合作的文件的签署。中国在全球公共卫生治理中的

---

① 《"十三五"财政卫生健康支出年增7.5%》，中国政府网，https://www.gov.cn/xinwen/2020–11/08/content_5558741.htm。

角色也由受援国转向援助国，并努力践行联合国的"2030目标"，体现大国的担当与责任。中国积极加强与大国合作、维护与发展中国家伙伴关系、支持公私伙伴关系建设，大力推动科技创新在医疗领域的应用；积极参与全球健康议程设定、方案制定和规则制定；积极向国际社会提供中国公共卫生治理经验。

最后是"一带一路""健康丝绸之路"取得的合作经验。当前，"健康丝绸之路"合作取得显著进展，尤其是2020年新冠疫情发生后，中国和共建国家共同致力于把"一带一路"建设成为确保人民健康的"健康之路"的理念，积极推动卫生健康领域和抗疫防疫合作，"健康丝绸之路"合作有质的飞跃。

一是"一带一路"卫生医疗和卫生合作有序推进。"一带一路"倡议实施以来，中国为共建国家提供医疗和公共卫生援助，累计为相关国家5 200余名白内障患者实施免费复明手术。中国与共建国家开展跨境医疗服务合作，云南、新疆、内蒙古等地方每年为周边国家近3万名患者提供优质医疗服务。中国与40多个外国政府、地区主管机构和国际组织签订了中医药合作协议。通过中医药国际合作专项项目，支持共建"一带一路"国家建设30个高质量中医药海外中心，特别是在俄罗斯、哈萨克斯坦、吉尔吉斯斯坦、乌兹别克斯坦等上合组织国家建立了若干个传统医学中心和中医药中心。从2014年起，我国援非抗击埃博拉，协助多国防控黄热病、鼠疫、寨卡等疫情，我们还支持非洲疾控中心建设，与坦桑尼亚、科摩罗等国和国际组织共同实施疟疾、血吸虫病等公共卫生合作项目，开展抗疫国际合作。近年来，中国向共建"一带一路"国家派遣了数十支医疗援助队并落实了投资规模较大的多个卫生援建项目，为维护全球卫生安全做出了积极的贡献。

二是在打造"健康丝绸之路"框架下取得了显著抗疫合作成果。国内疫情暴发初期，在中国重点疫区与城市面临医疗资源紧张的问题时，中国政府和人民得到了世界各国和国际组织的慷慨援助。随着国内疫情逐渐平息与国外疫情愈发严重，中国以共建"健康丝绸之路"为指引，凭借国内复产复工后形成的强劲生产能力，积极向共建"一带一路"国家提供切实必需的抗疫援助物资。2020年从3月到9月的半年时间里，中国总计出口超过1 500亿只口罩、14亿件防护服、20余万台呼吸机，以及数量可观的护目镜、检测试剂盒和红外测温仪等。数据显示，截至2021年11月12日，已向包括50个非洲国家和非盟委员会在内的110多个国家和国际组织提供超过17亿剂疫苗，将努力全年对外提供20亿剂疫苗，并在向"新冠疫苗实施计划"捐赠1亿美元基础上，再向包括非洲在内的发展中国家无偿捐赠1亿剂疫苗[①]。截至2022年8月，中国已向非洲27个国家提供1.89亿剂疫苗，在非洲本地合作生产疫苗年产能力达到约4亿剂[②]。当前，中国已经在与共建"一带一路"多个国家和地区开展疫苗研发和生产合作，许多国家授权使用中国疫苗。中国疫苗的安全性和有效性已得到多国的认可，中国提供的新冠疫苗成为中国与共建国家开展卫生健康合作的重要物质支撑。

三是共建"健康丝绸之路"的经验交流渠道与合作机制逐步建立。作为抗疫成功的典范，中国的防控理念与经验得到了包括世卫组织和世界大多数国家的认可。在共建"健康丝绸之路"合作框架下，中国向30多个国家派遣医疗专家组，召开上百场疫情防控跨国视频会议，以多种方式向共建国家毫无保留地分享中国的防控经验，沟通疫情信息，开展合作交流，为当地专家和普通民众开展各种形式的专业培训和咨询。此外，中国开设向所有国家开放的新冠疫情防控网上知识中心，除了向全球公开发布8版诊疗方案、7版防控方案之外，还提供了知名专家经验分享的实况录像和培训视频，以及最新的科研成果和科普内容等。中国积极同非洲国家分享抗疫经验，向17个非洲国家派出了抗疫医疗专家组或短期抗疫医疗队，同非洲人民共同抗击疫情，并推动中国援建的非洲疾控中心总部项目提前开工建设。中国同样强调开展机制化抗疫合作，推进"健康丝绸之路"建设。在以东盟为中心的区域合作机制、上海合作组织、中阿（拉伯国家）合作论坛、中日韩合作机制、亚太经合组织以及大湄公河次区域相关合作机制之下，分别建立了诸如东盟与中日韩卫生部长会议、中国—东盟卫生部长会议及卫生合作论坛、上海合作组织卫生部长会议、中阿（拉伯国家）卫生合作论坛、中日韩卫生部长会议等专门机制。中国一些省级地方积极参与了"一带一路"跨国卫生合作，涉及跨境疾病防控、医院对口合作、医疗资源分享、妇幼健康促进、医药产业合作等多个领域。其中，云南、广西、新疆、宁夏等省区分别与东盟、中亚、阿拉伯国家等相关机构重点发展卫生合作伙伴关系。2020年3月，"一带一路"银行间常态化合作机制发布《支持中国等国家抗击新冠肺炎疫情的倡议》，呼吁"一带一路"金融机构助力全球抗击疫

---

① 《非媒文章：卫生合作见证中非命运共同体实践》，新浪军事，https://mil.news.sina.com.cn/2022-01-04/doc-ikyakumx8229339.shtml。

② 田士达：《以实干引领中非合作》，经济日报，http://paper.ce.cn/pc/content/202208/29/content_260078.html。

情①。关注疫情发展并积极贡献金融力量，捐赠善款和抗疫物资，并出台融资和服务便利措施。同年11月，"健康丝绸之路"建设暨第三届中国—东盟卫生合作论坛在广西南宁开幕，完善和深化中国—东盟疾病防控长效合作新机制，强化中国与东盟各国联合应对新冠肺炎疫情等突发公共卫生事件的合作②。

人类卫生健康共同体是关于维护人类健康福祉和保障全球公共卫生安全的重要理论创新。"健康丝绸之路"是促进"一带一路"共建各国人民的生命安全和健康水平，堪称最普惠的国际公共产品。人类卫生健康共同体，"健康丝绸之路"是关于全球卫生治理的中国经验凝结和中国智慧贡献。

9.2.2.4 "健康丝绸之路"是"一带一路"共同化发展的战略基点

古老的丝绸之路不仅承载了商贸、经济、文化、民心的交流互鉴，同时也是各民族、各文明共同追求健康的探索通道。打造"健康丝绸之路"不仅反映了共建"一带一路"国家和地区对健康的共同诉求，也有利于推动新冠疫情后时代共建国家地区尽快复工复产，繁荣地区经济活力。"健康丝绸之路"是"一带一路"共同化发展的战略基点，也是其行稳致远的压仓磐石。

第一，有利于维护共建"一带一路"国家人民生命健康权。共建"一带一路"国家大多数属于发展中国家，共建传染病多发、公共卫生问题突出，共建国家的公共卫生软硬件基础设施都伴随着短缺或者薄弱的特征。这些基本现状严重威胁共建地区人民的生命健康，迫切需要通过加强深度卫生合作治理予以系统性解决。打造"健康丝绸之路"，推动"一带一路"卫生健康合作是应对"一带一路"共建地区的卫生治理失灵的重要举措。目前，共建"一带一路"倡议已覆盖亚洲、非洲、欧洲、拉丁美洲等多个地区和国家，在这些地区已经存在相关的卫生治理组织和合作机制。但总体来看，这些地区已有的卫生健康合作治理组织，一方面由于治理能力差异性难以在一些涉及跨区域的范围内采取统一且重大的卫生行动，例如防范新冠疫情等行动上形成步调一致的行为。另一方面，各个地区尽管存在各类卫生治理组织但内部对卫生健康合作治理的内容需求有很大的差异性，也因此在一些重大行动上由于没有基本共识难以产生步调一致的行动。更核心的是，尽管存在各类大大小小以及建立在

① 张千千：《"一带一路"银行间常态化合作机制倡议支持抗疫》，中国政府网，https://www.gov.cn/xinwen/2020–03/03/content_5486152.htm。

② 覃星星：《"健康丝绸之路"建设暨第三届中国—东盟卫生合作论坛开幕》，中国政府网，https://www.gov.cn/xinwen/2020–11/24/content_5563912.htm。

国际层面的卫生合作组织，但由于缺少基本的共识和统一的治理目的，加之大多数发展中国家在医疗卫生防护、医疗卫生产业、医疗卫生资金投入方面存在各类限制，因此各种组织虽然呈现覆盖广、零星化的治理状态，但难以发挥其机制真正的效力。所以，打造"健康丝绸之路"，将构建的"健康丝绸之路"的卫生治理框架与世界卫生组织的多边治理模式探索性地融合，重新整合和优化沿线地区零散化的区域卫生健康合作，可以弥补共建"一带一路"国家自身卫生治理缺口，改善区域性多边组织或者世界卫生组织的卫生治理能力，保障沿线国家人民生命健康安全。

第二，有利于推动高质量共建"一带一路"全方位顺利开展。当前，共建"一带一路"发展合作已在能源、产业、金融、农业、基础设施等各个领域全方位展开。但是新冠疫情全球大流行的冲击，不仅对共建"一带一路"国家和地区人民的生命健康形成威胁，也对当前已经建成或者正在推动的项目形成影响。例如，受疫情影响，一些重大项目的停工停产，一些项目的落实正在延后，这对深入推动"一带一路"建设形成了阻碍。因此，在"一带一路"建设全面推进的过程中，共建卫生健康，强化中国与共建"一带一路"国家的卫生交流合作，适时地引领卫生治理模式的转变，提高共同应对突发性公共卫生事件的能力，将为维护中国与共建"一带一路"国家已有合作成果，拓展新的合作局面，实现共同发展提供有力支撑。同时，打造"健康丝绸之路"，推动"一带一路"卫生健康合作能够为"一带一路"倡议的整体实施构筑坚实的社会民意基础。健康是人类社会发展的共同的议题，也是能够凝聚最大共识的合作领域，着力打造"健康丝绸之路"，是实现"民心相通"的重要纽带。从长远来看，"一带一路"卫生健康合作的推进将进一步有利于丝绸之路友好合作精神的传承和弘扬，也有利于为"一带一路"各项倡议的顺利推进营造良好的舆论氛围，是中国与共建"一带一路"国家实现"政策沟通、设施联通、贸易畅通、资金融通"的重要拓展。

9.3　当前打造"健康丝绸之路"的现实基础

打造"健康丝绸之路"既是中国立足于当前构建"一带一路"人类命运共同体的愿景擘画，也是中国和共建国家基于当前"一带一路""五通"合作的基本延展，更是当前共建"一带一路"国家和地区卫生健康现实基础所需。而核心的，主要立足于当前共建"一带一路"卫生健康合作的基本事实和沿线不同地区国家的卫生医疗现状。

9.3.1　"一带一路"沿线不同地区卫生医疗的基本情况

事实上，"一带一路"沿线卫生健康合作不足、治理不足等的根本原因是当前"一带一路"沿线不同地区国家卫生医疗水平的整体低下，并且这种低下又呈现出区域差异。其具体体现在沿线不同地区呈现差异性的卫生医疗状况。

9.3.1.1　"一带一路"沿线东南亚地区卫生医疗基本情况

（1）东南亚地区卫生医疗整体情况

东南亚地区地处热带，河流众多，水能资源丰富，潮湿与温热的气候使得东南亚地区成为孕育病菌和寄生虫的天堂。此外，东南亚地区人口密度较大，且以农业种植为主，蚊虫肆虐的情况多见，而蚊虫又会将细菌与病毒扩散到人员密集的区域，极容易造成传染性疾病的传播。印度尼西亚又被称之为千岛之国，岛屿众多、人口密集、环境湿热等特点都为超级病毒的出现提供了"培养皿"。在世界卫生组织的常见传染病的清单上，出现在东南亚地区的传染性疾病就占据了近三分之二的比例，其中又以疟疾、艾滋病、结核病和麻风病为甚（张洁，2020）。根据世界银行的统计，2000—2021年，缅甸、泰国和柬埔寨的艾滋病感染率尽管呈下降态势，但是仍高于世界平均水平（见图9-1）；而结核病患病率更高，印度尼西亚、缅甸、泰国、老挝、柬埔寨、越南和菲律宾结核病患病率都远远超过世界平均水平（见图9-2）；到2019年，马来西亚的疟疾患病率才清零，而印度尼西亚、缅甸、泰国、老挝、柬埔寨、越南和菲律宾仍然没有消灭疟疾。传染病肆虐严重阻碍了当地的经济发展。

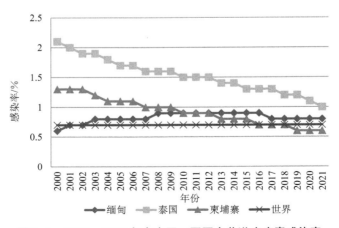

图9-1　2000—2021年东南亚三国国家艾滋病病毒感染率

（数据来源：世界银行）

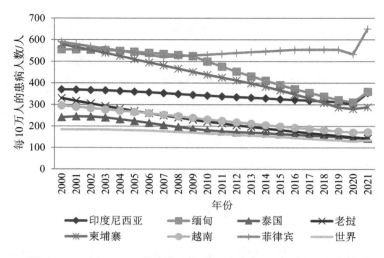

图 9-2　2000—2021年东南亚部分国家每10万人结核患病人数

（数据来源：世界银行）

（2）东南亚地区医疗卫生体系建设基本状况

第一，公共卫生资金投入比例较低。根据世界银行的统计，2017年每千人医院床位数，马来西亚（1.88）、印度尼西亚（1.04）、缅甸（1.04），远低于世界平均水平（2.88）。其他国家如泰国、老挝、柬埔寨、菲律宾等虽然缺失2017年数据，但就部分报告期所提供数据看，也均低于当期世界平均水平。仅越南在2008年、2009年、2010年、2013年报告期高于世界平均水平，但2014年又低于世界平均水平。据此判断，东南亚各国公共卫生支出并非持续性增长，在某年段甚至还呈现下降趋势。

第二，东南亚地区医疗体系不完善，卫生人力资源短缺。以老挝为例，2016年，老挝全国共有医院145所、卫生站980个。医疗保障覆盖人群重点是政府部门工作人员、军人及其家属（子女年龄不满18周岁），各类企业职工。而非就业人员、灵活就业人员、大学生和10年以下企业员工则不在医疗保障制度覆盖范围之内。总体来说，老挝卫生体系存在卫生投入不足和政府卫生参与不足，医疗保险覆盖率低，卫生人力资源稀缺，对外部援助的依赖程度较高等问题。因此，针对这一问题，2022年9月23日—25日期间，由中国和老挝两国卫生行政部门和医疗卫生机构合作主办的"2021—2022年度中国—东盟'10+1'中老医疗卫生服务合作体建设中老跨境区域医疗卫生服务先行示范区建设项目启动仪式暨2022年老挝基层卫生人才能力提升培训班"，以线上线下相结合方式在中国勐腊、昆明和老挝磨丁举办。推动建设7家中老共建基层医疗卫生服务"健康中心"，帮助老挝建立30人的基层医疗卫生服务"健康工作者"骨干队伍，中老双方地方政府有关部门和基层医疗卫生机构紧密协作，促进卫生国际合作资源下沉，普惠边境地区民众健康，筑牢民心相通基础①。事实上，卫生人力资源方面，东南亚国家的医生与护士等专业人员数量与世界平均水平差距较大，卫生健康领域人力资源大都存在稀缺问题（见表9-1）。

表9-1　2018年东南亚部分国家卫生人力资源情况

国家	内科医生（每千人）	护士和助产士（每千人）
马来西亚	1.94	——
印度尼西亚	0.42	3.12
缅甸	0.68	1.00
泰国	0.81	2.76
老挝	——	1.19
柬埔寨	——	0.69
越南	——	——
世界	1.61	3.97

（数据来源：世界银行）

9.3.1.2　"一带一路"沿线中亚地区卫生医疗基本情况

中亚国家整体医疗水平较低。主要表现在医疗硬件设施老旧。据世界银行的统计，在独立后长达近30年的时间内，中亚国家的医疗设施，不升反降。同时，中亚国家医疗卫生人才资源短缺。独立30年来中亚国家总体医疗卫生人才在不断萎缩。中亚国家的新冠肺炎疫情出现多次反弹，直接暴露出中亚国家医疗卫生专业人才资源不足的短板。中亚国家整体医疗水平较低的主要原因在于：

第一，中亚地区长期面临卫生支出短缺的情况。2020年哈萨克斯坦、吉尔吉斯斯坦、塔吉克斯坦、土库曼斯坦一般政府卫生支出占一般政府支出的比重低于世界平均水平，乌兹别克斯坦则与世界平均水平基本持平（见图9-3）。

---

① 《中老医务界携手跨境区域医疗卫生服务合作助推中老命运共同体建设》，中华人民共和国驻琅勃拉邦总领事馆，http://luangprabang.china-consulate.gov.cn/gnxw/202209/t20220926_10771991.htm。

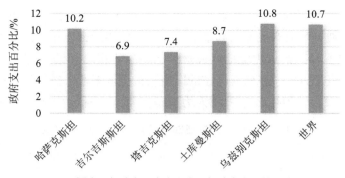

■ 国内一般政府卫生支出占一般政府支出的百分比

图9-3 2020年中亚五国卫生支出比较

(数据来源:世界卫生组织)

第二,医疗硬件设施老旧,医疗卫生体系尚需健全。一方面,中亚五国均面临医疗硬件设施老旧的现状。中亚国家的医疗设施主要是从苏联继承而来的,长期经济社会发展落后使这些国家难以拿出一定的资金投入到医疗硬件设施的更新和维护,导致医疗硬件设施老旧。例如,哈萨克斯坦是中亚经济发展水平最高的国家,但其医疗基础设施尤其是公立医院的基础设施陈旧老化;其他四国的情况更为堪忧。哈萨克斯坦、吉尔吉斯斯坦、塔吉克斯坦、土库曼斯坦、乌兹别克斯坦的每千人病床数从1991年到2014年呈现下降趋势(见图9-4)。这也从一个侧面反映了中亚国家医疗硬件设施老旧、损坏、紧缺的严重程度。另一方面,医疗卫生体系还不完善。中亚五国在卫生体制方面还有很多苏联的痕迹,正努力由原来的国有中央计划卫生体制逐渐向新的医疗卫生体制转变。医疗卫生体系效率不高。例如,哈萨克斯坦缺少现代化的医疗体系,整体医疗状况比较落后,大多数高水平医生也因工资过低而前往欧洲从业,因此很多国民不得不选择去国外就医。乌兹别克斯坦至今沿用苏联时期的医疗体制,目前仍实行免费医疗,尚未建立全民医疗保险制度,医疗条件较差。中亚其他国家的医疗体系,也大体如此,医疗机构和医疗资源还不能满足本国民众的需要。

第三,中亚五国整体面临医疗卫生人才资源短缺的问题。哈萨克斯坦、吉尔吉斯斯坦、塔吉克斯坦、土库曼斯坦、乌兹别克斯坦每千人内科医生数量(见图9-5);每千人护士和助产士数量(见图9-6),总体上说医疗卫生人才数量在不断萎缩。尤其是2020年6月份以来,中亚国家新冠疫情又出现了反弹,也更加直接地暴露出了医疗卫生专业人才资源的短缺。

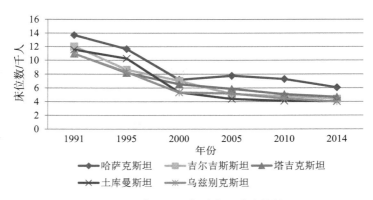

图9-4 中亚五国每千人医院床位数

（数据来源：世界银行）

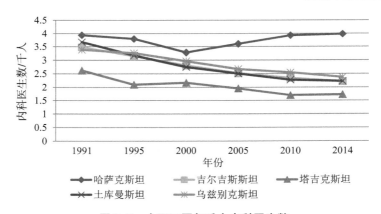

图9-5 中亚五国每千人内科医生数

（数据来源：世界银行）

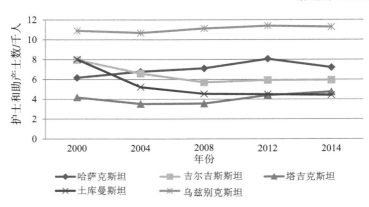

图9-6 中亚五国每千人护士和助产士数

（数据来源：世界银行）

注：因土库曼斯坦2000年以前数据缺失，故中亚五国从2000年后作对比。

9.3.1.3 "一带一路"沿线中东西亚地区卫生医疗基本情况

（1）中东西亚地区卫生医疗整体情况

长期以来，中东西亚地区中低收入国家面临各种传染病的威胁。例如，疟疾、肺结核等传染性疾病当前依然是威胁也门人民的主要"健康杀手"。2017年4月底，也门暴发严重的霍乱疫情，短短三个月内感染人数就超过36万，死亡人数超过1 800人，世界卫生组织将也门的霍乱疫情划定为最严重的三级紧急状况。霍乱本是一种易预防的疾病，但持续多年的战乱局势使得也门基础设施损毁、饮用水供应和卫生系统处于崩溃边缘，这成为当地疫情暴发的主要原因。2011年叙利亚危机爆发前，该国已经消灭了脊髓灰质炎流行，但危机爆发后，由于儿童免疫率从超过80%下降到40%，致使叙利亚先后暴发两轮脊髓灰质炎疫情。在武装冲突泛滥的地区，应激障碍等精神卫生问题十分常见。黎巴嫩的叙利亚难民中有11%被诊断出精神障碍，该国境内两个难民营中患有应激性精神障碍的难民人口占比分别达36.3%与61.9%，且儿童的状况比成年人更为糟糕。据世界卫生组织统计，2013年，叙利亚、伊拉克等东地中海地区国家有135 814人感染了利什曼原虫病，约占全球总感染人数的67%，近年来叙利亚和伊拉克的动荡局势加剧了该疾病的传播。由于卫生情况欠佳，利什曼原虫病2014年在极端组织"伊斯兰国"控制的区域肆虐，迫使当地医生或卫生组织撤离，而极端分子拒绝就医，则进一步加剧了利什曼原虫病的病变和蔓延。伊拉克、叙利亚暴发利什曼原虫病疫情，并伴随叙伊两国难民潮迅速蔓延，短期内难以得到有效遏制。事实上，目前中东西亚地区多个国家的卫生状况被世界卫生组织列为处于危机或紧急状态中，其中大多数都是处于冲突中的国家。

（2）中东西亚地区医疗卫生体系建设基本状况

第一，公共卫生保障覆盖不足，难以应对公共卫生危机。中东地区是发展中国家较为集中的地区，"9·11"恐怖袭击事件以来，受西方大国干涉和中东国家内部政治、经济、社会、宗教极端主义、恐怖主义等因素影响，中东地区长期陷入动乱无序的状态，多国经历政权更迭或长期内战。对中东地区而言，许多地区国家缺乏保障公共卫生的意识，对卫生领域的投入严重不足，导致难以应对重大公共卫生危机。近年来中东地区难民问题凸显，缺医少药的恶劣卫生条件、幼儿免疫计划的中断，以及由于语言或文化障碍而无法获得恰当的医疗服务，可能为难民接收国带来公共卫生危机。自2009年至2022年，土耳其、巴基斯坦、黎巴嫩、伊朗共接收了超过1 000万难民。这些国家本身的公共卫生基础就比较薄弱，往往需要求助于联合国难民署等国际机构来为难民提供卫生服务和进行传染性疾病的筛查。与英国、德国等欧洲发达国家相比，上述难民接收国面临的公共卫生风险更大。

第二，宗教活动带来的人口流动与集聚，加大潜在公共卫生危机。中东西亚地区作为全球宗教的重要活动阵地，宗教活动的频次和规模都比较大。由朝觐活动带来的大规模人口流动与聚集是中东地区面临的特殊公共卫生风险因素。极端气候、简陋的居住条件以及世界各地人口的混杂等因素的叠加，对传染性疾病的防控提出了重大挑战。

9.3.1.4 "一带一路"沿线非洲地区卫生医疗基本情况

（1）非洲地区卫生医疗整体情况

目前三大最主要的传染性疾病——艾滋病、疟疾、肺结核导致非洲地区每年250万人死亡，占到总死亡人数的四分之一。其中艾滋病患者2 500人左右，占世界总数的70%以上，每年死亡患者100人左右，同时每年新增患者150万人左右。非洲地区65%的死亡是由传染病、孕产相关状况、营养不良导致的，世界平均水平为27%；非洲地区非传染病导致了28%死亡人数，世界平均水平为64%。与传染病的疾病负担不同的是，非传染性疾病的负担在于长期治疗的各项成本，包括医疗服务本身与疾病引发的经济损失等。目前非洲地区的疾病负担正处于从传染病转向非传染病的进程当中，传染病疾病负担在缓慢下降，而同时非传染病疾病负担在迅速上升，导致医疗体系背负着双重负担。据统计，撒哈拉以南非洲人口仅占全球人口的11%，但死亡率却占全球的53%，5岁以下的儿童死亡率为50%，艾滋病病毒携带者占全球的67%[①]。

（2）非洲地区医疗卫生体系建设基本状况

第一，非洲地区整体面临医疗卫生体系建设投入不足的情形。其主要体现在非洲地区政府收入主要来源税收增长远低于经济的增长。尽管税收收入绝对值在上升，如2009年到2022年，非洲地区政府税收收入从3 029亿美元增长到将近1万亿美元，但是由于全球通货膨胀和商品加工波动剧烈，税收占GDP的比重一直呈现下降的趋势，由2014年的23%降低到2020年的17%，这意味着未来几年政府收入的增长不能满足日益增长的基本医疗卫生需求。目前大部分非洲国家医疗卫生的投入不足政府财政的15%，仅有6个国家达到了医疗卫生投入占财政预算15%的标准。这无疑导致公共卫生领域长期面临资金投入不足的困境。非洲54国中的

---

① 《非洲国家改善卫生保健确保未来》，凤凰网，https://news.ifeng.com/c/7fa0p7X6xn8。

32个国家的医疗卫生投入低于世界卫生组织建议的每人40美元的标准。

第二，非洲地区医疗卫生体系整体处于尚待健全的处境。作为世界上最不发达和贫困人口最多的大陆，非洲大多数国家医疗卫生条件落后，公共卫生体系脆弱，基础设施和设备维修保养不善、医护人员薪酬过低、行业士气低落、药品供应短缺等负面因素都对非洲医疗卫生系统产生了严重影响。大多数国家面临医疗卫生系统改革的迫切性。因此，当前非洲大陆医疗卫生体系整体呈现：医疗卫生状况落后，医疗服务和公共卫生防控体系不健全，缺医少药情况非常严重，应对传染性疾病和重大突发公共卫生事件的能力弱，人民生命安全与身体健康难以得到有效保障的特征。以塞拉利昂为例，塞拉利昂人口约750万，全国医生数量却只有300多个，平均每1万人有1.4个医生、护士和助产士，是世界上人均医护占有量最少的国家。

第三，新冠疫情正在加重非洲卫生医疗体系的负荷。联合国非洲经济委员会发布报告称，受疫情影响，2020年非洲经济增长率"在最好情况下"将由3.2%至少降至1.8%，约2 700万人陷入极端贫困，同时可能会有30多万人不幸丧生。目前非洲至少需要1 000亿美元来应对疫情造成的卫生与社会问题。这对本来投入不足的非洲医疗卫生体系建设资金造成严重缺口。由于医疗卫生资金投入不足，非洲地区大多数国家疫苗接种体系不健全，大多数国家防疫、免疫项目的覆盖面严重不足。在过去的2021年，大部分非洲国家的接种率不到总人口的10%，亟待进一步提升。截至2022年，非洲大陆只有11%的人口完全接种了疫苗。截至2022年2月初，只有毛里求斯和塞舌尔达到了70%的接种目标，另有7个国家约40%的人口接种了疫苗，有21个国家接种率不足10%，16个国家接种率不足5%，还有3个国家接种率不足2%。

9.3.2 共建"一带一路"卫生健康合作的基本问题

9.3.2.1 共建"一带一路"国家卫生安全环境较为脆弱

纵观"一带一路"共建国家和地区在全球公共卫生事件中的热度和活跃度，可以发现，"一带一路"共建地区多次成为全球性公共卫生危机事件的疫情发源地。特别是进入21世纪后，共建国家和地区曾接连出现了由高传染性疾病所引发的卫生危机事件，其总体反映出共建国家和地区卫生安全环境相对脆弱的基本现状。例如，2003—2018年，全球70%以上的人感染禽流感死亡病例来自东南亚国家。在中东地区，除"中东呼吸综合征"外，利什曼原虫病等热带病一度成为危害中东地区的主要传染病。值得注意的是，在2016年报告的利什曼原虫病病例中，有65%的报告病例来自中东地区国家。此外，与世界其他地区相比，共建"一带一路"国家也是艾滋病、疟疾、结核病、霍乱等重大传染病的高发地区。根据世界卫生组织数据库数据显示，2017年，"一带一路"沿线地区的艾滋病、结核病、疟疾病的报告病例分别超过了420万、600万和1600万。可以说"一带一路"共建地区是除非洲外，患有这三种疾病人数最多的地区。而2020年新冠疫情的全球大流行，南亚、东南亚、中东、北非相对呈现高病例的卫生安全危机特征，本质上也反映出共建"一带一路"地区公共卫生体系的薄弱。因此，总体上看，大多数共建地区的卫生发展水平处于欠发达的状态。保守统计，约有90%以上的"一带一路"共建国家和地区在公共卫生体系建设中存在严重的不足和短板，共建地区存在由于公共卫生安全薄弱而导致的健康赤字和生命安全赤字。

9.3.2.2　共建"一带一路"国家卫生发展水平参差不齐

在总体公共卫生安全相对薄弱的环境下，当前共建"一带一路"国家及地区的卫生发展水平呈现不均衡的状态。由于大多数共建国家属于发展中国家，经济发展绩效的不佳或者参差不齐自然会导致其在卫生发展方面投入不足，进一步引致共建国家总体上呈现医疗卫生条件较差，应对重大传染疾病能力较弱，对人民身体健康保障能力较弱的特征。例如，共建"一带一路"国家和地区在卫生支出水平相对较低并且差异大。根据世界卫生组织数据统计计算，近三分之一的共建国家的年人均卫生支出不超过500美元，大多数国家未达到800美元的世界平均线。个别国家（如老挝与孟加拉国）的人均卫生支出甚至低于100美元[1]。由于卫生支出水平相对较低，"全民健康覆盖"的推进速度缓慢，医疗设备、技术、药品长期处于短缺的状态。东南亚和南亚拥有的医疗人员水平远低于世界平均水平。约有27个共建国家每千人护士和助产士数低于全球平均水平（3.76人/千人）。

9.3.2.3　共建"一带一路"国家卫生公共产品的需求旺盛

当前无论是在"一带一路"框架内，还是在区域合作框架内，共建"一带一路"国家和地区整体面临卫生治理公共产品需求巨大的现状。首先，由于"一带一路"国家和地区在地理范围上分布在几个洲区，大部分共建国家经济社会卫生情况整体落后且有所差异。因此目前无论在多边还是双边层次都没有系统性、完全性的组织或者机构为其提供专门的

---

[1]　世界卫生组织各区域办公室信息，https://www.who.int/zh/about/who-we-are/regional-offices。

卫生治理公共产品。这就使共建国家对卫生治理公共产品产生普遍的需求。其次,"一带一路"共建地区缺少卫生治理的公共平台,以至于当前没有开展卫生医疗信息交流和经验共享的联动机制,使一些重大疫情信息和经验难以及时共享,以应对突然重大传染病风险。再次,"一带一路"覆盖区域之前没有多边的和跨区域的多边卫生治理合作基础,无论是重大传染疾病的防范和防控,还是在医疗物资生产、药品生产和医疗卫生知识产权的合作方面,共同卫生治理合作的基础微乎其微。最后,从外部看,大部分共建"一带一路"国家和地区在全球医疗卫生产业链、供应链和价值链中处于末梢位置,而各个国家和地区自身医疗卫生体系健全的问题层次不一,这就导致一方面共建国家和地区确实需要通过参与全球医疗产业发展和全球医疗卫生治理进而改善其当前现状,同时通过参与产业合作和全球卫生治理逐步健全国内治理体系。所以,当前要加强"一带一路"卫生健康合作治理和打造"健康丝绸之路"面临的重大挑战之一就是卫生治理公共产品需求空前巨大的问题。

9.3.2.4 共建"一带一路"国家卫生公共产品的供给不足

共建"一带一路"国家和地区的卫生合作治理实践当前主要来源国际社会和发达国家全球卫生治理的延伸,这些机构提供的卫生治理公共产品一方面面对共建国家的卫生医疗需求的普遍性微乎其微,另一方面因为缺少针对性,使其难以对当地突出的、突发的卫生需求有精准的改善。因此,共建国家和地区总体上面临卫生治理公共产品供给不足的现状。这种现状主要表现在两个方面,一是总量不足,二是结构不平衡。当前全球卫生治理公共产品提供的情况是,卫生治理公共产品的提供主要靠以美国为代表的西方国家及其主导的国际机构提供。但是可以发现,2008年金融危机后,随全球经济增长疲软,当前以美国为代表的西方国家及其主导的治理机构对全球卫生治理的贡献力在持续减弱。例如,2006—2016年,美国对共建"一带一路"国家基本卫生援助的世界贡献率由37%下降到19%。2013—2017年发展援助委员会成员国(几乎涵盖世界主要发达国家)对共建"一带一路"国家基本卫生事业的援助也从14亿美元下降到11亿美元。又例如,2018年5月,世界卫生组织针对以共建"一带一路"国家为主体的发展中地区提出了"3个10亿"的健康目标。世界卫生组织总干事谭德塞将"3个10亿"健康目标得以落实的基础归结为各成员国政府的政治承诺与财政贡献,但2010年后美国、日本、德国等会费大国在不断削减对世界卫生组织的财政投入。当前"一带一路"地区面临全球性卫生公共产品供给不足的局面在新冠疫情暴发后更加恶化，西方国家在全球疫情面前囤积疫苗，置全球其他公共卫生基础薄弱的国家和地区的疫情于不顾，以退缩的疫情防控政策为措施，使全球疫情背景下卫生健康公共产品的供给严重不足。世界卫生组织等一些国际性组织又缺乏有效的机制统筹全球疫情防控，导致全球卫生治理协调机制的缺位。二十国集团由于分歧严重致使其无法实现全球治理功能，联合国安理会在卫生治理方面又显得失语。当前，共建"一带一路"国家和地区也深受全球卫生治理协调机制缺位和公共产品供给不足的影响。

9.4　持续打造"健康丝绸之路"的总体思路与具体路径

9.4.1　持续打造"健康丝绸之路"的总体思路

打造"健康丝绸之路"是当前全球卫生治理提供公共产品的中国智慧。尽管"健康丝绸之路"已取得了重大进展，但综合考虑联合国2030年可持续发展目标，当前全球卫生健康治理的困境以及共建"一带一路"大多数发展中国家卫生健康合作的需求，必须将卫生健康共同化发展提升到"一带一路"发展合作的前沿，继续深化共建"健康丝绸之路"。继续深化共建"健康丝绸之路"，需要将当前以欧美为主导的全球卫生治理体系与以发展中国家卫生健康现实需要的创新治理机制相融合，形成南北两种视角卫生健康治理的兼容，形成合力，促进全球卫生健康的共同化发展。具体来说，应当秉承四点思路：

一是引领"健康丝绸之路"合作范式。"健康丝绸之路"倡议既是一种内向型的国内发展努力，也是一种外向型的国际发展趋势。打造好"健康丝绸之路"既关乎中国经验和智慧能否在共建"一带一路"国家和地区公共卫生治理中得以认同和推广，也关乎中国是否展示出有能力为国际乃至区域性合作框架提供卫生治理的公共产品。当前，全球卫生治理虽然在较大范围内为加强人类保障生命健康安全提供基本保障，但也存在理念和实践的双重限制。一方面当前西方国家参与全球治理以自我发展优先为基本态度和理念；另一方面在实践层面，当前的全球卫生治理存在人力、物力和财力上的缺口，社会性卫生治理组织灵活有余而没有系统性和长远性的治理规划。因此，中国一定要在共建"一带一路"这一重大实践式平台的基础上主动作为，引领"健康丝绸之路"合作范式。一方面中国应发挥大国作用，勇于担当，营造良好的"一带一路"卫生健康合作氛围，展示中国在"一带一路"卫生健康合作中的决心与诚意。另一方面中国要做出大国表率，积极推进多边合作，做真正的多边主义的践行者。实现"健康丝绸之路"的合作范式目标：为全球提供更多的公共产品，引领推动构建人类卫生健康共同体。

二是凝聚"健康丝绸之路"合作共识。首先，要借助沿线国家和地区人民在卫生健康领域合作的迫切性，加强"健康丝绸之路"以人为本、仁爱平等、客观公正、互惠互利、开放长效的价值理念交流，在认知方面为持续性打造"健康丝绸之路"奠定共识基础。其次，注重交流共建国家自身的卫生治理理念、技术和知识，将自身经过实践检验的治理经验以平等身份相互借鉴、学习，形成南南合作模式，强化"健康丝绸之路"治理基础。最后，支持新兴国家与最不发达国家在全球卫生治理结构中积极发挥作用，吸纳发达国家共同投入全球卫生治理进程，构建全球卫生健康共同化发展的伙伴关系，提升"健康丝绸之路"的合作能效。

三是完善"健康丝绸之路"合作机制。中国已经初步与大多数共建"一带一路"国家以及区域性组织建立了多层级、跨部门、多议题的卫生交流与合作机制。在疫情防控、重要技术攻关、重大卫生行动、相关卫生政策以及医学人才的交流与培训方面建立了全方位、多层次、宽领域的"一带一路"卫生健康合作的实践格局。着眼未来，在已有的合作基础上，推动实现"健康丝绸之路"卫生健康治理与以世界卫生组织为核心的全球卫生治理的兼容性；对已有的零散的、功能缺失的以及碎片化的卫生治理组织进行整合，推进机制建设和平台建设向特色化与专业化发展。

四是丰富"健康丝绸之路"合作领域。在"共商共建共享"的基础上，重点与全面相结合、多边与双边相结合、政府与民间相结合、"救急"与"造血"相结合、健康卫生安全与经济产业发展相结合等合作原则；促进"健康丝绸之路"卫生健康合作模式的创新转变，包括在顶层战略对接、传染病防控能力、卫生健康产业发展、民间文化交流、传统医药科学互鉴、人才培养、紧急医疗援助与卫生发展援助等重点领域加强合作，推动"一带一路"卫生健康合作的可持续发展。

9.4.2 持续打造"健康丝绸之路"的具体路径

9.4.2.1 凝聚公共卫生治理合力，践行多边主义的治理观和发展观

《世界卫生组织组织法》写道："享受可能获得的最高健康标准是每

个人的基本权力之一，不因种族、宗教政治信仰、经济及社会条件而有区别。全世界人民的健康为谋求和平与安全的基础有赖于个人的与国家的充分合作。任何国家在增进和维护健康方面的成绩都是对全人类有价值的。"因此，坚持多边主义的治理观和发展观既是人类文明发展、全球化演进的必然趋势，也是应对日益严峻复杂的公共安全外溢性问题，共同保护人类生存权、健康权的必然选择。多边主义的治理观强调维护主权平等、促进公平正义、尊重多元价值、遵守国际秩序、加强对话协商、实现合作共赢；多边主义的发展观强调实现持久和平、普遍安全、共同繁荣、开放包容、绿色美丽。践行多边主义的治理观和发展观，正如习近平总书记指出"多边主义的要义是国际上的事由大家共同商量着办，世界前途命运由各国共同掌握。"绝不能从所谓的国家实力出发，推行霸权或者打着多边主义的旗号，实质上是以意识形态站队，利益阵营选边，推行集团政治。事实证明，面对新冠疫情，多边组织如上合组织、金砖国家、二十国集团等坚持践行多边主义的治理观和发展观，加强团结协作，共同抗击疫情，推动了世界经济复苏，体现出多边主义的公正与有效。当前，持续打造"健康丝绸之路"，就要凝聚公共卫生治理合力，践行多边主义的治理观和发展观，推动世界卫生治理向更有利于多边主义的方向改革，建立公平、高效的治理组织结构。

第一，加强主权国家的合作，促进世界卫生治理体系的客观与公正。首先，要增加广大发展中国家的话语权。在2020年底联合国发布的《世界经济展望》中，有126个国家被认定为发展中国家，占世界国家（地区）总数的三分之二。只有将众多发展中国家、新兴的多边组织行为体纳入世界卫生治理体系，提升发展中国家的国际话语权，打破西方话语霸权的压制，才能有效向世界宣传人类卫生健康共同体将人类生命安全和身体健康作为首位关切的价值理念，才能保障广大发展中国家的共同利益。其次，通过共同化发展理念凝聚共识。多边组织机构是由各主权国家组成，各主权国家发展的现实与发展的理念都不尽相同。多边组织机构应当坚持以《联合国宪章》宗旨和原则作为国际社会最大公约数，倡导《联合国宪章》的人权价值观，为全球公共卫生治理提供合作理念契机。跨越意识、文明、地缘、种族构建人类卫生健康共同体。在这一过程中，中国有义务帮助其他发展中国家，致力于缩小南北差距，加强南北合作；同时，中国有责任引领发展中国家增强自主发展能力，推动发展中国家承担与自身实力和权利相适应的国际责任和义务。推动建立以共同化发展为指引的新型世界卫生健康治理体系与伙伴关系。最后，深化国际协调合作，支持多边组织机构为维护全人类的生命安全与身体健康发挥更大作用。如筹集存储医疗卫生资源，在突发公共卫生事件中向有需要的国家提供援助，可以协调各国实现全球公共卫生产品均衡分配，解决贫困人口卫生健康安全的可及性问题。新冠疫情发生后，二十国集团通过政治协商凝聚共识，在领导人特别峰会上提出，集团需要加强联防联控合作，加速药物和疫苗研发，同时要守住经济金融稳定基本盘，保证产业链、供应链持续运行，缓解发展中国家债务负担。这些举措减小了其他因素对抗疫进程的影响，给地区抗疫带来信心，也为全球抗疫合作引领了方向，发挥了重要作用①。

第二，重视非国家行为体的灵活性，凝聚多元化的力量。全球治理成为国家与非国家行为体相互克服国家中心和社会中心的合作治理（蔡拓，2016）。联合国2030年可持续发展议程明确提出将非国家行为体纳入可持续发展伙伴关系网。为国际社会的和平与发展提供更多资金、技术和能效。非国家行为体因其公益性、不受主权让渡影响的特点，使其在全球公共卫生治理合作中具有灵活性，更易成为人类卫生健康共同体中的黏合剂。如比尔及梅琳达·盖茨基金会作为非国家行为体代表对全球公共卫生治理提供了资金支持和人文关怀。多年来盖茨基金会全球健康目标投入数十亿美元以用于病毒研究、医疗物资和药品生产、疫苗的研发。中国企业如华为、万科、腾讯、阿里巴巴也在疫情中作出巨大贡献：筹集物资、技术支持、捐款捐物。越来越多的私人团体、公益组织、企业在全球公共卫生治理中发挥灵活作用，其方式也多样化，除了资金支持，也包括网络与人工智能的应用。研究发现，许多公共卫生问题能够通过公私合作方式实现解决落后国家健康问题的经济最优化（MagnussonRS，2009）。国家与私人企业合作逐渐成为较为高效的全球公共卫生治理路径，更易适应市场经济体系。未来在全球公共卫生治理中，各国应当加大力度支持非国家行为体的发展优势项目，积极与本土或外来非国家行为体建立合作关系，灵活运用各参与者的优势，为保护人类卫生健康提供多维力量。

9.4.2.2　提升共建国家健康合作水平，加强四大领域的联通性与互补性

"健康丝绸之路"，打造人类卫生健康共同体，要更加突出"协商共谋、联通共建、联动共享"，在四大领域持续发力，不断深化。

---

① 《习近平在二十国集团领导人第十五次峰会第一阶段会议上的讲话（全文）》,中国政府网,https://www.gov.cn/xinwen/2020-11/21/content_5563270.htm。

第一，政策机制领域。首先，加强制度的完善和政策规则的协商。中国应在世界卫生组织治理机制下重视利用现有区域性多边治理机制，加强与重点国家在重点领域的合作。例如应充分利用上海合作组织、亚洲银行、亚太经合组织、中国—东盟"10+1"、中国非盟、大湄公河次区域经济合作等多边合作平台，持续推进与共建国家建立卫生健康合作联系，推动政策沟通和政策、战略的对接，进而为建立公正合理的区域卫生健康合作规则奠定合作机制基础。其次，推动建设"健康丝绸之路"框架下重大传染病防治合作机制。纵观全球关于重大传染病的防治，包括世界卫生组织在内的国际合作组织和平台当前没有形成一个相对统一的机制，在区域和多边组织层面更未出现这样的平台和机制。推动建设"健康丝绸之路"，应率先形成这样的治理机制。一是从周边国家入手对一些基础性的传染疾病建立风险防范和疫情监测联防联控信息平台，引领一些突发性跨境传染的隔离与联合防控机制的构建，牵头探索防治手段的数字化和网络化。二是中国要主动作为引领一些基础性和突发性传染疾病的疫苗研发攻坚，通过构建相应的机制在疫苗生产布局、疫苗分配上建立能照顾更多发展中国家利益的预案，尤其是加强与邻边临界国家的合作。三是着力于提高"一带一路"共建地区应急响应能力，适时探索建立疫情防控与经济社会发展的协调机制。要着力于构建"健康丝绸之路"重大卫生健康事件信息沟通、交流、预警机制。其重点在产业合作、外部冲击下项目复工复产、相关人员交流、货物贸易方面提供信息支撑；探索在应对重大传染病事件、人员交流、援助保障体系构建上深化合作；推动在新冠疫情防控方面的重大经验分享借鉴，以应对未来生物风险的不确定性。例如封控期间的物资保障、生产生活秩序的恢复以及"健康码"信息支撑体系构建方面开展经验交流；在"健康丝绸之路"框架下联合重点国家、重点节点城市构建传染病监控体系，为相关重大决策提供预警支撑。

第二，贸易产业领域。根据《关于与贸易有关的知识产权协定与公共健康的多哈宣言》的规定，确认发展中国家有权充分利用《与贸易有关的知识产权协定》中关于采用变通办法保护公众健康，尤其是让所有人获取药物。"健康丝绸之路"的合作范式需要既可激励卫生创新，又可确保人们能够广泛获取新的、更有效的产品，以解决未满足的全球卫生需求。因此，在坚持《关于公共卫生、创新和知识产权的全球战略和行动计划》原则基础上，加强促进创新、建设能力、改善获取和调动资源的行动，由扶贫式援助转向准市场机制与本地化的产业内生发展机制，形成兼顾公平与效率的医疗贸易、产业发展格局。一是加快医疗物资质量认证和疫苗、药品从共同研发到临床使用的标准化体制机制建设，尤其要拓展从双边到多边的标准化认定、治理，支撑联合药物、疫苗研发和生产。二是加强医疗物资产业链合作。当前中国医疗物资产能相对充足而共建国家的医疗物资产能不足，因此，要通过供应链、产业链以及市场方面差异化的比较优势，加强医疗物资生产合作。可以打造"一带一路"生物医药产业链，将生产与研发置于几个研发条件较好的国家，将医药中间体等的产业缓解布局在沿线发展水平较高的国家，将初级原料置于石油资源储备好、化工原料价格具有优势的国家。共建"一带一路"国家应依托彼此优势，形成互补互利的健康产业链，为构建"一带一路"卫生健康共同体提供保障。

第三，人才科技领域。首先，加强"一带一路"地区医疗卫生领域人才交流，构建体系化的"一带一路"卫生人才交流机制。一是在学校和社会层面，通过多边合作或者双边合作对"一带一路"共建地区国家民众进行健康素质养成教育。中国可以选择一些基础较好的国家，将健康医疗常识纳入这些国家学校的素质教育之列，尤其通过孔子学院的形式加强中医相关知识的宣传与教育，为中医的"走出去"奠定认知基础。二是加强公共健康和卫生医疗方面专业人才的交流培训，特别是通过中国政府奖学金或者"一带一路"奖学金等吸引共建国家和地区的学生来华接受医疗健康卫生培训，协助提高共建国家公共卫生健康从业人员数量和专业能力。中国可在借鉴别国经验的基础上，在重大传染疾病治疗、相关疫苗联合研发以及医疗卫生产业等领域加大人才交流和联合培养，成链条、成体系地为共建国家提供相关人才，使其卫生健康发展和医疗健康产业发展与人才培养模式的合理有序衔接。三是探索建立"一带一路"卫生健康合作专家库、医院联盟、医学高校联盟和产业联盟，加强专业人才信息的沟通交流以及各类人员的联合培养与成长机制构建。

加强"一带一路"框架下医疗科技研发合作。一是"一带一路"框架下盯紧当前的公共卫生健康需要，通过设立课题或者联合技术攻关的方式，就疫苗研制和药物研制进行技术协作。主要是在共建"一带一路"国家中医疗技术发展较好的国家，设立实验室或者联合揭榜加强先进前沿医学问题研究。二是在中国可以在一些共建国家设立公共卫生健康医疗援助中心，这些中心可以建立在相关国家地区医院，也可以建立在政府组织机构，协助当地进行公共卫生以及相关知识与技术的普及。三是利用数字化和网络化手段，与共建国家和地区公立医院、政府医疗卫生部门协同构建数字"健康丝绸之路"和网络"健康丝绸之路",加强资源、技术和知识共享。

第四,卫生援助领域。一是中国应加强"一带一路"框架下传染病疫苗援助的精准性和示范性。首先是可以选择一批典型的、民意基础好的国家,在"一带一路"框架下进行精准化、定点化、长期性的疫苗援助,形成卫生健康领域合作的引领性和示范性。一方面加强与蒙古、朝鲜、中亚五国、阿富汗、尼泊尔、柬埔寨、泰国、老挝等临边临界国家的卫生健康援助和疫苗的援助。对这些国家的合作兼具"救济"和"造血"两重功用。另一方面,要对"一带一路"沿线叙利亚、中东北非等国家要在国际卫生治理组织的统筹下加强救济式援助合作,要注重开展中国式健康卫生项目援助的实践和经验积累。二是要加强与国际社会组织尤其是像世界卫生组织、联合国、世界银行等的合作,通过共同协作,以中国方案和中国智慧开展相关医疗援助建设,保证"健康丝绸之路"框架下的医疗卫生援助是具有中国特色的秉持人类健康共同体理念下进行。三是推动"一带一路"卫生健康合作模式的创新转变。推动中国对共建"一带一路"地区卫生医疗援助从以交付疫苗等为导向的"实物援助"向"功能性援助"转变;推动中国对共建"一带一路"地区医疗卫生合作从项目建设援助向方案运营援助转变,鼓励中国医疗卫生相关产业的企业"走出去",参与设计、建设、运营等链条式合作;丰富国家间的医疗卫生援助的内容。即要从过去单一以政府为主体、以医疗物资援助为依托转向以"政府+社会"双重援助为主体,以物资援助、技术援助和经验援助为依托的成体系的援助方式转变。

9.4.2.3 打破传播隔阂与科技壁垒,促进传统中医的国际化与科技化

中医历史源远流长,数千年来积累了丰富的临床诊断和治疗经验,形成理、法、方、药(针)为一体的独特医学理论体系。中医不仅增进了中华大地的健康福祉,放眼人类健康与文明发展,其对世界人类健康与文明的影响也源远流长。早在秦汉时期,中医药就传到中国附近的朝鲜、日本、越南。《本草纲目》于17世纪传到日本和欧洲,随后被选译或全译成日、朝、拉丁、法、英、俄等文字,成为国际上的重要科学文献。中国的青蒿素惠及全球,每年挽救上万个人的生命,被西方媒体誉为"20世纪后半叶最伟大的医学创举"。据不完全统计,2016年出版的《中医药白皮书》指出,已有183个国家和地区认可中医药文化,绝大多数国家认可中国针灸。据《中国国家形象全球调查报告2019》显示,中医药文化享有较高的海外美誉度。

推动中医药文化国际传播可以深入推进共建"一带一路"国家乃至全球发展中国家民心相通，为全球人类命运共同体做出新的历史贡献，在人类卫生健康共同体议题上有所作为。但是中医药跨文化传播中还存在传播隔阂非常明显，如传播系统不够完善、传播手段简单、传播能力有限、"去中国化"明显等问题。需要从器物功效、精神理解和制度适应入手，形成"信任，互惠"的关系状态，实施整合、积极、构建三大策略，打破中医国际化传播的文化隔阂。具体来说，一是要强化传播的意识。政府应当把中医作为文化交流互鉴的重要组成部分，提升中医的影响力。二是丰富传播的举措。注重不同领域、学科的交叉与融合，形成有趣、有理、有效的中医传播途径。三是提升传播能力。注重中医人才培养与交流，破除人际、国际文化隔阂。四是中医发展要内外联动。推动国内中医发展的同时，积极支持海外中医联动发展。形成中医传播联动通道，凝聚传播合力。五是加强中医知识产权保护与中医成果转化。推动在共建"一带一路"国家的中医产业发展与中医产业本地化融合。

中医与时代发展同步，与科学最新进展成果和技术前沿探索融合，为迈向现代化奠定基础。中医药现代化大大提高了中医药服务能力和水平，拓宽了服务范围，成为大健康产业的重要基础。2006年7月，科技部会同卫生部、国家中医药管理局发布了《中医药创新发展规划纲要（2006—2020年）》。正式启动《中医药国际科技合作计划》。该计划旨在通过在世界范围内构筑中医药国际科技合作平台，动员全球科技资源加快推进中医药现代化进程，为中医药造福人类提供有效途径，同时，该计划也是第一个由中国政府倡议制定的国际大科学工程研究计划，它的实施将充分调动和利用国际资源，开展水平高、带动性强、能够解决制约中医药发展关键问题的国际合作，把我国中医药领域的独特优势与当今世界先进科技结合起来。中医药科技化的促进应当着重在概念整合、知识拓展、体系完善上进一步推进，可以从以下三个路径入手。第一，注重中医传统概念与现代医学概念的整合与融会。我国中医药素以形象思维和整体概念为核心。中医对生命的理念所用的术语（形、气、神）与现代科学的"物质、信息、概念"融会相通。中医诊断及辨证施治和美国风行的"口述诊疗学""结合医学"相整合。破除中医药与西医之间科学术语的疏离与不兼容，提供共同认知的基础。第二，采用以数据挖掘拓展中医药知识获取。在中医药现代化研究中，采用以数据挖掘为代表的高级信息处理技术进行反映其隐含本质知识的获取研究，将进一步加速中医药知识更新的步伐，为构建现代中医药学和中药现代饮片理论奠定坚实的理论和实践基础。在共建"一带一路"国家构建数据仓库和专家系统，应用数据挖掘多种分析方法，联机分析处理，建立能够实现中医药数据多层面智能分析的综合智能决策支持系统，加速推进中医药现代化的有效途径。第三，构建网络化的中医药科学体系。中药及其复方具有多成分、多靶点、协同作用的特点。网络药理学融合系统生物学、多向药理学、计算生物学、网络分析等多学科的技术和内容，进行"疾病—表型—基因—药物"多层次网络的构建，从整体的角度去探索药物与疾病间的关联性，发现药物靶标，指导新药研发。因此，构建网络化的中医药科学体系，开展跨学科、多部门、综合技术支持的中医药科学研究体系，促进中医药在科研平台、成果，以及人才培养的重要作用。

第四篇：实践经验篇

在多级多元多变的世界格局中，推进"一带一路"高质量发展，必然要引入地缘政治与地缘经济的因素，在考虑了这些因素后，"一带一路"建设中围绕"六廊"的建设，以及围绕"核心"地区的建设就具备了"中国式全球化"的战略纵深地带的功能，这些地带与地区应该成为构建人类命运共同体的先行区，因此，不但应优先发展，并要在共同化发展中发挥示范作用。作为共同化发展愿景的倡导者、推动者和主导者，在大力推动示范性工程建设的同时，要对其工程项目的示范性、建设方式的引领性实时进行跟踪和总结，以便推广其经验。

本篇选择了三个案例，对这些建设内容和建设方式中所代表的共同体发展的经验进行了剖析。首先，围绕经济走廊建设的问题，选择中巴经济走廊为案例，对走廊建设中的经验与启示予以总结分析。其次，讨论了"一带一路"产业园区合作的问题，选择中白工业园区的案例进行分析。最后，就交通基础设施互联互通问题，选择中老铁路为案例，就其建设的共同化机制和相关启示进行分析讨论。

第十章　共同化发展愿景下经济走廊
建设的实践案例分析
——以中巴经济走廊为例

本章导语： 经济走廊可以被理解为次区域范围内生产、投资、贸易和基础设施建设等有机地联系为一体，基于经济要素的互动和联动而形成的经济合作机制。在这种合作机制下，不同经济体可以进行有效连接，并通过互联互通充分发挥经济集聚和辐射带动作用，实现经济社会发展。经济走廊的发展历程是一个动态过程，结合发展要求的变化逐渐被赋予更多内涵，在功能上不断得到丰富和拓展。

2013年共建"一带一路"倡议提出后，经济走廊被重新重视并提出建设。2015年3月底公布的《推动共建丝绸之路经济带和21世纪海上丝绸之路的愿景与行动》首次提出建设六大跨境经济走廊[①]：根据"一带一路"走向，陆上依托国际大通道，以沿线中心城市为支撑，以重点经贸产业园区为合作平台，共同打造新亚欧大陆桥、中蒙俄、中国—中亚—西亚、中国—中南半岛等国际经济合作走廊；海上以重点港口为节点，共同建设通畅安全高效的运输大通道，中巴、孟中印缅两个经济走廊与推进"一带一路"建设关联紧密，要进一步推动合作，取得更大进展。目前，"一带一路"建设的主体框架——"六廊六路多国多港"已基本形成，各具鲜明特色的六大经济走廊既是"一带一路"的战略支柱，也是区域经济合作网络的重要框架，对"一带一路"倡议的推进和实施有着深远意义。

"一带一路"涵盖地域广阔，合作内容覆盖"五通"，涉及政治、经济、社会、人文等诸多领域。如果直接全面开展建设工作，既不能突出重点，也缺乏一定的可行性，因此需要选择重点方向。跨境经济走廊便成为"一带一路"系统建设的重要切入点。以经济走廊建设作为切入点，既有助于系统稳步推进"一带一路"建设，也有助于在短期内取得较为可观的成果，进而为"一带一路"建设发挥示范效应，增强各方信心与积极性，在国际上赢得更多支持。以六大经济走廊作为切入点开展建设工作，其成果具有多边辐射效应和激励效应，对外可以作为区域经济合

[①] 《经国务院授权 三部委联合发布推动共建"一带一路"的愿景与行动》，中国政府网，https://www.gov.cn/xinwen/2015-03/28/content_2839723.htm。

作网络的重要框架以线连接、以带支撑起整个"一带一路",对内有助于进一步打通国内国际两个市场,助推沿海、沿边和内陆地区协同开放,推进我国形成开放型经济新体系,打造对外开放新格局。

在六大经济走廊中,中巴经济走廊是指以中巴两国的综合运输通道及产业合作为主轴,以两国经贸务实合作、人文领域往来为引擎,以重大基础设施建设、产业及民生领域合作项目等为依托,以促进两国经济社会发展、繁荣、安宁为目标,优势互补、互利共赢、共同发展的增长轴和发展带[①]。得益于友好的双边关系、互补的发展优势和强烈的合作意愿等诸多优势条件,中巴经济走廊在"一带一路"建设中先行先试,起步早、进展快,取得了多项合作成果和长足发展,给中巴两国人民带来了显著的经济社会效益,在六大经济走廊中被誉为旗舰走廊,是高质量共建"一带一路"的示范性工程和标志性项目。基于中巴经济走廊所具有的典型性,本章希望通过分析中巴经济走廊的基本实践模式,为共同化发展愿景下"一带一路"建设提供一定的经验和启示。

10.1 中巴经济走廊建设背景

10.1.1 中巴经济走廊的提出背景

中巴两国作为友好邻邦自中华人民共和国成立以来一直保持良好的互助合作关系,70年来中巴双方携手面对诸多挑战,共创累累硕果,两国关系历久弥坚。2013年5月,时任总理李克强访问巴基斯坦正式提出打造中巴经济走廊,一条造福中巴两国及沿线地区、提高地区互联互通水平的发展之路由此展开。中巴经济走廊的建设是"一带一路"倡议的有机组成部分,这个重大战略构想的提出离不开以下几个方面:

一是巴基斯坦地理位置优越,独特的地缘优势让其具备共建经济走廊的可能性。巴基斯坦位于南亚次大陆和中亚地区的交汇处,是连接南亚、中亚和西亚的重要枢纽。巴基斯坦北上与俄罗斯相连,南下通航阿拉伯海,是连接贯通丝绸之路经济带和21世纪海上丝绸之路的关键枢纽。巴基斯坦海岸线广阔,其辐射海域为中东、亚洲、欧洲三大地区海路联系的必经之地,且南濒作为世界能源运输主干道和生命线的阿拉伯海,处世界贸易主要航线上。此外巴基斯坦拥有卡拉奇国际集装箱码头

---

① 《中巴经济走廊是什么意思?中巴经济走廊远景规划》,新华丝路,https://www.imsilkroad.com/news/p/78207.html。

和卡西姆港，是南亚地区重要的港口国家。

二是中巴政治关系稳定引领两国关系发展不断提升。中巴两国政治互信基础深厚，新中国成立到20世纪70年代初期，中巴关系朝友好信任走向稳步发展：1951年巴基斯坦与中国正式建立外交关系。改革开放后，中巴关系不断地提升战略层次，从邓小平的"不平常的中巴关系"到江泽民的"睦邻友好关系"再到胡锦涛的"全天候友谊、全方位合作关系"①。进入21世纪，双方高层接触频繁，政治互信不断增强。2005年时任国务院总理温家宝访问南亚四国期间双方签署了《中巴睦邻友好合作条约》，次年时任国家主席胡锦涛访巴提出的有关加强中巴战略合作关系的五项建议得到巴方大力认可。2006—2010年期间中巴两国多次发表《联合声明》，巴方表示对华友好是巴基斯坦外交政策的基石，双方关系在一次次得到考验。

三是新时期中巴两国在经贸领域交往与合作越来越频繁。改革开放以来，经过双方的共同努力，在1982年成立了中巴经济、贸易和科技合作联合委员会，两国的经贸合作有了长足进展，此后巴基斯坦在很长时间内都是中国在南亚地区最大的贸易伙伴。进入新世纪来，中巴贸易额稳步增长。据统计，从2000年的11.6亿美元迅速增加到2012年的125亿美元。双方贸易往来也随之密切，截至2013年底，中国企业累计在巴签订承包工程合同额307.19亿美元，营业额236.7亿美元，中方在巴各类劳务人员5 824人②。中巴双方在贸易领域于2003年签署《中国与巴基斯坦优惠贸易安排》原产地规则以实现双边贸易关税减让，同时寻找更多新的合作领域，如能源、基础设施、边境贸易、跨地区的合作等。为引导中国在巴基斯坦进一步投资，并支持巴中联合工业区建设，在2006年成立巴中联合投资公司。同年双方签订的自由贸易协定并制定《中巴经贸合作五年发展规划》促进双方经济在未来保持稳定增长。2008年，两国签署自贸区的投资保护协议，并圆满完成两国自贸区服务贸易谈判。2012年，中巴双方启动第二个"五年计划"，确定了涵盖交通运输、能源、信息通信、水利、农业等36个项目，进一步推动中巴经贸关系大步前进。

四是中巴两国科技、人文交流等方面的日益活跃。中巴两国文化社

---

① 张超哲：《简述改革开放以来中巴关系的发展历程及成就》，《改革与开放》2009年第11期，第24–25页。

② 《2013年中巴双边经贸合作简况》，中华人民共和国商务部，http://pk.mofcom.gov.cn/article/zxhz/hzjj/201406/20140600618801.shtml。

会领域联系始于20世纪60年代，1965年，中巴两国政府代表在拉瓦尔品第签订了文化协定，并于该年第一次签署了年度文化交流执行计划；2005年签署了关于合作建立伊斯兰堡孔子学院的协议，并举行了学院挂牌仪式；2008年，巴方在中国设立了宣传巴基斯坦传统文化的公益学院，同年巴中友谊文化综合中心成立；2010年，双方就互设文化中心签署谅解备忘录。中巴两国在官方牵头下成立青年互访团，两国高校互相接收留学生，中方为巴基斯坦培训汉语教师等，使中巴两国人民心意相通，为中巴合作争取到两国人民的认可和支持。自1976年中巴科技合作协定签订以来，中巴科技合作从较为分散的单项交流发展到科技联委会等规模性的政府间科技合作。互联互通成果斐然，基础设施方面，1979年象征着中巴友谊的喀喇昆仑公路通车，极大方便了区域间经贸往来和人文交流。还帮助巴方修建了一些港口工程和一批水利工程，提高巴基斯坦现代化水平。

10.1.2　中巴经济走廊的提出

中巴经济走廊概念的提出相对较早。2005年时任国务院总理温家宝南亚访问之旅期间同巴方签署了《中巴睦邻友好合作条约》，肯定了全面加强中巴两国睦邻友好与互利合作对两国人民、本地区以及世界的深远影响。2006年，时任巴基斯坦总统访问中国，双方就进一步加强和发展中巴战略合作伙伴关系达成广泛共识。2007年巴基斯坦总理访华，双方同意共同努力将中巴战略合作伙伴关系提升到新的水平，两国领导人就深化中巴合作达成许多共识：在经贸领域积极落实《中巴自由贸易协定》和《中巴经贸合作五年发展规划》加快自贸区服务贸易谈判，鼓励两国企业增加相互投资，调整贸易结构，推动两国经贸关系快速、平衡发展。在文化交流领域，从政府、民间层面扩大两国人民沟通渠道，进一步增进相互理解民心相通。此后几年间双方高层多次进行国事访问，历届政府都致力于发展中巴友谊并达成共识：两国加强睦邻友好、开展互利合作、深化中巴战略合作伙伴关系符合两国人民的根本利益，有利于本地区的和平与发展，在新形势下要继续发扬光大[①]。

2013年5月，时任国务院总理李克强访问巴基斯坦，中巴双方共同发表《中华人民共和国和巴基斯坦伊斯兰共和国关于深化两国全面战略合作的联合声明》，正式提出打造中巴经济走廊，加强中巴之间交通、能

---

① 张超哲：《简述改革开放以来中巴关系的发展历程及成就》，《改革与开放》2009年第11期，第24-25页。

源、海洋等领域的交流与合作，推动中巴互联互通建设。7月，时任巴基斯坦总理谢里夫访华称，把中巴经济走廊置于优先地位，签署了《中巴经济走廊合作备忘录》并同意成立联合合作委员会，研究制定中巴经济走廊规划①，该机构就交通基础设施建设、能源、投资等中巴经济走廊的关键问题进行了深入探讨。

2013年10月，国家主席习近平提出"一带一路"倡议，表示中巴经济走廊与"一带一路"建设关联紧密，要进一步推动合作，取得更大进展。随着中巴经济走廊建设的逐步深化，中巴双方合作的内容也朝着多领域、多方向扩展。2014年巴基斯坦总统侯赛因访华，中巴双方同意加速推进中巴经济走廊建设，本年底巴总理谢里夫访华，双方签署了《中巴经济走廊远景规划纲要》以及经济、技术、能源、金融、工业园、信息通信等合作文件来推动走廊建设。

2015年，习近平主席出访巴基斯坦，中巴双方一致同意将两国关系提升为全天候战略合作伙伴关系，形成以走廊建设为中心，以瓜达尔港、能源、基础设施、产业合作为重点的"1+4"合作布局，并初步制定了中巴经济走廊的远景规划②。伴随着双边关系的提升和"五通"领域取得可喜进展，中巴经济走廊成为"一带一路"建设的旗舰项目，巴基斯坦通过成立中巴经济走廊建设指导委员会、在巴举办中巴经济走廊峰会（2016年）积极推进走廊建设，两国于2017年正式发布《中巴经济走廊远景规划（2017—2030年）》，将中国"一带一路"倡议和巴基斯坦"愿景2025"有效对接，重点着力于能源、互联互通、经贸及产业园区等领域发展③。五年的建设让走廊在"快车道"上行稳致远，次年中巴双方外长就全面深化中巴全天候战略合作伙伴关系达成十项重要共识，更好地为中巴经济走廊建设服务。

10.1.3　中巴经济走廊的建设

为了推动中巴经济走廊这一旗舰项目稳步建设，中巴两国在诸多方面采取了各种举措：

① 陈利君：《"一带一路"与中巴经济走廊建设》，人民网，http://world.people.com.cn/n1/2017/0113/c1002-29022097.html。

② 《专题研究：中巴经济走廊建设现状及趋势》，华信研究院，https://huaxin.phei.com.cn/gain/307.html。

③ 张辉：《中巴经济走廊："一带一路"建设的典范》，今日中国，http://www.chinatoday.com.cn/zw2018/bktg/201905/t20190508_800167216.html。

两国加强发展战略对接，为中巴经济走廊建设领航。2013年双方发表《中华人民共和国和巴基斯坦伊斯兰共和国关于深化两国全面战略合作的联合声明》及《关于新时期深化中巴战略合作伙伴关系的共同展望》，提出当今国际局势中巴关系具有更加突出的战略意义，需要新载体加强中巴之间交通、能源、产业、国防安全等领域的交流与合作，正式提出打造中巴经济走廊。在早期两国发布《中华人民共和国和巴基斯坦伊斯兰共和国建立全天候战略合作伙伴关系的联合声明》（2015年），提出形成以走廊建设为中心的"1+4"合作布局，突出走廊建设优先级。随后2017年发布《中巴经济走廊远景规划（2017—2030年）》，将中国"一带一路"倡议和巴基斯坦"愿景2025"有效对接，提出中巴经济走廊在短期、中期、长期的目标，为互联互通、能源、经贸及产业园区、农业、旅游、民生保障、人文交流和金融领域合作拟定主要任务。随着高质量共建"一带一路"提出后，中巴经济走廊建设谋划也进入新的阶段，双方就全面深化中巴全天候战略合作伙伴关系达成十项重要共识。中方同巴方政府全面对接，为新形势下的中巴关系起好步[1]。双方同意在原有对接基础上就工农业、现代化和信息技术领域展开合作，将中巴经济走廊建设推向新高潮。

两国签署多项顶层文件，为中巴经济走廊建设搭建框架。2015年中巴两国签署的51项合作协议与备忘录中涉及多角度、多层次合作。在基础设施建设方面，以《喀喇昆仑公路（KKH）升级工程第二期（赫韦利杨至塔科特）、卡拉奇至拉合尔高速公路（KLM）、瓜达尔东湾快速路以及瓜达尔国际机场项目的谅解备忘录》等为代表，规划在巴方境内扩充修缮公路铁路网，打通维修中巴边界主要国际线路，建造新机场开通新航线，为中巴经济走廊的互联互通格局提供先行条件。在能源合作方面，中巴双方签署了《巴基斯坦水电发展署和中国长江三峡集团合作备忘录》等备忘录和协议，从中方引入专业人员、先进技术、管理制度，在巴方境内修筑多个水力、风力、燃煤发电厂，减轻生产生活领域能源短缺压力，并通过知识共享和知识外溢效应培养一批巴方技术人才。在双边贸易方面，围绕如何促进两国在服务贸易领域的合作，达成了《中华人民共和国政府和巴基斯坦伊斯兰共和国政府关于修订〈自由贸易协定〉的议定书》（2019年）等协议。在产业合作方面，双方形成了中华人民共和国国家和发展改革委员会和巴基斯坦计划发展和改革部之间的合作谅

---

① 《王毅谈中巴外长达成十项重要共识》，新华网，http://www.xinhuanet.com/world/2018-09/08/c_1123400194.htm。

解备忘录等系列文件，承诺加大对两国欠发达产业领域投入，为跨国企业合作提供优惠贷款等政策，为农业、工业、信息技术服务业良好发展打造更广阔空间。

两国就基础设施和能源项目优先展开合作，为中巴经济走廊建设顺利推进提供可行条件。中方综合采用以投融资、政府贷款、无偿援助等多种模式在巴基斯坦开展基础设施和能源两大领域项目建设。在公路建设方面，两国就提升改造喀喇昆仑公路、设计修建PKM高速公路、打造直通瓜达尔港的东湾快速路等项目签署合同，双方投入大量人力、物力、财力和时间完善巴方公路网，有效改善当地交通状况，降低运输成本，促进当地经济社会发展。为加深轨道交通互联互通程度，提高货运、客运线路时速，强化铁路通行能力，解决中巴铁路亏损问题，中巴双方达成合作协议，由中国企业承包建设拉合尔轨道交通橙线、ML-1铁路升级。在机场建设方面，中国无偿投资17亿元人民币援助巴基斯坦瓜达尔新国际机场及配套措施修建。在通信建设方面，双方签约打造中巴跨境光缆项目，助力改善巴基斯坦电信基础设施，扩大地区之间的信息连接覆盖范围，从而推动信息技术发展，共享数字信息。为缓解巴基斯坦电力短缺状况，在传统燃料发电领域，两国首先起步塔尔燃煤电站、胡布燃煤电站、卡西姆港燃煤电站先行项目。在可再生能源领域，两国合作大沃风电项目、卡洛特水电站、阿扎德帕坦水电站、苏基克纳里水电站，借助优越的区位条件利用水力、风力发电，调整单一能源结构，降低空气污染和碳排放。双方还启动了经济走廊建设的第一个大型输电项目默蒂亚里—拉合尔±660千伏直流输电项目，有效实现电能在巴方境内的资源优化配置，解决基本的生产生活用电问题。

两国积极开展文化领域交流，让中巴两国人民民心相通。自中巴经济走廊提出以来，两国在科教文卫事业都有着不同程度的密切合作。在文化交流方面，中方在伊斯兰堡设立中国文化中心，中国国际广播电台在巴设立"FM98中巴友谊台"工作室，同时还形成了中巴青年百人团互访等官方合作项目，为巴基斯坦人民了解真实的中国提供新窗口，向世界展现一个有责任有担当的中国。在教育合作上，为实现中巴两国人才相互交流学习，促进两国青年相互理解心意相通，中国国家主席习近平在2015年访巴期间宣布，未来五年内为巴提供2000个培训名额，中国和巴基斯坦于2022年签署高等教育学历学位互认协定。在人力资源培育上，合建旁遮普天津技术大学，加强职业教育与技能培训。作为拥有丰富自然景观、人文底蕴等资源的两个国家，中巴双方还签订《中巴关于扩大双边旅游交流与合作的谅解备忘录》以帮助文旅行业一齐发力，共同寻找将先天禀赋优势转化为经济效益、社会效益的可持续发展之路。

10.2　中巴经济走廊建设成效

从初步提出中巴经济走廊建设构想到如今推动中巴经济走廊建设实践10周年，中巴经济走廊建设多项重大项目有效落实。过去10年来，在中巴双方共同努力下，中巴经济走廊建设稳步推进，不断提升，取得丰硕的成果。中巴双方秉持"共商共建共享"原则，以"1+4"合作布局（即以中巴经济走廊为引领，以瓜达尔港、能源、交通基础设施和产业合作为重点）为引领开展和深化各领域务实合作。中巴双方积极进行发展愿景对接，加大目标协调，加强政策沟通，坚持经济发展与安全保障并重，根据具体情况制定科学的合作规划，探索多种多样的合作方式，不断推动走廊建设，在政治、经济、民生等领域实现了各种效应。

总体来看，早期开展的合作项目经济社会效益逐步显现，初步形成规模优势，各领域联动发展，各项目取得成效，互联互通水平不断提升。目前，中巴经济走廊第一阶段的22个优先项目已基本完成，通过第一阶段建设，双方成功实现了互利共赢。这些建设成果充分证明，中巴经济走廊作为"一带一路"倡议的样板工程和旗舰项目，发展成果惠及多方，是两国高水平战略关系的体现，更是充实中巴全天候战略合作伙伴关系、构建新时代更加紧密的中巴命运共同体的重要内容[①]。

10.2.1　能源合作格局初步形成

中巴两国能源领域合作成果斐然，面向高质量的能源合作格局初步形成。在传统能源方面，中国投资并参加多个传统能源项目。中巴经济走廊首个开工、最快投产的重点项目萨希瓦尔燃煤电站年均发电90亿千瓦时，创造超2 000个就业岗位，满足了巴方1 000万人民用电需求[②]；塔尔燃煤电站年均发电量达到45亿千瓦时以上，满足当地近200万户家庭用电需求；作为中巴经济走廊首个能源项目的卡西姆港燃煤电站自投入商业运营起累计发电超380亿千瓦时，满足了巴基斯坦中北部地区400万

---

① 高乔：《中巴经济走廊展现"一带一路"活力》，中国一带一路网，https://www.yidaiyilu.gov.cn/p/279766.html。

② 徐伟：《中巴经济走廊首个大型能源项目投产发电》，中华人民共和国国务院新闻办公室，http://www.scio.gov.cn/gxzl/ydyl_26587/zxtj_26590/202207/t20220728_264073.html。

家庭的用电需求[1]；采用先进技术的胡布燃煤电站每年供应电力90亿千瓦时。在可再生能源合作方面，位于卡拉奇市的大沃风电项目年发电量在1.3亿千瓦时左右，缓解了卡拉奇市市民的用电难题；截至2022年，K-2机组已进入商业运行，K-3机组成功临时验收。自商运以来，K-2/K-3机组项目全周期为当地提供就业岗位6万多个，已累计发电近200亿千瓦时，满足当地200万人口的年度生产和生活用电需求[2]；坐落于旁遮普地区的卡洛特水电站累计发电量36.4亿千瓦时，满足当地500余万人的用电需求；克什米尔地区的阿扎德帕坦水电站年均发电量32.33亿千瓦时，为当地民众至少创造3 000个就业岗位；依山而建的苏基克纳里水电站年均发电量32亿千瓦时。中巴能源合作显著促进了巴基斯坦电力行业的发展，解决了制约巴基斯坦经济发展的电力短缺的瓶颈。此外，诸多能源设施项目的启动还缓解了当地就业问题，数据显示，中巴经济走廊第一阶段的早期收获项目中能源项目创造的就业岗位共吸纳了1.6万名巴方工人和工程师，其中75%以上为当地就业[3]。

10.2.2　基础设施互联互通水平迅速提升

目前中巴经济走廊基础设施建设互联互通展现新的面貌，首批项目大多进入早期收获阶段[4]。中巴经济走廊基础设施建设为巴基斯坦实现工业化目标提供可靠保障。过去一段时期，中巴在基础设施领域的合作主要集中在公路、铁路、港口和通信建设项目上。在公路建设方面，喀喇昆仑公路完成了改扩建项目一期工程，二期项目延伸至巴基斯坦腹地贯穿南北连通中巴陆上交通[5]，巴基斯坦PKM高速公路落成开启了巴基斯坦高速公路现代化、信息化元年[6]，瓜达尔东湾快速路打通了瓜达尔港与外界联系的快速通道。轨道建设方面，全线采用中国标准的拉合尔轨道

---

① 周高明：《赵立坚："二把手率中巴记者团考察卡西姆港电站"》，中国电力建设集团，https://www.powerchina.cn/art/2022/7/27/art_7449_1479289.html。

② 杨漾：《自主三代核电华龙一号出口首站：两台机组正式交付巴基斯坦》，澎湃新闻，https://www.thepaper.cn/newsDetail_forward_21784057。

③ 《中巴经济走廊建设成果丰硕》，网易，https://www.163.com/dy/article/I88EEQUQ0528CJEP.html。

④ 单册：《大外交｜汪洋访巴基斯坦，中巴经济走廊进入早期收获阶段》，澎湃新闻，https://www.thepaper.cn/newsDetail_forward_1762797。

⑤ 《喀喇昆仑公路》，360百科，https://baike.so.com/doc/5414280-32391636.html。

⑥ 李良缘、李刚：《全面移交！巴基斯坦PKM高速公路建设最全记录来了》，澎湃新闻，https://www.thepaper.cn/newsDetail_forward_10441383。

交通橙线通行让巴基斯坦进入地铁时代，ML-1铁路第一阶段升级完成极大提高货运、客运线路时速，让巴铁路通行能力大幅上涨①。陆路交通网的不断完善提升了中巴两国间及巴基斯坦国内道路交通主干道的通行能力，极大方便物资、产品内送外输，为巴基斯坦经济发展增添动力。在机场建设方面，由中国无偿投资的瓜达尔新国际机场预计于2024年建成并完成移交②，未来将成为巴基斯坦最大的民用机场和空中经贸枢纽。新机场投入运营能完善巴基斯坦海陆空联运体系，相关配套措施提高瓜达尔地区城市化水平及其周边区域开发。在通信工程领域，中巴跨境光缆项目竣工使巴方国内有贯穿南北的完整线路，并与中国境内的光缆相连。这将在改善巴基斯坦电信基础设施、促进信息技术发展和推动覆盖地区之间的信息连接方面发挥重要作用，并实现巴基斯坦和中国之间战略性陆上设施的相互连接。此外基础设施建设项目的社会效益也逐步显现，截至2021年9月共创造了约1.3万个工作岗位③，逐步成熟发达的交通运输方便在巴人员工作出行，增加出行搭乘多样性。

10.2.3　产业合作迈向更高水平稳步提升

中巴两国产业合作的顺利推进在农业、制造业领域硕果累累。两国在农业方面的合作主要体现在农产品的贸易、种植以及畜牧业市场合作上：在水稻种植上，巴方公司与隆平高科合作，引入中国杂交种子，在巴基斯坦生产杂交大米实现主要农作物增产增收，还能将剩余部分出口④。在经济作物方面，打造了中巴辣椒产业合作示范基地。中巴辣椒产业合作示范基地作为首个落地的农业产业合作项目，在旁遮普省和信德省的400公顷土地上种植辣椒。截至2022年中巴辣椒种植项目覆盖面积按合同增加到1万公顷，此外还建设了一个辣椒加工厂⑤。此外，中国农业科学院棉花研究所牵头的中巴棉花种质合作为巴基斯坦67万个家庭提

①　梁桐：《中巴经济走廊最大交通基建项目ML-1铁路升级改造获批》，网易，https://www.163.com/dy/article/FKAFCD1F0511T04N.html.。

②　耿子叶：《丝路上的北京建设者，在"风之门"建起一座顶级机场》，腾讯网，https://new.qq.com/rain/a/20231214A0AOH600。

③　《中巴经济走廊建设成果丰硕》，网易，https://www.163.com/dy/article/I88EEQUQ0528CJEP.html。

④　蒋超：《通讯：达则兼济天下——记在巴基斯坦教授杂交水稻技术的中国专家》，新华网，http://www.xinhuanet.com/world/2019-09/15/c_1124998616.htm。

⑤　《从奶牛到辣椒：中巴合作改变巴基斯坦农业面貌》，中国经济网，http://cen.ce.cn/more/202209/29/t20220929_38135490.shtml。

供减贫增收的机会①。在畜牧业合作领域，中国的皇氏集团在拉合尔设立
了实验室，研发高产且长寿的水牛胚胎并在巴基斯坦建设一个奶水牛养
殖场，实现巴基斯坦奶牛遗传改良②。在制造业领域，主要表现巴基斯坦
传统优势棉纺织产业上：2013—2020年中国纺织业对巴投资总额超过1.2
亿美元③，2021年中巴纺织服装的合作规模是45亿美元④，两国产业发展
阶段差异让中巴两国棉纺织业在竞争中合作共赢，顺利实现产业承接与
转移。在汽车产业合作方面，马斯特工业集团和中国福田、宇通两大企
业合作，实现了从汽配厂到整车制造的"逆袭"⑤。中巴企业以汽车组装
为合作重点，开展上下游协同合作，有力冲击日韩系客车在巴基斯坦市
场的主导地位。

产业园区是中巴经济走廊计划中的重要项目，中巴两国产业园区合
作取得迅速进展。2017年开建的卡拉奇华夏产业园目前涵盖了物流、制
造、贸易等多个领域，其中华夏产业园的钢铁加工项目作为园区最早子
项目之一已经投入生产。2015年投入运营的瓜达尔港自由贸易区目前已
经涵盖了石化、钢铁、能源、制造等多个领域，为当地的经济发展和贸
易往来提供支持。2018年动工的拉合尔光明产业园现已涵盖了纺织、服
装、皮革、鞋业等多个领域，其中光明产业园的纺织企业年产量已达到
数千万米并出口到欧美等地。中巴合作建设的产业园区，为当地经济发
展注入活力，产生了显著的经济效益和社会效益。园区的建设当期产业
链、价值链的构建加快推进，也为巴方当地居民提供大量就业岗位，有
效缓解了当地就业压力和社会矛盾。

10.2.4　瓜达尔港建设初显成效，
在当地经济社会发展中发挥重要作用

瓜达尔港建设是中巴经济走廊建设先行先试并且成效突出的合作成

---

① 王中强：《杜雄明：中巴携手棉花资源合作 推进棉种产业发展》，中国经济网，http://intl.ce.
cn/specials/zxgjzh/202007/15/t20200715_35331907.shtml。

② 《从奶牛到辣椒：中巴合作改变巴基斯坦农业面貌》，中国经济网，http://cen.ce.cn/more/
202209/29/t20220929_38135490.shtml。

③ 《巴中纺织业贸易与投资网络研讨会成功召开》，中国纺织工业联合会，https://www.cntac.
org.cn/dongtai/202012/t20201209_4091282.html。

④ 《中国纺织品进出口商会与巴基斯坦驻上海总领事馆线上交流促合作》，搜狐，https://
www.sohu.com/a/576972356_121123793。

⑤ 刘天、蒋超：《通讯：从汽配厂到整车制造——中国车企帮助巴基斯坦企业实现"逆袭"》，
中国政府网，https://www.gov.cn/xinwen/2019-04/21/content_5384960.htm。

果。作为中巴经济走廊合作的旗舰项目，瓜达尔港建设硕果累累。总的来看，当前瓜达尔港建设成效主要体现在以下几个方面：

第一，重点项目投入建成并开始运营，调动了港区经济活力。在港口建设领域，瓜达尔港已建设深水码头、集装箱码头和液体化学品码头等各类码头，可容纳大型货船的停靠。数据显示，2021年货物吞吐量约5.47万吨[①]。当前瓜达尔港口已完成瓜达尔港防波堤建设、自贸区基建建设、锚地疏浚工程的完工。在基础设施建设领域，东湾快速路、瓜达尔新国际机场等基础设施顺利竣工并投入使用促进了地区互联互通。在产业项目建设和园区企业的培育方面，园区内涉及钢铁、石化、纺织等多个领域的产业项目有序开展，为该地区的经济发展提供了新的动力。中国企业在当地已经建设了瓜达尔港自由贸易区、机器人产业园和水泥生产线等多个项目。截至2022年上半年，已有46家企业入驻瓜达尔自由区，涵盖海外仓、化肥、渔业加工、金属材料制造、农业开发、旅游、保险、银行等领域，投资额超过30亿元人民币[②]，港区建设也配套跟进了一些重要的能源项目。其中瓜达尔2×660 MW燃煤电站项目、瓜达尔50 MW风电场项目建成投产；中巴瓜达尔太阳能电站项目步入收尾阶段。这些项目既为瓜达尔港和周边地区的能源供应提供支持，也落实了绿色发展的理念。在港区配套设施建设方面，中方援建的法曲尔小学在2016年建成，2017年职业技能培训学校落地建成，同年5月中巴博爱医疗急救中心投入运营。

第二，瓜达尔港建设也产生明显的经济效应和社会效益。港口的通航不仅提高了瓜达尔港的货运能力和安全性，还为中巴两国开辟了高效便捷的贸易新通道，促进贸易和投资往来。基础设施项目落成密切了瓜达尔港与巴其他地区的贸易往来，促进当地社会经济发展。相关配套措施的跟进带动上下游产业的发展，同时项目产生了辐射效应为其周边地区提供更大规模的就业机会，推动了当地经济和周边地区经济发展。中巴能源合作项目的顺利运营为瓜达尔市的经济发展和民生服务提供稳定可靠的电力支持。在产业合作方面，瓜达尔自由区内的中巴企业合作为当地带来可观效益、先进技术、专业人才和现代化管理经验等。

第三，瓜达尔港建设不仅促进地区经济的发展，还提高了当地人民

---

① 《瓜达尔港成了巴铁的经济中心？看看中国建设的现状，变化天翻地覆》，网易，https://m.163.com/dy/article/HKD5SLV50552JTZ1.html。

② 程是颉：《"为瓜达尔港探索出一条可持续发展之路"（共建"一带一路"）》，人民网，http://world.people.com.cn/n1/2022/0612/c1002-32444093.html。

生活水平。港口建设创造了大批就业机会，目前自由区第一阶段建设已为当地居民提供近 5 000 个就业机会①，优先聘用当地人的用工原则提高了本地化用工比例。此外，中国企业向巴方员工提供职业技能培训，培养了一批具有较高职业素养和专业能力的新型人才，丰富了瓜达尔港地区人力资源。各类民生事业改善基础教育条件，提高当地居民的受教育水平，提高了当地卫生医疗条件和医疗救援能力，改善当地居民的健康状况，让当地百姓成为最大受益者，共同营造了和谐稳定的社会秩序。

专栏：瓜达尔港建设

（1）瓜达尔港建设的背景

首先，瓜达尔港地理位置优越。瓜达尔港位于巴基斯坦西南部海岸线上，距离中东和印度洋地区比较近，是连接中亚和西亚的重要通道。同时，该港口距离印度洋海域和海湾地区也比较近，有利于中巴两国在海上贸易和安全领域的合作。其次，瓜达尔港口建设是中巴经济走廊的重要组成部分。中巴经济走廊是"一带一路"倡议的重要支撑项目之一，旨在促进中巴两国和周边国家的经济合作和发展。瓜达尔港是中巴经济走廊的重要节点之一，建设港口、工业园区、物流中心等项目，有利于提高区域经济的整体水平。再次，瓜达尔港口建设有助于促进中巴两国的经贸合作。中巴两国在能源、基础设施、信息技术、农业等领域具有很强的互补性，瓜达尔港口建设有望促进中巴两国之间的贸易往来和投资合作，推动中巴经济走廊建设的顺利推进。最后，瓜达尔港口建设对于促进地区和平与稳定也具有重要意义。巴基斯坦属于南亚地区，地缘政治复杂，安全形势不稳定。瓜达尔港口位于巴基斯坦国内面积最大的省份俾路支省，是巴方与伊朗、阿富汗三国交界地区，其建设有望促进巴基斯坦经济发展，造福当地百姓，缓解社会矛盾，从而促进地区和平与稳定。

（2）瓜达尔港建设的提出

瓜达尔港建设提出时间比较早。瓜达尔港是位于巴基斯坦俾路支省的一个深水港口，它的建设提出过程可以追溯到 20 世纪 60 年代初。当时，巴基斯坦政府意识到该国在海运方面的潜力和发展前景，决定在瓜达尔湾附近建设一个深水港口。于是，巴基斯坦政府与美

---

① 程是颉：《为瓜达尔港探索出一条可持续发展之路"（共建"一带一路"）》，人民网，http://world.people.com.cn/n1/2022/0612/c1002-32444093.html。

国政府签订了一份协议，由美国提供资金和技术支持，帮助巴基斯坦建设瓜达尔港。然而在1971年印巴战争期间，印度空军轰炸了正在建设中的瓜达尔港，使得该项目受挫。

2001年，巴基斯坦政府重新启动了瓜达尔港建设项目，并邀请中国参与该项目，2002年，巴基斯坦政府与中国港口工程集团签署了港口建设合作协议。自此之后，中国一直致力于瓜达尔港的建设和发展，并将其作为"一带一路"倡议的重要组成部分之一。

2013年，中国国家主席习近平访问巴基斯坦时，双方签署了一系列合作协议，其中就包括了瓜达尔港的建设和开发。瓜达尔港建设成为共建"一带一路"框架下中巴合作的重点项目之一。同年中巴双方签署了《中华人民共和国政府和巴基斯坦伊斯兰共和国政府关于共同推进中巴经济走廊建设的谅解备忘录》《中巴经济走廊规划》，在顶层文件中将瓜达尔港建设纳入框架。

2014年，习近平主席同来访的巴基斯坦总统达成共识，把瓜达尔港列为促进中巴"一带一路"合作的旗舰项目，并再次强调瓜达尔港是当前中巴经济走廊建设应该重点落实好的项目之一。次年发布《"一带一路"建设总体方案》在总体规划中特别指出要加强在瓜达尔港的合作，推进港口的建设和发展。

2015年4月，习近平主席受邀访问巴基斯坦，两国签署《中华人民共和国和巴基斯坦伊斯兰共和国建立全天候战略合作伙伴关系的联合声明》明确把瓜达尔港建设作为重要一环纳入中巴经济走廊"1+4"合作布局。瓜达尔港建设正式成为中巴经济走廊合作的重要布局项目。

（3）瓜达尔港建设的措施

为保证瓜达尔港建设的成功和顺利进行，中巴双方采取了多方面措施：

在顶层设计上，两国出台多项文件为瓜达尔港建设搭设框架。2013年4月，中巴两国政府签署了《中巴经济走廊瓜达尔港建设合作协议》，明确了双方在项目投资、技术支持、工程建设、环境保护等方面的责任和义务。2014年双方签订谅解备忘录为交通基础设施顺利施工提供有力的保障，次年两国签署《中华人民共和国和巴基斯坦伊斯兰共和国建立全天候战略合作伙伴关系的联合声明》重申了建设瓜达尔港的重要地位。此后巴方内阁正式通过《瓜达尔智能港口城市总体规划》（2019年），瓜达尔未来建设有了方向性文件。

在政策对接和推动实践上，政府出台一系列具体文件，以鼓励和支持瓜达尔港口的建设。中巴两国政府签署了《中巴经济走廊瓜达尔港项目融资协议》《中巴经济走廊能源合作框架协议》。为了响应《联合声明》（2015年）里中巴双方对瓜达尔港建设达成的共识，2016年中国政府发布《"一带一路"建设发展规划纲要》强调要加快推进瓜达尔港等重点项目的建设，促进中巴贸易和投资的便利化；2018年巴基斯坦政府出台《巴基斯坦2030年国家发展计划》将瓜达尔港定位为重要的经济和战略枢纽，强调要加快推进港口建设和发展，提高港口的服务能力和运营效率，促进中巴经济走廊建设的有序推进。2019年中国政府颁布《中国政府关于加强"一带一路"建设推进工作的意见》（2019）也表示了对瓜达尔港建设的密切关切。此外，中国根据《推动共建丝绸之路经济带和21世纪海上丝绸之路的愿景与行动》（2020）结合巴基斯坦"2025愿景"，双方共同制定近期、中期、长期规划，加大港口自由区引资落户优惠力度，朝物流枢纽和产业基地的战略目标扎实迈进，致力于将瓜达尔港打造成巴基斯坦的经济中心。从系列政策文件可看出瓜达尔港在中巴经济走廊建设的重要性，两国为瓜达尔港的发展提供了政策支持和保障。

　　与此同时，两国政府为港区建设方面提供税收减免、优惠贷款、出口退税等各种政策支持。中巴双方共同优化调整招商策略、利用博览会平台推广宣传，并邀请海外和巴本国投资者赴瓜达尔实地考察参观，颁布优惠政策吸引中巴数十家企业入驻瓜达尔港自由区，多个大型公司在园区内建立商展中心。为更好地招商引资，2019年巴方出台具体措施对瓜达尔自由区内的商业个体提供免税优惠，发布《瓜达尔自由区税收规则》（2021）。

　　在推动园区建设的具体实践方面，两国政府加大对港口周边的基础设施建设投入，如道路、铁路、电力、水利等方面，以保障港口建设和运营的需要。中巴双方共建了瓜达尔新国际机场、东湾快速路提高瓜达尔港地区互联互通水平；为保障瓜达尔港长期运转，解决能源短缺问题对该区域经济发展的制约，中巴双方开展300 MW燃煤电站合作项目供给生产生活用电，在石化产业开展瓜达尔港到新疆的能源管道项目；为打造智慧港口城市，中巴双方就相关配套措施方面采取了一系列措施，比如中方援建海水淡化厂、中巴博爱医疗急救中心、气象观测站、职业技能培训学校、法曲尔小学。当地政府为提高瓜达尔港口的建设和运营效率，还引进国际先进技术和管理经验技术以提高瓜达尔港口的设施水平和服务质量。

与此同时，由于瓜达尔港口所在地区是巴基斯坦西南部的俾路支省，该区域安全形势不稳定，社会发展水平很低，当地政府采取多种措施确保港口建设和运营的安全，如加大对瓜达尔港口周边地区的警力部署加强巡逻监控；在港口周边地区建设防御设施，增强港口区域的安全性；同时发挥舆论作用，宣传中巴友谊以及瓜达尔港建设的美好愿景，加强与当地百姓的直接沟通等很好地保护中国在瓜达尔港投资，保护中国公民在巴基斯坦安全。

（4）瓜达尔港建设进展

2023年是瓜达尔港口建设提出的第10年，目前瓜达尔港口建设的成效主要体现在以下几个方面：

一是基础设施建设取得阶段性进展。瓜达尔港口基础设施建设早在2016年就启动，建设内容包括码头、岸线、堤防等工程。当前第一阶段建设已经完成，据港口规划显示中方总投资额为1.98亿美元，二期工程总投资5.24亿美元。其中，码头工程已经竣工，目前是一个拥有3个2万吨级泊位，9个多功能泊位的多用途码头，可容纳大型货船和集装箱船。此外，东湾快速路正式打通投入使用、瓜达尔新国际机场成功验收即将通航、300 MW燃煤电站于2021年开始商业运营。第二阶段已于2021年7月启动，面积是第一阶段的36倍，现计划建设一个新的集装箱码头以适应更大型的船只和更多样化的货物运输。还将继续完善港口的基础设施，并加强生态环境保护工作，包括污染控制、废水处理、垃圾处理等。

二是工业园区和物流中心建设正在推进。瓜达尔自由区总占地面积约为923公顷，总投资数10亿美元。园内建设有钢铁、建材、化工、食品加工等多个产业功能区。其中中国重汽汽车城建设工作、海湾国际机器人产业园建设现已到收尾阶段。目前中国港湾公司、中国华电集团公司、中国建筑材料集团、巴基斯坦海港控股公司等中巴两国数十家企业已经入驻了瓜达尔自由区。瓜达尔港物流园区功能分区逐步完善，目前包括仓储设施、配送中心、物流管理系统等已在建设。相关配套措施如气象观测站、海水淡化厂相继建成。

三是港口运营步入正轨。2021年瓜达尔港的货物吞吐量高达5.47万吨，是2018年至2020三年的总和。从2018年起，中远海运开通了包括瓜达尔港在内的中东快航（KGS），建立起了连接瓜达尔港和世界各大港口的商业航线。目前，瓜达尔港主要集中在散货和一些集装箱货物。此外，港口后勤设施建设有序推进，码头设施、卡车停车场、集装箱堆场等项目已竣工或进入收尾阶段。为提高港口的货运能力和安全性还配备了现代化的起重设备和安保系统。

（5）评价

瓜达尔港是建设中巴经济走廊，推动中巴共同化发展的典型项目。从瓜达尔港的提出到建设运营，包括"共商共建共享"等在内的共同化的理念贯穿始终，并取得良好的发展效应。

瓜达尔港建设充分体现了"共商"的原则。具体来看，第一，瓜达尔港建设是中巴两国在一定的发展共识下，经过充分的协商共同确定的重要合作项目，是中巴双方的发展愿景深度对接结果。在共建"一带一路"早期，中巴两国就率先实现中国的《推动共建丝绸之路经济带和21世纪海上丝绸之路的愿景与行动》和巴基斯坦《巴基斯坦2025愿景规划》的对接，并在此基础上谋划了一些重大项目和工程。瓜达尔港就是其中最具代表性的对接成果。第二，瓜达尔港建设是两国领导人高度共识下谋划的旗舰型项目。2015年4月，习近平主席访问巴基斯坦期间，双方确定了"1+4"合作布局。其中，将瓜达尔港建设视为中巴双方共同打造中巴经济走廊示范工程的旗舰项目，巴基斯坦总理积极回应将瓜达尔港建设作为坚定不移地支持中巴经济走廊建设，加强与中方的合作的标志性项目。巴基斯坦、中巴两国相关部门围绕落实两国领导人共识，成立了中巴经济走廊联合工作组、中巴经济走廊执行机构等，高起点谋划、高标准定位、高水平管理、高质量发展共同推动瓜达尔港建设。

瓜达尔港建设充分体现了"共建"的原则。瓜达尔港建设过程始终秉持公平公正科学的原则。从公平角度看，瓜达尔港建设项目是中巴两国政府间合作的项目，其合作过程需要遵循国际惯例和国际法律法规。中国政府在合作中更是充分考虑了巴方的利益，保证巴方对项目的参与权和决策权，确保了合作过程公平透明。从公正角度看，项目参与各方各司其职，政府起引领作用，企业是参与主体，各国公司拥有同等机会公开竞标参与相关项目的投资和承建。从科学角度看，中巴两国在该项目具体建设和管理过程中没有采用以往现成的任何模式，而是运用系统思维，结合基础设施条件等经济基础和社会法令、文化等上层建筑，搭好顶层框架确保项目的可行性、可持续性，形成了具有较强的科学性合作模式和治理机制。

瓜达尔港建设充分体现了"共享"的原则。瓜达尔港建设时间长，经济社会效用好。瓜达尔港建设为中巴合作创设了各种机遇和平台。从中国方面看，中国企业、投资、劳务、商品在共建瓜达尔港的过程中成功"走出去"，在瓜达尔港建设过程中拓展市场空间，深度融入全球性或者区域性产业链、价值链之中。从巴基斯坦看，瓜达尔港建设改善了巴基斯坦贸易基础设施状况，提高了对外贸易便利度，为巴基斯坦融入全球贸易提供了物质支撑。瓜达尔港建设中各项基础设施项目和相关配套措施项目为当地创造5 000多个就业岗位，提高了居民收入。瓜达尔自由区内的中巴产业合作为当地带来的可观效益、先进技术、专业人才和现代化管理经验等为该地区的经济发展提供了新的动力，也促使了当地产业的转型升级将带动了上下游产业的发展。

10.3　中巴经济走廊建设的共同化机制分析

10.3.1　中巴经济走廊建设是共同化发展实践的具体体现

10.3.1.1　中巴经济走廊是"一带一路"共同化发展愿景先行项目

从愿景上看，中巴经济走廊是"一带一路"共同化发展愿景先行项目。正所谓"一带一路"是"交响乐"而非"独奏曲"，其始终以"共商共建共享"为原则，以打造利益共同体、责任共同体、命运共同体为合作目标，促进各国共同发展正是"一带一路"倡议的美好愿景。同时，世界各国发展水平存在差异，利益诉求也不太一致，每个国家都有着自身的经济梦想和发展愿景。因此，实现"一带一路"倡议与各国已有经济战略和发展愿景的对接是"一带一路"能否成功的关键所在。回顾中巴经济走廊的提出背景和发展历程可以发现，中巴经济走廊之所以能够成为"一带一路"建设中的标志性工程和先行先试项目，很大程度上缘于走廊自身具有的经济效益以及中巴两国在发展愿景上的成功对接。

就中巴经济走廊本身所带来的效益来看，中巴经济走廊建设符合沿线相关国家共同利益，发展成果惠及多国，有利于多方发展愿景的实现。对于中方而言，中巴经济走廊有利于进一步推动西部大开发战略，促进中国西部乃至更大范围地区经济社会发展，加快"一带一路"建设，提高能源运输安全性，充分发挥中国在资金、技术、产能、工程作业能力等方面优势，推动形成开放型经济新体系，打造对外开放新格局；对于巴方而言，中巴经济走廊有利于突破发展瓶颈制约，充分发挥巴基斯坦人口及资源优势，平衡区域社会经济发展，提升人民福利水平，促进国内和平稳定，优化巴基斯坦在南亚的区域优势；对于地区乃至国际而言，中巴经济走廊有利于推动形成新的国际物流网络和产业布局，提升南亚及中亚国家全球经济分工地位，更能把南亚、中亚、北非、海湾国家等通过经济、能源领域的合作紧密联合在一起形成经济共振，促进区域经济一体化发展和更大范围的互联互通①。

就中巴两国在发展愿景上的对接来看，双方展开多次协商，较早且准确地找到了在发展愿景方面的契合点。中巴经济走廊自提出时起，就充分考虑并结合两国国情，旨在推动互联互通和互利共赢，共同实现高质量发展。而这主要受到以下几点因素影响：第一，中巴两国保持高度互信，情谊源远流长。两国人民的友谊具有深厚的历史基础，可以称得上是"比山高、比海深、比蜜甜、比钢硬"。特别 2012 年以来，双方一致同意将两国关系提升为全天候战略合作伙伴关系，加速构建更加紧密的中巴命运共同体。这也意味着无论国际局势和巴基斯坦国内局势如何变化，中巴之间的友谊不会发生改变，并在两国国内享有最广泛支持。良好且稳定的双边关系为中巴两国能够开展与深化各领域务实互利合作打下了坚实的基础。第二，中巴两国政府高度重视本国发展，形成了明确的发展愿景和规划。两国均对当前阶段的国内与国际形势有较为清晰的认识，力求抓住新机遇，开拓新途径，共谋新发展。第三，中巴两国的发展愿景具有一定互补性和共同点，且实现战略对接的可操作性较强。一方面，中巴两国在产业结构、贸易结构和要素禀赋等方面具有一定优势互补，在维护区域和平稳定发展等领域具有共同目标；另一方面，中巴两国长期发展睦邻友好和互利合作关系，在多个领域已形成了一定的合作模式并取得良好成果，更易实现战略协调对接。可以明确的是，中巴经济走廊凝聚了两国的发展梦想，深刻诠释了"一带一路"倡议的共同化发展愿景，使得"一带一路"倡议受到越来越多国家的支持和认可。

10.3.1.2　中巴经济走廊是"一带一路"共同化发展实践的探索性项目

从实践上看，中巴经济走廊是"一带一路"共同化发展实践的探索性项目。当前，不断完善和落实"一带一路"已经成为中国深化自身发展、推进国际合作、推广治理理念的关键抓手。诚然，"一带一路"倡议的推进并不总是一帆风顺的，需要在实践过程中不断探索，而有着诸多优势的中巴经济走廊为此提供了良好的契机。"一带一路"倡议提出后，

<hr>

① 李奇、罗铭磊：《中巴经济走廊交通体系建设进展分析》，《交通企业管理》2020 年第 4 期，第 20-24 页。

怎样建设"一带一路"是许多国家最为关心的问题,我们在加大宣传的同时也要以实际行动向世界进行展示。从宏观规划到具体落实,从政府主导到多主体合作联动,从重点领域优先合作到多领域互联互通,中巴经济走廊建设是将两国发展愿景转化为实践的重要体现。

第一,两国政府牵头,通过顶层设计对中巴经济走廊建设进行指导。中巴双方就两国经济形势进行细致分析,就如何有效实现愿景对接和联动发展进行深入交流,在明确双方比较优势和发展问题的前提下形成了较为科学的合作规划。如巴基斯坦是一个有着2亿多人口的发展中国家,地处南亚西部,邻近中东和非洲,具有优越的地域条件、低劳动力成本和原材料优势,但长期受到能源短缺、基础设施落后、技术与资金有限等问题困扰;而中国作为世界第二大经济体,在产业领域具有完备的产业体系、巨大的技术优势和强大的执行力,可以向巴基斯坦输出优质产能。两国于2015年形成以走廊建设为中心,以瓜达尔港、能源、基础设施、产业合作为重点的"1+4"合作布局,并初步制定了修建新疆喀什市到巴方西南港口瓜达尔港的公路、铁路、油气管道及光缆覆盖"四位一体"通道的远景规划[①],在2017年发布的《中巴经济走廊远景规划(2017—2030年)》中鲜明表述了走廊的定义、范围、重要节点、空间布局和重要功能区并清晰指出了共同合作的互联互通、能源、经贸及产业园区、农业开发与扶贫、旅游、民生与民间交流和金融合作七大重点领域[②]。

第二,两国在中巴经济走廊建设过程中打造形成了政府主导、企业参与、民间促进的立体格局,多主体联动共同助力走廊建设。在政府主导方面,两国政要交流频繁,将中巴经济走廊视为关键合作项目并达成多项协议和备忘录,在政治上表现出极佳的沟通效度和政治互信,同时两国政府也在宣传推介、统筹协调、建立机制等方面充分发挥主导作用和引领作用,保证中巴经济走廊高效率高质量发展。尤其是通过两国政府引领,就走廊的管理运行问题建立了中巴经济走廊联合合作委员会工作机制(简称"联委会"),主要负责中巴经济走廊工程建设的监督和管理,并对走廊建设中的各项重点问题展开协调磋商;就走廊的建设服务问题创建了中巴经济走廊理事会,主要为中巴经济走廊建设项目提供法

---

① 王义桅:《专家详解中巴经济走廊的"一二三四五"》,中国一带一路网,https://www.yidaiyilu.gov.cn/p/11859.html。

② 贺斌:《新时代,中巴经济走廊建设驶入快车道》,光明网,https://epaper.gmw.cn/gmrb/html/2017-12/24/nw.D110000gmrb_20171224_1-08.htm。

律、税收、金融、信息、安全保障等服务，同时发挥纽带和桥梁的作用，汇聚各界力量助力并具体落实中巴经济走廊建设；就走廊的安全问题建立了多层次安全合作机制，同时巴方还设立了特别安保部队，主要保护走廊项目和人员安全。在企业参与方面，走廊已基本构建以市场为基础、企业为主体的区域经济合作机制，受到政府鼓励与支持的多家国有企业及民营企业积极参与相关项目的建设和投资，将规划落到实处，有效改善了当地民生问题和发展问题。在民间促进方面，文教机构、科技团体、大众传媒、环保组织等民间团体机构多次开展交流活动，为中巴两国实现"五通"（即政策沟通、设施联通、贸易畅通、资金融通和民心相通）贡献重要力量，推动走廊建设提质增效。

第三，在项目具体建设过程中结合现有商业模式、技术手段与实际情况因地制宜，针对重难点问题对症下药。巴基斯坦在政治、经济、社会、种族及文化背景等方面具有一定复杂性，两国政策法规差异、经济条件差异、价值观念差异、社会形态差异、经营管理差异等都是项目实施中必须面对和解决的难题，需要运用创新性思维，不断释放走廊发展潜力。这里以三个典型事例说明两国是如何巧妙采取策略推进走廊项目的顺利落实：

一是巴基斯坦的资金压力问题，为了避免加重巴方的债务负担，我国综合运用以投融资、政府贷款、无偿援助等多种模式在巴基斯坦开展项目建设，大部分由中方直接投资或提供援助，只有极少部分使用的是中方的优惠贷款，其中瓜达尔港更是一项以赠款为基础的投资①。

二是巴基斯坦 PKM 高速公路（白沙瓦至卡拉奇高速公路）项目的建设，该项目由中国建筑以 EPC 工程总承包模式承建，是迄今为止中巴经济走廊最大的交通基础设施项目，并在中巴经济走廊联委会框架下予以重点推动。为了获得当地企业与人民的支持，打造和谐稳定的建设环境，促进中巴民心相通和友谊传承，我国企业采用多种措施助力当地经济社会发展②：首先是在项目实施过程中加强建筑物资本地化采购。累计与当地合作开发取土场 531 个，采石场 129 个，租赁当地施工设备 2 600 余台/套，带动当地开采、运输、销售、设备租赁等产业经济的发展。其次是充分尊重当地宗教信仰和文化习俗。为方便 PKM 项目巴籍雇员做礼拜，中建三局出资在全线 22 个营地修建了清真寺，并在开斋节、独立日、宰牲节

---

① 宋志辉：《共建"一带一路"的典范：中巴经济走廊建设成果丰硕》，央视网，https://news.cctv.com/2022/03/21/ARTIt8RUMuurOixHn5v7Osgq220321.shtml。

② 中国对外承包工程商会，https://www.chinca.org/。

等巴重大节日与巴方开展各类联谊活动，同时制定了《中方员工行为准则》《十条禁令》《属地化员工管理办法》等规定。最后是在当地广泛开展挖井修渠、暖心助学等公益活动。如：义务为当地村落修筑便民道路79.6公里、桥梁20座、水井54个、水渠300余条；组织医疗队进村义诊3 900余人次，发放药品3 200多盒；建造学校9所，赠送书籍2 800余本，书包2 100多个；紧急开展救援行动10余次；建立巴籍困难职工救济基金，累计捐款146万卢比；积极支持当地抗击新冠疫情等。

三是能源合作项目卡西姆港燃煤电站的建设，2014年5月卡西姆港1320 MW火电项目举行奠基仪式①，中巴经济走廊首个能源项目正式启动。为了解决项目建设效率和运行效率等问题，我国企业主要采用以下方式：首先，引入混合所有制形成强有力的管理联盟，分散经营风险。卡西姆港燃煤电站项目中电建海投和AMC公司的投资比例为51%：49%②，在合作中，双方充分体现了优势互补，富有效率的经营组织特征。中国电建海投充分发挥其所拥有的全产业链整合优势去追踪产业链上下游，兼顾项目成本控制和项目推进效率；AMC公司则充分利用其在巴基斯坦的影响力，为项目推进创造良好的政治、社会环境，缓解电建海投在巴投资的外部风险。其次，采取项目主体工程与配套设施同步推进方式解决巴基斯坦基础设施条件落后的问题。巴基斯坦现有的电站配套设施与卡西姆港燃煤电站项目的建设需求存在差距，因此，在项目建设初期，中方根据差异进行调研和测算，最终决定项目主体工程与电站配套的卸煤码头及航道工程定期对接、同步推进。最后，将先进管理模式与当地实情结合建立标准制度，保障码头的安全高效运行。卡西姆港燃煤电站项目是巴基斯坦所拥有的第一个大型进口燃煤的外商电力投资项目，不可避免地存在国内现有政策法规及协议文本与卡西姆港燃煤电站建设运营要求不相符的情况。自电站码头正式运营以来，卡西姆港燃煤电站通过对标先进管理模式，结合当地实际情况不断复盘，先后建立完善码头运维的工作标准41项、管理标准82项、技术标准40项，并推动各项标准的落地执行③，为电站健康稳定的生产提供了有力保障。

---

① 《2013年5月李克强总理访问巴基斯坦提出中巴经济走廊倡议》，百度，https://baijiahao.baidu.com/s?id=1605662826473516163&wfr=spider&for=pc。

② 《中巴经济走廊又一大型能源项目——巴基斯坦卡西姆燃煤电站首机投产发电》，中华人民共和国商务部，http://karachi.mofcom.gov.cn/article/c/201711/20171102678566.shtml。

③ 张涛：《卡西姆运维项目安全运营2000天》，中国电建集团港航建设有限公司，http://harbour.powerchina.cn/art/2023/5/4/art_455_1660671.html。

10.3.1.3　中巴经济走廊是"一带一路"共同化发展实践的标志性项目

从成效上看，中巴经济走廊是"一带一路"共同化发展实践的标志性项目。目前，中巴经济走廊已启动10周年。10年来，中巴双方坚持"共商共建共享"，开展公开、透明的务实合作，共同打造"命运共同体"，不仅促进了两国的经济和社会发展，而且还惠及邻国。在经济效益方面，巴基斯坦国民生产总值由2013年的2 312亿美元增至2021年的3 483亿美元，中巴双边贸易额由2013年的142亿美元增至2021年的278亿美元，2021年中国对巴基斯坦直接投资存量和投资流量分别为74.85亿美元和7.27亿美元，较2013年增长219.5%和344.7%，对巴基斯坦承包工程完成营业额67.35亿美元，较2013年增长82.0%[1]。驻卡拉奇总领事杨云东在巴《新闻报》发表署名文章《中国式现代化》中表示[2]，中巴经济走廊累计为巴带来254亿美元直接投资，累计实现营收175.5亿美元，累计缴纳税收21.2亿美元，累计为巴方创造19.2万个就业岗位，帮助巴新增6 000 MW电力、510公里高速公路和886公里国家核心输电网，为巴经济社会发展奠定坚实基础。如此丰硕的建设成果反映出中巴经济走廊所具有的三个特点：

第一，中巴经济走廊是"一带一路"建设的先行区。我国于2013年9月—10月正式提出共建"一带一路"倡议。而早在2013年5月，时任国务院总理李克强在访问巴基斯坦期间就提出共建中巴经济走廊倡议，两国政府同意在充分论证的基础上，共同研究制订中巴经济走廊远景规划，推动中巴互联互通建设，促进中巴投资经贸合作取得更大发展。同年7月，巴基斯坦总理谢里夫在访华期间表示将把中巴经济走廊置于优先地位，双方签署了《中巴经济走廊合作备忘录》，并同意成立联合合作委员会研究制订中巴经济走廊规划。2014年2月，巴基斯坦总统侯赛因访华，中巴双方一致同意加速推进中巴经济走廊建设，标志着这一"世纪里程碑"项目将步入"快车道"[3]。得益于良好的优势条件和清晰的战略规划，中巴经济走廊在共建"一带一路"倡议提出前就已经具备了坚实的基础，并在"一带一路"倡议提出后第一时间加速推进，从构想转

---

①　中经数据，https://ceidata.cei.cn/jsps/Default，国家统计局，https://www.stats.gov.cn/。

②　《驻卡拉奇总领事杨云东在巴〈新闻报〉发表署名文章〈中国式现代化〉》，中华人民共和国驻卡拉奇总领事馆，http://karachi.china-consulate.gov.cn/zlgdt/202311/t20231103_11173314.htm。

③　马卓敏：《中巴经济走廊建设落地》，人民网，http://paper.people.com.cn/zgcsb/html/2015-04/27/content_1565192.htm。

化为实践，成为"一带一路"建设的先行区。

第二，中巴经济走廊具有引领性。这种引领性主要体现在两方面：一方面是对中巴两国深化务实合作具有引领作用，"1+4"合作布局明确将经济走廊建设作为中心，围绕中巴经济走廊开展全方位、多领域的合作，通过共建中巴经济走廊进一步密切和强化中巴全天候战略合作伙伴关系，不断充实两国命运共同体的内涵。另一方面是对"一带一路"发展具有引领作用，中巴经济走廊在"一带一路"建设过程中起步早进展快，截至2021年9月，中巴经济走廊第一阶段的22个优先项目已基本完成[1]，目前中巴经济走廊已超越双边范畴，体现出多边辐射和激励效应等特点。

第三，中巴经济走廊具有示范性。相对现有国际合作模式和机制而言，中巴经济走廊没有完全合适的发展模式可以效仿，主要通过我国与巴方秉持"共商共建共享"原则，积极进行规划对接、目标协调、政策沟通，坚持经济发展与安全保障并重，根据具体情况制订科学的合作规划，探索不同的合作方式，落实合作项目，实施路径措施，从而不断释放走廊促增长、惠民生的积极效应。由此形成的合作模式和治理机制具有较强的适用性、互利性和可持续性，对双边乃至多边合作起到良好的示范作用。丰硕的建设成果也进一步证明，中巴经济走廊没有政治意图，也不是地缘战略工具，而是助力共同化发展的典范。

10.3.2 推动中巴经济走廊建设形成的经验

纵观世界经济发展，以西方发达国家为主导的全球化形成了具有整体性、差异性和不平等性的"中心—外围"依附体系以及追求高效率的全球价值链分工体系，在带动发展的同时却造成世界经济出现严重失衡与两极分化，"逆全球化"思潮愈演愈烈，其本质上是一种不平衡不充分的全球化。据世界银行发布的一项报告显示，"一带一路"倡议走廊沿线经济体的贸易低于其潜力30%，外国直接投资低于其潜力70%。而这些经济体占全球商品出口的比例接近40%，占外国直接投资（FDI）流入的比例为35%[2]。但许多走廊沿线经济体，特别是低收入国家往往未能充分

---

[1] 《专题研究：中巴经济走廊建设现状及趋势》，华信研究院，https://huaxin.phei.com.cn/gain/307.html。

[2] 《"一带一路"经济学：交通走廊的机遇与风险》，世界银行集团，https://www.shihang.org/zh/topic/regional-integration/publication/belt-and-road-economics-opportunities-and-risks-of-transport-corridors。

融入区域市场和世界市场，贸易水平低，外资流入少，全球价值链参与度低。由于跨国资本过度追求自身利润的增长而漠视东道国发展的普惠性，许多发展中国家想要完全通过传统国际贸易或投资实现本国可持续发展具有较大难度，仅依靠自身按照传统的工业化理论[①]（主要包括平衡增长与大推进战略、不平衡增长与联系效应理论和主导部门优先发展战略）推进基础设施建设又缺乏一定可行性，最终陷入发展困境。面对世界百年之未有大变局，我国提出一系列开创性、引领性的新理念新主张新倡议，为共创美好世界贡献了中国智慧和中国方案，助力全球共同化发展、可持续发展和包容发展。

中巴经济走廊正是中国智慧和中国方案的具体表现之一。与传统的国际合作不同，中巴经济走廊建设不带有任何强权政治色彩，也不将追求短期收益作为主要目标，更不具有封闭性和排他性，而是以共同化理念为指引，以发展愿景对接为出发点，谋求实现各方可持续高质量发展。

10.3.2.1　中巴经济走廊建设以双方发展战略高度对接为引领

实现中国与巴基斯坦发展战略的对接中巴经济走廊取得成功的关键所在。中国与巴基斯坦是山水相连的邻邦，两国的友谊具有深厚的历史基础。巴基斯坦是最早承认我国的国家之一，也是首个同新中国建立外交关系的伊斯兰国家。1951年5月21日，中巴两国正式建立外交关系。建交以来，两国在和平共处五项原则的基础上发展睦邻友好和互利合作关系，总体进展顺利[②]。2012年后中巴两国关系进一步发展，双方一致同意构建中巴命运共同体，将两国关系提升为全天候战略合作伙伴关系。中国始终秉持亲诚惠容的周边外交理念，尊重巴基斯坦的发展愿景和规划，支持巴基斯坦走符合本国国情的发展道路，主张睦邻友好，谋求共同发展。中巴双方较早且准确地找到了在发展愿景方面的契合点，发展战略对接意愿较强，希望就多个领域展开与深化务实合作。中巴经济走廊由此应运而生，成为两国携手共建命运共同体的主要合作平台，并以双方战略规划为抓手。走廊建设启动10年以来，中巴双方围绕战略对接不断加强国家之间各层级沟通和机制性磋商，达成了一系列重要协议，通过推动走廊建设帮助解决两国在发展过程中所面临的重点问题，实现发展目标。

[①]　郭熙保:《发展经济学》,高等教育出版社,2019,第162页。

[②]　《中国同巴基斯坦的关系》,中华人民共和国外交部,http://cja40.fmprc.gov.cn/gjhdq_676201/gj_676203/yz_676205/1206_676308/sbgx_676312/。

10.3.2.2　中巴经济走廊建设以务实的合作行动为支撑

中巴经济走廊作为新时代中巴合作的标志性工程，受到两国政府的高度重视。对于这条意义重大的走廊，双方也采取了一系列务实行动。在合作规划方面，两国于2015年形成以走廊建设为中心，以瓜达尔港、能源、基础设施、产业合作为重点的"1+4"合作布局，于2016年提出走廊建设要以基础设施互联互通为先导、以国际产能合作为核心、以产业集聚区建设为载体，于2017年正式发布《中巴经济走廊远景规划（2017—2030年）》并将中国"一带一路"倡议和巴基斯坦"愿景2025"进行对接。在合作机制方面，两国形成了较为完善的对接机制、联通机制和联动机制。其中，对接机制体现为通过以政府官方为主的正式对接及以企业和民间组织为主的非正式对接，为中巴经济走廊建设提供制度环境保障；联通机制体现走廊建设以基础设施建设为先导，以规则标准制定为基础，以两国人民友好关系建立为关键，在"硬联通""软联通""心联通"上持续努力，不断扩大双方合作空间；联动机制体现为通过互联互通加强两国在多领域的联系，共建开放市场及跨境产业链，力争实现经济的联动发展。务实的合作行动支撑着中巴经济走廊建设能够在实践探索中行稳致远，不断前行。

10.3.2.3　中巴经济走廊建设以"1+4"布局为核心

我国在走廊建设过程中高度重视因廊施策和因地制宜。中巴经济走廊建设充分考虑并结合两国国情，将两国发展优势进行互补。能源短缺、基础设施落后、产业结构失衡是长期制约巴基斯坦发展的突出难题，而中国在产业领域具有完备的产业体系、巨大的技术优势和强大的执行力，可以向巴基斯坦输出优质产能。双方秉持"共商共建共享"原则，积极进行规划对接、目标协调、政策沟通，在建设初期就确立了"1+4"合作布局，即以走廊建设为中心，以瓜达尔港、能源、基础设施、产业合作为四大重点合作领域。这就意味着虽然中巴经济走廊涵盖内容较广，但并不是平均用力，而是优先围绕重点领域展开务实合作，通过重点项目的基础性支撑作用和辐射带动作用进一步拓宽合作领域，逐渐激发走廊发展潜力，最终实现多领域的互联互通，助力两国互利共赢和联动发展。同时在"1+4"合作布局的实施过程中，中巴两国会根据具体情况制定科学的合作规划，探索不同的合作方式，从而高效落实合作项目，精准实施路径措施，不断释放走廊高标准、可持续、惠民生的积极效应。

10.4 共建中巴经济走廊的启示

10.4.1 对未来推动中巴经济走廊建设
转向高质量建设阶段的启示

10.4.1.1 重视双方发展需求，巩固走廊合作成果

中巴经济走廊既是一项合作共赢的项目，更是两国"铁杆情谊"不断升华的重要体现，能够促进地区互联互通，给整个地区带来繁荣和发展。目前，中巴经济走廊第一阶段的22个优先项目已基本完成，通过第一阶段建设，中国的西部大开发战略实施和开放型经济新体系进一步发展，巴基斯坦能源短缺问题得到较大缓解，交通基础设施建设更加完善，民生福祉显著提升，这些成果充分证明了关于中巴经济走廊的决策是正确的。对于下一阶段的建设，中巴两国政府要继续创造良好的发展环境，在巩固和利用第一阶段合作成果的基础上结合双方利益诉求完善现有发展规划，加强优势互补、互学互鉴和互惠互利，进一步提升互联互通水平，扩大双方高层交往与人文交流，使得中巴经济走廊更有韧性、更具活力。同时，对于一些有意参与走廊建设的国家要认真对待，尝试建立合作关系。

10.4.1.2 加大宣传力度，强化多方联动机制

一方面，要加大关于中巴经济走廊的宣传力度，让世界对中巴经济走廊有更为清晰的了解和认知，提升各主体参与走廊建设的积极性。另一方面，政府主导、企业参与、民间促进的多方联动机制为中巴经济走廊建设注入了强大的力量，在未来的建设中可以进一步强化，实现政府、市场、社会的有机结合。其中，政府是合作的主导者，要在宣传推介、加强协调、建立机制等方面充分发挥主导作用和引领作用，为社会资本和民间力量的参与提供支持、引导、服务和保障，保证中巴经济走廊高效率高质量发展；企业是中巴经济走廊建设的主体，现有的对外投资案例体现出企业要提升规划和运营能力，尤其要加强市场调研和风险预警机制的建立，实现走廊发展与企业利益的高度契合；民间机构是重要的促进者，通过民间组织在人文、科技等领域的交流，可以有效增进双方民众之间的相互了解和友谊，为中巴经济走廊建设奠定更加牢固的民意基础。

10.4.1.3 加强走廊风险防范，构筑安全防护网

风险防范和安全维护是中巴经济走廊建设的重难点问题之一，长期受到中巴两国政府高度重视。当前，巴基斯坦的内外部环境仍不够稳定，甚至发生过一些恶性事件，给中巴经济走廊建设进程带来负面影响，使得中巴经济走廊在一定程度上存在着安全隐患。在下一步的建设中，中国一方面要坚决维护中巴经济走廊沿线及周边地区的和平稳定，通过积极参与双边、区域和跨区域安全合作提升对中巴经济走廊建设的系统性风险处理能力，为中巴经济走廊营造安全稳定的发展环境；另一方面要加强与巴方政府间合作，进一步做好关于走廊建设的风险规划，尤其要根据巴基斯坦国内各个地区的安全形势因地制宜，采取强有力的措施建立和完善安保体系，构筑多层次的安全防护网，保障在建项目及人员安全。

10.4.1.4 加强走廊建设智力支持，构建学术交流合作机制

中巴两国政府高度重视不同学科领域的科研学术交流与合作，长期以来采取多项措施促进知识的互学互鉴。特别是在中巴经济走廊建设启动后，相关部门围绕走廊的科学决策和顺利推进开展联合研究，通过提供有效的智力支持使得走廊建设能够朝着正确方向加速前行。同时，我们也要充分意识到中巴经济走廊建设并不是一蹴而就的，随着走廊建设过程中一些新问题与新挑战逐渐显现，两国在科学研究上也要与时俱进，不断深化，结合实际情况探讨新的解决方案，提高科研成果的产出效率。因此，两国需进一步加强科研学术界的互学互鉴和互通互信，完善中巴科研学术交流与合作机制的建设。具体来说，一是要构建高层次高水平的中巴各领域学术交流探讨机制，二是要构建关于中巴经济走廊的展开推进及项目建设的联合研究机制，三是要构建有关中巴经济走廊的知识与信息共享机制。

10.4.2 对未来推动"一带一路"共同化发展和共同体治理的启示

10.4.2.1 推动构建"一带一路"合作伙伴关系，形成良好的对接机制

友好稳定的伙伴关系是国家之间得以展开合作的前提和基础。我国通过继承发展包括和平共处五项原则在内的近代以来国际关系演变积累的一系列公认原则和精神，在统筹国内国际两个大局、统筹发展安全两件大事的基础上，提出构建以相互尊重、公平正义、合作共赢为要领的新型国际关系，开辟了"对话而不对抗、结伴而不结盟"的国与国交往

新路。新型国际关系的内涵在中巴两国交往过程中得到充分体现，而基于新型国际关系蓬勃发展的中巴经济走廊也向世界证明，该倡议顺应时代潮流，适应发展规律，符合各国人民利益。我国在未来外交过程中要继续积极发展新型国际关系，坚持和平自主的外交政策，完善国家之间各层级沟通和机制性措施，既要推进高层交往，也要加强人文交流，尤其要以"一带一路"为契机，寻找不同国家在发展愿景上的契合之处，统筹利益交汇点，实现发展战略的高度对接，从而形成良好的对接机制。

10.4.2.2 以"软联通""硬联通""心联通"为抓手，形成良好的联通机制

中巴经济走廊建设既将基础设施"硬联通"作为重要方向，也注重贯彻将规则标准"软联通"作为重要支撑，将同共建中巴两国人民"心联通"作为重要基础，深入落实"软联通""硬联通""心联通"推动走廊建设提质增效。"一带一路"高质量发展需要三个联通相辅相成，从而形成良好的联通机制。

首先，以基础设施建设为主的"硬联通"是"一带一路"建设的优先领域，也是使许多沿线发展中国家摆脱经济发展桎梏的突破口，包括交通基础设施建设、能源基础设施建设、信息基础设施建设等方面内容。而良好的"硬联通"建设有利于稳定畅通国际产业链、供应链，为各国经济增长赋能。因此，在未来"一带一路"发展过程中，要以基础设施建设为依托，稳步推进国际大通道建设，加强"硬联通"治理体系完善，实现高水平、高技术、可持续的"硬联通"。

其次，以规则标准对接为主的"软联通"是"一带一路"建设的支撑，一般来说，"软联通"主要体现在政策协调、规则调整和标准对接三个方面，涵盖安全、科研、投资、贸易、环保等领域。目前在"一带一路"建设实践中，政策有矛盾、规则有冲突、标准不匹配是具有一定共性且亟待解决的问题，需要在未来发展过程中不断完善，加强协商，为"一带一路"合作持续推进提供有效保障。

同时，以共同建立各国人民深厚情谊为主的"心联通"是"一带一路"建设的重要基础，正所谓国之交在民相亲，"民心相通"旨在推动沿线各国人民相互了解、相互帮助、相互支撑，为开展合作打造坚实的民意基础。因此，"一带一路"建设一方面要开展丰富多样的人文交流，加强文化互鉴，另一方面在项目建设过程中可以适当注重当地民众的获得感、参与感、成就感，项目成果要在一定程度上帮助改善当地民生水平。

10.4.2.3 加强产业链和市场拓展，形成良好的联动机制

通过中巴经济走廊建设，中巴两国的市场和产业链产生了更为广泛的联系，在原有基础上得到进一步拓展，并由此带来了巨大的经济和社会效益。推动共建国家及地区经济联动发展是"一带一路"倡议的成功关键，也是战略对接和互联互通的必然结果。而市场和产业链是实现经济联动的主要途径，想要促进区域经济进一步开放、交流、融合，就必须加强产业链和市场拓展。通过建立不同国家间产业链及市场的联系：一是有利于促进贸易和投资的流动，共享先进的知识技术，实现资源的优化配置，提高生产效率；二是有利于获得更为丰富的产品和服务，给民众带来多样化选择，提高消费者福利；三是有利于通过国内外产业链、供应链互联互动，促进国内产业转型升级，优化经济结构；四是有利于形成新的国际物流网络和产业布局，提高共建国家在国际分工中的地位。因此，参与合作的各个国家要充分发挥在资源、技术、制度、地理位置等方面的优势，坚持合作共赢理念，秉持"共商共建共享"原则，加强优势互补、互学互鉴和互惠互利，齐心协力共同建设和治理开放市场及跨境产业链，从而形成良好的联动机制，实现各国经济联动发展，构建人类命运共同体。

第十一章　共同化发展愿景下
园区建设的实践案例分析
——以中白工业园区为例

本章导语： 产业园区一般是指若干特定的企业在政府作用下整合聚集在某个规划好的特定区域中，区域内的各企业联系紧密、分工协作，形成产业集群和产业链条。自从产业园区被霍尔和喀斯特尔在其著作中誉为知识经济时代的矿山和工厂之后，就在全世界范围内迅速获得蓬勃发展。1947年，原斯坦福大学校长特曼最先提出建设产业园区的设想，后1951年斯坦福产业园区建成，经过不断发展成为"硅谷"产业园区，被大多数专家学者看作是产业园区建设的开端。随着知识经济时代的到来，产业园区建设在全世界范围内快速兴起，自贸区、免税区、保税区、高新技术产业园、生态园区、特色工业园、开发区、研究园等各式各样的园区都属于产业园区，类型繁多、功能不一，成为新的经济增长点和增长极，承载着经济发展的期望。

改革开放以来，园区建设的成功实践在引领区域经济发展、促进经济体制改革、发展开放型经济、改善投资环境、加快产业集聚、构建产业链等方面发挥了不可磨灭的作用，它贯穿了改革开放政策施行的始终，也充分体现了中国工业化发展进程。在园区建设中，中国通过多年探索积累了相当丰富的实践经验，这也引起了发展中国家的广泛关注。2013年通过"一带一路"倡议的提出促使园区建设"走出去"，一大批境外园区在"一带一路"共建地区遍地开花。截至2023年——"一带一路"10周年之际，中国已经建设了248个境外经贸合作区，其中有223个分布在"一带一路"地区，有20个已经通过商务部考核[①]。于中国企业而言，这些境外园区通过完善的产业服务体系和基础设施水平以及集成带来的成本优势和低风险优势承载了其进行海外发展的较优选择，推动企业加大规模抱团"走出去"。于中国产业发展而言，通过主动建设境外园区作为"海外经济飞地"，既可以减轻发达国家重塑产业链价值分配带来的中高端产业发展阻力，又可以应对其他发展中国家在中低端制造领域拥有资

---

① 章平、毛桂蓉：《经济特区赋能共建"一带一路"高质量发展的理论、实践与思路——以境外经济贸易合作区为例》，中共杭州市委党校学报，http://xueb.hzswdx.gov.cn/CN/abstract/abstract2290.shtml。

源、劳动密集优势带来的挑战。境外园区积极把中国的具体实践同东道国的实际需求相结合：从短期看，境外园区已经帮助很多发展中国家增加了贸易往来，提高相对较低的经济发展水平，改善了这些发展中国家以往在贸易外围结构中被动参与全球贸易或者过度依赖强国的境况，为当地创造了不计其数的就业岗位；从长远看，境外园区是中国持续发展对外开放战略的窗口，是与其他国家保持良好贸易往来的站点，是经济全球化背景下各国深度参与、互利互惠、合作共赢的典范，是帮助共建"一带一路"国家实现联合国2030年可持续发展议程的重要平台。

　　"一带一路"境外园区建设经历了自主探索期、政府引导期和蓬勃发展期，整体而言呈现从无到有、从小到大、从点到面、从单一到多元的发展趋势。境外园区既深化了与东道国的经贸合作往来，也助力了其工业化和现代化进程，是中国对外开放、共建"一带一路"的重要载体和平台。目前这些境外园区按照功能主要可以划分为以下几类：资源开发型、加工制造型、商贸物流型、农业生产型、科技研发型和综合型。从产业选择角度来看，境外园区主导的产业主要集中在资源密集型和劳动密集型，并逐渐向物流园、科技园、综合园等高级功能和多功能方向发展。按照主要运营模式可以分为企业自主运营模式、企业联合运营模式和政企合作运营模式。政企合作运营模式逐渐成为常见和主流。通过政府牵头、国企带队，在"一带一路"沿线的境外园区建设累计投资571.3亿元，累计创造就业岗位42.1万个[1]，可见其已然成为能够解决东道国问题并带动东道国发展的重要引擎。同时，以合作促发展，以合作谋未来，也是"一带一路"境外园区作为共同化发展愿景下经济发展重要构件之一的深刻体现。所以未来面向联合国2030年可持续发展议程中的17个可持续发展目标以及"一带一路"倡议中多元、自主、平衡和可持续发展的愿景，与东道主国家合作进行境外园区建设仍然是促进共同化经济发展的重要举措。但与过去不同的是，它被赋予了更深刻的内涵、更强劲的动力和更高质量的要求。在共同化发展愿景下，需要有更牢固的合作、更科学的安排和更合理的定位才能应对新的风险和挑战，实现全世界各个国家"一个都不能少"的发展理想。

　　在众多"一带一路"境外园区中，中国和白俄罗斯合作建设的中白工业园是一个标志性项目，它曾被习近平总书记誉为丝绸之路经济带上的一颗明珠，同时该园区也是被两国首脑认可的共建"一带一路"的样

---

　　① 徐秀军：《全球经贸格局重构与高质量共建"一带一路"》，习近平外交思想和新时代中国外交，http://cn.chinadiplomacy.org.cn/2023-09/22/content_116704153.shtml。

板工程之一，是中白两国之间最大的投资合作项目，是"一带一路"沿线经贸合作区中层次最高、占地面积最大、（预期）投资规模最大、政策条件最优越、建设运营时间较久、建设效果非常好的园区之一，故以它为案例进行分析对"一带一路"其他园区建设具有良好的借鉴意义和启示效果。

11.1 中白工业园区建设的缘起、举措与成效

11.1.1 中白工业园区建设的缘起

中国依托园区这一产能合作模式来发展经济的卓越成效引起了其他发展中国家的注意。早在"一带一路"倡议提出之前，白俄罗斯总统就表达过想要向中国学习经济建设的想法。2010年3月，时任副主席的习近平访问白俄罗斯，白俄罗斯总统卢卡申科提出了在白俄境内与中国合作共建中白工业园，这一提议得到了两国元首的大力支持和推动。同年仅仅7个月之后，白俄罗斯经济部就与中国中工国际就这一提议签署了具体协议。次年9月，《中华人民共和国政府和白俄罗斯共和国政府关于中白工业园的协定》这一统领性文件被成功签署，标志着中白工业园正式成为了两国政府间的合作项目。

除了两国发展战略层面的良好对接，中白工业园的缘起还关于以下几个层面：

首先是区位层面。白俄罗斯的地理位置非常优越，与其共建经济园区具有明显的区位优势。它位于东欧平原西部，处于欧亚运输走廊的十字路口，是丝绸之路经济带上将欧洲、亚洲两个大洲连接起来的桥梁，欧洲通往亚洲方向的主要运输通道如铁路、公路、水运、空运等都会经过白俄罗斯，目前大部分中欧班列也会途径白俄罗斯。而中白工业园的选址也非常"讲究"，它位于白俄罗斯首都明斯克市以东大约25公里，毗邻明斯克国际机场、铁路、柏林—莫斯科的公路干线，是原先明斯克卫星城的选址改版处。这样的地理位置使中白工业园可以借助明斯克国际机场的空港优势，以及周边便利的交通，打造出一个面向欧亚经济联盟和欧盟巨大市场的据点，又可以充分利用明斯克市及其周边城市的科学技术和劳动力人才资源。

其次是经济层面。对于白俄罗斯而言，与中国联手共建"一带一路"境外园区是改善国内不景气的经济境况、改变经济下行趋势的一个机遇。

白俄罗斯属于外向型经济体，经济合作主要依赖俄罗斯，由于2008年金融危机、俄罗斯经济下滑、国际油价暴跌等因素给白俄罗斯经济造成重创。在这样的情况下，白俄罗斯政府也意识到依靠某一国家的单一经济结构抗风险力较弱，要想保持一个国家的经济健康平稳运行，必须与全球其他国家加强贸易往来。而中国经过改革开放后几十年的经济建设，在许多领域取得了令人瞩目的成绩，积攒了丰富经验，并且一贯坚持对外开放的战略和共建人类命运共同体的理念，借助"一带一路"倡议的契机既有意愿也有能力为白俄罗斯发展经济提供帮助。对于中国而言，白俄罗斯背后代表的是一个囊括了至少6亿人的、包含欧盟和欧亚经济联盟在内的巨大市场，所以这一合作可以将中白工业园区作为一个中国企业和中国产品"走出去"的窗口和平台，作为一个承接我国优势产能"走出去"的重要途径。同时可以作为一个中国与东道主国家共同打造境外产业园的示范样本，彰显中国践行"一带一路"倡议、帮助其他有意愿的发展中国家经济发展的干劲和决心，有利于打消国际上一直以来相关的怀疑声音。

最后是较完备的建设基础。就像"万丈高楼"也不可拔地而起，中白工业园之所以能够建成，也有赖于其他建园条件的考虑。一方面，具有稳定的政治环境和经济形势是建设好一个境外园区的基础条件，而白俄罗斯在满足上述条件的基础上，还具有较为完备的基础设施建设，较宽松的投资环境和素质较高但价格不高的劳动力等有利因素；另一方面，白俄罗斯作为苏联的分支之一，继承和保留了部分苏联良好的工业基础和科技基础，拥有较为完备的工业部门和较强的科技实力，非常有助于实现将中白工业园打造成一个高科技园区的愿景。

11.1.2　中白工业园区建设的举措

中白工业园的成功建成和投入运营是多方努力的结果，根据对建设历程的总结和提炼，其中有部分重要举措值得注意：

——两国政府合作推进园区走上开发正轨

2012年，园区的投资开发主体——中白工业园区开发股份有限公司由两国共同发起设立，负责推动园区的开发建设。尽管早早就签署好协定，此后3年，由于跨国沟通协商难、建设如此之大园区经验不足等难题，3年内都没有实质动工。"一带一路"倡议提出后，中白两方政府加快了协商频率和效率，2014—2015年是推进中白工业园发展的关键快速时期。2014年，时任中国总理的李克强会见了白俄罗斯总理米亚斯尼科维奇，双方宣布要合作推进《中白全面战略伙伴关系发展规划》的实施，要把中白工业园做大做强。在两国副总理级牵头下，中白政府间协调委员会建成，下设工作组。通过双方工作组之间的务实沟通和决策，中白工业园的资金、基础设施建设、招商引资、援助以及培训等方面得到了有效推动和落实，大大加速了中白工业园的发展进程。同年9月，中国推进"一带一路"建设工作领导小组的组长张高丽访问白俄罗斯。之后，中工国际的母公司国机集团和拥有百年历史和丰富经验的招商局集团先后参股了中白工业园区开发股份有限公司。2015年5月，中白两国元首莅临中白工业园视察建设情况，见证中白工业园区管委会为首批签约的7家企业颁发入园证书[①]，并在园区发展蓝图上题名。

——先进规划科学管理保障园区百年大计

园区的具体规划设计由中白工业园区开发股份有限公司负责，在邀请专家组实地考察的基础上，耗时耗力于2012年2月制定出了中白工业园总体规划的国内版，于次年7月通过了白俄罗斯国家鉴定。总体规划由中方进行前期设计、白方进行后期修改完善，规划内容不仅包括单纯的建设规划，还将产业、环境保护等综合内容囊括在内，考虑周到、细致。这份规划还用心地结合了中白两国的资源禀赋优势和区位条件，按照园区需要的产业和功能要求将其细分为八大功能区，例如高新技术区、综合制造区、生产研发区、中央商务区等，全方位保障产业链发展。另外，在当时的背景下中国合作建设的境外园区中科技类园区数目占比较少，所以结合白俄罗斯优势将中白工业园定位为高新技术产业园区，这体现了先进规划理念。同时，中白工业园区规划满足了不同阶段的发展需求，并预留了足够的发展弹性空间。在一期城市设计中，坚持用地功能明确且兼容原则，形成了园区集精细化工、高端制造、电子信息、生物医药和保税物流于一体的"4+1"产业空间布局。另外，中白工业园区在设计之初，相关负责人就专门跑到拥有最先进经验的苏州工业园学习园区建设。在管理架构上，借鉴了苏州工业园的思路设置出三级管理架构：由中白政府间协调委员会主要负责第一级，园区管委会承担第二级，中白工业园区开发股份有限公司作为第三级。第一级以双方国家管理机构代表为主要构成，从宏观层面统筹推进园区事务；第二级由白俄罗斯部长会议批准成立，在白方境内负责为园区提供综合行政服务和管理服务，免除企业的后顾之忧，其主任由白俄罗斯总统任免；第三级则由各

---

① 左娅:《国机集团加快建设中白工业园(共建"一带一路")》,人民网,http://house.people. com.cn/n1/2015/1216/c164220-27933873.html。

个参股公司构成，主要负责园区的具体建设事宜，包括土地开发、招商引资、物业管理、经营管理和商业咨询等。这样权责分明、层层递进的管理架构对于境外园区打破交流壁垒、提高办事效率至关重要。

——基础设施建设先行保证园区尽早运营

2015年，中白工业园正式动工建设。到年底时，总投资1.5亿美元的招商局中白商贸物流园作为首个入园项目准备开工建设。2016年底，园区的一期起步区完成了市政设施的配套建设，其中包括写字楼、标准厂房和仓储中心等总计3.5平方公里的基础设施和总计8.5平方公里的基础配套设施[1]，形成515公顷经营性土地[2]，招商环境得到极大改善，可以接受任何类型企业入驻，园区初步显露出雏形。2018年底，中白工业园如期启动二期规划设计工作。2021年底，中白工业园已经按照规划建成了9栋标准厂房。71 000平方米的仓储中心、21 000平方米的物流交易展示中心和6 500平方米的商务中心建成并全部投入运营使用[3]。截至2023年，园区已经从以基础设施建设为主转入了下一个阶段，即设施建设和开发运营并重的高质量发展阶段。

——以总统令形式确保优惠政策惠及企业

白俄罗斯总统卢卡申科为了中白工业园的顺利建设先后三次颁布过总统令。第一次是2012年6月，初次为该领土确立法律保障制度签发第253号总统令，赋予入园企业前10年免税优惠和第二个10年的减免一半税费优惠，以及99年的土地使用权。第二次是2017年5月，为扩大优惠数量并促使工业园成为欧亚经济联盟中最佳业务平台之一签发了第166号总统令。第三次是2021年7月，发布了有关中白工业园发展的第215号总统令，突出亮点在于创新活动主体可以在为期2年的初创期内享受到中白工业园的优惠政策，保证创新主体在园区的顺利落地。

——灵活调整招商策略吸引企业积极入园

在招商引资方面，最初由于园区建立时高科技产业园的定位，园区管委会设置了严格的筛选条件和准入范围，一方面令许多有心入园企业徘徊门外、望而却步，另一方面使得工业园起步阶段多为技术密集、资

---

① 赵红霞、任堃：《中白工业园发展现状及挑战分析》，《河北企业》2019年第6期，第98–99页。

② 赵会荣：《"一带一路"高质量发展与境外经贸合作区建设——以中白工业园为例》，《欧亚经济》2019年第6期，第46–63页。

③ 《中白工业园：中白两国友好合作的典范》，中国一带一路网，https://www.yidaiyilu.gov.cn/p/282826.html。

金密集型的高新技术企业，难以形成产业规模。所以2016年底仅有8家企业入园，后经过中方和白方共同优化调整招商策略、利用博览会平台推广宣传，园区内入驻企业数量不断增加、类型逐渐丰富，每年都有来自各国的招商引资考察团到园区参观。2017年，有15家企业签订了入园协议。2018年，有19家居民企业被吸引入驻园区。截至2023年3月，园区已接受来自15个国家的107家企业入驻，其中，中资企业50家，白俄罗斯资本企业37家，其他国家资本企业20家；协议投资总额增加到13.365 2亿美元①。入驻企业涵盖机械制造、电子商务、新材料、中医药、人工智能、5G网络开发等领域。

11.1.3 中白工业园区建设取得的基本成效

中白工业园作为"一带一路"倡议下的示范工程，秉持着"共商共建共享"的原则，在继续深化国际贸易合作的同时已经帮助白俄罗斯在经济、社会、绿色等方面取得了一些基本成效，成为推动白俄罗斯贸易和经济增长的引擎，也在促进白俄罗斯实现可持续发展目标方面具有潜力（见表11-1）。

表11-1　中白工业园基本成效的相关指标

经营指标/单位	年份					
	2016	2017	2018	2019	2020	2021
产品出口值/百万美元	2.2	12.8	27.8	33.0	76.2	87.9
销售收入/百万卢布	3.3	5.7	15.5	58.5	183.5	372.3
工业总产值/百万卢布	—	—	8.1	31.6	138.8	299.2
员工数量/人	22	59	301	617	1115	1843

（数据来源：白俄罗斯共和国国家统计委员会）

经济成效。从表11-1中的数据可以看出，园区居民企业的产品出口值、销售收入、工业总产值均呈现年年递增的趋势。就产品出口值而言，2016—2021年年均增长率为152.8%，2021年居民企业的产品出口值同比增长153.5%，达87.9百万美元；销售收入2016—2021年年均增长率167.7%，2021年销售收入同比增长102.9%，达372.3百万卢布；工业总产值2018—2021年年均增长率为248.3%，园区居民企业的工业总产值

---

① 张妮、肖新新：《"丝绸之路经济带上的明珠"！中白工业园，以产业联通欧亚大陆》，环球网，https://world.huanqiu.com/article/4Bvu1CymQnA。

2021年同比增长115.6%，达299.2百万卢布。园区企业2021年总体净利润实现盈利，达1 390万卢布，2022年园区企业净利润达3 410万卢布，同比增长140%。目前，中白工业园已有来自15个国家的107家企业入驻，其中，中资企业50家，占比46.73%；白俄罗斯资本企业37家，占比34.6%；欧美及其他国家资本企业20家，协议投资总额达13.365亿美元。此外，"白俄罗斯国家馆"电商项目于2022年6月在京东、抖音平台投入运营，项目通过直播带货优质白俄罗斯产品等形式，实现去年累计销售额893.35万元人民币。由此可知，通过中白两国国际产能合作有效地拉动了白俄罗斯国内的经济增长。

社会成效。数据显示，中白工业园员工数量呈极速增长的态势，在2020年就突破了1 000人大关，园区提供了较多的就业岗位极大地容纳了白方当地员工，缓解了当地政府和居民的就业压力。据了解，在建设初期，中白工业园就以高于当地平均月薪的工资标准吸引了人才，调动了建设者的积极性。早在2016年，园区就始终坚持"共商共建共享"原则，坚持雇佣当地工作人员，超过5 000名，同时能在当地租用购买的设备就尽量在当地租用购买，金额达到了1.2亿美元。同时，在新冠疫情期间，园区积极履行社会责任，向当地捐赠各种医疗物资，保障了园区建设和工作的顺利进行。值得一提的是，园区建设在规划期就明确了产城融合的顶层设计，为工作人员修建住宅楼，一层还配有商店、医疗站和邮局，避免了园区员工远距离通勤，极大地提升了员工的工作幸福感。此外，中白工业园还积极参与白俄罗斯各种社会公益事业来践行民心相通。目前，在校企合作领域，中白工业园也进行积极探索。2022年5月12日中白工业园园区日，明斯克国立语言大学与中白工业园开发公司签署了校企合作协议，双方同意在包括联合培养学生、学生实习就业等方面展开深入合作，这一举措为园区建设注入新的活力。

绿色成效。在中白工业园的整个建设运营过程中都将环境保护、绿色发展放在十分重要的地位。首先在规划初期就明确提出要将园区建设成为绿色生态、节能环保园区。中国企业在开发建设过程中始终将环境保护作为红线，保留了园区内的15个村庄和13个种植园；同时严格遵守白方和国际环境政策要求，制定了相对应的环境保护措施，建设污水处理厂，将绿色标准应用于建筑设计中，降低能耗；此外，园区还对招商企业设定了绿色标准，对污染企业坚决拒绝入驻，对符合标准的入园企业，提出要履行园区绿色职责，及时植树。目前，中白工业园已获得环境管理体系认证（EMAS，即欧盟生态管理与审核系统）和职业健康与安全管理体系认证（OHSAS），国际性认证将促使园区针对生态环境保护和绿色可持续发展形成更具规范性的管理制度和措施，进一步提高园区的可持续发展水平。

11.2 中白工业园区建设中蕴含的共同化机制分析

11.2.1 中白工业园区是"共商共建共享"
理念落实的具体实践

自"一带一路"倡议提出后，我国境外园区建设进入了快速发展期，至2019年底，我国在"一带一路"沿线的境外园区数量达82个，主要集中在东南亚、非洲和中亚—东欧地区，累计上缴东道国税费40多亿美元，创造近37万个当地就业岗位[①]。境外园区建设增强了我国和共建"一带一路"国家的发展战略对接，对推进"一带一路"沿线国际产能合作具有重要意义。而中白工业园作为"一带一路"国际产能合作的早期收获项目，在园区建设的全生命周期始终秉承"共商共建共享"的原则，在境外园区建设中具有示范引领性，本文主要从以下三个方面进行简要说明。

11.2.1.1 两国发展战略对接，通过中白两国政府间协调机制实现园区顶层设计和政策法规的"共商"

中白工业园发展壮大得益于两国发展战略一致，白俄罗斯提倡学习中国园区建设经验来促进白俄罗斯工业化、现代化进程，加快白俄罗斯高新技术产业发展，摆脱对俄罗斯经济的过度依赖。而我国"走出去"战略、"一带一路"倡议及推动境外园区建设的各类政策为中白工业园成立提供良好契机。为了推进中白工业园的建设进程，2012年，中白两国成立了中白政府间协调委员会，作为园区最高决策机构为园区发展保驾护航，委员会就中白工业园战略定位、园区选址、产业发展方向等重大问题作出决定，中方与白方积极沟通协作共同参与园区发展规划的设计工作。2014年，我国商务部和白俄罗斯经济部牵头成立中白工业园协调工作组，通过双方工作组之间的务实沟通和决策，中白工业园的资金、基础设施建设、招商引资、援助以及培训等方面得到了有效推动和落实，加速了中白工业园的发展进程，政府引导的发展方式保障了园区建设基

---

① 李志明、张成、陈曦等：《我国境外产业园的区位布局和发展现状分析》，《中国科技资源导刊》2020年第5期，第102–110页。

本方向不动摇。在早期白方提供的总统令草案中，很多都不符合中方的预期。例如，白方最初要求将园区地块估价作为园区开发公司的注册资本投入，而非现金投入；在众多税收中，没有明确土地具体的租赁年限，只在企业建设期免除土地税和土地租赁费等。针对这些问题，中方企业一边与白方政府积极沟通一边及时向中国政府汇报，请商务部协助确保文本的合理合规及可操作性，根据商务部的意见与白方政府展开多次谈判，最终有些条款得以被白方接受并修改。迄今为止，白方针对中白工业园建设运营已颁发四次总统令，从国家层面保障了园区企业的政策优惠。截至2020年底，协调工作组就中白工业园开发现状、目前面临问题及下阶段发展方向等问题已召开13次大型会议，有力地保障了中白工业园区顺利开展。2019年，中白工业园被白方授予国内首个"区域经济特区"称号，白方这一举措为中白工业园商品进入欧亚经济联盟内部提供最大优惠条件，并将进一步助力中白工业园走向国际。

11.2.1.2　中白工业园通过设立园区开发公司和联合招商引资等举措，实现园区发展"共建"

中白工业园在发展规划之初，就明确成立园区三级管理架构，第三级为中白工业园开发股份有限公司。园区开发公司由中、白、德三国企业合资组成，共同负责园区土地开发与经营、招商引资等工作。园区在基础设施建设、招商引资、产业合作领域方面离不开中白两国企业共同参与建设的主导作用。在基础设施建设方面，中白双方企业共同投资、共同筹建，通过资源共享、技术合作等方式，实现了合作共赢。特别是中方大型国有企业率先行动，中工国际参与了园区基础设施及一些生产型企业厂房建设。鉴于中工国际缺乏园区运营经验，国务院领导希望招商局能够发挥园区建设的综合优势，在中白两国政府的支持下，2015年招商局物流集团与园区开发公司共同投资建立中白商贸物流园。2017年，招商局中白商贸物流园一期工程建成，进一步表明中白工业园具备了全面招商引资的条件。此外，园区开发公司通过与德国杜伊堡港务集团的合作，引入了园区铁路专用线，实现了与中欧班列的直接连接，并在园区内建设了海外仓和展示交易中心。在招商引资方面，园区开发公司不仅利用中国援外资金建设包括科创中心和员工住宅在内的公共服务设施及园区培训中心，使园区公共服务设施更加完备，而且还积极为园区企业提供金融和科创中心服务。2017年8月，招商局牵头组建的中白产业投资基金规模扩大到5.85亿美元①，在中白产业基金的带动下，中国进出口银行、国家开发银行、白俄罗斯当地银行、中国欧亚经济合作基金等都陆续参与到中白工业园区项目合作中，进一步优化了园区招商引资环境。白俄罗斯出台的第三版总统令适当降低了企业投资门槛，并给予居民企业更加优惠的政策条件。同时，招商局还广泛利用第三方市场增强中白工业园在欧洲市场的影响力，吸引欧美企业入驻园区。此外，园区还通过发布会、推介会、中国国际进口博览会等多种推介形式在国内和国际进行宣传，开展园区招商引资工作。截至2022年底，中白工业园已有来自15个国家的107家企业入驻，中资企业50家，白方企业37家，欧美及其他国家企业20家②。在产业合作领域，虽然中白工业园白方初期规划为高技术产业园区，但中方从我国优势产业和白方传统工业体系出发，认为中白工业园直接定位高技术产业会缩小招商引资范围，不利于吸引龙头企业入驻，也会阻碍中国优质产能进入园区，阻碍形成完整的产业链。经过中白双方多次协调规划，最终将园区定位为综合性开发区。园区早期引入的机械制造类和仓储物流类企业等填补了中白工业园产业链空白，随着中白工业园招商引资环境的完善，电子信息、新材料、生物医药、人工智能、5G网络开发、研发类企业开始陆续入驻园区。为支持园区内科创企业的发展壮大，园区设立了科创中心和"星火计划"支持白俄罗斯科技创新小微企业发展，促进科技成果产业化，培育和发展中白工业园的高科技产业。此外，"中白工业园—上合示范区"双园、双区联动平台，将有助于促进中白两国产业项目落地，打通跨境产业上下游链条、不断深化和拓展双边贸易投资合作。

11.2.1.3 中白工业园充分使用当地人力物力资源带动经济发展，实现利益"共享"，积极承担社会责任，增进中白两国"民心相通"

习近平总书记指出，"国之交在于民相亲，民相亲在于心相通"，"一带一路"倡议要行稳致远，更要增进中方与共建国家"心相通"的友谊。中白工业园是顺应民意、动员民力的惠民生工程，造福中白两国人民。首先，在保障和改善民生方面，中白工业园在建设过程中坚持属地化原则，通过项目分包、雇佣当地员工、从当地采购设备和建设材料等形式，有效带动了当地就业并促进了当地经济增长。2016年，入园企业采购租

---

① 《推动高技术出海 中白产业投资基金布局人工智能》，百度，https://baijiahao.baidu.com/s?id=1609505115075250093。

② 张妮、肖新新:《"丝绸之路经济带上的明珠"! 中白工业园，以产业联通欧亚大陆》，光明网，https://world.gmw.cn/2023-03/04/content_36406695.htm。

赁当地设备合同额1.2亿多美元，雇佣当地员工5 000多人次①。2018年，园区与当地企业分包工程合同额达9 300万美元，在当地采购设备和材料的资金达4 000万美元，为白方纳税超过1 600万美元。到2020年底，园区已为工作人员提供稳定工作岗位超1 000个②，且园区工作人员平均薪资水平比白俄罗斯全国平均水平高出一倍。其次，在"贸易畅通"方面，依托中白工业园、中欧班列、中国国际进口博览会、京东"白俄罗斯国家馆"等传统平台和电商平台，中白两方双边经贸合作不断加深、贸易领域不断扩大，2022年中白双边贸易额达50.8亿美元，同比增长33%③，中欧班列为白俄罗斯等国扩大对华贸易带来巨大机遇，中白双边共享园区开发运营带来的成本优势和经贸利益。再次，在"绿色发展"方面，开发公司作为中白工业园运营主体，在园区建设中始终践行绿色发展理念。园区从建设之初就注重对园区现有森林和绿地面积的保护，中白商贸物流园就坐落在15米宽的原始林带中。园区自开发运营以来，已连续5年获得来自白俄罗斯、欧盟等国际标准化组织所颁发的ISO环境管理体系认证与再认证，这些标准的建立与完善将进一步督促园区企业发展低能耗产业，引进绿色企业，促进园区经济可持续发展。最后，在"民心相通"方面，园区开发公司和中方企业始终积极履行社会责任、回报当地作为一项重要使命，积极在当地开展捐赠救助活动。2016年，中方企业为当地政府捐款15万美元，用于当地暴雨灾后重建工作。2017年，为促进两国文化交流工作，园区开发公司向当地捐款3万美元。2018年，园区开发公司与斯莫列维奇区儿童社会教育中心结为好友，公司员工定期看望福利院儿童并为他们捐赠日常用品等物资。2019年，国机集团向园区捐赠建设园区内的果园。值得一提的是，在新冠疫情暴发之初，园区开发公司就联合园区居民企业为中国捐赠大量抗疫物资，并在白俄罗斯疫情发生后的第一时间积极配合中国驻白大使馆向白俄罗斯政府捐赠抗疫物资和药品。此外，中白工业园还积极与当地高校展开合作，促进本地大学生就业。白方同中方在联合教育、中文教学等方面合作日益紧密，增进了两国文化认同，白俄罗斯媒体也对中白工业园进行积极正面

①　李洁:《中白工业园——丝绸之路经济带上的明珠(组图)》,国际在线,https://news.cri.cn/chinanews/20170416/3e442202-1307-c2f6-e7ca-39cc39aacddc.html。

②　隋坤:《基里尔:为中白工业园穿针引线》,人民网,http://world.people.com.cn/n1/2021/1230/c1002-32321093.html。

③　《谢小用大使就中白关系、两国经贸合作、共建"一带一路"合作等问题接受21世纪经济报道专访》,中华人民共和国驻白俄罗斯共和国大使馆,http://by.china-embassy.gov.cn/chn/sssgxwdt/202312/t20231230_11215533.htm。

报道，为中国倡导的共同化发展提供助力。

11.2.2 中白工业园区是共同化发展理念在 "一带一路"具体实践中的优越性体现

随着全球产品链分工深化，发展中国家以区域贸易协定、产业园区等多种合作形式参与全球化进程中，极大地促进了发展中国家的工业化和现代化进程。区域贸易协定是指国家之间为消除各种贸易壁垒，促进国家间货物贸易和服务贸易自由化而缔结的国际条约，按照组织性质与区域经济一体化程度的高低，分为优惠贸易安排、自由贸易区、关税同盟、共同市场、经济同盟和完全的经济一体化六种类型。由于优惠贸易安排一体化的程度较低，现有的区域贸易协定多以自由贸易区为起点，自由贸易区通过缔结协议的成员国之间相互取消贸易壁垒得以快速发展，但原产地认定原则使其操作起来具有一定的复杂性，关税同盟通过成员国内部取消贸易壁垒并建立共同对外关税保障内部贸易的自由化，一致的对外关税可能会给成员国带来不同的利益和影响，进而导致内部意见难以统一。而共同市场和经济同盟在关税同盟的基础上进一步实现了联盟内部生产要素的自由流动，但生产要素跨地域流动往往牵涉各成员国政治、经济、法律等体制，因此实际操作起来十分复杂，这类一体化的法律制度在国际社会很难被采用。目前欧盟是经济一体化发展程度较高的经济联盟，它与共同市场最大的区别就在于成员国要将许多经济主权让渡给超国家机构，实行高度统一的经济政策，遵从联盟利益大于一切的原则。除了区域贸易协定外，产业园区成为发展中国家参与全球价值链分工的重要形式之一。传统的产业园区主要是发达国家完成工业化进程后，亟需拓展外部市场，为降低租金成本和利用人口红利而在发展中国家设立的，主要是加工制造类园区，技术含量水平较低。虽然这一类园区也助力东道国经济增长，但由于长期从事加工制造类，容易陷入低端锁定，更多的经济利益还是流向发达国家，这一时期的境外产业园区更像是发达国家分布在全球的廉价加工厂。以日本在东南亚设立的境外园区为例，1985年"广场协议"签订后日元升值，为降低国内生产成本，日本综合商社开始向东南亚进行大量投资，通过设立海外产业园区的方式引导国内制造业企业转移至东南亚国家，进一步完善全球产业链。而我国境外产业园区在"一带一路"倡议后开始快速发展，不同于以往发达国家利用发展中国家廉价劳动力的模式，我国是最大的发展中国家，与共建"一带一路"发展中国家国情相近，且拥有多年园区建设经验，能够根据共建国家政治、经济、文化体制差异，选择东道国具有比较优势的产业设立园区，实现两国科学技术、园区建设和管理经验的交流与学习，促进两国在"五通"领域实现共同化发展。与现有的区域贸易协定和传统产业园区合作模式相比，我国政府引导的境外产业园具有它独特的竞争优势，通过国际贸易比较研究也能为我国共同化发展提供具体实践案例。因此，本节主要从中白工业园区自身发展模式与现有合作模式的对比入手，深入分析中白工业园区共同化发展理念下的竞争优势。

11.2.2.1 中白工业园建设坚持"政府引导、企业为主体、市场化运作"的发展模式，有为政府和有效市场协同发展

不同于欧美等发达国家境外园区建设过度依赖市场化，也不同于我国单纯的工程项目，中白工业园最大的优越性在于有为政府与有效市场在园区建设的全过程中能够实现良好协调，推动园区建设招商引资进程、标准规范对接以及两国文化差异借鉴融合。中白工业园是我国企业"抱团出海"，推动共建"一带一路"各国产能合作的标志性工程，是共同化发展理念倡导下的长线项目，是所在国政府主导，投资国政府推动的项目，因此需要政治保障、政策扶持、政府引导，以适应东道国政府经济发展目标，促进东道国工业化和现代化进程。根据中白工业园官网资料整理，中白工业园发展主要经历了以下四个阶段，在不同发展阶段，政府和企业各司其职，形成了有机统一、相互协调、相互补充、相互促进的格局，共同推动着中白工业园的高质量发展。具体来看：

第一阶段，中白双方探索商洽阶段（2009年8月—2012年8月）。2009年，卢卡申科提出学习中国园区建设经验，并提议在白俄罗斯境内建立中白工业园，形成中白工业园这一构想的雏形，在中白两方政府2012年正式批准《中华人民共和国政府和白俄罗斯共和国政府关于中白工业园的协定》这一文件时，伟大构想才真正落地诞生。这一阶段，主要是两国最高领导人在概念层面提出这一伟大构想，两国政府部门在此基础上进行探索、沟通、协商，进而以签署文件的形式从国家层面确定下来。

第二阶段，中白双方设计规划、统筹推进阶段（2012年—2015年5月）。2012年，中白工业园区股份开发公司成立标志着园区建设进入具体规划设计阶段。这一时期，主要是由中白工业园协调工作组负责统筹解决园区融资难、市场准入、招商引资等问题，园区开发公司与白俄罗斯经济部共同研究提出白方急需、最具合作潜力的产业领域，白俄罗斯政府出台总统令保障入园企业优惠政策，因跨国沟通难，三年内无实质进展。

第三阶段，实质性建设运营阶段（2015年5月—2019年12月）。这一阶段基础设施建设和招商引资进入全面开花阶段，基础设施建设主要是由我国大型央企国机集团的下属中国国际及国内产业链上下游企业推动建设，招商引资则是由我国招商局集团主导的。在这一阶段，大型央企负责动工建设和招商引资，园区开发公司负责市场准入、为企业入园提供一站式服务和园区招商引资工作，而白方政府则主要以总统令形式颁布法律法规为园区建设提供良好营商环境，中方政府提供援建资金加快园区基础设施建设，中白双方政府致力于降低园区企业交易所产生的交易成本、信息沟通成本和制度成本等。

第四阶段，高质量发展阶段（2020年至今）。三年疫情没有冲击园区经济链条，证明中白工业园是经得起实践检验的境外园区，也标志着中白两国建立起的合作关系历久弥新。这一阶段，中白双方政府继续确保园区基本方向不动摇，具体招商引资则由园区开发公司和招商局集团负责，园区开发公司利用推介会积极引入高技术企业和绿色企业，加快园区"产业化、数字化、国际化、生态化"发展目标。以"政府引导、企业为主体、市场化运作"的发展模式既避免了政府过度保护问题，也使得"走出去"企业能够迅速形成集聚规模效应，形成产业互补发展优势，并与东道国产业发展战略良好对接。中白全天候全面战略伙伴关系的联合声明更是将中白工业园推向了更高的发展平台，中白工业园将在现有成就的基础上，进一步加强两国的发展战略对接，促进两国合作领域逐步深化，以经贸往来促发展战略协同并进，形成良好发展态势。

11.2.2.2　中白工业园秉持发展导向，是贸易与基础设施合作模式相互协同、相互完善、相互促进下国际产能合作的具体实践；园区优越的三级管理体制能够充分考虑中白两国发展的要素禀赋，进而选择最恰当的高技术产业合作领域

首先，与区域贸易协定相比：现有的区域贸易协定往往存在高门槛和复杂的规则体系，将一些发展中国家（尤其是最不发达国家）排斥在外。而"一带一路"倡议最显著的特点是发展导向，该倡议下的国际产能合作不以规则为前提，允许不同类型的合作机制存在，最大限度地保障共建各国参与国际合作的机会。中白工业园作为我国参与国际产能合作的境外最大工业园区，它不局限于传统货物贸易和服务贸易，仅仅取消国家间关税壁垒和非关税壁垒，或者更进一步地让渡国家经济主权。相反，中白工业园充分尊重共建国家主权，不干涉别国内政，不搞排他性，避免了经济利益和责任内部分布不均的困境。此外，时任总理李克

强提出的"产能合作"不仅涵盖了传统的货物和服务贸易，还在此基础上扩大了利益汇合点，继续带动我国质优价廉的装备和产能"走出去"。共建"一带一路"国家基础设施建设较为薄弱，中白工业园在建设中就始终坚持园区贸易与基础设施建设紧密结合的发展思路。园区内的"七通一平"、办公大楼及物流设施等主要是中国企业主导建设的，这对于消化我国优质产能具有一定的积极作用。在基础设施建设完成后，园区积极开展招商引资活动，不同国家的企业在中白工业园呈现落地生根的趋势，随着园区内软硬设施的完善，引导国内企业批量化抱团"走出去"，并伴随一系列规模经济效应，推动园区内产业多元化发展，完善园区产业链并促进产业结构升级，加深了中白双方的经贸往来，经贸合作的进一步深化反过来推动园区交通设施与中欧班列连接，循环往复，最终会形成辐射欧亚的铁路网和贸易网，促进欧亚制造业、交通运输业、旅游业等实现联动发展。

其次，与传统境外产业园区相比：传统产业园区是发达国家为了成本优势在发展中国家设立的，且主要是由单个企业和大型综合贸易公司设立的。而中白工业园是发展中国家之间寻求产能合作的重大创新。园区设立的扁平化三级管理体制能够将园区和政府直接联系起来，园区开发公司可以就园区每阶段所遇问题向园区协调委员会直接提出意见，而园区管委会向入园企业提供的"一站式服务"可以有效降低信息失真问题和沟通成本等。园区协调委员会和园区开发公司分别由中白两国政府人员和两国企业组成，能够有效统筹两国优势产业，并就具体的产业规划展开多次沟通和切磋，最终确定符合两国经济体制的产业发展模式。具体来看，中国没有把白俄罗斯当作自己的海外加工厂，而是从白俄罗斯国内经济实际出发，立足其优势产业，与中国共同发展高技术产业，并充分利用中国和白俄罗斯周边科研力量优势，联结一切可以联结的力量，促进中白工业园高技术产业发展进程，提升中国和白俄罗斯在全球产业链和价值链中的地位。同时政府引导的境外园区能够避免单个企业海外设厂导致的短视问题和重复冗余问题，保障了境外园区的建设质量和长效发展。

综上，"一带一路"倡议体现了最大的共同化，它联结任何想要乘上"一带一路"倡议春风的国家，它不设置进入门槛和规则，秉承最广泛的发展原则，坚持"共商共建共享"，在考虑东道国要素禀赋和发展需求的基础上，促进中方与共建国家经济利益最大化，实现更加包容、更可持续和互利共赢的发展理念。

11.2.3　中白工业园区建设实践的经验总结

11.2.3.1　中白两国政府间友好关系及政策支持是中白工业园区顺利建设与发展的前提条件

中国是首批承认白俄罗斯独立并与之建交的国家。自建交以来，双方充分尊重并支持各自选择的发展道路和内外政策，在各领域相互支持，积极开展合作，形成了友好往来、互利合作的国际典范。2022年，中白两国元首将两国关系进一步提升至全天候全面战略伙伴关系。中白工业园就是在独立自主和平外交的基础上发展起来的，两国政府间互利合作的友好关系是中白工业园区概念得以提出的前提条件，中国园区建设的经验在世界享有盛誉，白俄罗斯希望学习中国园区建设经验，完善白俄罗斯现有的产业结构，发展高技术产业。提升国家竞争力。通过中白两国政府的积极推进，中白两方在共同沟通协调的基础上，白方以总统令的法律形式颁布的各类政策则促进了园区的顺利建设与发展。

11.2.3.2　中白两国有实力企业主导及高效的运营模式是中白工业园区高效建设与发展的根本动力

首先，中白两国大型国企是建设中白工业园的中坚力量，这些有实力的企业拥有庞大的资金链、先进的技术和丰富的园区建设经验，能够承担起园区建设的重任。它们还能够整合大型集团内部和外部资源，带动集团内部优势产能出海和外部产业链移植，形成良好的产业集聚效应，企业主导的建设模式加速了项目的落地。其次，在运营方面，中白工业园学习借鉴中国园区先进管理模式，设立了园区三级管理体制，开发公司主要负责园区开发运营管理，在招商局入股开发公司后，利用自身园区运营的丰富经验，在园区内部建立起了一整套包括开发规划、工程建设、投融资管理、招商引资、投资者服务在内的管理体制机制，基本适应了园区的运营需要。最后，中白工业园区还积极发挥周边国家的科研力量优势，创建了海外实体研发中心，掀开了中白两方校企合作的新篇章。中白两方共同商议、共同决策、共同建设的合作模式，使得园区运营工作高效开展，为园区发展提供源源动力。

11.2.3.3　科学空间规划及精准产业定位是中白工业园区有序建设与发展的重要指引

首先，中白两方对中白工业园的空间规划进行了深入考量，随着中白工业园的发展，促进了明斯克城市从单中心结构向开放式多中心乃至区域功能网络架构的转变。中白工业园区的规模和经济产业的发展已经初步形成了综合新城的雏形。未来，中白工业园区将不仅作为明斯克的新中心，与首都形成主副分工的关系，更重要的是通过国际机场和跨国高速交通系统与柏林、莫斯科等区域交通枢纽相连接，成为区域功能连接网络的重要节点。其次，中白两方依据两国优势产业和白方期望将中白工业园打造出高技术产业的愿景，两国根据园区发展的具体情况，开展精准招商，引入"对"的企业，前期引入装备制造、电子信息等优势产业，随着园区产业链的完善，现今园区开始吸引生物制造、大数据、数字经济等高技术企业入驻。中白工业园区分期规划的建设顺序及对优势产业的精准定位为园区有序建设与发展提供了指导方向。

11.2.3.4　积极承担社会责任和坚持绿色发展是中白工业园区持续建设与发展的内在要求

中白两国由于历史、体制等因素形成的文化差异较为明显。中白工业园区在开发过程中特别注重从双方共同点出发，努力化解文化差异，增进相互理解，提高办事效率。首先，中白工业园区采取中白合资共建共管模式，采用属地化管理，以聘请和雇佣当地员工为主，为当地员工提供职业培训与进步机会，解决当地就业压力，提升了当地人民对园区的认同。其次，中白工业园区积极支持当地社区发展，主动参与当地公益事业，重视民心相通。为当地教育和灾后重振积极捐款，在疫情防控期间，也积极履行社会责任，给当地百姓提供最大便利，搭起"民心相通"的桥梁。最后，中白工业园区将绿色发展理念融入项目建设和运营全过程，已陆续获得多项环境管理标准的第三方认证，包括欧盟环境管理与审计计划证书（EMAS）和生态环境管理体系合格证书等，使园区在环境保护上更符合欧盟和国际统一的环保标准。园区这一系列保护环境和增进"民心相通"的举措有力地保障了园区的可持续发展。

11.3　中白工业园区建设所形成的启示

11.3.1　对中白工业园区进一步建设的启示

11.3.1.1　夯实中白工业园区现有建设成果，继续加强交流与合作，创建知识和信息共享平台，推动中白工业园高技术产业发展水平

当前中白工业园区基础设施建设和招商运营正在稳步进行中，有力地促进了中白双方的科技合作和经贸往来，但是中白工业园区发展仍面临融资渠道单一、法律法规标准不一致、缺乏懂当地语言的综合性人才等问题，因此，要推动中白工业园发挥产业集群优势，带动中国优势产能和白俄罗斯市场需求有效对接，就要努力践行"高标准、惠民生、可持续"发展目标，夯实中白工业园现已取得的成果，并就现阶段所面临的问题以实事求是、稳扎稳打的态度提供解决方案。

首先，要深刻认识到园区经济得以发展的重要原因之一就是其产业集群的优势能够使上下游产业链交互协作进而实现各类成本的降低，也能通过产业集群优势吸引创新要素集聚，促进创新要素间知识共享和技术扩散，提高园区企业技术创新水平和全要素生产率，促进东道国产业结构升级和经济转型。而产业集群发展的前提条件是园区具备企业入职所需的基础设施和园区良好的招商引资条件，现阶段中白工业园已具备这些基本条件，但仍需进一步加强园区招商引资水平，提高互联网企业和数字企业入驻率，实现园区发展与顶层规划深度吻合。

其次，中白工业园仍需发挥中白政府间协调委员会作用，实现两国法律法规共享并推动法律法规对接，为长期发展提供良好环境。中白双方需协商沟通后共同建立标准合作机制与平台，以国际标准为基础，促进两国标准在具体行业和具体领域的相互认可，为入园企业提供认证便利。

最后，深化中白双方在技术、人才等领域的合作机制，建立中白工业园区、白俄罗斯与中国当地高校、企业、研究机构合作平台与机制，促进园区与两国产学研企合作深化，定期进行信息交流、经验和知识共享，同时通过各种推介会积极宣传中白工业园区的经济效益，吸引第三方市场融资，寻求跨国园区间的科技合作机会。此外，中白工业园区要与中白两国高校加强合作，选拔优秀学生进行定向培养，利用园区国家国际合作项目邀请各领域专家对园区员工进行有计划的培训，提升园区内员工的综合素质。

11.3.1.2 继续发挥中白工业园丝绸之路经济带"窗口"作用，以产业合作联通欧亚大陆

中白工业园是白俄罗斯政府为改善国内单一产业结构与中方共同建立的产业园区，中白两国加强产能合作，以产能合作提升两国经贸往来程度不断加深是中白工业园建设的最初使命和最终目标。特别是在中国已发展成为世界第二大经济体的背景下，中方与白方更要从全球视野出发，正确理性地看待中白工业园区带来的市场商机，坚持"走出去"与"引进来"并重，形成产能合作与园区相互依托的模式。

首先，继续加强我国企业"抱团出海"，实现资源共享。中白工业园

应进一步积极主动与中白两方政府、重点合作企业、科研机构、金融机构共同成立合作发展联盟。通过合作联盟形式促进联盟内部信息、知识、技术、项目资源等共享机制，同时合作联盟在中白两国根据园区发展需求吸纳两国优势企业入驻园区，组织联盟企业内部实现互帮互助，扩大联盟影响力，依托中国园区品牌效应带动联盟企业和园区企业"走出去"。

其次，重点建设中白工业园和中欧班列，实现两国交通运输业与经济社会深度融合发展。在未来，中欧班列不仅仅是运输手段，随着"一带一路"倡议下产能合作的蓬勃发展和中欧班列的普及，将会依托中欧班列形成新的生产分工模式，形成新的中国与共建"一带一路"国家之间的国际产业链和供应链。中白工业园铁路专用线现已与中欧班列顺利联通，下阶段中白工业园应积极发挥郑州、重庆、成都、西安、乌鲁木齐5个中欧班列中心节点城市作用，依托上合示范区—中白工业园带动我国优势产能如装备制造业、电子信息业"走出去"，发挥中白工业园周边国家科研优势，扩大与中亚国家和欧亚经济联盟内部国家的深入合作，同时将白俄罗斯优质农产品"引进来"，通过中欧班列集结中心形成辐射全国和中欧班列所经地区的产品交易网络和产能合作网络，打通我国西部陆海新通道，最终促进欧亚经贸往来更广泛、更深入。

最后，中白工业园区及有意向入驻园区的企业要充分利用中国国际进口博览会、中国商品和服务（白俄罗斯）展览会以及跨境电子商务平台等，有力促进中白双方资源要素的加速流动，通过产业项目落地，不断深化和拓展双边贸易投资合作，推动中白产业优势互补，为国际双边框架下地方经贸共同化发展提供模式与范例。

11.3.2 对"一带一路"境外园区建设的推广启示

11.3.2.1 将境外园区发展战略与"一带一路"倡议实现良好对接，从国家层面对境外园区建设发展提供基本保障，坚持以"政府引导、政策支持"为导向，增进中方同共建各国发展战略对接

"一带一路"沿线是我国对外直接投资的重要目的地，而境外产业园区则是承接国际产能合作的重要平台，对共建国家政治风险、经济基础、文化背景进行综合考量是境外园区参与各方和平与稳定发展的积极效应得以展现的前提条件。总体而言，共建"一带一路"国家多为发展中国家，经济基础和结构较为薄弱、单一，部分国家地缘政治复杂，我国企业对外直接投资风险较大。依靠企业单打独斗式的境外园区在国际处境

极为艰难：越南龙江工业园由于越南政策朝令夕改，民营企业发展面临诸多风险；埃塞俄比亚东方工业园由于名称与身份等问题，国家工业园法的优惠政策园区企业无法享受，且企业与当地政府不对等身份导致园区建设用地审批困难，政府多头管理使得职责不清阻碍园区建设进程。而中白工业园是两国政府共同商议的，以总统令保障了园区各项优惠政策，避免了辖区政府与国家政府"踢皮球"等问题，最大限度地降低园区企业"抱团出海"风险。因此，为保障境外园区建设与共建"一带一路"国家政策、法律法规标准、文化差异等方面的更好融合，应该将境外园区发展战略同"一带一路"倡议更好衔接，以"一带一路"倡议为引领，在"一带一路"倡议下推进境外园区建设，增进境外园区建设的国际影响力和国际认同。

同时，要避免现阶段"一个企业家，一个园区"的发展思路，境外园区建设的长期性、可持续性是企业很难靠自身力量实现的，要持续增强中方同共建各国的发展战略对接，从两国政府层面推动境外园区建设，建立政府间协调委员会，就园区规划、优惠政策、招商引资、市场准入等具体事项提供双方平等沟通交流平台，切实保障园区企业基本权益，消除园区管理职责不清等问题。两国政府共同商议园区建设，有利于加快境外园区项目顺利落地实现经济效益，经济效益又会进一步促进两国政治互信，加深两国经贸往来，形成共同化发展的良好经济循环。

11.3.2.2 明确境外园区建设是"飞地经济"的跨地域实践，注重协调多方主体间关系，扩大"飞出地"经济品牌效应；以境外园区为载体，推动我国产业集群式"走出去"，形成优势互补的海外产业链体系

首先，"飞地经济"旨在突破行政限制，以生产要素的互补和资源的高效配置为直接目的，促进区域间经济平衡发展。"一带一路"倡议下的境外园区建设是跨地域的"飞地经济"模式，其主要目的在于突破两国地域限制，在两国政府"共商"基础上，将中国优势产能和园区先进技术、管理经验因地制宜地移植到共建"一带一路"国家，促进产业根基薄弱的共建国家形成工业化基础，改善落后国家的产业结构，以共同化发展理念带动当地经济社会发展。作为"飞地经济"，境外园区建设的重中之重是如何协调东道国多方主体间的关系，为避免园区所在辖区与辖区上级政府管理职责不清的情况，应将境外园区产业发展与园区所在地经济发展置于一个框架内，通过政府间协调委员会将园区管理机构以法律法规形式确立下来，确保园区所在地政府能够直接监督园区建设并参与分红，避免多重管理。借鉴中白工业园区三级管理架构，实现园区扁

平式管理架构，政府间协调委员会下设的工作组统筹商议园区的各类事项，为园区发展提供极大便利。同时，要积极承担当地社会责任，通过向当地纳税、为当地提供就业岗位、定期进行慈善捐赠等形式与当地政府形成友好合作关系。

此外，我国作为"飞出地"具有丰富的园区建设经验，为提升中国园区建设的品牌效益和境外园区的国际地位，我们应积极宣传我国园区建设取得的巨大成就。其次，跨国"飞地产业"合作要充分考虑投资国和东道国的要素禀赋和产业发展基础，选择东道国具有比较优势、区位优势和市场优势的行业切入，要将境外产业园的产业发展和我国优势产能发展相结合。要认真分析相关国家的发展战略、产业发展规划与区域布局，并在此基础上确定境外园区的空间规划和主导产业，使"飞地产业"充分依托东道国和周边国家的市场优势和劳动力优势等，推动我国优势产业集群式"走出去"，形成上下游优势互补的产业链条。

同时，境外园区产业发展要与东道国产业形成协同互补的良好发展态势，避免境外园区成为"无根产业"，要充分利用我国优势产能与境外园区形成良好的产业链配套，最终融入并引领东道国的本土产业发展；另外，境外园区应积极与中国国内园区形成"友好合作园区"，通过产业链上下游的合作关系，形成以高等级园区网络为骨干，较低等级园区为支撑，本土园区与境外园区分层链接的开发区网络①，促进不同园区间的合作与交流，助力东道国产业园区形成"内联"与"外引"的产业发展体系。我国境外园区建设的成功实践经验表明，以国家共同化发展理念为导向的跨地域的"飞地经济"模式能够避免境外园区的同质化恶性竞争，还能提高境外园区的国际知名度，发挥"飞地产业"资源互通、优势共享、互惠共赢的突出特点，为东道国经济社会发展注入"新动能"。

11.3.3 境外园区建设对实现"共同化发展愿景"的启示

11.3.3.1 实现境外产业园区和各类开放平台的协同发展，深入开展贸易和投资自由化便利化，以共建"一带一路"为引领，推动建设更高水平开放型经济新体制

过去几年，贸易保护主义愈演愈烈，逆全球化倾向初步显现，美国对中国的技术打压也更为严峻，全球产业链、供应链有所松动，国际形势复杂多变。同时，中国作为第一制造大国，拥有全球规模最大、最完

---

① 闫怡然、王兴平：《江苏省域开发区间生产合作网络及其对中国"一带一路"境外园区的发展启示》，《城市发展研究》2023年第3期，第21–29页。

整的工业体系。在此形势下，国家领导人把发展目光转移至国内，认识到未来发展必须建设相互补充、相互促进、协同并进的双循环发展格局。而要实现国内大循环为主，就必须优化稳定国内产业链，扩大有效投资，以"一带一路"为引领，结合东道国要素禀赋优势，通过境外产业园区带动我国优质产能和先进的技术、管理经验走出去，鼓励企业"抱团出海"形成产业集群，高效配置布局资源，在海外移植全产业链模式，降低海外生产要素成本和交易成本，保持国内全产业链优势，集中力量发展高水平对外开放的货物、服务和数字贸易。

同时，建设更高水平开放型经济新体制是对我国构建双循环格局提出的迫切要求，而新征程建设更高水平开放型经济新体制，需要自由贸易试验区和自由贸易港继续创新经济制度和合作模式，发挥引领作用，通过加强差别化探索，形成更多可以移植的制度创新成果。加强境外园区、自由贸易试验区和自由港的深度对接，聚焦产业合作平台，打造产业协同发展集群，立足共建国家发展国情，有选择、有针对性地发展数字经济、高科技产业、服务业、制造业、农产品等全方位、多领域的合作，促进生产要素依托境外园区和国内各种平台实现自主有序流动。外资方面，缩减外资准入负面清单，依托自由贸易试验区和自由贸易港创新落实外商投资法，做好高水平开放压力测试，大幅放宽市场准入。持续发挥好进博会等重要展会平台作用，形成以自由贸易试验区为中心，以国内产业园和境外产业园联合发展的园区网络结构，探索创新跨境贸易、跨境物流、双向投资模式，主动参与国际经贸规则的制定，更好服务于"一带一路"倡议和更高水平开放型经济新体制，推动共建国家共同发展。

11.3.3.2 实现"一带一路"倡议与 RCEP 协定"双轮"驱动更高水平对外开放

RCEP 是由 15 个国家组成的区域全面关系伙伴协定，除日本和澳大利亚外，其余国家均已加入共建"一带一路"，共建"一带一路"加深了 RCEP 成员国之间的经贸往来，强化了共同化发展理念。当今世界，随着全球化发展和产业链的日益分化，国际分工使得国家间经贸联系愈加紧密，但美国推行逆全球化使得传统的多边贸易体制深陷僵局。而我国"一带一路"倡议以共同化发展理念积极推进共建"一带一路"国家和地区共同发展，以"五通"建设为重点，在共建国家政策沟通、基础设施建设、经贸合作、金融发展和文化合作领域取得了不凡的成就，造福了众多的发展中国家、地区和人民。共建"一带一路"与 RCEP 在覆盖地区、合作领域等方面具有重合，因此可以发挥"一带一路"互联互通作用，通过政策沟通，增强各国共同发展的信心和决心，从而加快落实RCEP的各项贸易投资规则，并通过对话沟通进一步拓宽RCEP的合作领域；通过基础设施互联互通，为RCEP区域内货物运输和数据传输打好基础，促进区域间经贸往来，同时依靠中国强大的基建能力积极开展与RCEP成员国间的交通基础设施合作，增强中国优质产能的国际品牌效应；通过RCEP成员国内货物贸易、服务贸易和投资增长促进区域间金融发展水平，推动人民币国际化。

同时，中国要积极利用RCEP协定，建立完善的技术标准体系，与国际接轨，参与国际技术标准的制定与修改，掌握国际话语权；更进一步与RCEP成员国开展5G、人工智能、数字经济与治理等高技术领域的合作广度与深度。RCEP全面生效是共建"一带一路"10年的重要成果，中国与共建"一带一路"国家要充分把握时代红利，持续扩大双向贸易与投资，推动"一带一路"倡议和RCEP合作框架下成员国探寻更有优势、惠及大家的共同发展之道，进一步促进贸易投资合作优化升级，积极主动拓展更多的合作伙伴和第三方市场合作，与RCEP成员国开展更高效、深入的"五通"合作，打造更为全面、更具韧性的产业链、供应链合作体系，带动双向贸易和投资的进一步发展。未来，要高效推进"一带一路"倡议与RCEP协定"双轮"驱动，增强二者发展的互补性，发挥"1+1>2"的效能。

11.3.3.3　实现"一带一路"倡议与"联合国2030年发展议程"有效对接

"一带一路"倡议以构建人类命运共同体为目标，坚持"共商共建共享"原则，同共建"一带一路"国家的发展战略对接，推进我国与共建国家经济合作，是我国探索"一带一路"倡议的一条新型化全球道路，这条道路与"联合国2030年发展议程"可持续发展目标下所倡导的促进经济增长、促进全球工业化和创新，进而建立全球发展伙伴关系目标一致，它们都以人类发展为目标，在谋求本国发展中促进他国共同发展。我国境外园区建设得以快速成长离不开"一带一路"倡议引导下两国政府间的合力推动，"一带一路"倡议为境外园区建设提供了更高的发展目标和共建国家认同。同理，要想我国"一带一路"倡议成为真正最受欢迎的国际公共产品和国际产能合作平台就需要将其与"联合国2030年发展议程"下促进全球工业化和创新目标实现良好对接，在"联合国2030年发展议程"提出的可持续发展理念下推广"一带一路"倡议所秉承的"共商共建共享"理念和构建人类命运共同体的伟大追求将会提高"一带一路"倡议的国际地位和国际影响力；把"一带一路"倡议作为"联合国 2030 年发展议程"的具体行动，将会吸引更多的发展中国家加入共同建设"一带一路"，推动"一带一路"倡议形成更包容、更平等、更多元的公共产品；把绿色发展作为"一带一路"倡议的底色，将会促进"一带一路"这条造福人类的幸福之路走得更宽更远。

第十二章 "一带一路"基础设施
互联互通共同化发展案例分析
——以中老铁路为例

本章导语："一带一路"基础设施互联互通是促进共建国家实现共同发展的重要基础。通过发展交通、能源、通信等基础设施，实现各国之间的互联互通，可以推动经济一体化、优化资源配置、促进科技创新和人文交流，为共建国家实现共同发展提供良好的环境与机遇。可以说，基础设施建设与共同化发展之间相互依存、相互促进。共同化发展的需要推动了基础设施建设的进行，而基础设施建设又为共同化发展提供了必要的条件和支持。通过共同推进基础设施建设，共建国家可以实现更紧密的经济合作、促进区域一体化，实现共同发展的目标。

回顾过去10年，国际基础设施合作始终是各方参与"一带一路"建设的首选方向和重点领域，共建"一带一路"国家和地区秉承"共商共建共享"原则，成功打造了一大批以精品、民生和绿色为标准的工程项目，不仅有效提高了共建国家基础设施发展水平，也为相关国家工业化、城市化和现代化建设注入了强劲动力，为各国民众带来实实在在的便利。纵观全球，基础设施建设需求潜力仍然巨大，但同时也面临一定的约束。近几年来，东南亚地区凭借良好的发展环境、稳定的发展需求、最高的发展热度和显著的成本优势，基础设施发展水平快速提升；资源型国家较多的西亚北非地区，受益于全球能源价格高位运行，基础设施建设也有望进入新的增长周期，但撒哈拉以南的非洲地区，面临的财政和融资困境使基础设施进一步发展受到制约。在基础设施建设的众多行业中，各国对交通和能源领域的基础设施建设需求最大，交通基础设施的需求稳定增长，优化能源结构逐渐成为各国共识。

近年来，中国参与"一带一路"倡议基础设施建设的项目主要包括：连接中国昆明和泰国曼谷的中泰铁路、连接印尼首都雅加达和旅游名城万隆的雅万高铁以及连接中国昆明和老挝首都万象的中老铁路等等。而中老铁路作为中国参与"一带一路"倡议的重要项目之一，全线采用了先进的技术和严格的建设标准，充分考虑了环保和可持续发展因素，符合国际通用的铁路规范，展示了中国与共建国家在基础设施合作方面的显著成果。不仅如此，中老铁路作为连接中国和东南亚的重要交通通道，同时也作为泛亚铁路的重要组成部分，具有区域合作和多边合作的典型性，显示了中国在推动亚洲地区互联互通方面的决心与努力。中老两国在中老铁路项目中的合作和协调，促进了中老两国和整个地区的经济合作和发展，也彰显了区域间的互利共赢精神和合作意愿，充分体现出中国参与"一带一路"基础设施互联互通建设对共同化发展的促进作用。

12.1   中老铁路建设的实践进展与成效

12.1.1   中老铁路建设的背景

在中南半岛的六个国家中，老挝地处中部，东临越南，西邻泰国，南接柬埔寨，北接中国，是一个典型的内陆国，但它也是连接东南亚和南亚的重要交通要道。老挝地形复杂，以山地为主，其境内有南北走向的安南山脉和东西走向的湄公河流域。山脉覆盖了约70%的国土面积，其中包括西部的安南山脉、中部的南奔山脉和东南部的东南山脉。山地使得老挝许多地区地势崎岖，河流纵横交错。老挝国土面积23.68万平方公里，但其境内仅有一条铁路，并且里程只有3.5公里，从首都万象的塔纳廊车站通往老泰边境的友谊大桥，全程历时15分钟[①]。不仅如此，这条3.5公里的铁路并不是由老挝政府主持修建的，而是由泰国政府牵头，在2008年5月投入1.97亿泰铢建造完成的，2009年3月得到正式运行，距今已经14年了[②]。相比之下，23.76万平方公里的中国广西壮族自治区拥有和老挝相同的占地面积。但广西开通动车组的城市已经达到12个，省级和城际铁路更是日益完善。如今，全球已经有146个国家开通了铁路，但老挝的铁路水平在其中处于垫底的位置，排名倒数第四，交通基础设施可谓极不发达。

老挝国内主要依靠公路运输，其货运量占全国运输总量的79%[③]。但老挝全国并没有高速公路，而且依靠公路运输，会面临相对更高的物流成本，在老挝，每吨公里的运输价格大约是其他东盟国家的两倍[④]。物流

①   刘木子：《中老铁路："一带一路"倡议的阶段性成果》，中国网，http://www.china.com.cn/opinion2020/2021–10/17/content_77813982.shtml。

②   《对外投资合作国别（地区）指南–老挝（2020年版）》，中国一带一路网，https://www.yidaiyilu.gov.cn/wcm.files/upload/CMSydylgw/202102/202102010427016.pdf。

③   同上。

④   唐俊：《中老铁路正式通车，对老挝经济意味着什么？》，新浪财经，https://finance.sina.com.cn/chanjing/cyxw/2021–12–03/doc-ikyakumx1830215.shtml。

服务种类受限、质量也难以保证，更不要说多式联运、集装箱租赁、库存管理等这些增值服务。而且随着经济全球化进一步发展以及东盟自由贸易区的不断深化，老挝经济面临快速发展机遇。铁路交通本就不发达，再加上陆路交通受到地形的限制，目前老挝国内的交通运输已经无法满足社会经济进一步发展的需要。再考虑到对外贸易、交流活动的日益频繁，跨国旅游等活动的不断增加，老挝发展国内铁路的需求更加急切。

老挝作为一个内陆国家，受限于老挝自身的经济水平落后、地理环境复杂和技术欠缺等原因，老挝自身并没有独自修建铁路的能力，而中国的制造业以及劳动力成本一直以来都在国际市场上具有明显优势，这一点在铁路领域也同样如此，再考虑到东南亚是中国三大核心贸易伙伴中最稳定的贸易伙伴，并且老挝处于中国与东南亚的交界处，地理位置非常特殊。而中国的云南省与东南亚三个国家相邻，非常适合成为一个战略交通枢纽。

北起中国云南省玉溪市，向南抵达老挝首都万象的中老铁路对之后整个中南半岛的联动发展具有重要意义。不仅可以帮助打通连接我国国内市场与东南亚、南亚的经济通道，还可以帮助老挝打破"陆锁国"的局限，化被动为主动，最重要的是还能在中南半岛腹地探索出一条联动缅甸、泰国、马来西亚等国的共同化之路，加快推动中国—东盟自由贸易区、大湄公河次区域的贸易往来和经济合作，极大地促进东盟国家间的经济交流和区域合作，加快该区域的一体化发展进程，未来中国铁路网与东南亚铁路网紧密相连将是一个重要趋势。

于是，双方以互利共赢、共同繁荣、加强区域互联互通和经济合作为基础，本着促进中老两国在经济、交通、贸易、文化等各个领域合作与发展的共同化理念，两国领导人在2014年提出构建中老铁路这一重大基础设施建设项目，并在双方的共同推动和支持下，中老铁路项目在2015年得到了正式批准和启动，并于同年开始进行可行性研究和初步设计工作。

12.1.2　中老铁路建设的进展

中老铁路是泛亚铁路中线的重要组成部分，建设分为两段，两段铁路面临不同的地形和环境，因此在设计时需要考虑各自的因素。中老铁路的中国段部分也被称为玉磨铁路，中国段是中老铁路的出发地，主要负责连接老挝和中国境内的铁路网。中国段穿越了山区、丘陵和平原等不同地形，因此需要在设计中考虑如何克服地形的挑战，包括选择适宜的线路走向和设计合适的桥梁、隧道等结构。同时中国段的设计注重保证列车的安全和稳定运行。在设计轨道和结构时，需充分考虑地质情况、地震风险以及其他自然灾害的影响。除此之外中国段的设计也要考虑列车的运行速度和线路的吞吐能力。通过优化线路走向、提高轨道和电气设备等的性能，以满足高速运输和大运量的要求。而老挝段负责连接中国与整个中南半岛的铁路网老挝段大部分区域是山地地形和丛林地区，因此设计时需要充分考虑这种复杂地形条件。需要进行地质勘察和环境影响评估，确保设计与施工对环境的最小影响。并且老挝有许多河流和湖泊，为了铺设铁路，需要设计相应的桥梁和填海工程，确保列车能够顺利跨越这些水域和湿地。最重要的是在设计老挝段时，还要考虑社会影响、土地征用和人员迁移等因素。进行合理的规划和管理，以减少对当地居民的不利影响，并确保公平和可持续的发展。

中老铁路在2015年11月13日开工，历时6年修建完成，可以说其修建的过程充满了艰辛。中老铁路的路线中大多数都是山脉与河流，而且铁路沿线地区由于频繁多变的气候环境和复杂苛刻的地质环境更有"地质博物馆"之称。所以对于我国技术人员的建造能力也是提出了前所未有的挑战。为了能够成功建设这条中老铁路，两个国家挖掘的隧道就有167条，修建桥梁达到301座①。整个中老铁路全线只有1 000多公里，但是隧道与桥梁的总长度就超过了700多公里，铁路全线桥隧比达71.1%，其中，5公里以上隧道10座，500米以上桥梁32座②。

自从中老铁路正式全面开工，建设单位克服了众多困难。首先是面临的地质环境复杂，突发情况频发，突水突泥、高压涌水、高地温、岩爆等问题层出不穷，给施工带来了巨大的技术挑战。其次是运输后勤保障问题，雨季材料运输不畅、老挝电力供应不足等种种情况进一步给中老铁路的顺利通车增加了难度。再加之2020年，受新冠疫情以及老挝政府方面疫情防控措施的影响，人员紧缺、物资供应不畅对中老铁路的按期通车产生了极大的影响。但是面对种种困难，我国建设单位坚持疫情防控和工程建设的两不误，仍然按期兑现各项施工节点，中老铁路建设具体重大事件节点如表12-1所示，使得中老铁路最终在2020年12月正

---

① 《〈中国工人〉专题聚焦中老铁路：穿越三山四水的奇迹（多图）》，澎湃新闻，https://www.thepaper.cn/newsDetail_forward_18322764。

② 侯露露、孙广勇、叶传增等：《人民日报：中老铁路——打造黄金线路，造福两国民众》，中国国家铁路集团有限公司，http://www.china-railway.cn/xwzx/ywsl/202203/t20220329_120846.html。

式成功通车。这不仅仅加深了中国与老挝两国的交流连结，带动区域经济发展，也是整个泛亚铁路东南亚线段的里程碑。更是一个破局，这意味着停滞的泛亚铁路项目终于取得实质性进展。

表12-1　中老铁路建设重大事件节点

时间	历程	意义
2015年11月13日	中老铁路项目签约仪式在北京举行,两国签署了政府间铁路合作协定	标志着中老铁路正式进入实施阶段,为项目后续建设运营及两国进一步深化铁路基础设施合作打下了基础
2015年12月2日	连接中国云南昆明与老挝首都万象的中老铁路老挝段(磨丁至万象)举行开工奠基仪式	中老铁路老挝段正式开工建设
2016年4月19日	中老铁路通道重要组成部分玉磨铁路——玉(溪)磨(憨)铁路开工动员会在玉溪召开	标志着玉磨铁路(中老铁路中国段)全线开工建设
2016年12月25日	中老铁路全线开工仪式在老挝北部琅勃拉邦举行	中老铁路全线开始施工建设
2017年12月12日	中国电建水电十五局承建的旺门村二号隧道顺利贯通	是中老铁路项目全线首个贯通的隧道
2018年6月14日	老挝楠科内河特大桥最后一个桥墩——214号墩身顺利浇筑完成	标志着中铁二局承建的中老铁路全线最长桥梁主体工程顺利完工
2019年1月19日	由中国中铁五局承建的中老铁路一标那通站双线特大桥连续梁成功合龙	这是中老铁路首联成功合龙的现浇连续梁
2019年3月21日	由中国中铁五局负责施工的中老铁路磨丁隧道胜利贯通	这是中老铁路全线首座贯通的长大隧道
2019年7月29日	中老铁路琅勃拉邦湄公河特大桥成功合龙	该桥是全线施工难度最大、技术最复杂的桥梁
2020年7月1日	随着最后一片桥面板落入预定位置,建设了4年的元江双线特大桥顺利合龙	它不仅创造了世界同类桥第一高桥墩,还刷新了同类桥梁主跨的世界纪录

时间	历程	意义
2020年7月3日	中老铁路万象站开工仪式在老挝首都万象市塞塔尼县举行	标志着中老铁路站房施工全面启动
2020年11月28日	经过建设者5年的艰苦奋战,全长17.5公里的中老昆万铁路第一长隧——安定隧道顺利贯通	为全线如期建成通车奠定坚实基础
2021年1月2日	历时1615天的艰苦奋战,由中铁十五局一公司承建的中老铁路国内单线最长13.018公里勐腊隧道顺利贯通	为2021年中老铁路全线建成通车奠定基础
2021年12月3日	两辆列车分别从云南昆明站和老挝万象站缓缓驶出	标志着连接中国云南昆明和老挝首都万象的中老铁路正式开通

12.1.3　中老铁路建设的成效

12.1.3.1　优化了投融资模式

根据2020年世界银行发布的报告,中老铁路总共投资59亿美元,双方按7:3的比例出资。总投资40%的部分也即23亿美元由中老双方共同出资,在这之中老挝政府出资7.3亿美元,其中的2.5亿美元从老挝国家预算中拨付,剩下的4.8亿美元向中国银行贷款。在此基础上,双方共同成立中老铁路合资公司,中老铁路合资公司的投资总额为19.1552万亿基普(约23.65亿美元),公司注册资金为800亿基普(约1 000万美元),老方老挝铁路公司占30%股份,中方占70%的股份,70%的股份中磨丁万象铁路公司占40%、北京玉昆投资集团占20%、云南省建投集团占10%①。总投资剩余60%部分是双方共同向中国进出口银行进行贷款,年化利率为2.3%,25年到期,还附有5年的宽限期。中国进出口银行长期低息贷款不仅解决了项目融资难的问题,而且避免了项目建成后,老挝成为债台高筑的负债国。

最后虽然达成了这样的结果,但事实上,中老铁路的投融资问题无法通过简单的单向资金支持实现,因为中老铁路耗资巨大,老挝需要拿出7.3亿的股本金,但老挝的财政并不能完全负担得起,当地也没有具备实力的企业能够进行出资,并且即使拿国家主权为担保、以矿产资源为

---

①　唐俊:《老挝采购中国绿巨人动车组》,搜狐,https://www.sohu.com/a/387647112_656927。

附加抵押物向商业银行贷款，也会面临矿产资源价值不明而增加承贷银行风险的问题，传统金融机构难以提供足够的资金供给。在这种情况下，中方以政策性金融为导向，以国家发展重点领域为目标，通过与老挝共享风险和盈利，降低了传统金融机构在风险方面的压力，充分发挥政府和国企、央企的引导作用，同时重视市场的力量，带动多元化金融的共同参与，不断促进合作的积极性，来优化投融资模式，从而解决中老铁路的投融资难题。

12.1.3.2　带动了基础设施联通

中老铁路的建设采用了中国的技术标准和设备，并与中国国内的铁路网络直接联通，为中国与沿线国家之间的交流与合作提供了更加便利的交通条件。在中老铁路开通一周年之际，已有25个中国省份开始利用中老铁路进行国际货物运输业务。中老铁路的开通不仅在国内连接了环渤海经济圈、长三角经济圈、珠三角经济圈、粤港澳大湾区等经济区域，同时也对外推动了西部陆海新通道和中欧班列的建设，不仅促进了区域间的互联互通，也为促进"国内大循环、国内国际双循环"的新开放格局发挥了积极作用。对老挝方面来说，中老铁路也将老挝在地理位置上一大劣势变成了新的突破口，为老挝开辟了一条同其他国家互联互通的道路。自中老铁路开通后，老挝一改往日没有出海口、对外贸易不畅的被动局面，逐步成为加强区域联通的交通枢纽。

中老铁路连接了中国和老挝两国的交通网络，为中南半岛经济走廊的建设提供了重要的交通支撑，对推动沿线国家的基础设施联通发挥着积极作用。中南半岛经济走廊是连接中国、老挝、泰国、柬埔寨和越南等国家的经济合作带。在中老铁路建成以前，中国与中南半岛经济走廊之间并没有一种高效便捷的运输方式，所以运输成本一直相对偏高。而中老铁路的建成，将填补泛亚铁路中的一段断点，不仅作为泛亚铁路中段的主干道，也将成为中南半岛经济走廊的重要组成部分，为该经济走廊的延伸和扩展提供便捷的交通通道，有效提高沿线国家的跨境物流水平。换句话说中老铁路的建设不仅加强了中老两国的联系，也对整个中南半岛经济走廊的构建起到了积极的推动作用，拓宽了中南半岛经济走廊甚至整个东盟的交通网络。

12.1.3.3　促进了贸易畅通

自2021年12月3日中老铁路通车以来，中老两国铁路部门始终秉持"高标准、可持续、惠民生"的建设理念，全力维护好、运营好这条线路，实现客货运输持续增长、服务品质显著提升、辐射效应不断增强。

截至2023年6月3日，中老铁路通车满18个月，累计发送旅客1640万人次、货物2100万吨，中老铁路国际旅客列车已累计运送来自28个国家的出入境人员超2万人次，运输安全保持稳定，为便利中老两国民众出行、促进贸易往来发挥了积极作用[①]。

并且，随着中老铁路的提出与修建，中老两国一直在全力推进经济合作区和综合开发区的建设，2015年8月，中老双方签署了《中老磨憨—磨丁经济合作区建设共同总体方案》。在2016年4月，该合作区正式获得国务院批复同意设立。2022年，成为国家进口贸易促进创新示范区之一。合作区的成立和发展为中老两国经济合作提供了平台和便利条件，增加了双方之间的贸易和投资，不仅促进了经济的增长和繁荣，还加强了周边国家和地区与中老之间的经济交流与合作，扩大了区域经济一体化的格局。

不仅如此，早在2012年7月，中老两国政府就签署了《关于万象赛色塔综合开发区的协定》。近年来，万象赛色塔综合开发区通过积极引进外资、发展产业、优化基础设施等措施，取得了良好的发展成果，为当地经济发展做出了贡献。从2018年至2020年底，运营公司成功引进项目44个，项目计划投资额达5.4亿美元，为万象当地提供了超过3500个工作岗位，截至2022年10月底，赛色塔园区企业总数已达118家，已建成投产企业57家，取得了显著的发展成果，为中老两国经济合作做出了积极贡献[②]。

12.1.3.4 践行了绿色铁路的建设理念

长达1000多公里的中老铁路，途径中国云南的玉溪、普洱、西双版纳，以及老挝的北部森林、琅勃拉邦等地区，这些区域无一例外都是植被丰富并且拥有丰富生物多样性的地区，生态资源保护尤其重要。经济效益和环境保护并重，建设符合生态发展的需要，最终建成一条人与自然和谐共生的绿色铁路始终是两国共同追求的目标。所以从刚开始的规划选线到施工管理再到后期的运营维护，建设团队始终秉持生态环保的绿色发展理念，最终将一条绿色生态铁路呈现在人们眼前。

首先，考虑到环境多样且生态资源丰富的地形，怎么选线至关重要。为了更好地了解当地情况，在建设之初，设计人员针对中老铁路的全线

---

① 胡晓蓉：《中老铁路呈现客货两旺态势 开通运营18个月发送旅客1640万人次、货物2100万吨》，昆明市商务局，https://swj.km.gov.cn/c/2023-06-13/4744903.shtml。

② 《老挝赛色塔综开区：写入"中老命运共同体行动计划"的国家级经济特区》，中国一带一路网，https://www.yidaiyilu.gov.cn/p/282836.html。

方案，花费了5个多月的时间进行规划研讨和勘察，并且积极了解和获取沿线各地环保、水利等部门及群众的想法建议，充分应用环境影响评价报告成果等一系列科学资料，出台的方案就曾高达60多个，研究的线路总长将近1.4万公里①。修建了108个桥墩台的橄榄坝特大桥，来更好地保护铁路所经地区的热带雨林等森林生态系统，从而减少占用耕地和植被破坏。最终铁路对沿线6处自然文化保护区域进行绕避，不占用老挝国家级保护林，全线绿化总面积超过300万平方米，确保老挝的绿水青山一如从前。而且，为了最大限度地降低对野象生存环境的影响，线路方案尽力避开野生象的主要活动区域，专门为其预留出迁移通道，设置了防护栅栏等保护措施，并将部分路段改为桥，在桥下为大象留出专门通道。

此外，除了遵循科学的选线方法，施工过程中也贯彻了科学环保的理念。南腊河特大桥横跨西双版纳，它是国家级水产种质资源保护区的一部分，河里拥有上百种珍贵的鱼类，这些物种资源极具价值。为了更好地保护南腊河保护区内的物种资源，中方采取了一系列措施，其中最重要的一项是在河岸两端设置桥墩，采用64米的大跨度桥梁，以减少施工期间的噪声、振动和人类活动，从而有效地保护和改善南腊河保护区的生态环境。除此之外，中老铁路沿线共有43个车站，它们的设计虽然根据地方特点和文化都不尽相同，但却拥有一个共同的特点，那就是绿色环保。例如，磨憨火车站中的屋顶选择用玻璃制成。阳光透过玻璃照进车站大厅，在满足基本需求即照明的同时，也尽可能地实现节约用电的目标。据估计，如果按照每天8小时的日照时间算，这种自然采光可节约用电3.2万度②。

12.1.3.5 增进了民心相通

中老铁路对680万老挝人民来说，是一项备受关注的民心工程，寄托了老挝人民融入现代社会、拥抱世界的亲切期盼。从泰国经过泰老友谊桥到万象南部的塔纳廊，这段里程3.5公里的米轨铁路是从2009年至今，老挝境内仅有的一段铁路。在这样的情况下，其实有很多老挝人们从来都没有坐过火车。得益于中老铁路，越来越多老挝山区的青年可以走出大山，拥抱世界。在日益变化的现代化进程中，如果说这条3.5公里

---

① 侯露露、孙广勇、叶传增等：《打造黄金线路，造福两国民众（命运与共·全球发展倡议）》，人民网，http://world.people.com.cn/n1/2022/0329/c1002-32386388.html。
② 侯露露、孙广勇、叶传增等：《打造黄金线路，造福两国民众（命运与共·全球发展倡议）》，人民网，http://world.people.com.cn/n1/2022/0329/c1002-32386388.html。

长的铁路在老挝人民的交通史上布满怀旧色彩，那么中老铁路将成为老挝民众拥抱世界、追赶现代化的一条最现实、最直接的道路。从中老铁路的开工建设到后期的运营维护，一条梦想的坦途正逐渐地在老挝人民眼前显现。

中老铁路开通一年半以来，激活了沿线旅游经济发展，吸引了越来越多的外国游客和投资者。通过选择乘坐火车出行，即可轻松实现跨国旅游度假，欣赏不同地域文化、品味地方特色美食，这种交流有助于增进中老两国人民对彼此的了解和友好感，加深两国人民之间的联系和相互依赖。除此之外，中老铁路的建设也为中老两国的教育合作提供了机会。铁路沿线的人们也可以更轻松地跨越边界，参与文化活动、学习、研讨等，学生和教师也可以更方便地在两国之间进行交流和学习，促进教育资源的共享和互惠，增进两国人民对对方教育体系的了解和学术合作的深化。加强了中国和老挝两国的文化交流，使两国关系变得更加深厚，增进了两国人民追求美好生活的满足感和幸福感。

12.2　中老铁路建设的共同化机制分析

12.2.1　共同化发展理念落实在中老铁路的具体体现

"一带一路"是中国全球治理观的公共品载体，是人类命运共同体在实践方面的体现，要将"共商共建共享"的基本原则贯穿"一带一路"建设的始终。中老铁路是"一带一路"的标志性工程，是共商协作、共建项目、共享红利的生动例证。

中老铁路是中老两国务实合作的旗舰项目，是"一带一路"倡议与老挝"变陆锁国为陆联国"战略对接的实质成果，是"一带一路"倡议"共商"原则的充分展现，也是"一带一路"国家谋求共同化发展中协作机制的具体展现。"共商"原则强调各国之间平等参与、充分协商找到合作的交汇点及共同发展的着力点。而中老铁路建设中的"共商"原则主要体现在政策对接和投融资模式的协商两个方面。

首先是在发展战略对接方面，中老两国理想信念相通、社会制度相同、发展道路相近是中老政治合作的根基，随着互信互助互惠的中老全面战略合作伙伴关系不断发展，政治互信日益稳固。中老铁路项目建设是针对老挝"陆锁国"的现实条件，从根本上解决限制老挝经济发展的客观条件，围绕着通过改善老挝运输条件实现双方互利共赢这一合作交汇点，不断深化双方战略，为中老铁路项目的顺利推进创造条件。2010年10月，中老双方共同签署了《关于铁路合作的谅解备忘录》和《关于深化落实合作备忘录的会谈纪要》，中老铁路项目正式启动，然而在前期准备工作中，项目一度面临被推迟的窘境；直至2014年，在博鳌亚洲论坛上双方就中老全面战略合作伙伴关系达成共识，中老铁路合作协议的商谈正式启动，双方就政策支持、项目合作模式等多个领域展开多次协商；2015年，中老双方签署政府间铁路合作协定，中老铁路各段建设均进入实施阶段；2016年9月8日，中老双方签署共建"一带一路"合作谅解备忘录，同年，老挝总理在中国—东盟博览会时提出要抓住"一带一路"倡议的发展机遇将老挝从"陆锁国"变为"陆联国"的战略构想，双方商定将基础设施纳入《共同推进"一带一路"建设合作规划纲要》，中老铁路项目上升为"一带一路"倡议与老挝"陆锁国"变"陆联国"战略对接的标志性项目。综上，中老铁路项目之所以成为中老合作务实合作的旗舰项目，关键就在于双方在政治合作领域拥有深厚的历史基础和充足的现实条件作为前提，在充分考虑两国发展愿景和国情的基础上，以当前制约老挝经济发展的痛点问题为合作的焦点，基于双方的共同利益进行协商，并在中老铁路项目规划和落实的全过程，双方的战略合作程度不断深化，政治互信愈发稳固。

其次，在投融资模式的协商方面，资金短缺及融资困难是中老铁路项目规划和实施工作中的重点和难点，早在项目规划阶段，中老铁路第一版规划估算的投资总额便超过老挝当年的全年GDP总值，同时，尽管老挝优势矿产资源丰富，但受技术水平限制，矿产资源开发有限且运输通道奇缺，即使以主权为担保、以矿产资源为附加抵押物向贷款银行借款，也会由于矿产资源价值不明而增加承贷银行的风险，因此开展中老铁路项目建设首当其冲的要解决老挝存在的资金短缺及融资困难的问题。双方就中老铁路投融资模式展开多次磋商，在2010年4月7日双方签署的《关于铁路合作的谅解备忘录》中，提出了"合资建设、共同经营"的方针，中老双方按7∶3的比例出资，项目投资总额的30%由各投资方出资作为股本金；70%则向各合资公司融资。自2016年中老铁路开工建设，投融资模式中存在的问题逐渐显露，然而备忘录中达成共识的条件仍无法顺利完成项目融资。首先，备忘录中老方承诺的30%的股本金仍高达5.74亿美元，老方财政无法承担；其次，项目内部收益率低，铁路大多途径山区，短期开发收益有限。最后，土地、资源等作为出资方式，其价值难以衡量。在中老铁路项目建设6年间，中老双方先后就多种投融资模式展开多次谈判，最终就老挝政府以主权担保，提供附加抵押从中方获得启动资金特别贷款，项目股本金比例调整为40%，中国进出口银行为项目的融资部分提供长期低息贷款等内容达成共识，解决项目融资难题。从中老铁路投融资模式的磋商过程可以看出，中老铁路项目建设并不是单纯的国际援助，也不是单纯为加强区域联通而放弃经济效益，中老铁路项目建设看中的是项目的长期收益，通过与老挝共同经营，努力将中老铁路打造为"黄金通道"，来作为前期投资的回报，以基础设施反哺区域经济发展，同时，中老铁路的投融资模式的确定十分注重避免老挝出现债台高筑的局面，由中国金融机构向老挝提供长期低息贷款，使得老挝可以利用铁路创造的收益进行偿还，是对于"一带一路"海外基建项目投资引发"债务陷阱"的有力澄清，是"一带一路"倡议谋求共同化发展的有力实证。

中老铁路是区域互联互通的典范工程，是中老双方平等参与、共同建设的示范性工程，是"一带一路"共同化发展中互联互通机制的全面展现。推进"一带一路"高质量建设，内在要求要以"高标准、可持续、惠民生"为目标，巩固互联互通的合作基础，追求更高合作水平、更高投入效益、更高质量供给、更高发展韧性的项目建设。中老铁路作为"一带一路"示范性工程，在建设的全过程，始终坚持高质量的工程建设原则，在推动基础设施和规则标准的互联互通上取得了显著的成果。

首先，在推动基础设施互联互通上，中老铁路是首个使用中国设备建设，并与中国铁路网直接相连的境外铁路项目，是联通中老的重要基础设施，是贯穿老挝南北的交通大动脉，同时也是泛亚铁路的重要组成部分。对于中国而言，一方面，中老铁路是加强中国与东盟国家互联互通的关键，中老铁路的贯通，将推动中国同泰、新、马的联通；另一方面，中老铁路的成功经验将应用于泛亚铁路的剩余路段，包括中线剩余路段及西线中缅铁路、东线中越柬泰铁路的建设[①]，会使泛亚铁路网脉络更加清晰，同时也推动中缅孟印经济走廊交通网络的贯通。而对于老挝而言，中老铁路的贯通将有效改善国内交通运输基础设施供给不足的现状，为经济发展注入新的活力，南北延伸的铁路线将有效改善国内交通运输条件，大大降低运输成本，同时围绕交通线路网而迅速发展起来的经济合作区和综合开发区将助力老挝实现产业升级、吸引外资、促进就业。中老铁路项目将为中老两国共同化发展提供机遇，同时这也说明通

---

① 孙瑜鸿：《中老铁路战略意义及面临的问题》，澎湃新闻，https://m.thepaper.cn/newsDetail_forward_20247924。

过互联互通实现互利共赢才是"一带一路"建设的目标，其将为共建项目的双方提供发展机遇，将为项目投资国带来新的发展动力，是对于当前国际上由于互联互通深度对接，从而产生"安全焦虑"的有效回应。

其次，在推动规则标准互联互通方面，中老铁路是将中国标准、中国技术推向世界的成功案例，中老铁路建设全线采用中国标准，使用中国设备，参建单位将积极参与到工程建设和运营管理中来，是规则标准"软联通"的生动体现，因此中老铁路的顺利运营，是向世界推广中国技术和中国标准的有力论证，以切实的成果打破国际社会对于中国工程建设质量的质疑，中老铁路项目的落实对于促进其他"一带一路"海外基建项目的落实有积极作用，对于推动中国标准走向世界有重要意义。同时，中国工程建设标准的推广，还将大大降低实现区域互联互通的难度，提升转运效率，解放货运能力，减少对于转运工作配套基础设施的要求。中老铁路项目除了为中国推广中国工程建设标准创造了机遇，同时也为老挝完善自身工程建设标准体系提供了平台。由于老挝技术水平较低，标准意识淡薄，政策支持不足、缺乏专业人员及标准化经费不足等问题，老挝标准化工作的市场化机制尚未形成，标准文本也被列为相对保密文件，基础设施建设的质量及安全性难以得到保障，而在中老铁路建设工程中，在推动中国标准"走出去"的同时，还积极参与到老挝标准化工作的建设之中，协助老挝建立适宜当地的标准化体系。中老铁路项目的建设将不仅是推广中国工程标准的试金石，同时也是构建老挝工程建设标准体系的基石。

中老铁路是"幸福路""友谊路"，是"共享"原则的有效例证，是中老两国人民"心联通"的生动展现。"共享"原则，即兼顾各方的利益和关切，使发展成果惠及共建国家，切实关注当地民生，推动绿色发展，使共同化发展成果惠泽多方。首先在促发展方面，中老铁路已成为中国连接东盟各国的黄金通道，自运营一周年以来，中老铁路累计开行跨境列车3 508列，进出境集装箱9.2万个集装箱，承运进出境货物191.8万吨，价值131.4亿元人民币，客货运输量屡创新高，且货物贸易目的国已覆盖老挝、缅甸、泰国、孟加拉国等共建"一带一路"国家，中老铁路的辐射带动效应和跨境运输能力不断增强[①]。此外，中老铁路已成为拉动老挝经济增长的交通大动脉，位于中老铁路沿线的磨憨—磨丁经济合作区和万象赛色塔综合开发区逐步建设完成；老挝政府与境内各旅游景区

---

① 林子涵：《中老铁路打通一条开放合作"黄金路"》，中国一带一路网，https://www.yidaiyilu.gov.cn/p/268968.html。

签署旅游景点开发协议，大力推动老挝旅游业的发展，2022年6月，中老铁路旅游专列开通，作为老挝第二大产业的旅游业再次焕发生机。同时，中老铁路项目的落实为老挝提供更多就业机会，并为当地培养了许多负责铁路运营的专业技术人员，在中老铁路建设期间，中老铁路带动老挝当地就业11万人次，带动当地原材料销售超过51亿元人民币①，为做好中老铁路运营人才储备工作，中方开设多样化人才培训班，使更多老挝籍的员工参与到铁路的维护和运营中。在惠民生方面，在中老铁路修建期间，中国参建单位积极捐资助学、义诊送药、援建道路和饮水工程等基础设施，帮助该国修建公路水渠近2 000公里，切实解决了影响当地人民生活的难题；此外，将中老铁路建为"廉洁之路"，才是确保中老铁路真正惠及两国人民的重要举措，中老双方参建企业签订《廉洁承诺书》，承诺将中老铁路打造为"一带一路"廉洁示范工程，坚决共同遵守廉洁准则，将廉洁的理念和行动贯穿中老铁路建设和运营的全过程，实现廉洁建设同工程建设和铁路运营同部署、同检查、同考核②。在绿色发展方面，在中老铁路中国段建设过程中，为了最大限度地保证玉磨段的生态环境，参建单位认真贯彻生态环境保护制度，落实绿色发展理念，严格控制施工范围，优化临时设施，努力将中老铁路玉磨段打造成为西南地区绿色长廊创新示范工程新标杆③。中老铁路境外段大多途径山区还有部分原始森林，当地生态环境的保护和修复也成了中老铁路建设关注的重点。自土建工程开始，各标段建设单位始终坚持环保工作与工程建设同设计、同施工、同验收的工作方法，利用老挝的原始植被，进行绿化施工，最大限度地进行环境修复，确保施工不会影响到当地的旅游活动和景观④，努力将中老铁路建设为"路景结合""一路一景"的绿色走廊。中老铁路这条"绿色之路"将强有力地回应世界各国对于"一带一路"海外基建项目将破坏东道国生态环境的质疑，成为中国基建走向世界的"绿色名片"。

① 万传军：《贡献中老铁路 讲好高铁故事》，中国一带一路网，https://www.yidaiyilu.gov.cn/p/296316.html。

② 《中老铁路建设者代表签订廉洁承诺书 打造"一带一路"廉洁示范工程》，中国一带一路网，https://www.yidaiyilu.gov.cn/p/40441.html。

③ 姚巍、霍雷：《中老铁路国内段打造路景融合"绿色长廊"》，中国一带一路网，https://www.yidaiyilu.gov.cn/p/140948.html。

④ 章建华、黄宁树：《中国生态标准让中老铁路变身"绿色之路"》，中国一带一路网，https://www.yidaiyilu.gov.cn/p/202952.html。

12.2.2　共同化机制在中老铁路建设中的优越性分析

第一，中老铁路建设是在两国发展战略全面对接的基础上，基于两国的国情，找到双方利益的交汇点，使得项目规划能够切实为实现双方的共同化发展创造机遇，同时随着项目工程的不断推进，双方的战略对接亦不断深化，为项目的顺利推进创造了良好的外部环境，减少了项目投资的风险。中老关系是具有深远传统的政治合作关系，早在2013年，习近平总书记就指出，"中老关系不是一般意义的双边关系，而是具有广泛共同利益的命运共同体"；2014年，中老双方就全面战略伙伴关系达成共识；2016—2017年，两国领导人相互进行国事访问并发表联合声明，就中老战略意义命运共同体达成共识；2019年，中老双方正式签署《构建中老命运共同体行动计划》为两国全面战略合作的推进制定了总章程和明确路线图，在中老铁路修建全过程中，中老的战略合作也日益深化，这是保证中老铁路项目进展顺利的重要前提，同时也是"一带一路"共同化机制优越性的重要展现。在传统海外基础设施项目投资中，双方的发展战略是否深入对接并非项目投资的必要考量因素，而这是导致海外基础设施项目投资风险大的原因之一，由于基础设施项目投资大、建设周期长，在项目推进工程中双方政治关系破裂导致项目停滞，不仅无法改善当地的基础设施供给水平，还将使东道国面临债务危机。而"一带一路"共同化机制则是建立在双方政治互信的基础上，遵循共同发展的原则，充分考量两国的国情和发展利益，针对项目推进过程中出现的问题，及时进行交流协商，寻求能使双方共同利益最大化的解决方式，并随着项目推进及相关合作领域的不断扩展，战略合作亦不断深化，从而形成共同化发展的良性循环。

第二，中老铁路的投融资模式是以共同发展为目标。中老铁路采用BOT模式进行投资建设，特点是以政府出让特许经营权为代价，授权项目公司负责工程建设及维护，通过签署特许协议的方式来收回投资，该模式最突出的特点是"以物引资"，有利于在减轻国家债务负担和财政支出的同时，起到缓解铁路建设资金供给矛盾的作用。中老铁路的投融资模式不是以中国的经济实力为支撑，单方面地解决老挝存在的资金短缺问题，而是在中老双方的通力合作下，以老挝主权和优势资源为担保，由中方向老挝提供启动资金特别贷款，确保老挝政府能够负担40%的股本金支出；同时充分发挥央企的引导作用，中老铁路从琅南塔省口岸磨丁到万象所划分的六个标段由包括中铁五局、中铁八局在内的六大国企分段负责承建；坚持以市场化为主，引导多元化金融积极参与到中老铁路项目的投融资中，老方老挝铁路公司占股30%，中方在中老铁路项目中占股70%，其中资金40%来自磨丁万象铁路公司、20%来自北京玉昆投资集团、10%来自云南省建投集团①，截至2021年，云投集团作为云南省政府铁路投融资建设出资人代表已向中老铁路拨付109.36亿元资金用于铁路建设，其中包括用于玉磨铁路可研批复资金的101.41亿元，目前调增的5.68亿元，和开行动车资金的1.59亿元②，同时，中国进出口银行还为老挝融资项目提供长期低息贷款，避免老挝出现债台高筑的局面。“一带一路”海外基建投资项目的投融资模式和发达国家对“一带一路”投融资模式，与以往发达国家对发展中国家进行基础设施投资时采用的减让式资金支持方式有很大区别。减让式资金支持强调的是通过对利率、期限、宽限期等方面条件的减让或是优惠贷款等方式来解决被投资国存在的资金短缺问题，但在实际操作中，受限于各国的财政资金状况，能够提供减让式资金支持的国家十分有限，同时，减让式资金支持还可能引发被支持国的依赖惯性，无法达成互利共赢的合作效果，减让式资金支持还可能造成市场扭曲，限制资源的有效配置。

此外，“一带一路”倡议与世界银行对发展中国家基础设施投资的方式也并不相同，世界银行注重从长远的角度促进欠发达国家经济的持续、稳定发展，当前基础设施供给不足已成为制约绝大多数发展中国家经济发展的焦点问题，因此，对发展中国家基础设施项目的投资便成为世界银行援助发展中国家的焦点。贷款和股本投资是世界银行对发展中国家基础设施投资的主要方式，但现实是，当前世界基础设施供给的资金缺口巨大，单靠世界银行的项目投资仅是杯水车薪，而世界银行对发展中国家推行信贷政策时，可能会忽略被投资国的国情，使得发展中国家的外债规模进一步扩大，国情进一步恶化，同时世界银行的信贷政策中包含了西方国家的政治理念和价值标准，在推行世界银行的信贷政策过程中，信贷政策中所蕴含的政治理念也被强制推行，颇有干涉被投资国外政之嫌。综上可知，“一带一路”倡议与传统投融资模式存在差异，既不会以投资国的资金为支持从而导致投资门槛过高，也不会引发被投资国债台高筑，或是强制推行政治理念。“一带一路”基础设施投融资合作是

① 《中老铁路承建企业中标单位公布》，中华人民共和国商务部，http://kmtb.mofcom.gov.cn/article/shangwxw/201609/20160901397957.shtml。

② 李继洪：《云投集团为中老铁路建设注资超百亿》，云南日报，https://yndaily.yunnan.cn/content/202112/12/content_38297.html。

秉承着平等交流、互利共赢的合作理念，在充分考量双方的国情的基础上，协调各方优势资源，在推动项目顺利开展的同时，避免东道国债台高筑。

第三，"一带一路"倡议与全球基建投资计划相比在理论和实践上都具有全球化的竞争优势。目前"一带一路"倡议取得的成果已在世界范围内引起广泛且良好的反响，依托基础设施建设，中国同"一带一路"共建国家的政治往来日益密切、经贸合作更为紧密、民间交往日益频繁，逐渐呈现出互联互通、合作共赢的发展局面。与此相对的是美欧等发达国家在出于维护自身发展利益的需求，大肆宣扬"逆全球化"思想，推行贸易保护主义政策，高筑关税壁垒，并对他国经济进行制裁，企图通过这些方式限制新兴发展中国家成为推动世界经济增长的新支柱，维护发达国家在国际经济体系中的有利地位。当前海外基础设施建设已成为当前提升大国影响力的重要举措，海外基建也成为美欧对华战略竞争的重要领域，以美国为主导的部分发达国家陆续推出"蓝点网络"计划、"重建更美好世界"（B3W）倡议，以及"全球基础设施和投资伙伴关系"（PGII）等全球基建计划，试图通过争夺海外基建主导权，修复盟友关系，构建基建联盟，来对冲"一带一路"。而与全球基建投资计划相比，"一带一路"在理念上更符合当前相互依存、相互影响的国际关系，在实践上取得的成果也比发达国家对于全球基建投资的单纯规划更有说服力。首先，"一带一路"倡议是为了寻求全人类的共同发展提出的，与全球基建投资计划是发达国家为了制衡"一带一路"倡议，维护自身在国际竞争中的优势地位的目的相比，"一带一路"倡议更具有走向世界的理念优势，与"联合国2030年发展议程"的愿景一致；其次，"一带一路"倡议在项目落实和既得成果方面具有突出优势，当前全球基础设施投资计划仍处于起步阶段，规划大于行动，从以往提出的诸如"蓝点网络"计划的落实情况判断，其落实情况和可持续情况仍需持续关注；最后，当前"一带一路"在传统基础设施领域具有竞争优势，并不断推进"一带一路"倡议在全球绿色化和数字化基础设施方面的投资，积极与发达国家竞争海外基建主导权，拓宽海外基建投资领域，努力提升"一带一路"在海外基建方面的影响力。

12.2.3　中老铁路建设中形成的有效经验总结

发展战略的深度对接是"一带一路"项目推进的前提。从中老铁路的案例中可以看出，基于长期的政治合作和良好的现实基础，中老双方之间发展战略的高度对接是中老协商和合作的基础，基于此双方才能够在互不猜疑的条件下遵循平等自愿的原则针对双方利益的共同点进行交流协商，针对项目建设中存在的问题进行有效交流并共同寻求解决方案，因此，只有在政治互信的基础上，"共商"才有了平台，协作才能够落实。高度政治互信需要长期的合作和深入的交流对接，在中老铁路建设的全过程，中老关系发生了由全面战略合作伙伴关系向中老命运共同体的转变，实现了战略的高度深入对接，并且在项目运营期间，中老命运共同体的建设又得到进一步的深化，由此可以看出，政治互信不能一蹴而就，也不能夸夸其谈，而是需要以共同发展为引导，以通力合作为手段，以切实的发展成果为保障，在双方的长期交流中不断进行深度对话所形成的。因此，在未来"一带一路"倡议推进的过程中，应重视同各共建国家的深入对话和政策对接，切实地解决当地的发展难题，以稳固的政治互信为"一带一路"项目投资保驾护航。

探索多样化的投融资组合模式是"一带一路"项目顺利推进的基础。梳理现有典型海外基础项目投资的经验结果可以发现，根据项目类型恰当选择投融资模式是双方进行磋商的基础，以追求直接经济收益为目的的商业型项目可采用PPP模式作为主要的投融资模式；以铁路建设质量和效益为目标导向的战略型项目可以使用以EPC模式为主导的投融资模式；示范型项目可使用多种投融资模式组合；而援助型项目则采用BT模式或BOT模式进行项目投融资更符合共同化发展要求。但单一以市场为主导的投融资模式无法满足当前广大发展中国家普遍存在的基础设施供给不足的问题，因此，因地制宜探索投融资模式新组合，努力发展多样化的投融资模式是"一带一路"倡议海外自建投资项目可持续发展的基础。

当前全球基础设施建设市场资金空缺巨大，而基础设施的投资特点决定了仅依靠发展中国家自身的经济实力，很难改善基础设施供给不足的现状，也就难以从根本上解决发展难题。而与基础设施供给不足的现状相对应的是当前国际能够为发展中国家基础设施建设提供资金支持的国家极为有限，而向国际金融机构借贷不仅门槛较高，同时也可能面临债台高筑的局面。国际基础设施投资市场空缺巨大，但依靠部分发达国家的资金实力也难以填补巨大空缺，全球基建投资便陷入僵局。而"一带一路"倡议能够有效改善当前基础设施投融资方面存在的困局，"一带一路"投融资模式不以单个国家的经济实力为保障，而是要求各参建国的通力合作，充分调动市场的力量，建设成果由各参建国共享。

同时，由金融机构提供长期贷款，使得东道国可以通过发展成果来偿还债务，避免债台高筑。截至目前，"一带一路"投融资已形成以政策性金融为先导驱动、以央企和国企为引领、合作区聚集效应逐步显现、投融资合作初步启动的格局，并在实践中开拓出多种行之有效的投融资模式，以市场化、可持续性、互利共赢为特征的投融资体系正逐步完善。

高质量的工程建设是"一带一路"持续发展的保障。"一带一路"海外基建项目投资要始终坚持"高标准、可持续、惠民生"的建设目标。面对以欧美为主导的全球基建投资计划的冲击，高质量的工程建设才是推进"一带一路"建设稳步前进的绝对优势，"一带一路"建设10周年以来在加强区域互联互通，改善发展中国家基础设施供给水平，密切"一带一路"共建国家间的政治合作和经贸往来方面取得的丰硕成果才是对当前通过舆论抹黑"一带一路"倡议最有力的澄清。高质量的工程建设向世界展示，中国的技术水平能够克服恶劣的自然环境的限制，中国的工程标准能够为基础设施项目的长期安全运营提供保障，只有这样才能够吸引更多的国家参与到"一带一路"海外基础设施项目的建设之中。

当前生态破坏、环境恶化已经成为全球性的问题，绿色生态的建设理念不仅是为了迎合当前国际社会对于基础设施建设标准的要求，更是出于人类命运共同体的理念，以绿色环保的建设方式，尽可能地进行生态恢复，谋求全人类共同的生存与发展。要将惠民生贯穿"一带一路"项目建设的始终，要将人民的福祉看作重中之重，项目规划以改善民生为目标，项目建设过程中要关注民生，项目落地后发展成果由人民共享，"一带一路"项目是普惠的项目，是切实能为人民带来福祉的项目，是能够加深各参建国人民友谊，使人民之间"心联通"的项目，追求的是两国人民的生活水平能够得到共同发展。

12.3 中老铁路建设对"一带一路"基础设施建设的启示

12.3.1 对中老进一步加强基础设施合作的启示

巩固并发展中老铁路的建设成果。当前中老铁路客货运输繁忙、配套基础设施不断完善、沿线经济呈现出良好的发展态势，但仍存在铁路的辐射带动作用不强、配套基础设施不足、沿线产业支撑力较弱以及在贸易制度、政策、规则、标准等"软联通"领域合作不畅等问题，因此，要保证中老铁路顺畅运营，充分发挥中老铁路的运输能力，激发中老铁路的辐射带动作用，就需要针对存在的问题，进行系统性的完善。

首先，要完善中老铁路运输枢纽节点，增大货运量，加大对沿线货运场站、铁路专用线等基础设施建设的支持力度，充分释放中老铁路的运输能力；其次，提高中老铁路沿线产业发展水平，发挥优势产业，打造品牌效应，逐步形成特色产业带，优化产业布局，打造产业集群，形成沿中老铁路的产业链合作格局；最后，深化中老规则机制合作，帮助老挝完善海关信息化管理系统、机检查验设备等设施，推进老挝段口岸和货运站点数字化建设，提升通关效率，同时积极推动数据交流和信息共享，推进政策对接和标准互认，以建立统一协调的联动机制，深化中老铁路运营企业的交流协作，提升中老"软联通"的水平。

持续推进中老经济走廊"强联通"的空间结构建设。中老经济走廊建设是建立在两国"四好"地缘比较优势基础上的"强联通"经济合作模式，交通基础设施的互联互通，是建设中老经济走廊的切入点。中老经济走廊"强联通"的空间结构主要依托于中老铁路、昆曼公路及沿线交通基础设施的相互联结。目前，中老经济走廊建设形成以中老铁路为主轴，以"磨万"高速公路和"万色"高速公路作为并列路段，兼顾发展海陆空三大通道的互联互通，包括陆路的中国昆磨高速公路和老挝的13号公路，海路的中老澜沧江—湄公河以及空中国际航线①，充分发挥昆曼大通道的作用，实现中老泰相互联通。未来，中老经济走廊基础设施完善应该在中老合作"一路、一河、两区"总体布局的基础上，强化沿线基础设施供给，完善现有平台和设施，解决好中老铁路顺利运营后面临的工程建设、配套政策、安全保障和后续融资等问题；进一步激发昆曼公路的通行能力，提升通关效率；积极推动中老澜沧江—湄公河的航运发展，将澜沧江—湄公河打造为中老黄金水道。同时，针对资金短缺和融资困难的问题，努力探寻基础设施建设投融资新模式，设立中老经济走廊基金，开放投资机制，以达到分散投资风险的目的。

12.3.2 对加强与东南亚国家基础设施互联互通的启示

东南亚是"一带一路"海路、陆路交汇点，是"一带一路"倡议实施的依托和跳板，东南亚"一带一路"建设成果是"一带一路"倡议走

---

① 方文：《中老经济走廊建设论析》，《太平洋学报》2019年第3期，第86-98页。

向及成败的重要风向标①，同时，东南亚地理位置十分重要，绝大多数国家为发展中国家，基础设施供给不足成为制约东南亚各国经济发展的重要阻碍。因此，争取东南亚地区海外基建主导权成为海外基建竞争的焦点。

进一步深化战略对接，构建中国—东盟命运共同体。从中老铁路建设的案例中可以得出，各方之间发展战略的高度对接是实现区域联通、推动共同发展的基础和前提，是"一带一路"海外基建项目顺利推进的重要保障。在中老铁路建设运营的全过程中，中老战略关系不断深入，不仅对于构建中老命运共同体发挥了促进作用，同时对于拉近中国同东盟各国之间的战略合作也起到了积极意义。当前，"一带一路"对于东南亚基础设施的投资大大提升了东南亚各国互联互通的水平，但受政治因素的影响，部分项目推进缓慢。因此，增强中国同东南亚国家间的政治互信，加深中国同东盟各国的战略对接是推动中国同东南亚地区互联互通的前提，而中老之间的深度战略对接将使得老挝成为加强中国同东盟国家之间交流协商的纽带，从而为构建中国—东盟命运共同体创造机遇。"亲诚惠容"是习近平总书记于2013年提出的我国和平外交方针，也是构建中国—东盟命运共同体的理念基础，地缘相近、史缘相连、人缘相亲是中国—东盟命运共同体的现实基础，而双方自建立对话关系的三十余年之间良好的合作成效则是构建更为紧密的合作关系的前提。近年来，双方的战略合作不断深化，政治互信愈加稳固，其中成效最为突出的是澜湄合作，它是中国从国际机制的被动参与者向国际机制的主动创建者转变的重要一步，同时澜湄合作也是在动荡的国际关系中实现互利共赢、追求共同化发展的"金色样板"。

进一步加强基础设施互联互通，包括陆路的泛亚铁路及海路的国际海陆新通道的建设。首先是持续推进泛亚铁路建设，近年来，随着"一带一路"倡议在东南亚地区成效显著，中国同东盟各国之间的互联互通不断拓展加深，再加上2018年马哈蒂尔重返政坛后再次为重启泛亚铁路游说中国，有关泛亚铁路的研究和协作又逐渐焕发生机，与最初提出的泛亚铁路相比，此次重启泛亚铁路倡议，中国可能会在其中起到主导作用②。构建东南亚铁路网是当前重启泛亚铁路的突破口，而中老铁路对于实现东南亚各国之间互联互通的重要节点，以中老铁路为起点，连接泰、

---

① 包广将、范宏伟：《"一带一路"在东南亚面临的挑战与机遇：美日联盟政治的视角》，《云南师范大学学报》(哲学社会科学版)2022年第1期，第145—156页。

② 陈俊杰：《重启泛亚铁路建设的可行性分析》，《经济论坛》2019年第3期，第86—90页。

新、印尼、马等东南亚国家，实现泛亚铁路东南亚段的相互连接。

目前，中老铁路顺利运营，中泰铁路虽受资金限制，但仍在稳步推进，泛亚铁路东南段中线进展良好；同时，预计2023年8月，雅万高铁也将正式通车，意味着在推进泛亚铁路建设的进程中又向前迈出重要一步。但当前泛亚铁路建设再度陷于僵局，如何发挥好中国的主导作用，协调好各方利益关系，克服技术难关，解决融资难题成为当前持续推进泛亚铁路建设必须解决的问题。其次是国际海陆新通道的建设，中老铁路的贯通，将直接使中国与泰、马、新之间的相互联通，促进"国际陆海贸易新通道"与澜湄合作对接，让中国西部市场与中南半岛直接相连，在加强中国同东南亚国家互联互通的同时，使得云南省成为中国面向南亚、东南亚开放的前沿，为中国西部开发注入全新动力。因此，进一步推动"国际海陆新通道"的建设需要使其与高质量共建"一带一路"倡议深度融合，与RCEP和澜湄流域经济发展带相对接，着力构建陆海新通道利益共同体，同时，进一步完善基础设施建设，加强跨境交通网络的"硬联通"，加密国内国际水运航线网络，与东盟国家航运服务网络相互连接。

12.3.3 对推动"一带一路"基础设施互联互通形成的启示

当前以欧美为主导的全球基建投资计划对"一带一路"倡议展开多方制衡，而基于当前全球基础设施供给现状可以看出，"一带一路"倡议与发达国家全球基础设施投资计划将在一段较长的时间内保持"竞争性共存"的状态。而如何面对全球基建投资计划的冲击，如何在全球基建竞争中占据优势地位，如何探求同全球基建投资计划的共同化发展，中老铁路的建设经验具有极大的借鉴意义。

第一，对于舆论污蔑，应该以更强有力的声音宣扬"一带一路"倡议的理念，以更务实普惠的合作对污名化的舆论进行反击。在理念宣传方面，要营造良好的舆论氛围，在更公开的国际会议和场合深入阐释共建"一带一路"的理念、原则和方式，宣扬互利共赢、共同发展的合作目标，努力寻求多方参与，探索以我国发展为契机，带动更多国家共同发展的合作道路。而营造良好的舆论环境要从树立更为良好的国际形象和争夺国际话语两个方面进行。在树立良好国际形象方面，首先，要多途径塑造多维度的正面国家形象标识，要"着力提高国际传播影响力、中华文化感召力、中国形象亲和力、中国话语说服力、国际舆论引导力"①，同时在项目投资建设运营的全过程中，要塑造良好的企业形象，企业要坚守底线，合规经营，妥善处理好外籍劳工问题，并积极承担企业的社会责任，协调好经济利益、社会效益同可持续发展之间关系，实现双方的共同发展。在争夺国际话语权方面，除了要不断增强中国的国际竞争力外，还要使中国媒体能够在国际舆论中发出更大的声音，"自塑"中国形象，加强国际传播能力，培养在国际传播领域中的复合型、复语型人才，在做好传统媒体基础上，更加重视社交平台，使得中国媒体有能力为"一带一路"倡议在国际社会上发出更为响亮的声音。在项目落实方面，"一带一路"倡议至今为止在海外基建项目中取得的丰硕成果便是对舆论的最好反击，在中老铁路项目建设中，中方与老方平等协商，充分尊重老方的自主权，寻求双方共同利益的最大化，是对于"安全焦虑"的最好回应，绿色生态长廊的建设则是有力反击"破坏当地生态"这一谣言的生动例证，同样的还有大量雇佣当地劳工澄清"劳工歧视"等谣言，相较于西方的舆论抹黑，中方切实的建设成果才是"一带一路"倡议最有力的宣传。

第二，在应对标准和规则壁垒方面，应该抓住"一带一路"基础设施投资的良好平台，努力推广中国标准为世界标准。当前，中国工程建设标准确实存在宣传力度不足、中国标准外文版本不成体系、同国际标准仍存在一定的差距等问题，但"一带一路"倡议不仅是推广中国工程建设标准的平台，同样是检验推动中国标准走向世界的"试金石"，针对当前推动中国标准走向世界存在的不足，充分抓住"一带一路"对外项目投资的机遇，在反复实践过程中，进一步完善中国标准，制定总结完整的外文标准体系，同时将"一带一路"海外基建项目建设成果作为"名片"，努力推广中国标准成为世界标准。

第三，针对"债务陷阱"及"一带一路"投融资模式的抹黑，要充分认识到"一带一路"倡议的投融资模式是在实践中总结出的，能够解决更多发展中国家基础设施建设存在的资金短缺问题的投融资模式。"一带一路"倡议的投融资模式是中国同广大发展中国家在长期的摸索实践中总结出来的，能够最大程度上避免东道国债台高筑的同时，使更多的发展中国家能够从中受益的投融资模式，是基于广大发展中国家国情而协商确定的符合共同发展要求的投融资模式，与西方纸上谈兵式的抹黑不同，是真正经过实践检验的投融资模式。当前中国对海外投资收缩式

① 《习近平：加强和改进国际传播工作 展示真实立体全面的中国》，国际在线，https://news.cri.cn/20210601/85c03d6f-bbb6-297e-7b91-ae1faf43e60f.html。

的改革推动"一带一路"投融资模式从无节制的贷款转向更可持续的模式，它将战略调整到更为灵活、更有针对性和更有机的方向，并找到一种成本更低的方式去继续争取世界低收入国家的政治和经济支持。因此，要继续坚持以市场化为主，坚持可持续及互利共赢的原则，巩固和发展"一带一路"全产业链优势，开发并深化"一带一路"国家的价值链协作关系，构建全方位多视角的风险防控机制，并积极推进"一带一路"新兴基础设施项目的投资。在金融机构方面，要推动金融机构和服务的网络化布局，加大金融开放，增强金融服务功能；同时也要充分发挥政府的作用，深化政府间的对话和合作，加强政策协调，利用政府援助为双方创造发展机遇，达成合作共赢的全球性协调平台①。

第四，要巩固"一带一路"倡议在传统基础设施建设领域的优势，并持续推进海外基建投资项目向着绿色化、数字化的领域不断扩展。针对发达国家率先抢占数字化和绿色化基础设施市场，而避开与中国竞争的对策而言，要充分认识到，当前全球基建市场空缺巨大，短期内无法实现由部分国家完全垄断，因此，中国要继续巩固在传统基建领域的优势，充分发挥大国责任与担当，同时积极参与到绿色化和数字化基础设施投资市场中，在竞争中不断完善自身技术和经验，努力提升中国数字化、绿色化基建投资竞争力。

第五，要推动区域重大发展战略与高质量共建"一带一路"相互衔接。在过去10年里，"一带一路"作为国内国际双循环的连接点和高水平对外开放的关键点，在推动区域融合、深化对外开放、拓展合作领域、实现互利共赢等方面效应不断放大。未来"一带一路"将实现与区域重大战略的有效衔接融合，并在加快推动构建全方位高水平对外开放格局中继续发挥关键作用。区域重大战略和共建"一带一路"是国内外调整区域经济空间布局的重要举措，而两者之间的衔接融合，在显著增强区域重大战略的引领辐射效应的同时，能够显著提升共建"一带一路"的增长扩散效应，为国内大循环提供动力，同时推动国内国际双循环的运转。中老铁路建设便是将"一带一路"倡议同区域协调发展战略相衔接的有效例证，中老铁路的贯通将云南省变成中国面向南亚、东南亚开放的前沿，将中国市场同东南亚市场相互连接，同时依托区位优势，将中国西南·玉溪国际物流港打造成辐射南亚、东南亚的国际物流枢纽，促进了国内国际双循环的流畅高效运转。此外，中老铁路开通后，中国

① 吴时舫：《"一带一路"投融资合作模式与优化策略》，《国际金融》2022年第4期，第44-53页。

（云南）自由贸易试验区昆明片区（昆明经开区）加速推动"南出、北上、东连、西接"大通道建设，提升国内大循环的运转动力，实现"一带一路"倡议与西部开发战略的有效衔接，为推动构建更高水平的开放型体制积累了宝贵的经验。

参考文献

［1］张玉杰."一带一路"是中国建设大棋局中的棋眼［J］.中国党政干部论坛,2014(12):17-19.

［2］夏先良."一带一路"助力中国重返世界经济中心［J］.人民论坛·学术前沿,2015(23):38-60.

［3］王跃生,吕磊."一带一路"建设、全球结构重建与世界经济增长新引擎［J］.中国特色社会主义研究,2016(4):23-28.

［4］张耀军."一带一路":人类命运共同体的重要实践路径［J］.人民论坛,2017(30):46-47.

［5］谢超林."一带一路"助力中国国际话语权提升［J］.人民论坛,2017(27):98-99.

［6］王文,刘英."一带一路"完善国际治理体系［J］.东北亚论坛,2015,24(6):57-66.

［7］李文,蔡建红."一带一路"对中国外交新理念的实践意义［J］.东南亚研究,2015(3):4-9.

［8］艾平."一带一路"新外交［J］.公共外交季刊,2015(1):1-5.

［9］毛艳华."一带一路"对全球经济治理的价值与贡献［J］.人民论坛,2015(9):31-33.

［10］陈文玲.携手推进"一带一路"建设 共同迎接更加美好的新未来［J］.全球化,2015(6):5-29.

［11］张蕴岭."一带一路"拓宽中国经济发展格局［J］.紫光阁,2015(1):16-17.

［12］任思奇,徐静涵."一带一路"倡议意义深远［J］.人民论坛,2017(14):48-49.

［13］张原天."一带一路"对区域经济发展有何重大意义［J］.人民论坛,2017(17):88-90.

［14］安树伟."一带一路"对我国区域经济发展的影响及格局重塑［J］.经济问题,2015(4):1-4.

［15］马小南."一带一路"影响下区域经济的发展新格局［J］.技术经济与管理研究,2016(5):113-117.

[16] 林战,张曙霞."一带一路"带动地方发展[J].紫光阁,2015(6):20-21.

[17] 程国强.共建"一带一路":内涵、意义与智库使命[J].中国发展观察,2015(4):8-11.

[18] 肖金成."一带一路":开放、合作、发展、和平之路[J].区域经济评论,2015(3):70-72.

[19] 王义桅."一带一路"的国际话语权探析[J].探索,2016(2):46-54.

[20] 胡鞍钢."一带一路"——一场经济地理革命[J].财经界,2015(19):86-91.

[21] 涂永红,张文春.中国在"一带一路"建设中提供的全球公共物品[J].理论视野,2015(6):63-66.

[22] 黄晓勇.以"一带一路"促进亚洲共同能源安全[J].人民论坛,2015(22):65-67.

[23] 孙现朴."一带一路"与大周边外交格局的重塑[J].云南社会科学,2016(3):1-6.

[24] 郭万超."一带一路"开创大国崛起新模式[J].人民论坛·学术前沿,2016(11):48-51.

[25] 张继栋,潘健,杨荣磊,邢国均.绿色"一带一路"顶层设计研究与思考[J].全球化,2018(11):42-50.

[26] 孙力."一带一路"愿景下政策沟通的着力点[J].新疆师范大学学报(哲学社会科学版),2016,37(3):33-39.

[27] 徐坡岭,刘来会."一带一路"愿景下资金融通的突破点[J].新疆师范大学学报(哲学社会科学版),2016,37(3):55-66.

[28] 李自国."一带一路"愿景下民心相通的交融点[J].新疆师范大学学报(哲学社会科学版),2016,37(3):67-74.

[29] 刘金鑫,陈嘉欣.孟中印缅经济走廊金融合作[J].中国金融,2016(12):72-73.

[30] 刘威,丁一兵.中蒙俄经济合作走廊贸易格局及其贸易潜力分析[J].商业研究,2016(10):24-31.

[31] 何茂春,田斌."一带一路"的先行先试:加快中蒙俄经济走廊建设[J].国际贸易,2016(12):59-63.

[32] 米军,李娜.中蒙俄经济走廊建设:基础、挑战及路径[J].亚太经济,2018(5):5-12.

[33] 李建军,孙慧."一带一路"背景下中巴经济走廊建设:现实基础与路径选择[J].新疆大学学报(哲学·人文社会科学版),2017,45(1):1-9.

[34] 刘作奎,陈思杨)."一带一路"欧亚经济走廊建设面临的风险与应对[J].国际经济评论,2017(2):28-35.

[35] 刘鑫,黄旭文.中国-中南半岛经济走廊建设的几个要点[J].人民论坛,2018(36):94-95.

[36] 朱雄关,张帅."一带一路"背景下构建我国能源合作的对策探讨[J].学术探索,2017(7):42-46.

[37] 范祚军,何欢."一带一路"国家基础设施互联互通"切入"策略[J].世界经济与政治论坛,2016(6):129-142.

[38] 吴崇伯."一带一路"框架下中国与东盟产能合作研究[J].南洋问题研究,2016(3):71-81.

[39] 颜欣."一带一路"背景下澜沧江-湄公河命运共同体的构建[J].学术探索,2017(9):46-51.

[40] 罗琼,臧学英."一带一路"背景下中国与中东欧国家多元合作问题[J].国际经济合作,2017(9):79-83.

[41] 赵雅婧,王有鑫."一带一路"背景下中国与中东的经济合作[J].阿拉伯世界研究,2016(2):31-43.

[42] 仝菲."一带一路"框架下的中埃经贸合作[J].国际经济合作,2016(12):20-23.

[43] 萨础日娜.中国"一带一路"与蒙古国"草原之路"对接合作研究[J].内蒙古社会科学(汉文版),2016,37(4):189-196.

[44] 王秋红,赵乔."一带一路"背景下中国与土库曼斯坦贸易潜力研究[J].价格月刊,2017(8):44-49.

[45] 王志民."一带一路"背景下中哈产能合作及其溢出效应[J].东北亚论坛,2017,26(1):41-52.

[46] 谢向伟,龚秀国."一带一路"背景下中国与印度产能合作探析[J].南亚研究,2018(4):112-153.

[47] 陆瑾."一带一路"视角下中国与伊朗的经济合作[J].阿拉伯世界研究,2016(6):21-34.

[48] 王芊霖,程大为.一带一路倡议对全球贸易治理的贡献[J].政治经济学评论,2017,8(3):219-224.

[49] 张述存,顾春太."一带一路"倡议背景下中德产业合作——以山东省为分析重点[J].中国社会科学,2018(8):44-57.

[50] 邹统钎."一带一路"旅游合作愿景、难题与机制[J].旅游学刊,2017,32(6):9-11.

[51] 周天芸."一带一路"建设对人民币国际化的影响机制研究[J].求索,2017(11):33-43.

[52] 郭朝先,刘芳,皮思明."一带一路"倡议与中国国际产能合作[J].国际展望,2016,8(3):17-36.

[53] 郭建鸾,闫冬."一带一路"倡议下国际产能合作风险与对策研究[J].国际贸易,2017(4):19-25.

[54] 胡必亮.推动共建"一带一路"高质量发展——习近平关于高质量共建"一带一路"的系统论述[J].学习与探索,2020(10):102-119.

[55] 裴长洪."十四五"时期推动共建"一带一路"高质量发展的思路、策略与重要举措[J].经济纵横,2021(6):1-13.

[56] 卢伟,申兵,李大伟,王杨堃,公丕萍.推进"一带一路"建设高质量发展的总体构想研究[J].中国软科学,2021(3):9-17.

[57] 郑雪平,林跃勤."一带一路"建设进展、挑战与推进高质量发展对策[J].东北亚论坛,2020,29(6):94-106.

[58] 王凯,倪建军."一带一路"高质量建设的路径选择[J].现代国际关系,2019(10):28-34.

[59] 李向阳."一带一路"的高质量发展与机制化建设[J].世界经济与政治,2020(5):51-70.

[60] 刘乐.惠民生与"一带一路"高质量发展[J].中国发展观察,2021(2):20-21.

[61] 张春."一带一路"高质量发展观的建构[J].国际展望,2020,12(4):111-131.

[62] 李进峰."一带一路"高质量发展的新机遇[J].大陆桥视野,2019(5):28-30.

[63] 梅冠群.推进"一带一路"民心相通高质量发展的思路[J].公共外交季刊,2020(2):78-85.

[64] 郭朝先,徐枫.新基建推进"一带一路"建设高质量发展研究[J].西安交通大学学报(社会科学版),2020,40(5):1-10.

[65] 郭朝先,刘芳."一带一路"产能合作新进展与高质量发展研究[J].经济与管理,2020,34(3):27-34.

[66] 陈健."一带一路"高质量发展的理论逻辑与实践方案[J].财经问题研究,2021(7):27-35.

［67］李进峰."一带一路"境外合作区高质量发展:理念、实践与实现路径［J］.中共中央党校(国家行政学院)学报,2021,25(2):109-117.

［68］姜安印,刘博.高质量共建"一带一路":特征转变、内涵再构与实现路径［J］.亚太经济,2022(2):104-110.

［69］白永秀,宁启.创立"一带一路"经济学的可行性研究［J］.兰州大学学报(社会科学版),2017,45(3):1-7.

［70］白永秀,宁启,赵而荣."一带一路"经济学的研究任务［J］.西北大学学报(哲学社会科学版),2017,47(4):9-14.

［71］弗里德曼.世界是平的:21世纪简史［M］.何帆,肖莹莹,郝正非译.长沙:湖南科学技术出版社,2006:97.

［72］林毅夫.二战后形成的全球治理为什么失败［EB/OL］.(2020-10-02)［2022-11-05］.https://www.163.com/money/article/FNU2JTOF00259D61.html.

［73］张永红,马天平.理解欧美民粹主义兴起的四个维度［J］.新疆社会科学,2019(4):81-88.

［74］张龙林,刘美佳.当前西方逆全球化思潮:动向、根源及纠治［J］.思想教育研究,2022(5):119-124.

［75］陈淑梅,仓勇涛.全球贸易体系变革的逻辑动因与现实路径［J］.国际贸易,2022(1):43-50.

［76］马克思,恩格斯.马克思恩格斯全集:第二卷［M］.北京:人民出版社,1979:119.

［77］福山.历史的终结与最后的人［M］.陈高华译.桂林:广西师范大学出版社,2014:296.

［78］马克思.资本论［M］.北京:人民出版社,1975:11.

［79］卢潇潇,梁颖."一带一路"基础设施建设与全球价值链重构［J］.中国经济问题,2020(1):11-26.

［80］郭惠君."一带一路"背景下中国与中亚地区的投资合作——基于交通基础设施投资的视角［J］.国际经济合作,2017(2):71-75.

［81］金凤君等.中国与东盟基础设施建设合作的前景与对策［J］.世界地理研究,2018,27(4):1-10.

［82］张原.中国对"一带一路"援助及投资的减贫效应——"授人以鱼"还是"授人以渔"［J］.财贸经济,2018,39(12):111-125.

［83］姜安印."一带一路"建设中中国发展经验的互鉴性［J］.中国流通经济,2015,29(12):84-90.

[84]刘明."一带一路"倡议下中国与巴西基础设施合作研究[J].国际贸易,2019(3):65-72.

[85]王晓芳."一带一路"倡议下基础设施建设推动国际产能合作的思考——基于新结构经济学[J].国际贸易,2018(8):22-27.

[86]朱博恩等.交通基础设施联通对"丝绸之路经济带"的经济影响研究[J].国际商务(对外经济贸易大学学报),2019(5):41-55.

[87]王亦虹、田平野."一带一路"倡议对中国节点城市经济增长的影响——基于284个城市的面板数据[J].软科学,221,35(5):43-49.

[88]马嫚.中国和东盟互联互通的意义、成就及前景——纪念中国—东盟建立对话关系20周年[J].国际展望,2011(2):16-28.

[89]斯蒂芬·格罗夫,杨意.区域基础设施互联互通对亚洲的意义[J].博鳌观察,2013(4):42-45.

[90]崔岩,于津平."一带一路"国家交通基础设施质量与中国货物出口[J].当代财经,2017(11):100-109.

[91]杜军,鄢波.港口基础设施建设对中国——东盟贸易的影响路径与作用激励——来自水产品贸易的经验证据[J].中国流通经济,2016,30(6):26-33.

[92]许娇等."一带一路"交通基础设施建设的国际经贸效应[J].亚太经济,2016(3):3-11.

[93]房甄等."中巴经济走廊"企业基础设施畅通贸易效应研究[J].地域研究与开发,2019,38(4):1-6.

[94]章秀琴,余长婧."一带一路"基础设施建设的贸易效应研究[J].国际商务(对外经贸大学学报),2019(1):72-83.

[95]胡晓丹."一带一路"交通基建项目对提升沿线地区贸易效率的作用[J].湖南科技大学学报(社会科学版),2019,22(2):60-67.

[96]韩宏钻,胡晓丹."一带一路"交通基建项目带来了沿线地区出口贸易增长吗?——基于三元边际视角[J].投资研究,2020,39(12):102-119.

[97]刘冲等.交通基础设施、市场可达性与企业生产率——基于竞争和资源配置的视角[J].经济研究,2020,55(7):140-158.

[98]林峰,林淑佳.基础设施互联互通有助于实现减贫目标吗?——来自亚投行成员国的经验分析[J].统计研究,2022,39(9):104-118.

[99]曹跃群等.中东欧国家交通基础设施的空间溢出及投入效率研究[J].统计与信息论坛,2021,36(9):65-76.

［100］吕小明，黄森．"陆海新通道"建设下东盟国家制度环境与基础设施互联互通效率——基于超效率窗口DEA和空间面板模型［J］.中国流通经济，2020,34(6):74-85.

［101］朱博恩等.交通基础设施联通对"丝绸之路经济带"的经济影响研究——基于CGE的模拟分析［J］.国际商务（对外经济贸易大学学报），2019(5):41-55.

［102］姜慧，孙玉琴.中国OFDI、东道国基础设施建设与双边经济增长——基于"一带一路"东道国制度的视角［J］.经济理论与经济管理，2018(12):84-97.

［103］梁双陆，张梅.基础设施互联互通对我国与周边国家贸易边界效应的影响［J］.亚太经济，2016(1):101-106.

［104］何敏.设施联通与区域一体化——基于我国与"一带一路"国家的实证分析［J］.中国流通经济，2020,34(7):34-42.

［105］张鹏飞.基础设施建设对"一带一路"亚洲国家双边贸易影响研究:基于引力模型扩展的分析［J］.世界经济研究，2018(6):70-82.

［106］王曼怡，郭珺妍."一带一路"沿线直接投资格局优化及对策研究［J］.国际贸易，2020(5):43-51.

［107］李建军，李俊成."一带一路"基础设施建设、经济发展与金融要素［J］.国际金融探索，2018(2):8-18.

［108］董有德等.东道国腐败治理、基础设施建设与中国对外直接投资［J］.上海经济研究，2020(12):101-112.

［109］向鹏成，蔡奇钢."一带一路"倡议下重大基础设施投资的文化风险评价研究［J］.重庆大学学报（社会科学版），2022,28(5):14-31.

［110］张劲，索玮岚.考虑风险关联性和随机性的交通基础设施建设风险评估方法研究［J］.管理评论，2020,32(6):45-55.

［111］马德隆."一带一路"交通基础设施投融资机制研究［J］.宏观经济管理，2020(10):56-63.

［112］王威，夏仕成.基础设施建设投资"走出去"的PPP模式选择研究［J］.中央财经大学学报，2020(6):3-11.

［113］姜巍."一带一路"沿线基础设施投资建设与中国的策略选择［J］.国际贸易，2017(12):44-52.

［114］尹响，胡旭.中巴经济走廊基础设施互联互通项目建设成效、挑战与对策［J］.南亚研究季刊，2019(3):32-4.

［115］张建平."一带一路"框架下中国与中南半岛互联互通的实践与

构想[J].东岳论丛,2017,38(9):117-124.

[116]郭宏宇,竺彩华.中国—东盟基础设施互联互通建设面临的问题与对策[J].国际经济合作,2014(8):26-31.

[117]魏敏."一带一路"框架下中国与中东基础设施互联互通问题研究[J].国际经济合作,2017(12):58-63.

[118]张建平.亚太共谋发展,重在互联互通——浅析习近平主席互联互通战略思想与亚太经济未来[J].人民论坛·学术前沿,2015(5):6-16.

[119]袁东.基础设施互联互通建设是一个大规模资本动员过程——兼议多边开发性金融机制的先导引领性及其作用发挥[J].国际经济评论,2018(3):151-155.

[120]胡海峰,窦斌."一带一路"基础设施投融资规则的探索与设计[J].人文杂志,2020(10):30-39.

[121]赵蜀蓉等."一带一路"基础设施建设中PPP模式面临的风险与对策研究[J].中国行政管理,2018(11):73-78.

[122]邵颖红等.心理距离、风险分担与PPP项目投资效果——基于"一带一路"39国经验数据的研究[J].软科学,2021,35(5):7-12.

[123]金仁淑,孙玥.我国企业对"一带一路"沿线投资面临的法律风险及对策研究[J].国际贸易,2019(9):70-79.

[124]国务院发展研究中心"'一带一路'设施联通研究"课题组,李伟,隆国强,余斌,邵挺.推进"一带一路"公路设施联通研究[J].发展研究,2017(9):14-16.

[125]姜安印."一带一路"建设中中国发展经验的互鉴性——以基础设施建设为例[J].中国流通经济,2015,29(12):84-90.

[126]Auty R M.Sustaining Development in Mineral Economics:The Resour-ce Curse Thesis[J].1993.

[127]Sachs J D,Warner A. Natural resource abundance and economic gro-wth[J].1995.

[128]毛杰里.石油! 石油![M].夏俊,徐文琴译.上海:格致出版社,2011:107.

[129]斯特恩.石油阴谋[M].石晓燕译.北京:中信出版社,2010:137-166.

[130]孙贤胜,陈蕊,王利宁.共建能源命运共同体[J].中国投资,2017(11):90-92.

[131]罗国亮,职菲.国外能源贫困文献综述[J].华北电力大学学报

（社会科学版），2012（4）：12-16.

[132]芦思姮."资源诅咒"命题及其制度传导机理研究[J].学术探索，2017（8）：82-87.

[133]帕斯卡.新一轮全球博弈：环境、经济及政治危机将如何改变世界格局[M].钱峰译.北京：中信出版社，2011.

[134]石泽."一带一路"中的大国合作[J].中国经济报告，2015（2）：47-49.

[135]朱雄关，张帅.能源"大丝路"：中国能源合作的新格局[J].云南大学学报（社会科学版），2018，17（3）：128-135.

[136]潜旭明."一带一路"倡议背景下中国的国际能源合作[J].国际观察，2017（3）：129-146.

[137]余晓钟，罗霞."一带一路"能源共生合作：框架分析与推进路径[J].甘肃社会科学，2021（2）：198-206.

[138]王郁."一带一路"背景下能源资源合作机遇与挑战[J].人民论坛，2015（20）：82-84.

[139]熊智钰."一带一路"背景下国际能源合作机制创新模式研究[J].价格理论与实践，2020（2）：157-159.

[140]张宇佳."一带一路"建设与中国能源合作[J].国际融资，2019（9）：25-27.

[141]于宏源.能源转型的市场嬗变、大国竞合和中国引领[J].人民论坛·学术前沿，2022（13）：34-44.

[142]朱雄关.能源命运共同体：全球能源治理的中国方案[J].思想战线，2020，46（1）：140-148.

[143]蓝庆新，梁伟，唐琬.绿色"一带一路"建设现状，问题及对策[J].国际贸易，2020（3）：90-96.

[144]潘家华.中国的环境治理与生态建设[M].北京：中国社会科学出版社，2015.

[145]殷峰，刘吉发.论绿色"一带一路"建设的府际合作——一种生态政治学的视角[J].石河子大学学报（哲学社会科学版），2019，33（4）：7-12.

[146]刘钻扩，辛丽."一带一路"建设对沿线中国重点省域绿色全要素生产率的影响[J].中国人口·资源与环境，201828（12）：87-97.

[147]杨波，李波."一带一路"倡议与企业绿色转型升级[J].国际经贸探索，2021，37（6）：20-36.

［148］李芳芳,解希玮,李心斐,等.绿色"一带一路"建设对绿色贸易壁垒发展的影响路径研究[J].国际贸易,2021(9):78-88.

［149］中国人民银行国际司课题组.以绿色金融合作支持"一带一路"建设[J].中国金融,2021(22):20-22.

［150］郭兆晖,马玉琪,范超."一带一路"沿线区域绿色发展水平评价[J].福建论坛(人文社会科学版),2017(9):25-31.

［151］袁国华,苏子龙,郑娟尔,等.推进绿色"一带一路"建设的思考[J].中国国土资源经济,2018,31(6):12-17.

［152］丁金光,王梦梦.绿色"一带一路"建设的成就与挑战[J].青海社会科学,2020(5):62-69.

［153］许勤华,王际杰.推进绿色"一带一路"建设的现实需求与实现路径[J].教学与研究,2020(5):43-50.

［154］刘世伟.金融机构助"一带一路"绿色发展[J].中国金融,2021(22):25-26.

［155］孔祥荣,石庆芳."一带一路"绿色转型:合作机制,挑战与路径[J].城市与环境研究,2022(1):97-107.

［156］于宏源,汪万发.绿色"一带一路"建设:进展,挑战与深化路径[J].国际问题研究,2021(2):114-129.

［157］蓝庆新,李顺顺.推进"一带一路"绿色能源国际合作[J].中国国情国力,2019(11):60-64.

［158］田原,李晓星.加快我国绿色能源国际合作的对策[J].中国外资,2021(21):72-74.

［159］卢光盛,熊鑫.国际减贫合作的体系变化与中国角色[J].云南师范大学学报(哲学社会科学版),2020,52(1):118-129.

后　记

　　研究如何推进"一带一路"建设是我和我的团队成员最近几年持续不断深入的一个学术领域。10年来，依托省部级重大研究基地——兰州大学丝绸之路经济带建设研究中心，我们围绕推动"一带一路"建设和甘肃如何融入"一带一路"建设，完成多项课题，发表了多篇论文，在"一带一路"问题研究上有所沉淀。本书的出版就是在前期学术积累和沉淀的基础上一个里程碑式的进步。

　　2023年，共建"一带一路"迎来10周年，开启了"一带一路"高质量建设的新征程，如何推进共建"一带一路"高质量建设业已成为一个重大的实践命题。本书聚焦"一带一路"，面向高质量建设"一带一路"，既是对过去10年"一带一路"建设实践的总结和反思，也是对未来如何推动共建"一带一路"高质量发展的思考和展望，更是立足党的二十大提出的依托推动共建"一带一路"高质量发展、构建高水平对外开放格局的理论和实践谋划，是一本具有理论与实践结合、资料与案例融合、问题与思考耦合属性的专著。团队成员刘博、王徽、赵家羚、曹颖、纳慧、焦骁汉、马霞圆、赵心铭、杨志良、陈卫强、胡宁宁、胡前、冯敏、赵灵丹、马莉、柴乙丁、龚雪姣、廖倬、张思洁、曹晓蕾、郝雨薇、赵俊博、陈昱帆等参与了相关课题的研究，在此基础上，由我统稿完成了这部著作。本书是我们团队在"一带一路"问题研究基础上，进一步向高质量共建"一带一路"延伸的全新结果。

　　本书是国家社科基金后期资助项目"'一带一路'倡议的共同化发展愿景研究"（项目编号：19FJLB036）的重要成果，也是2019年、2020年、2021年兰州大学重点研究基地建设项目（项目编号：2019jbkyjd012）的阶段性成果。

　　在撰写过程中，我们引用了一些已有研究成果的观点，在此对相关作者表示感谢。

推动共建"一带一路"高质量发展是党的二十大提出的一个重大理论命题，学术界对"一带一路"的研究正在深入进行，我们的研究只是代表学术界研究的一个方面。限于作者研究水平和数据获取等客观因素的限制，本书存在诸多不足，恳请读者批评指正。

姜安印

2024年5月6日